カラー口絵

但馬

竹田城

写真提供（特記以外）：吉田利栄

夏の竹田城全景

秋の竹田城全景

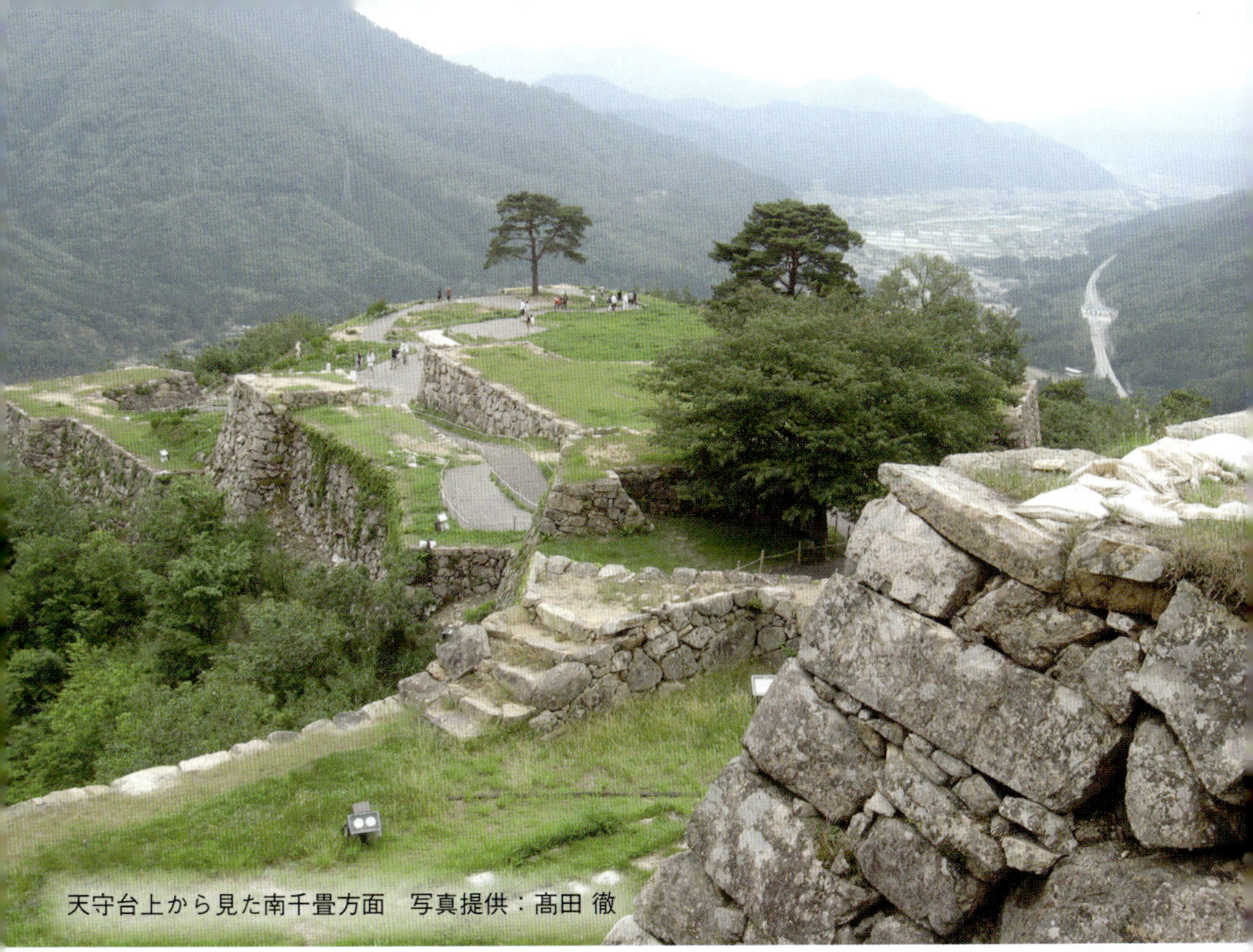

天守台上から見た南千畳方面　写真提供：髙田 徹

南千畳から天守台を望む　写真提供：谷本 進

航空写真　写真提供：兵庫県立考古博物館

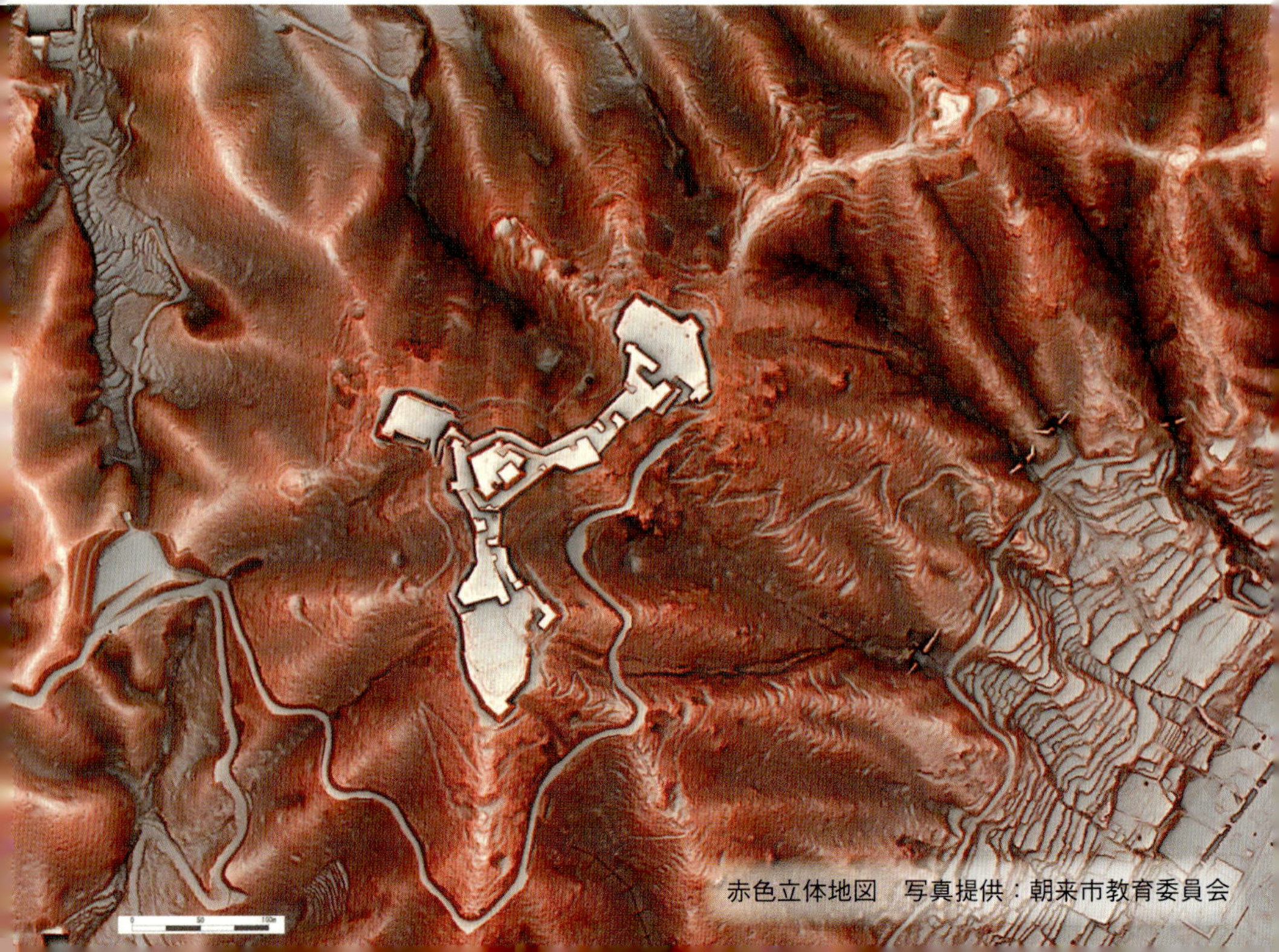

赤色立体地図　写真提供：朝来市教育委員会

古写真で見る竹田城

（平成初期撮影）

竹田城の全景（南西から）

竹田城から見た観音寺山城（西から）

南千畳から見た南二の丸の虎口と本丸

南二の丸から見た本丸

南千畳の東側虎口
(東側は石垣が積まれていない)

南千畳の西側の虎口
(低い櫓台で防御する)

南二の丸の虎口と南千畳

郭の高低差（東から）
南二の丸　南千畳

食い違い虎口部分
石垣の切れ目（東側の石垣）

食い違い虎口部分
石垣の切れ目（西側の石垣）

本丸から南千畳を望む

南二の丸方向の虎口を
見る

南二の丸の通路部分
（南東から）

本丸南側の虎口（石垣を前に積み出す）

天守台の石垣（西から）

本丸と天守台の全景（南から）

本丸の南側虎口

天守台の石垣（天守台に入る石段がない／北西から）

天守台南東隅の石垣

天守台南西隅の石垣

二の丸虎口から見た本丸（東から）

本丸と本丸の東側虎口（東から）

本丸の南東下の虎口（天守台で東から）

武の門と櫓台（東から）

曲輪の高低差
武の門・三の丸・北千畳（西から）

北千畳の大手門
（南西から）

北千畳の南側虎口

三の丸の虎口（石垣の切れ目）

三の丸の虎口(門の位置か)

本丸の後側　花屋敷に至る虎口

方形プランの花屋敷

花屋敷の石塁（鉄砲狭間がある）

南千畳から居館におとす２本の大堀切

三の丸北側の井戸曲輪（石の井戸枠と石段）

北千畳の北西曲輪
（石垣の傾斜がゆるい）

北千畳の北西曲輪
（登り石垣を側面から）

北千畳の北西曲輪
（登り石垣を正面から）

シリーズ
城郭研究の
新展開
1

雲海に浮かぶ天空の山城

但馬竹田城

城郭談話会 編

戎光祥出版

新版の刊行にあたって

『但馬竹田城』は、城郭談話会が初めて発刊した第一冊目の城郭研究論集であり、一九九一年八月に発刊しました。そして、それに続いて『播磨利神城』、『淡路洲本城』、『因幡若桜鬼ヶ城』、『大和高取城』など、国内城郭の研究を進めました。『但馬竹田城』は、城郭談話会として取り組んだ国内城郭研究の出発点であり、新しい城郭研究方法を提案することができました。

但馬竹田城にスポットをあて、各人が得意とする縄張り論、文献史学、歴史地理学、考古学などのツールを用いて考察し、城郭談話会が独力で制作した個別城郭論集となりました。竹田城は、国内でも屈指の織豊系城郭であり、城郭研究の対象として大変恵まれた材料でした。この研究手法は、その後に発刊した『播磨利神城』や『淡路洲本城』で大きく開花することになります。

当時の執筆者は二十代から三十代の若者であり、学問的に未解明の巨大な竹田城に対して、あるときは一本の長槍を抱えた雑兵の気分で、またあるときは本丸から鉄砲隊を指揮する武将の気分で、さまざまな角度から挑みました。

竹田城のような織豊系城郭では、築城に伴う古文書や絵図などの第一級の資料が残っていないことが普通であり、表面観察によって縄張り図に書き込んだ遺構を研究し、城郭の構造や特色を研究します。竹田城の調査は、全国各地で縄張り調査の技術や研究方法が飛躍的に発展していく時代にあたりました。

例えば、縄張り論、歴史地理学、考古学では、築城時期をそれぞれの角度から検討すると、結論が異なることが多々あります。つまり、論点や理論の展開は正しくとも、研究の視点が異なることによって結論も異なるのです。こうした多様な研究方法や、視点や論点の違いを味わうことも、城郭研究の醍醐味の一つだと考えています。

当時は、竹田城の観光客は年間五千人ともいわれていました。五月の連休でも、お昼前後に十数人程度の観光客がいる程度で、調査ノートや巻尺を手に持った若者が、竹田城の内外を歩き回っても全く違和感の無い時代でした。そのため、私たちは竹田城を独り占めして調査をすることができ、当時、「竹田城は文化財保存のための城、姫路城は観光振興のための城、竹田城は石垣だけで十分に日本一の城郭だ」という思いを抱きました。

この二十五年間によって、竹田城の観光客は年間五十万人となりました。そして、竹田城の観光ブームによって城郭愛好家も増加しているようにも思います。しかし、観光振興にシフトした結果、竹田城はきわめて深刻なダメージを受けて損傷しています。また、観光客の膨大な増加に相応しい竹田城の専門的な調査や研究体制の充実は進んではいません。

城郭研究は楽しいものです。城郭の表面を下を向いて歩いてしっかり観察し、石垣に静かに触れながら図面を書き、山々を眺めて立地を観察します。そこから城郭研究が始まるのです。私たちが竹田城研究に挑戦したときの高揚感や躍動感は大変なものでした。調査では、大竪堀、登り石垣、石取り場などを発見し、毎日が新発見の連続で大変ワクワクしました。本書が、全国で城郭研究に取り組んでいる人、新しく城郭研究を志ざす人たちへの道標になることを願っています。

『但馬竹田城』の発刊から二十五年が経過しました。当時の研究方法は、現在でも有効な研究ツールになると考えています。当時、竹田城の調査は角田誠氏を旗頭として取り組みました。そして、四半世紀という時間を経過して新しい形で『但馬竹田城』を出版することになり、竹田城の研究に新しい生命が吹き込まれることになりました。この新しい『但馬竹田城』を手に持って竹田城を見学し、多くの人に竹田城を研究していただきたいと願っています。そして、竹田城で試みた城郭研究の手法が、全国各地にある石垣をもつ山城でも応用されることを期待しています。

二〇一六年七月

城郭談話会

はじめに（旧版）――「但馬竹田城」発刊の趣旨と経緯

「城郭談話会」ではこれまでに検討しえた城郭研究の成果をまとめる意味で、一九九〇年五月、村田修三氏の監修による『中世城郭研究論集』（新人物往来社）を発刊しました。この本は、「第七回全国城郭研究者セミナー」（一九九〇年八月、於小田原）をはじめとして、城郭研究者の間で好評を得た反面、各地で地域史研究に従事されている方々から、『中世城郭研究論集』の内容は理解できない、とくに「ごく普通の歴史を有する地域？」を調べている自分たちの研究に、どのように反映させることができるのか、といった疑問あるいは批判を受けました。

こうした問いかけに対して、私たちもまだ十分な解答を用意することができませんが、少なくとも、「こんなアプローチのしかたもありますので、いちど試されてはどうですか」と言えるようなものにと心がけました。

本書は、『中世城郭研究論集』の応用編あるいは一具体例としてまとめたもので、但馬竹田城および周辺の中世城郭にスポットをあてています。そして、今後の調査・研究にも参考にしていただけるように、「論文編」および「調査報告編」の二部構成にしています。

さて、竹田城の研究は、一級史料に乏しい戦国時代末期の南但馬史研究ばかりでなく、中世から近世への移行を検討する上で、全国的視野からも一つのマイルストンにも成りえると考えています。そのために、まずわたしたちは、数度にわたる竹田城および周辺の中世城郭の踏査を実施しました。竹田城では新たな城郭遺構を発見し、周辺においては新たに中世城郭遺構の存在することも確認できました。そこで、この調査結果に基づいて、但馬竹田の地に総石垣の城を、いつ、どんな方法で、またどんな経緯を経て、誰が主体となって築いたのかを、今日の城郭研究の成果を反映させながら、多角的に論じてみることにします。統一した結論への道は限り無く、はるかな道程ですが、現在における城郭研究の多様性のなかの一端として、御一読願えれば幸いです。

一九九一年八月

城郭談話会

凡　例

一、本書は、平成三年八月に城郭談話会より刊行された『但馬竹田城』に新稿七本（第四章　進展した竹田城研究）を加えた改訂新版である。

一、改訂新版の発行にあたり、B５版であった旧版の判型をA５版に改め、適宜ルビを加えた。

一、本文の内容は基本的に旧版のままとしたが、一部本文の改稿と図版・写真の差し替え、追加を行った。

一、旧版の巻末に掲載されていた「図版」については、中井均論文の写真のみ該当する論文の頁に組み込み、そのほかは「古写真で見る竹田城（平成初期撮影）」とタイトルを改め、旧版のまま口絵頁にモノクロで掲載した。

一、図版の作成者は、特記をしていないものは各論文執筆者と同じであり、それぞれの著作権は執筆者に帰属する。

一、図版は原則として上方を北としたが、やむをえない場合はその限りではない。

一、本書の編集にあたって、文字の統一や表記、さらに記載内容・考察等は各執筆者の意志に委ねた。したがって、各論文の文責は各論文の執筆者に帰属する。

一、提供者の氏名が記載されている写真以外は、論文の執筆者、あるいは当社提供の写真である。

目次

第一章　論文編

写真提供：高田 徹

I

石垣遺構からみた但馬竹田城について

北垣聰一郎

はじめに

但馬竹田城は戦国時代後半期の山城遺構として、また、但馬山名氏の有力被官太田垣《おおたがき》氏の本城として知られている。そして羽柴秀吉による但馬平定後、秀吉は天正十三年（一五八五）に赤松広秀《あかまつひろひで》を「但馬国所守護」として竹田城へ封じている。秀吉に重用された広秀は、文禄元年（一五九二）に起こった文禄・慶長の役にも従軍する。こうして広秀が徳川家康の命で自刃させられる慶長五年（一六〇〇）、竹田城はついにその終焉をむかえるのである。

このように、竹田城はその歴史的変遷から、現存遺構にも太田垣氏の時代、さらに新しい赤松時代を反映した両方の存在を推定できるのではないか。それは、いわゆる縄張り（平面プラン）の検討による。その結果、曲輪に「土塁」（畝状竪堀）を用いた太田垣時代、さらに石垣を主体に構築された赤松時代の二時期とみなしてよい遺構が確認されたのである[1·2·3]。

以下はこのうちの後者、つまり、石垣遺構に焦点をあわせながら、構造的な部分からの若干の検討を試みたい。

城郭石積みの成立

石を加工する技法に対し、石を「積む」技法が城郭石垣に採用されるのは、戦国時代後半からであろう。もっとも、現在のところ、この時期の調査・検討は十分とはいいがたく、今後の研究にまつところが大きい。そうしたなかで、中井均氏[4]は、戦国後半期の城郭を対象とした「石垣出現の意義」について、新たな視点からとりあげている。氏はまず、石垣が城郭に採用された初源（弘治年間）にふれる。そして、その大半が元亀から天正初年を中心にした織田氏系列の城郭に限定できるところから、それは鉄砲からの攻撃に対する建造物のための基礎（石垣）と考察する。さらに、「織田氏の築城によって出現した3類（城郭内に礎石建物―筆者注）に初めて石垣が用いられたことは、石垣と虎口に相互関係のあること」について述べられた。

さて、こうした中井氏の見解であるが、実際には、鉄砲使用以前から城郭への石積み（後述する古式穴太積《あのうづ》みではない）導入の可能性は逆に高いのである。一例を紹介すると、中道子山城《ちゅうどうしさん》（兵庫県加古川市）では主要曲輪の各周縁部にいずれも石塁がめぐり、遺物からの成立時期には天正期の使用痕跡がなく、逆に天文年間に先行する亨禄年間（一五二八～一五三二）と推定され、しかも、礎石建物も存在する（『中道子山城現地説明会資料』加古川市教育委員会　一九九二年）。また、近年の調査によれば、各地に残存する城郭のうちには天文・永禄年間をうかがわせる縄張りに、石垣を用いるものがかなり残存する。もっとも、使用石材は概して小さいものが多く、背後の裏込め石は、それがあるものと無いものとが併存する。

また、天文・永禄年間には石垣のコーナー部、つまり隅角部の構造が未発達であるところから、石垣も低く、また反りもない。こうした状況のなかで、中井氏が指摘されるように（本格的な石垣が用いられる―筆者注）織田氏系城郭において石垣と虎口とが密接な相関関係を有することとなるのであろう。しかし、石積み（私は隅角部を有する例を石垣、有さぬ例を単に石積みと称している）と鉄砲の導入に限定して説くには、さらに検討の余地がある。また、各地に多数残存する城郭石積み遺構と、織田氏系城郭に採用される石垣とがいかなる接点で結ばれるのか、石垣の機能を語るには、実はそうしたあたりの地域との検討が今後重視されねばならないだろう。

かつて、私はさきに近世城郭石垣の変遷を試みたことがある[5]。具体的な事例を得る必要上、城郭石垣築成者でその主流を占める穴太と、彼らが構築した城郭を中心に検討したのである。そのために、近世城郭の築成者が、即「穴太」であるといった誤解を与えていたことを、まず反省したい。

ところで、中井氏は、私見に対して「安土城以前の石垣を古式穴太と呼称している。しかし、永禄十年段階の岐阜城や天正初年の根来寺《ねごろ》といった近江以外の地に穴太衆の介在を想定するには無理がある」と理解される。私の仮称する「古式穴太積み」（古式穴太では意味が不明）とは、「新式穴太積み」に対応させて用いた造語である。新式穴太積みとは、規格性の強い割石を石材として、布積み・布積み崩しといった横目地を通す積み方をさし、それは寛永年間以降に流行する技法であった（穴太頭の堀金出雲の関与した『石垣築様目録』による）。

古式穴太積みとは、織田信長の構築した安土城石垣を基準指標とし、後述する野面《のづら》石・粗割《あらわり》石をもって積む布積み崩しの技法で、本来の「穴太積み」をさす。この技法は、少なくとも慶長年間（一部は元和年間）まで、各地の城郭で地元の技法とともに採用され、城郭石垣技法の中心的役割りを担ったのである。

次に紹介する岐阜城の石垣は、おそらく、天文五年（一五三六）より下る永禄年間ごろの構築物と推定されるが、構築者は織田信長であり、その技法は古式穴太積みとみなしてよいと思われる(6)。古式穴太積みの初現は、本遺構の発掘調査によって、少なくとも永禄年間までさかのぼることが予想される。このように、中井氏が織田氏系列からはずれる石垣遺構とみなさた岐阜城の石垣は、実は古式穴太積みを採用しているのである。

こうした状況から、逆に氏の説かれる石垣と虎口の相関関係は、一層妥当性を増すことになるはずである。つまり、織豊系と理解できる城郭のあるものに対して、あらたに主流となる古式穴太積みを採用したのであろう。そうしたことにより、古式穴太積みもまた、技術的発展をとげたとみなすべきである。したがって、中井氏の指摘にもある織豊政権と敵対関係にある根来寺が、その石垣に対して穴太衆の直接の関与を指示した可能性は低いといわねばならない。

以下に、伝統的な石積み技法を通じて「古式穴太積み」を紹介する。

古式穴太積みとは

一般に、「石積み」とは次の四つの要素から成っている。①構造上からみた特徴として、隅角部の算木積みの有無、角石・角脇石・築石（平石）・はさみ石・詰石・根石・裏込め石等があげられる。②石積み技法の種類として、乱積み・布積み・布積み崩し・（谷）落とし積み等がある。③石材加工の有無とその形状から、野面（野面石・粗割石）、打込み（粗加工石）、切込み（精加工石）がある。④ノリ（矩・法）とソリ（反り）の問題がある。これら四つの組み合せの変化により、近世城郭の石垣変遷をうかがうことが可能となる。それについては、前掲拙著『石垣普請』によられたい。

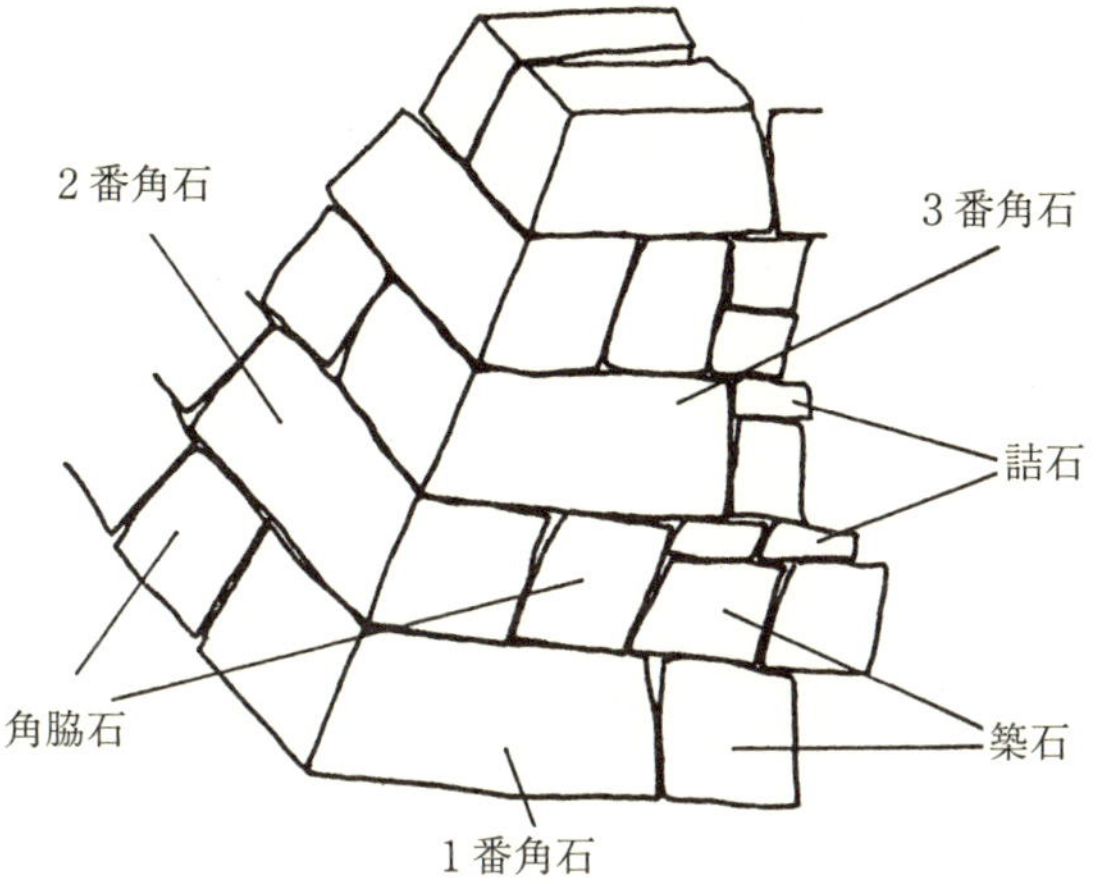

図1　石垣隅角部（算木積み）模式図

　まず①であるが、元和年間から寛永年間にかけて完成した隅角部は、図1のような構造をとる。隅角部は角石と角脇石、その背後の築石の組み合わせからなり、その作業のくり返しによって、稜線部の傾斜角（ノリ〈法〉）を作り、完成したものを算木積みという。

　②のうち、布積みとは石材の下端を一線に揃える配石法をいう。また、布積み崩しとは、大小変化する石材を用いる場合もあって、数石、十数石を「横目地」に通すが、石材の変化（高低）で「横目地」が切れる積み方をいう。古式穴太積みとは、布積み崩し技法そのものをいい、竹田城の石垣の多くはこの技法を用いている。

　③の、加工度からみた竹田城の石材は、主として野面石と、石矢を

用いて割った粗割石を使用する。粗割石は、石材の大きさを調整する粗加工石（打込み）とは明らかな違いがある。野面石と粗割り石をもって、野面石とみなすゆえんである。

中世の城郭石垣と近世城郭のそれとの違いは、ノリとソリの有無でもある。角石の呼称を与えてよいのかどうかさえ疑わしい、滋賀県観音寺山城の伝居館址の大石垣（山高約九ｍ）は、規格性のまったくない大角石を、不揃いに積み重ねた観さえある。当然、ノリの通りさえ明瞭ではない。この遺構は、『下倉米銭下用帳』によって天文五年（一五三七）、もしくはそれにごく近い時期の構築物とみなしてよいだろう。また、観音寺山城と尾根部でつながる安土城の石垣遺構（天正五年〈一五七七〉完成か）もまた、ノリによるものであったという（復元にあたられた故粟田万喜《あわたまき》三《ぞう》氏談による）。

ノリに対するソリ（反り）の本格的な付加は、天正年間の後半期であろう。そのため安土城は、天正期の城郭石垣を検討するさいの基準指標となる。

いわゆる石垣築成者としての「穴太」の初見は、『兼見卿記《かねみきょうき》』の「早々召寄穴太、石懸普請、醍醐清滝之御修理也」とあるもので、それは天正五年（一五七七）九月のことであった。京都醍醐寺の神壇修築にたずさわったというのであるから、すでにそれ以前から、技術者としての穴太は評価されていたことになる。このあと、二人の穴太は「伊勢」国へ下向している。

したがって、城郭の石垣をあつかう穴太の文献上の初見は、現在のところ、天正十八年（一五九〇）七月十一日付の豊臣秀吉が小早川・吉川両氏に対して「穴太三十五人」の派遣を命じている文書であろう（『小早川家文書』）。

このことと関連して興味ぶかいのは、加賀前田家の穴太のひとりであった「穴太氏」の事績である。その初代源太左衛門について、穴太家の『家系』には、「本国丹波穴太　在国近江穴太生」と述べ、さらに「織田家ニ代々罷在。天正十年越前府中江罷越居候処、御合力金被下。（中略）大坂江被召連、御城御築御用相勤、頃罷帰り、文禄四年四

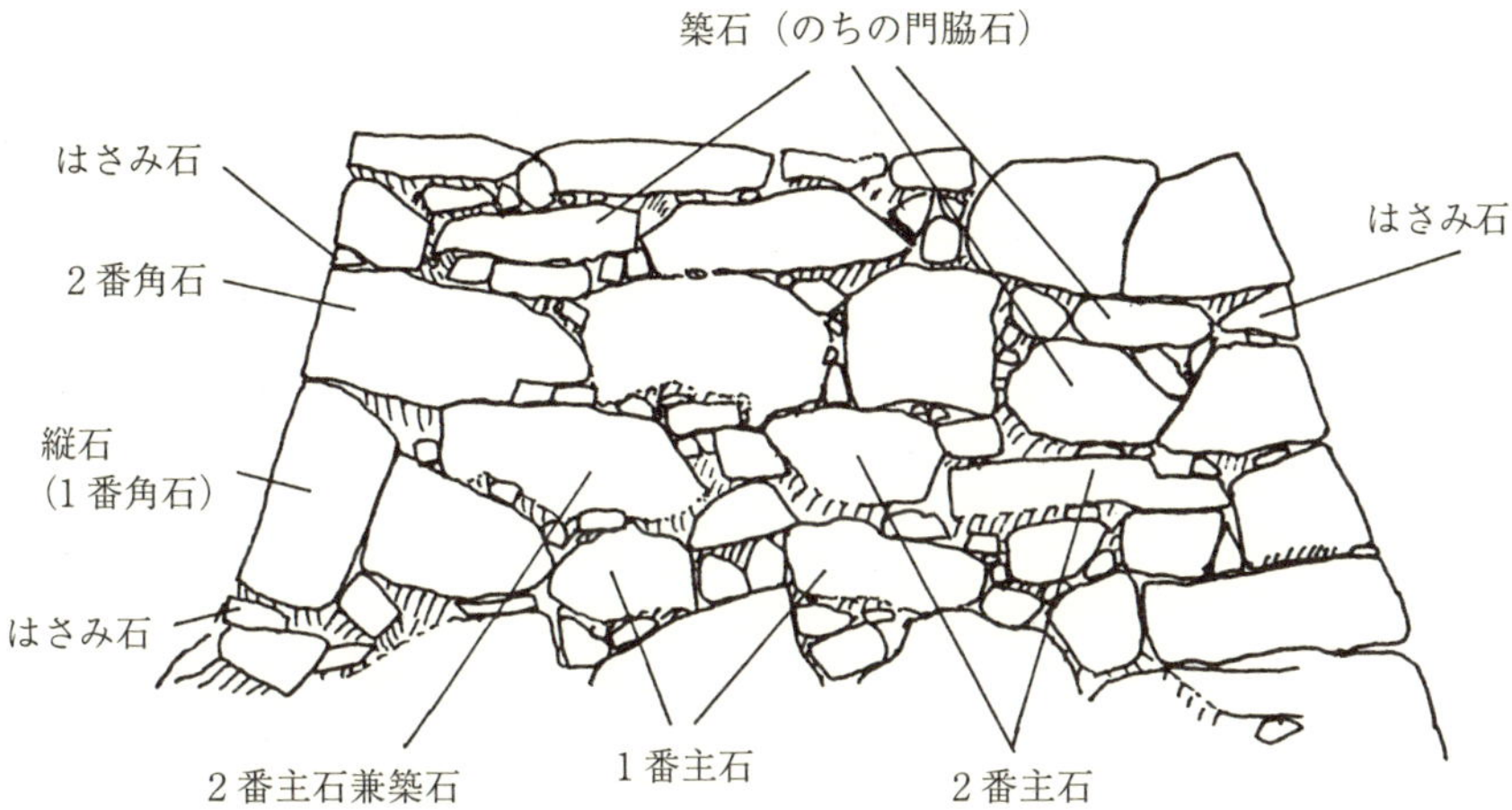

図2　隅角部・築石部（石垣）模式図布積み崩し積み

月十五日於府中病死」とするものである。

在国を近江穴生（太）としたという伝承をもつ穴太源太左衛門が「織田家」を去ったのは、天正十年（一五八二）、信長が明智光秀によって本能寺に倒された直後のことと思われる。彼が越前府中に移居したのは、嫡子源介が天正六年（一五七八）から前田利家に仕えていたことによるものであろう。なお、大坂城へ赴いたというのは、天正十一年からはじまった秀吉の大坂城普請をさしている。なかでも注意を引くのは、穴太家（一般名詞をのちに個人名詞としたのであろう）が織田家に仕えたとする伝承である。信長の居城安土城の構築は、まさしく、彼ら「穴太」たちを中心として行われたことが理解できそうである。

以上紹介した、城郭石垣築成者である「穴太」の保持する技術を、仮称「古式穴太積み」という。石積みに用いる石材は野面石か粗割石で、いずれも長短、凹凸、大小がある。「古式穴太積み」とは、石垣（築石で築いた箇所）に表現された配石法をいい、隅角部の積み方や反りの有無をさすものではない。これは、石垣の成立時期をはかるさいの検討資料となる。

積み方は、一般に「布積み崩し」が用いられる。図2に示したように、隅角部には石垣稜線を創るための、角部を有する角石を

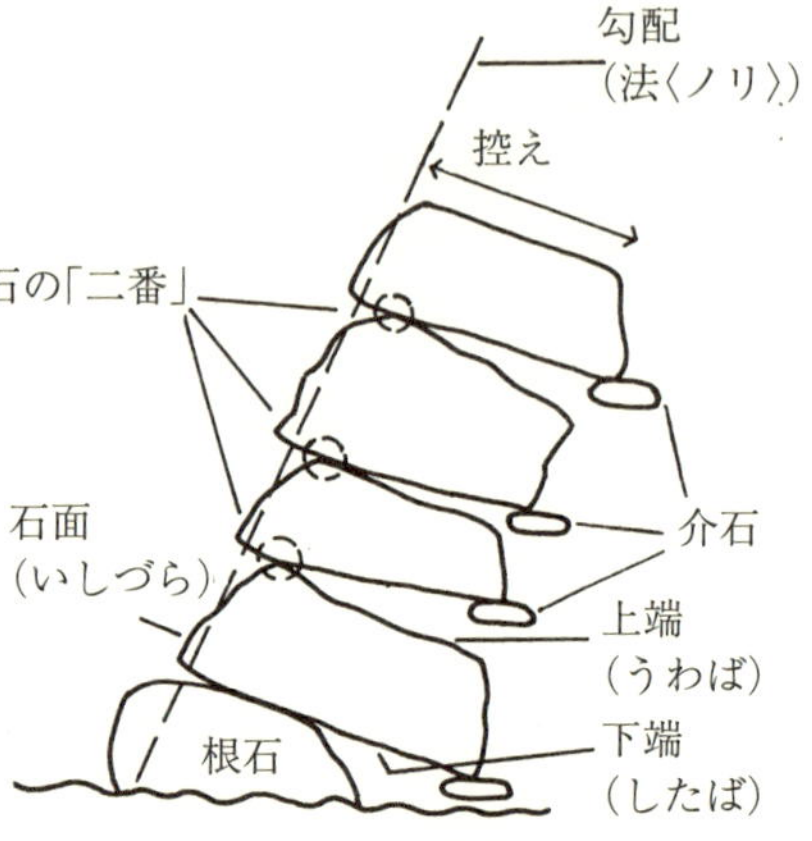

図３　築石部（石垣）の構造模式図

使用する。角石には長短・大小があり、場所により巨大な縦石を採用することもある。また、角脇部を構成する角脇石として独立するのは、反りが定着する慶長年間から元和年間にかけてのことであろう。ことばをかえれば、天正年間の後半から文禄・慶長初期にかけては、のちの角脇石がいまだ築石であるものと、新しい角脇石とが混在して用いられる時期であった。

古式穴太積みが観察できる築石部（＝石垣）では、根石列の据えつけからはじまる。築石となる石材（野面石・粗割石）は、この根石列上に一段石として配石される。まず、事前に集石された石材群のうち、より石垣の中心となる大小の主石《おもいし》を選び、それを点在するように仮におく。この場合の大小石材は、長辺をねかせて配石するのであるが、上・下石の接合箇所をよく吟味し、かつ全体からみたバランスを十分考慮するのはむろんのことである。このあと、主石と主石との間に生じた空間に、小石や空間部を調整するための間石《あいいし》を補充する。

一段目に据えられた大小の野面石・粗割石は、あらかじめ予定したノリ（傾斜角）にみ合うよう、それぞれ石材の下端《したば》に「介石」を入れ固定し、二段目、三段目と同様の手順をくりかえすのである。こうして完成した石垣には、一定のノリが与えられる。古式穴太積みにおけるノリのつけ方は図示（図3）したように、一石ごとの石面ノリは、実際のノリよりさらにねかせて築くものと理解されていた。石材の下端先端がノリより突出しがちなのは、そうしたことによる。また、粗割石どうしの強度がもっとも高い部分（石面から一〇～一五cm奥部）（＝「二番」）で合わせるのも、慶長期までの古式穴太積みの特徴である。

赤松広秀と竹田城石垣

竹田城の縄張りを考えるにあたり、『上道陳兵衛覚書《かんだて》』(7)（天明三年〈一七八三〉）は俗書のそしりはまぬがれないが、示唆に富む。かつて国人である太田垣氏の被官に、「上道」を称する人物がいた。山名宗全に仕えた和田秀重は、嘉吉の乱のとき、赤松満祐の軍勢と備前の上道郡で戦い、功を得た。以来、秀重は上道を名乗ったという（『朝来誌』）。以下は覚書の一部である。

天正五丁丑歳赤松左兵衛殿、此安井ノ城主ナリ。此城主ハ秀吉公取立ノ武士ニテ、是迄ハ幡《（播）》州建野《（竜）》ノ城主ニテ三万五千石也。赤松満祐責カリ山名家トハ敵人也。其故、安井之城ヲ竹田之城トシテ、殿村ノ大手ヲ竹田エ替ヘ、又南ニ専城ヲ拵、新造セントテ民百姓ノ人歩《（夫）》ヲ費シ石垣ヲ築

右の覚書に従えば、赤松広秀は豊臣秀吉に取りたてられた大名であり、大手を「安井」（現朝来市和田山町安井）側におく、「安井ノ城主」（①）であった。その後、字「殿村」（現朝来市和田山町三波）の地にあった大手側を、城山の反対側の竹田へ移しかえ、竹田城とした（②）こと。また、その南側に「専城」として、石積みによる城郭を築いた（③）という意であろう。

以上の伝承のうち①については、現在、竹田城主郭部の東北方に観音寺山遺構があり、ここには太田垣氏時代を推定できる畝状タテ堀遺構と、赤松時代をうかがわせる石垣の一部が残る。また、観音寺山遺構の西南方には、広大な曲輪を意味する「南千畳」「北千畳」の二曲輪（「専城」の意か、傍点筆者）、それに「花屋敷」曲輪に守られるかたちで竹田城主郭が立地する（③）。いずれも、文禄・慶長初期の成立を推定できる本格的な石垣だといえる。史料に記される大手門は、現在地（北千畳）南端部の枡形遺構とみなしてよいだろう（②）。

だとすれば、現存する竹田城遺構（図4）に関するかぎり、『上道陳兵衛覚書』の記載は真ぴょう性が高く、天明

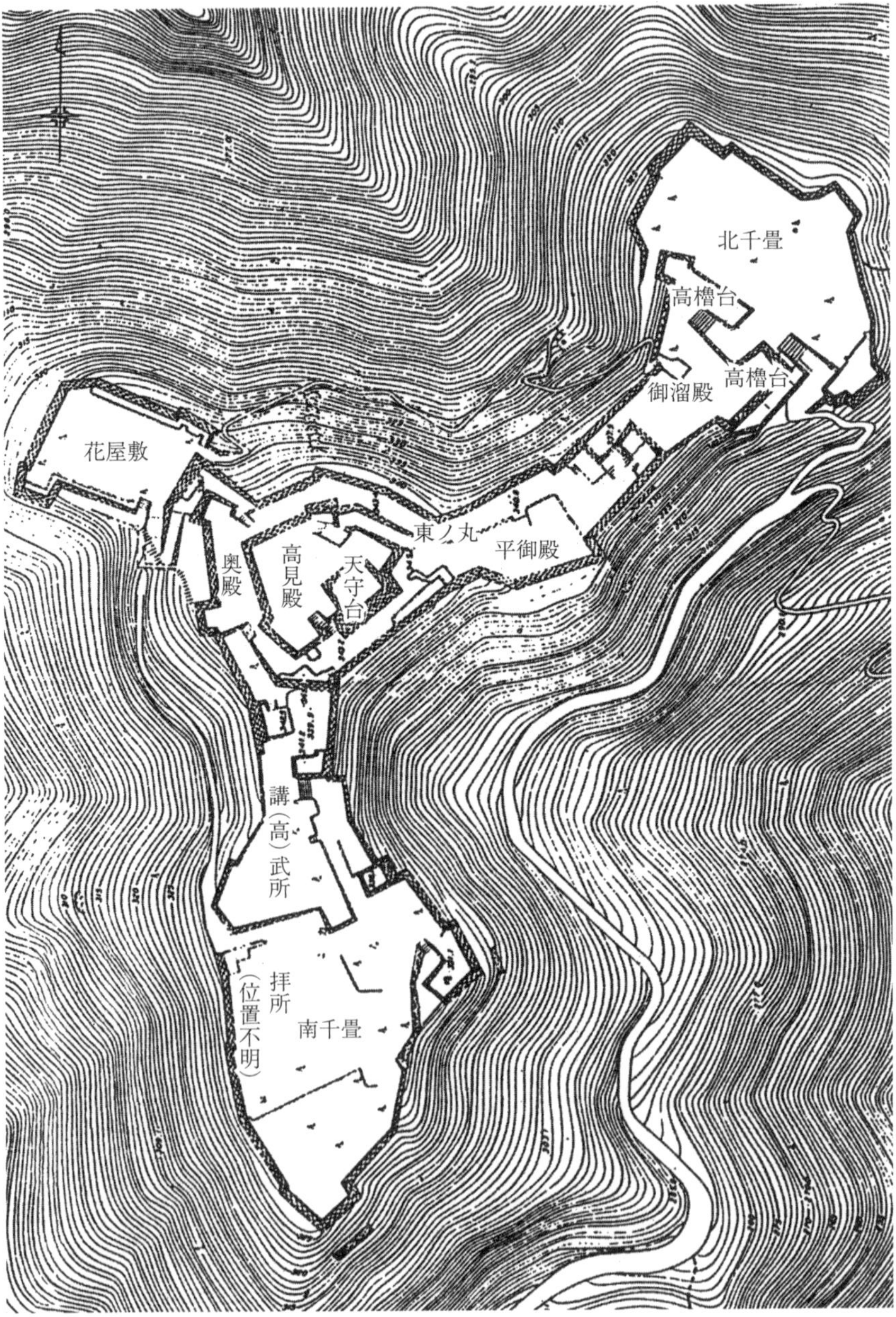

図４　竹田城曲輪名称図

三年（一七八三）当時、巷間に残る意識ではなかったか。

そうしたなかで、最近、谷本進氏(8)は、竹田城主郭部遺構のプラン、築造時期、築城主体といった新しい角度から検討を試みられている。それを、本稿でとりあつかう立場から私なりに要約すれば、次の三点となる。

（A）平面プラン――本丸・二ノ丸・三ノ丸といった諸曲輪を概念構造として素描できることから、竹田城はまさしく、近世城郭であること。なかでも、「南千畳」「北千畳」「花屋敷」の諸曲輪は築造時期がもっとも新しく、構造的にはそれぞれ大・小二ヶ所の虎口を有しており、これを「馬出形態の曲輪」と位置づけることが可能。また、防御施設としては、天正期の「横矢がかり」や「折れ」だけでなく、櫓台を多用するのも特徴のひとつだと理解されている。

（B）石垣遺構の構築時期―朝鮮の倭城（文禄元年～慶長三年）より新しく、慶長五年（一六〇〇）の廃城時にきわめて近い、慶長三年から五年までの間の成立とみなされている。

（C）築城主体―一地域に影響を与えた「但馬織豊系城郭」の枠では律しきれず、竹田城石垣の構築は、実質的には豊臣政権による「織豊系城郭」であると位置づけることが可能である。

谷本氏の提起された点を考慮しながら、以下に竹田城の石垣技法について、若干の私見を述べておきたい。前述したように、城郭石垣の成立時期を問う条件には、隅角部の構造の特徴と「反り」の有無をあげることができる。竹田城は近世初頭の山城としての平面プランに加えて、石垣もまたこの期の基準指標となる。

まず、石垣ラインの構築は、おおむね自然地形に沿って設定されている。もっとも、過去に修築が完了している伝平御殿の東面石垣や、同所北側の出角・入角を有する部分については、曲輪面積の拡幅によって防御的機能を高めようとしたものと推定できる。しかし、石垣構築時に足場の引きがない南千畳曲輪の東面の場合には、四ヶ所の折れ（出角・入角）を用意することにより、石垣の強化をはかっている（美しいが強度に難点のある「一文字」（直線ライン）は

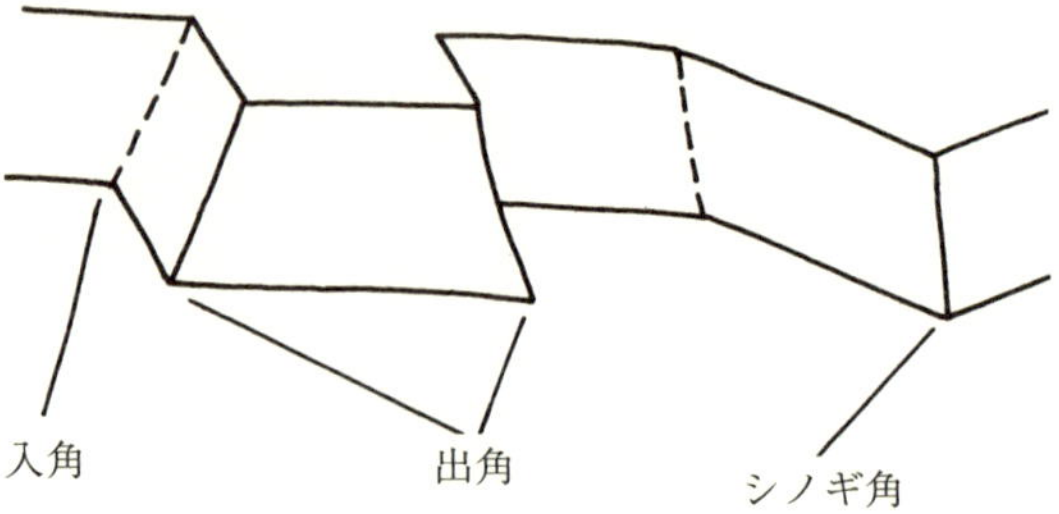

図５　石垣の「折」（出角・入角・シノギ角）

採用しない）。さらに、北千畳曲輪も見付櫓台石垣をのぞき、ほかはいずれも岩盤上に根石を配している。花屋敷曲輪もまた同様である。

以上を要するに、竹田城は石垣構築にさいして、根石は原則的に岩盤ないし地山上に据えていることである。つまり、折れ（出角・入角・シノギ角〈入シノギ角〉）（図５）を多用することで、石積みの強度を高める配慮を講じているのである。そうした結果、自然地形に応じて構築された各曲輪の石垣は、いずれも不等辺多角形を形成する。要するに、一定の決まった出角・入角はないのである。戦国時代後半期の城郭土塁として多用される「折れ」の採用は、その後の兵法への深い関心とともに、谷本氏が前掲（A）として強調されるように、郭内における防御施設としての櫓台として多用され、かつ規則性をうかがわせる配置（対面する櫓台の組合せが主）を定着させることになる。

竹田城天守台の石垣

まず、北千畳曲輪の外郭部から観察（図４参照）すると、見付櫓台下から反対側の（北）高櫓台出入口（虎口）までの間に、出角部八ヶ所、入角部五ヶ所、シノギ角部三ヶ所、そして入シノギ角部四ヶ所をあげることができる。このうち、出角の隅角部では角石に粗割石、もしくは野面石の比較的控（長さ）のある石材を用いている。また、角脇部については、角脇石一石か、数石の詰石をもって角脇石とするものや、いまだ角脇石となりえぬもの（築石で代用）があり、後者は天正年間に普及している。

ところで、少なくとも天正年間から慶長初頭に構築された石垣の出角部には、勾配調整用の挟《はさ》み石（以下「はさみ石」）と仮称する、一種の詰石が用いられる。上下角石の間に差しはさむ小片で、稜線部の傾斜角（法《ノリ》）と反りとを作りだすための重要な石材である（図6参照）。北千畳曲輪の出角部中段部には、いずれも緩い反りが認められる。これは、慶長年間に「法式」[9]として定着する、反りと算木積みの完成と軌を一にする。しかし、角脇部にいまだ築石の一部といった天正期以来の意識もあり、これは花屋敷、南千畳曲輪でも観察できる。

また、こうした技術の傾向は、大手門から東ノ丸へむかう（北）（南）各高櫓台の隅角部にも観察できるが、それぞれの隅角部には、大石の縦石をもって角石とし、それを「はさみ石」をもって調整している。いっぽう、算木積みへの関心は強く（南高櫓台）、東ノ丸の伝武の門をはさむ櫓台の隅角部もまた縦石を配石する。なかでも太鼓櫓台の北西面隅角部では、縦石の大石二石に対して、詰石の役割りをなす「はさみ石」をもってノリ（傾斜角）をつくる。もっともこの場合、構造的には算木積みとはなりえない。

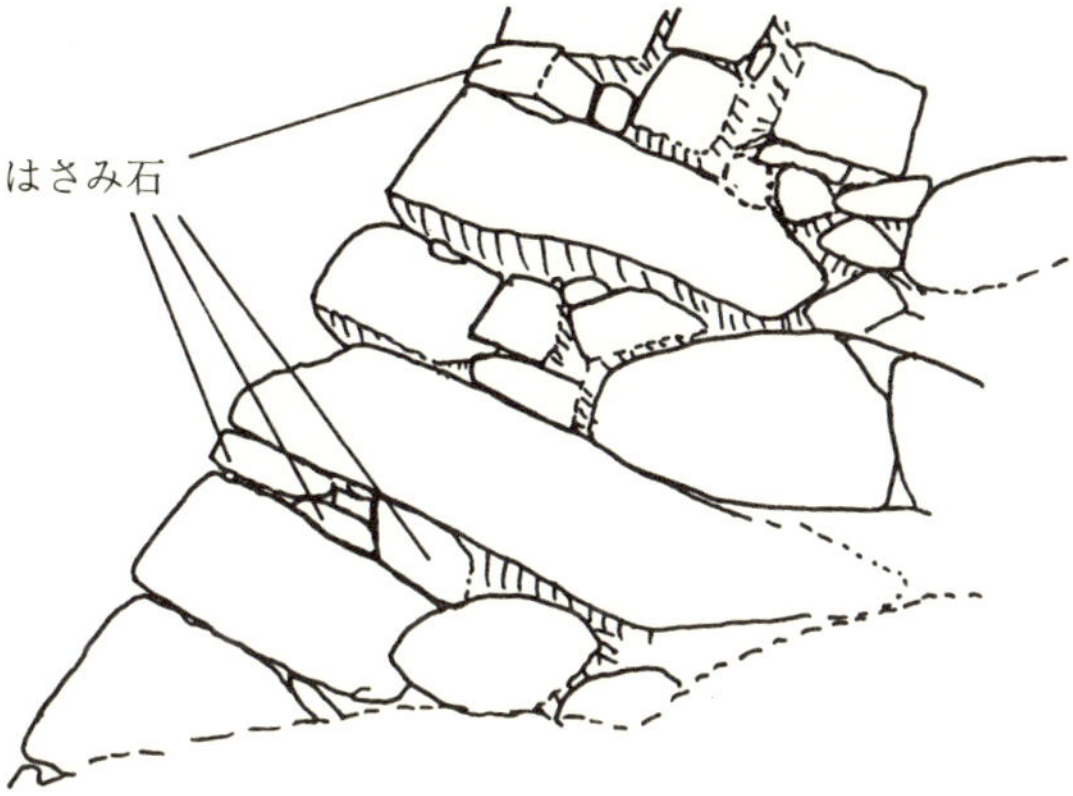

図6　竹田城天守台東隅角部基礎石垣構造図

縦石積みの例はほかに、南千畳曲輪から伝講武所へかけての櫓台に集中するのは興味ぶかい。このように、石垣として比較的低い部分に（外郭を構成する石垣のように、長間にわたる箇所を除く）特徴的に採用される理由とはなにか。おそらく、この特異な外観は中世城郭、寺院等の庭園にみる立石を念頭においたものであろう。それは、豊臣秀吉による茶の湯の普及と密接な関係が考えられないだろうか。江戸時代の陰・陽石、つまり、古式穴太積みでも多用される築石部（石垣を構成する部分）の横石・縦石も、そうしたことの反映ではあるまいか。故粟田万喜三氏（古式穴太積み技法伝承者）は、石材の使用を少なくするためと解されていた。

ところで、縦石積みを用いない箇所のひとつが、天守台・本丸石垣遺

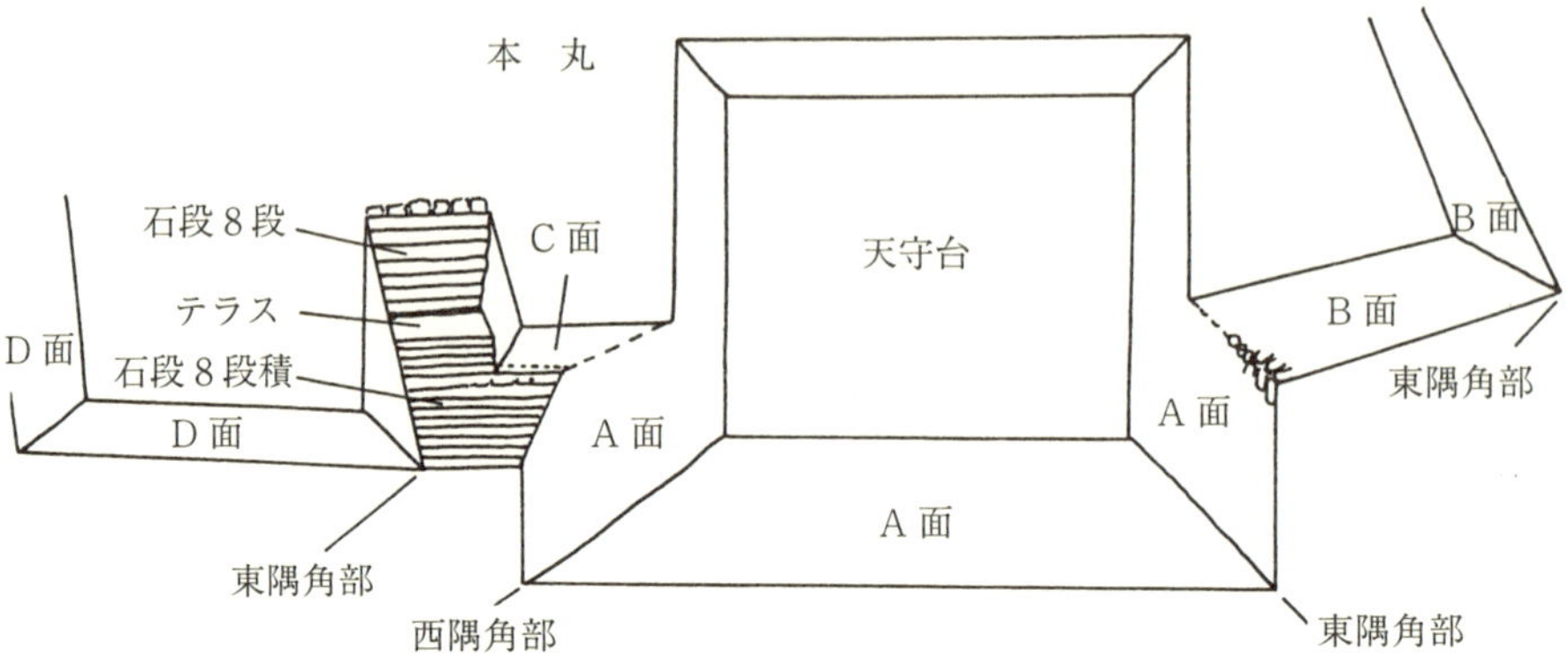

図７　竹田城天守台・本丸石垣遺構

写真１　竹田城天守台西隅角部石垣

構である（図7参照）。次に、A面西隅角部からその特徴をあげておこう（写真1）。まず、角石は概して控のある粗割石を中心に、角脇部には角脇石一石、ないし数石をもって角脇石であることを強く意識した算木積みである。しかし、いっぽうでは天正期以来の「はさみ石」を八ヶ所に採用しており、その結果、稜線部の中央あたりに反りが生じる。これは、算木積みの完成とあわせて、「法式」の完成[10]を意味する。本遺構のうちでは、最新の技法を示す箇所でもある。同じ東隅角部（図6）でも異なるところはない。天正期の古法をうかがわせるのは、角石の下段部における石材の先端部分を「隅かど」にみたて、ノリを出すところである。はさみ石は三ヶ所にみられる。また、A面石垣は、大石をバランスよく配した古式穴太積みであり、大石や縦石の採用からみて、天正末年から文禄年間が、また、反りと算木積みの完成度からみて、慶長初期の成立幅でとらえることが可能である。

B面東隅角部（図7）での角石は、下段の粗割の巨石と、規格性の乏しい石材を混ぜたものである。角脇部の意識は低く、すべて大・小築石によって代用させている。はさみ石も多用するが、反りはなくノリのみの稜線に近い。石垣中の巨石の使用も、粗々しさがうかがえる古式穴太積みである。そうしたところから、B面は天正初期の技法だといえる。ここで注意を要するのは、前掲A面とB面との時間的関係である。両者の接合箇所となる入角部の築石は、下段ではそれぞれ合わせるのみであるが、中段では小詰石を差し込む状況を呈す。A面・B面は、ほぼ同時に築き上げたものであろう。

最後に、A・B・Cの三面の間に設けられた石階部を検討する。石階は基礎より八段まで、A面・D面に沿って配石している。この天端石を根石として、C面の根石がのる。C面とA面との間に生じる入角部の下段は、A面とB面同様の石合せであるが、五段、六段石には、A面からC面への差し込みが認められる。これは、A面とC面とが同時に構築されていたことを示している。なお、D面東隅角部の角石は長短、大小の粗割石を用いるものの、角脇部には角脇石一石、ないし数石を用いており、算木積みはほぼ完成している。なお、はさみ石は中段部に確認でき、反りも認められる。

以上述べたように、本丸・天守台・石階段遺構は、慶長初期の成立を推定できる天守台（A面）と、天正年間の技法をうかがわすB面、そして慶長期に近い技法を反映したD面といった、新旧技法の混在が推定できるのである。

まとめ

本丸・天守台石垣の構築技法を通じて、成立時期の検討を試みた。「折れ」（出角・入角・シノギ角）、算木積み、築石から角脇石への独立、はさみ石から反りの成立等を通して、竹田城の石垣構造が、天正年間の伝統技術を伝承しながらも、文禄年間から慶長年間初期の構造物である可能性について述べた。

もっとも、竹田城本丸・天守台石垣が古式穴太積み技法であるからといって、そのすべてが穴太積みだというのではない。おそらく、各地の伝統的技法も当然含まれていてよいはずである。織田信長の居城である安土城の場合にも、当然のことながら同様の状況がうかがえることも指摘しておきたい。

さて、谷本氏が提起された見解のうち、北千畳・花屋敷・南千畳の諸曲輪が、とくに新しい構築物だとされる点については、天守台石垣構造との比較から論じるかぎり困難である。縦石積みが郭内の櫓台に広く用いられたこともその理由となる。また、「馬出形態の曲輪」の呼称についても、本来、平坦地で使われた馬出しが、なぜ山城に用いられるようになるのか、構造の形態だけでなく、その機能をも含めた変遷理由の検討がさらに望まれよう。

構築技術からみた築城主体については、谷本氏の説かれるように[11]、豊臣政権自体による「織豊系城郭」とみなしてよいのではなかろうか。

そうしたことに関して、最近、「但馬考古学研究会」の西尾孝昌氏、田畑基氏らの踏査によって確認された、仮称「登り石垣」の存在は興味深い。北千畳曲輪の北西部、下方尾根部に残存する階段状石垣は、その隅角部において、前述した天守台周辺部で観察した古式穴太積み石垣を用いる部分と基本的に異なるものではない（一部に隅角部になりえない箇所あり）。遺構の成立時期は、やはり文禄・慶長初期が予想される。

こうしてみると、赤松時代の竹田城の石垣遺構もまた、古式穴太積みを中心にした技術をもとに、豊臣政権が直接関与する城郭のひとつとして、構築された可能性が高いことも十分考慮する必要がある。

【註】

（1）北垣「竹田城の歴史的考察」（『竹田城保存管理計画書』和田山町教育委員会、一九七七年度）。
（2）北垣「竹田城」（『日本城郭大系』十二巻　新人物往来社、一九八一年三月）。
（3）北垣「中世城郭における「畝状タテ堀」遺構成立の一考察」（『網干善教先生華甲記念考古学論集』、一九八八年九月）。
（4）中井均「織豊系城郭の画期」（『中世城郭研究論集』新人物往来社、一九九〇年五月）。
（5）北垣『石垣普請』法政大学出版局、一九八七年三月。
（6）北垣「千畳敷石垣とその変遷」（『千畳敷』岐阜市教育委員会、一九九〇年三月）。
（7）並川実治氏（和田山町竹田）より教示。
（8）谷本進「竹田城の構造形式について」一九九一年四月一七日発表要旨。
（9）北垣「熊本城石垣の変遷について」（『封建社会と近代』〈津田秀夫先生古稀記念会〉、一九八九年三月）。
（11）前掲拙稿（9）。
（12）谷本前掲要旨（8）。

〈付記〉本稿執筆後から今日までの間に、城郭石垣に関する新たな発見もあり、調査・研究も大きく進展している。現時点での筆者の見解として本書所収の新稿「（訂補）石垣遺構からみた但馬竹田城について―「穴太衆積み」をまじえて―」にまとめたので、併せて参照願いたい。

Ⅱ

但馬竹田城天守台とその周辺

松岡利郎

但馬竹田城跡は、国の史跡指定を受けている中世以来の山城で、虎臥山の上に石垣で築かれた、規模雄大な遺構を残している。ＪＲ播但《ばんたん》線の車窓からでも、山の上に豪壮な石組みが累々と横たわるさまを見ることができる。

竹田城の構築

この城がいつ築かれたかは、史料も十分でなく明らかでない。但馬竹田城に関する研究によれば、但馬守護山名氏の重臣太田垣氏が城主をつとめたが、天正五年（一五七七）、羽柴秀吉の中国進攻を受けて落城したという。その後、竹田城は弟秀長があずかり、天正八年に秀長の家臣桑山重晴、次いで同十三年より赤松広秀が入城した。その間に改築工事がなされたと思われる。天明三年（一七八三）の『上道陣兵衛覚書《かんだて》』に、

（前略）天正五丁丑歳赤松佐兵衛殿、此安井ノ城主ナリ。此城主ハ秀吉公取立ノ武士ニテ、是迄ハ播州建野（竜野）ノ城主ニシテ三万五千石也。赤松満祐責カリ山名家トハ敵人也。其故、安井之城ヲ竹田之城トシテ、殿村ノ大手ヲ竹田エ替へ、又南ニ専城ヲ拵、新造セントテ民百姓ノ人歩（人夫）ヲ費シ石垣ヲ築

とあり、竹田城の石垣築造が伝えられている。しかし、広秀は慶長五年（一六〇〇）の関ヶ原合戦で西軍にくみしたため、徳川家康にその責をとがめられて自刃し、廃城となった。さきに引用した文書は、江戸時代の編纂で、年代のあわない問題点もあって十分なものとはいえないものの、石垣の構築技法からみて、いわゆる穴太《あのう》積みを採用しており、編

年様式上では天正後半（一五八二〜九二）・文禄年間（一五九二〜九六）と推定されている。

天守台の規模

現在、城跡は高見殿（本丸に相当）や平御殿（二ノ丸）、講武所（南二ノ丸）、花屋敷、東ノ丸、北千畳、南千畳など、諸曲輪が両翼を広げるように、地形の高低を巧みに利用した縄張りの構成美を見せている。これだけでも文化遺産として価値があるものの、往時は石垣上にどんな建物が配備されていたかが問題となる。残念ながら、建築構成を具体的に示す史料がないため、かつての雄姿を知ることができない。

竹田城跡を踏査して、まず注目されるのは、高所の中心を占める天守台であり、高見殿の東南部、標高三五三・六五mのところに位置する。昭和四十五年（一九七〇）四月三日、当時の日本城郭近畿学生研究会（後に城郭談話会に継承発展）のメンバーが巻尺で測量してみたところ、図示のように長辺四二・七尺×短辺三六・一尺、高見殿の地面上からの高さ九尺余、外側（東南辺）に面する石垣高さは三〇尺以上もあった。天守台の形状は矩形で、礎石も見られる。礎石がすべて揃っているとはいいがたいものの、配列状況から推察すれば、柱間六尺五寸で六間×五間の規模とする計画であったと考えられる。ただし、四辺の寸法とも対辺にわずかな差があり、隅部は正確に直角ではなく、東南辺が少しのびる。しかし、この歪みは大きくなく、実際上問題なく六間×五間の大きさにうまく当てはめることができる（図1）。

竹田城の天守台が六間×五間の規模であるとすれば、次に考えるべきは、どのような建築構成をとっていたかであるが、さきにも述べたように、具体的な史料を欠く以上、明確なことはいえない。六間×五間の規模からすれば、二重か三重の望楼式天守と思われるが、この城に天守が建っていたという記録も伝承もない。城跡から多くの瓦片が出土しているので、天守・櫓・城門・塀など、建物の存在した可能性が認められても、城郭学が科学的な研究水準をも

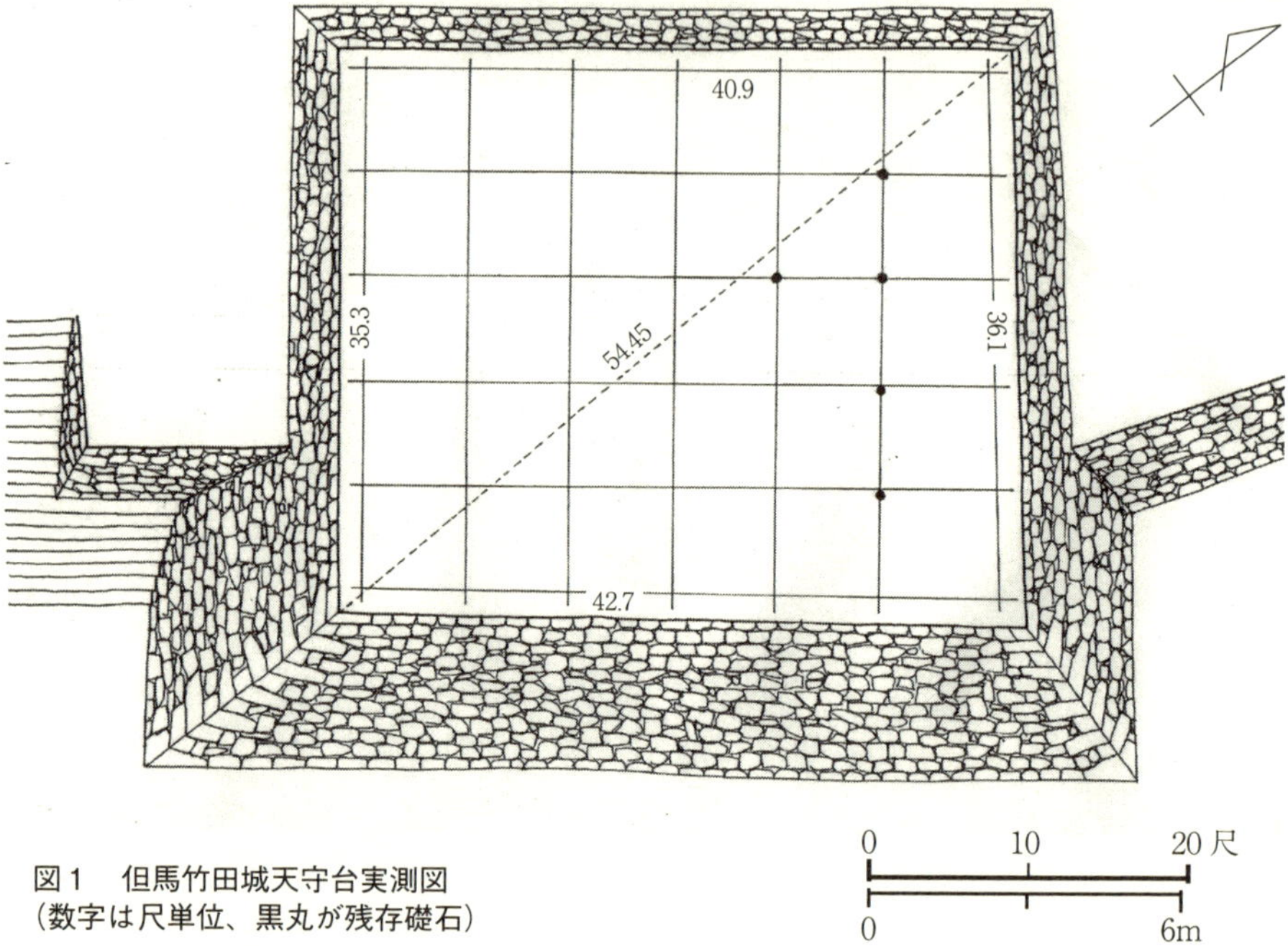

図1　但馬竹田城天守台実測図
（数字は尺単位、黒丸が残存礎石）

つまでに進んだ今日においては、安易な復元的考察は慎まねばならない。

そうなると、史料的に限界があり、研究が行き詰まることになるけれど、視点を変えて考えてみる必要がある。方法論として、竹田城天守台構築期における周辺の城郭との関連性を調べること、建築としてはほかの天守・櫓遺構との比較検討を試みることである。すなわち、全般的な視野にたって、城郭史・建築史の流れにおける竹田城天守台を位置づけてみたい。

城郭史における天守の構築

まず、但馬竹田城が今日みるような近世城郭としての体裁を整えたとみなされる、赤松広秀在城当時の情勢（天正後半・文禄年間）を考慮すると、さきに織田信長が安土城を築いて天下へ号令をかけ、本能寺の変後に豊臣秀吉が大坂城・伏見城・聚楽第

表1　竹田城天守台と関係のある全国の天守

◆織田期（天正前半）			
織田信長	安土城	七重天主（五層六階・地下一階）	天正四年
織田信雄	田丸城	天守台・穴蔵付	天正三年
織田信孝	伊勢神戸城	五重天守	天正八年
織田信包	安濃津城	五重天守（穴蔵あり）	天正八年
柴田勝豊	＊丸岡城	二重天守（二層三階）、重文	天正四年
明智光秀	福知山城	三重天守（三層四階・地下一階）	天正七年
羽柴秀吉	姫路城	三重天守	天正九年
◆豊臣期（天正後半・文禄年間）			
豊臣秀吉	大坂城	八重天守（九階建て説もあり）	天正十一年
豊臣秀長	大和郡山城	七重天守	天正十三年
豊臣秀次	近江八幡城	天守台は崩壊	天正十三年
赤松広秀	但馬竹田城	天守台	天正十三年
依田信蕃	小諸城	三重天守	天正十一年
脇坂安治	洲本城	天守台	天正十三年
蒲生氏郷	松坂城	三重天守	天正十六年
木下重堅	若桜鬼ヶ城	天守台	天正年間
堀尾宗光	二俣城	天守台	天正十八年
◆徳川期（慶長年間以後）			
石川光吉	＊犬山城	三重天守（四階・地下二階）国宝	慶長五年
藤堂高虎	＊宇和島城	旧三重天守（現天守は寛文）重文	慶長六年

を築いて、天下統一を成し遂げた時期にあたることはいうまでもなかろう。

　城郭も、中世的な砦と山麓の居館から発展して、政治経済・交通の要衝を占める平地に平山城・平城を構えて近世的な城下町を形成するようになるが、こうした過程にあっても、なお山城の要害を生かして石垣を構築し、天守・櫓・城門を建てるものがまだみられる。例えば、但馬竹田城をはじめ高取城、備中松山城（高梁城）、津和野城、岡城（豊後竹田城）、岩村城、村上城などである。ほかに鳥取城や若桜鬼ヶ《わかさおにが》城、利神《りかん》城、下津井《しもつい》城、洲本城も見落とせない。そのはじまりは、織田信長の岐阜城や松永久秀の多聞山城に求められようが、やはり安土山に七重天主を建てた安土城を嚆矢とする。

　すると、信長配下の諸武将が各地に居城を築いて、安土城にならう規模の施設をそなえるようになるのは、当然の成りゆきで

池田輝政	＊姫路城	五重天守（六階・地下一階）国宝	慶長十三年
池田長吉	鳥取城	二重天守（穴蔵あり）	慶長七年
池田由之	利神城	天守曲輪	慶長五年
池田長政	下津井城	天守台	慶長八年
本多俊政	高取城	三重天守（穴蔵あり）	慶長年間
小笠原忠真	＊明石城	坤櫓（三層三階）重文	元和四年
京極高和	＊丸亀城	三重天守（三層三階）重文	万治三年
水谷勝宗	＊備中松山城	二重天守・接続廊下付、重文	天和元年
津軽寧親	＊弘前城	本丸巽櫓（三重天守）重文	文化七年

ある。すでに周知のごとく、安土以後、天守が盛んに建てられたが、天守の存在がわかるもので、竹田城天守台と関係あるものを取り上げてみよう。

信長が本能寺の変で斃れるまでと、秀吉が天下をまとめた間、および関ヶ原合戦以後と、三時期に区分してみると、表1のようになる（＊印は現存遺構）。

それに加え、各城の天守台および建築遺構もあわせて図示する（図2～7）。ただ、天守の建築構成が不明なものばかりであり、天守台実測をもとに同一スケールの縮尺で示し参考資料として供することとしたい。

天守台各説

まず、各城の天守台について述べる。初期の天守、とくに織田・豊臣期のものは、建築構成が知られる例はきわめて少ない。しかし、但馬竹田城天守台も含めて天守台の形状を比較してみると、おもしろいものがあるので、以下に述べてみよう。

[安土城天主]　いうまでもなく、近世城郭の幕開けをなしたもので、安土山上に築かれた。本能寺の変で焼失するまで存在期間は短かったものの、全山にわたり諸曲輪と石垣が残っており、縄張りは竹田城と同様に、近世山城の形態をとどめている。さすがに天主の規模が大きく、天主台は不等辺六角のようで、穴蔵も平行四辺形の斜めに歪んだ形

状をなす。『安土日記・信長公記』や「天守指図」によって建築構成を推察できるが、きわめて特異なものであったらしい。

［田丸城天守］　信長の二男北畠信雄が築いたが、天守は天正八年（一五八〇）の放火で焼失した。その後、稲葉道通が三重天守を再建し、『田丸古記抜書』には「慶安二年（一六四九）正月十三日夜半頃風雨有之、御城天守崩候」とある。現状天守台は、長方形で九間×八間半で方形に近く、穴蔵形式を設ける。ただ、石積みが新しくみうけられ、後に整備されたもののように思われる。

［伊勢神戸城天守］　信長の三男神戸信孝の建てた天守は、衣斐覧譲氏著『神戸録」とその周辺』に規模が記されている。石垣の高さは堀の水面より五間五寸、初重目は東西七間半×南北七間・高さ二重目板敷下まで一間五尺。二重目も、四辺・高さとも初重目とほぼ同じ。三重目は東西五間半×南北四間・高さ一間一尺五寸で、東西の唐破風の出が四尺五寸。四重目も間数が同じく、高さ一間三尺二寸。五重目は東西三間半×南北二間・高さ一間二寸。石垣の水際より御天守棟木までの高さは十四間四尺九寸。御天守より小天守への取付廊下は九尺×三間。小天守は二つで、高さは平地より棟木まで七間二尺五寸であったと伝える。しかし、信孝は本能寺の変後、柴田勝家とくみして秀吉に敗れ、天正十一年（一五八三）五月、尾張の野間大御堂寺において自刃した。文禄五年（一五九六）、神戸城天守は桑名城へ移建されて、三重の神戸櫓に改められたという。

［安濃津城天守］　信長の弟信包《のぶかね》が五重天守を建てたが、関ヶ原合戦で焼失した。その後に入った藤堂高虎が天守台を築きなおしたものの、天守は建てられなかった。現存の天守台は八間×七間、穴蔵形式で、西南部に小天守台を付属する。周囲に塀を囲ったときの枘穴《ほぞあな》が見られる。『津城御秘録』に、天守台は東西七間に南北八間、小天守台は東西六間に南北四間二尺と記すのと一致する。

［山崎城天守］　羽柴秀吉は、山崎天王山で明智光秀をやぶった後、大坂城を築くまでの間に山崎城へ入った。わずか

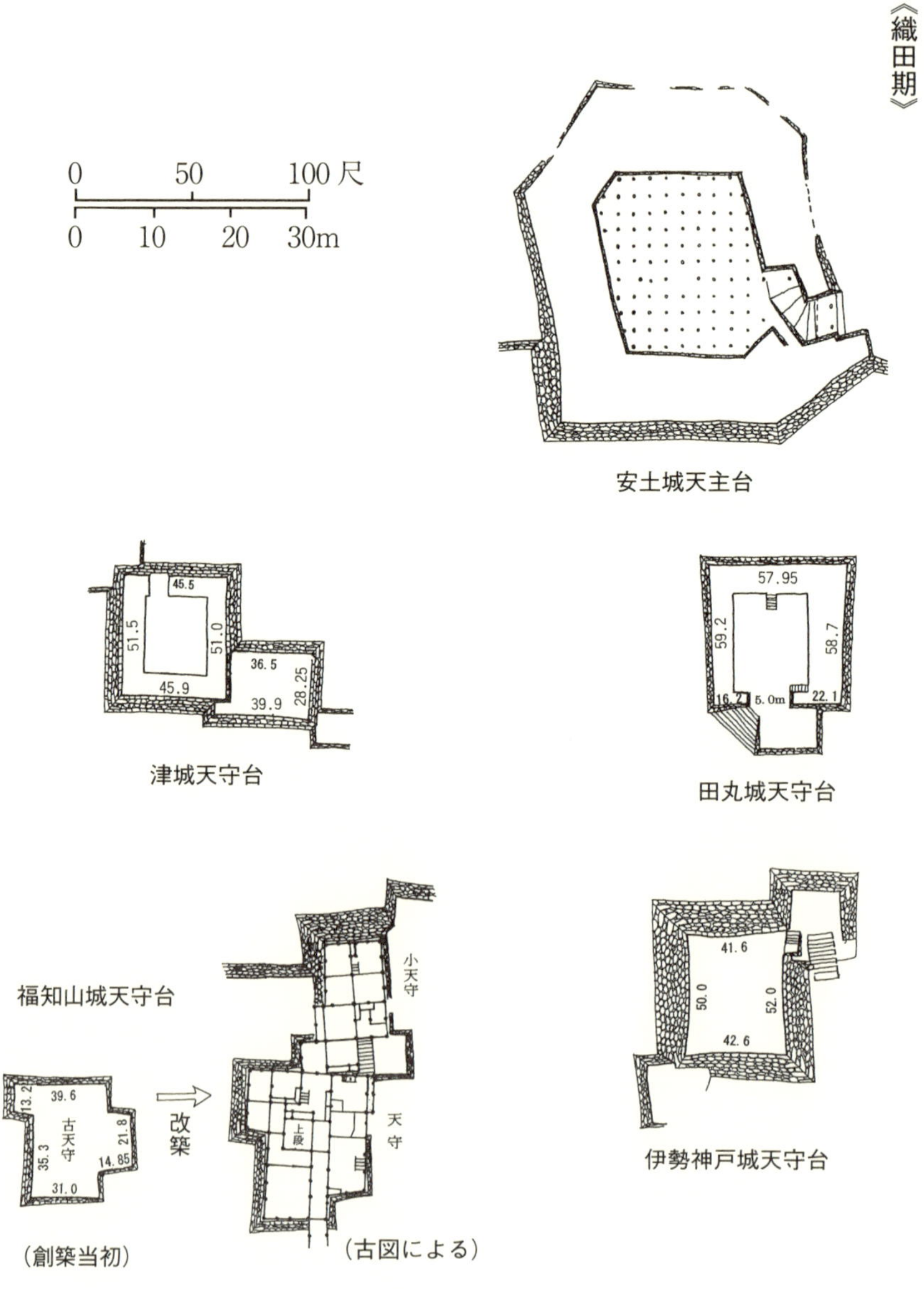

図２－１　天守台の規模比較図（方位は上方が北　実測数値は尺単位）

《豊臣期》

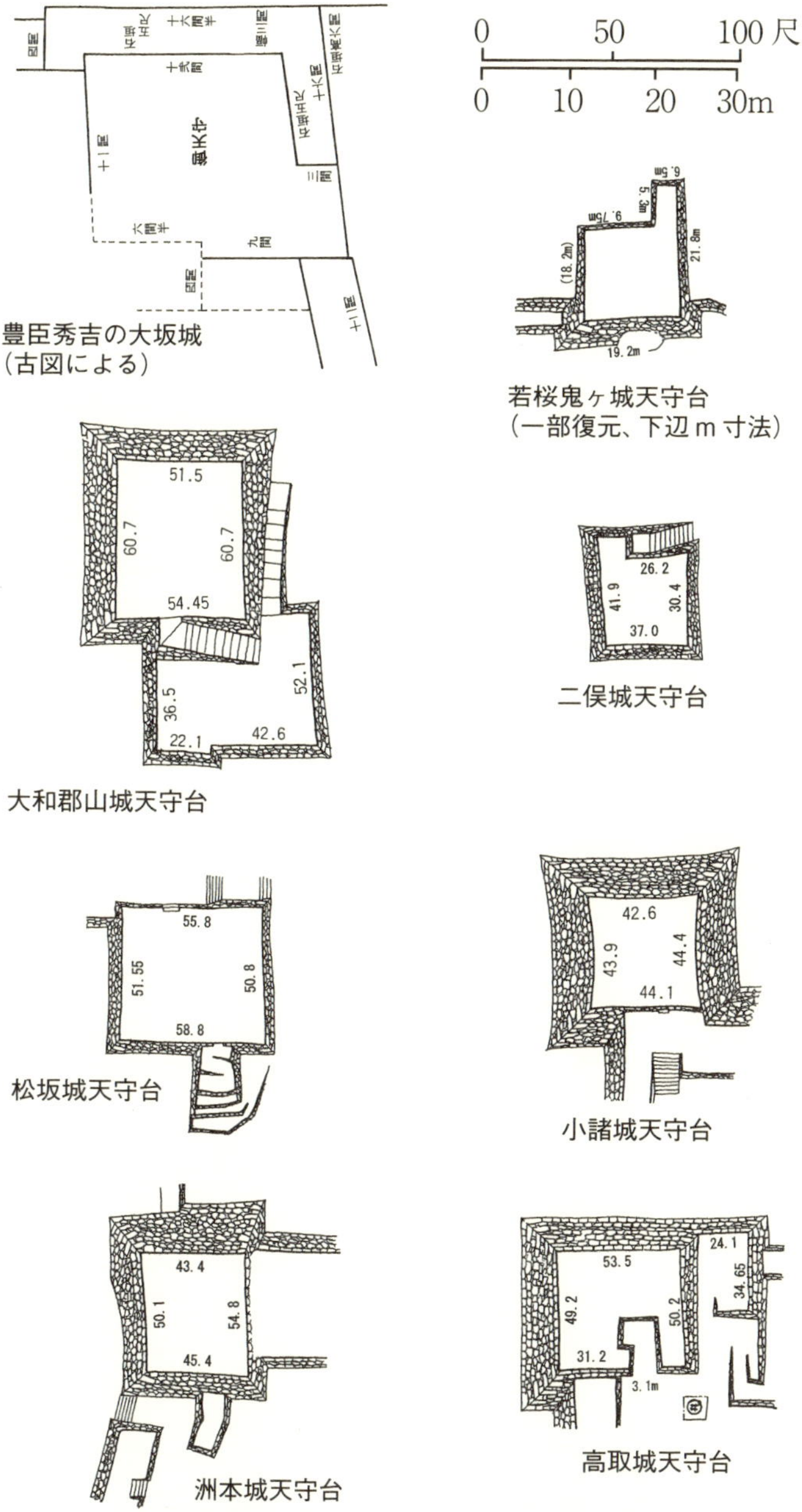

図２－２　天守台の規模比較図（方位は上方が北　実測数値は尺単位）

な期間であったが、『兼見卿記《かねみきょうき》』天正十二年三月二十五日条に「今朝山崎之天守ヲ壊テ取ランカ為（後略）」とあり、天守の存在が知られる。現在、わずかに城跡を残しており、天守台は崩れているものの、本郭の北側にあって不等辺五角形、東南部に付櫓をつけた形状が認められる。不等辺五角形をなすのは岡山城天守と似ているし、付櫓をもつ点も、次に述べる大坂城天守と同様であり、先駆をなすものとして留意すべきかもしれない。

[大坂城天守]　豊臣秀吉の建てた天守は、中井家所蔵「本丸図」によって、天守台の規模が知られるだけである。これによると北辺一二間×西辺一一間、南辺六間半＋九間の付櫓を付属したものである。形状は少々複雑で、大小二枚の方形を斜めにずらして重ねたような平面をなし、東南部に細長い付壇をつけ、北側および東側に幅が狭い腰曲輪をまわす。有名な大坂夏の陣図屏風に五重天守の華麗な姿が描かれているが、文書によっては内部が七・八・九階とまちまちで、正しくはわからない。おそらく、地階（穴蔵）か小屋裏の階があるために、階数が違っていたのかもしれない。

[大和郡山城天守]　豊臣秀次の近江八幡城は、安土城と同様の山城だが、城跡に村雲御所瑞龍寺が移建されたため、天守台の旧状は知られない。しかし、同じ豊臣家の秀長が築いた大和郡山城に古い天守台が残っている。その規模は八間×七間（七尺間）で、石垣に石仏・台座・五輪塔などが無雑作にはめ込まれている。秀長の天守は、建てる途中で地震により崩れたものの、後に再建されたらしい（『渡辺水庵覚書』）。関ヶ原合戦に際し、渡辺勘兵衛が天守に金銀があって三重目に登ったと伝える。この天守は七重だったようで、後に伏見城へ移建された。さらに二条城へ移建して、五重天守に改められたという（『二条御城御造立之事』）。残念ながら、建築構成は知られない。

[松坂城天守]　蒲生氏郷の建てた天守は、正保四年（一六四七）の『勢州飯高郡ノ内松坂城町絵図下帳』に、「三重之天守申ノ七月廿九日大風ニ吹コホチ土台計如此」とあり、倒壊したことが記されている。天守台を実測したところ、その大きさは国立公文書館所蔵「勢州松坂城図」に画かれた天守台が長九間×横八間とあるのと符号することがわかる。

［小諸城天守］　小諸藩記録に、「天正十一癸未年より同十三乙酉年迄の工にして、芦田（依田）信蕃起工、其子康国に至り竣工す。三重なりき」、「寛永三年（一六二六）六月大雷雨あり、其日落雷のため焼失す」とあるだけで、詳しくは不明である。天守台は勾配のゆるやかな野面積みで、四辺が内側に湾曲した糸巻き状をなす。方形に近く、実測値から換算すれば六尺五寸間で六間半四方、六尺間なら七間四方に相当するようである。

天守の建築各説

これまで述べた織田・豊臣関係の各天守は、天守台が残るのみで具体的な建築構成を知ることができない。新史料の発見でもない限り、これ以上の進展は望めないし、詳細な研究をすすめにくい。よって、ここでは但馬竹田城の天守台と関連あるもので、建築構成の明確な例をあげて説明したい。

［初期の天守］　古い例は、『遺老物語』巻八の「永禄以来出来初事」にあらわれる尾張楽田《がくでん》城天守で、城中に高さ二間余の壇を築き、その上に五間七間の矢倉をつくり、真ん中に八畳敷の二階座敷をこしらえたという。その形態は丸岡城天守の七間×六間・二重三階建て望楼形式と同様なものを思わせる。また、楽田城に近い犬山城天守は、後世の改造を受けているものの、天守台が東南部に付櫓の張出し、東側が斜めに歪んだ台形をなす点は注目される。それと同様な形状は、秀吉の大坂城天守・大津城天守（彦根城天守の前身という）・若桜鬼ヶ城天守台・二俣城天守台などに類例を見いだすことができる。ただし、若桜鬼ヶ城・二俣城に天守が建てられたかどうかは知られない。

［福知山城天守］　古図によると、三重四階建て・地階付きの天守を中心に、北側に二重二階建ての小天守、南側に櫓門を介して二重二階建ての菱櫓と連結した建物であった。当天守の平面構成は複雑であるが、東西四間×南北九間半を主体にして東側北寄りに入口部の張出し、および西側北寄りに十二畳の張出しを付けた形をなす。床と棚をしつらえた上段之間や水流し・厠まで設けており、明智光秀も安土城天守にならったと思われるが、天守台に後補の痕跡が

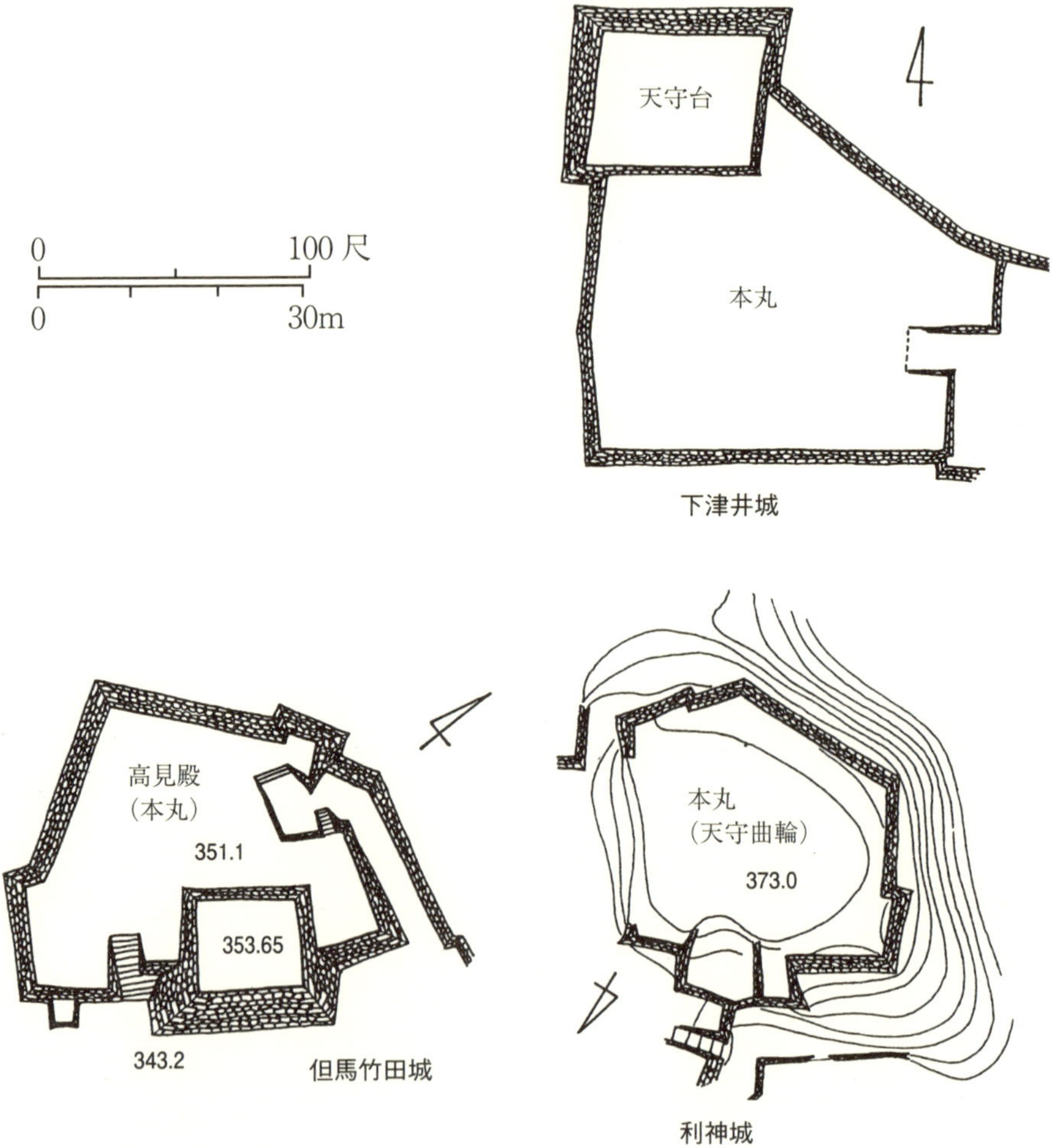
0
100 尺
0
30m
天守台
本丸
下津井城
高見殿
（本丸）
351.1
353.65
343.2
但馬竹田城
本丸
（天守曲輪）
373.0
利神城

図３　天守曲輪比較図

認められるので注意を要する。しかも、復興天守の建設工事に先立って天守台を発掘調査したところ、当初は七間×四間に張出し二ヶ所を付けた単独的な形であったのが、後に改変されて規模を順次拡張していたことが明らかにされた。したがって、古図に見られる平面構成が当初の古天守を改築して建て直されたとすれば、それがどこまで遡れるか、なお検討すべき余地が残されている。

［池田家の天守］　姫路城天守の解体修理において、秀吉時代の天守台や旧部材が発見され、これによって八間半×七間の三重天守であったと推定されている。周知のように、慶長五年（一六〇〇）の関ヶ原合戦後、池田輝政が播磨五二万石を拝領したとき、姫路城を今日みるような規模に改築した。そして、明石・三木・高砂・竜野・赤穂・平福に支城を置くが、このうち平福の利神城に天守が建てられた。『利神城荒廃記』に、輝政は甥の由之《よしゆき》が建てた五層の天守を釜須坂から遠望して、雲を突き抜けるほどの偉容に驚き、「異図あるものとして」天守取り壊しを命じたエピソードが伝えられている。現在、城跡に不等辺五角形の本丸（天守曲輪）が残るものの、天守台に相当するものは見られない。ただ、天守曲輪の形状が但馬竹田城の天守台を囲む高見殿と似かよっていることは注目されよう（図3）。

　ところで、慶長八年（一六〇三）に輝政の次男忠継が岡山城に入ると、家老の池田長政は下津井城を整備した。天守台が残っているものの、詳しくは知られない。また、同じ池田長吉も鳥取城に入り、『鳥府志』に「（前略）此時コレ迄アリシ処ノ三重の櫓（天守）ハ高山の頂ニテ風ノ損シ有トテ二重ニ低ク改造セラレ堅横十一間有リシトカヤ」「此時普請ノ棟梁ハ若桜ノ番匠七右衛門ト云者ナリシト聞エタリ」と記している。天守は元禄五年（一六九二）の雷火で焼失したが、古図によっておよその姿が偲べるのみである。

［宇和島城天守］　文禄四年（一五九五）、藤堂高虎が伊予国宇和郡の領主となり、板島丸串城（今の宇和島城）を築き、天守を建てた。古図によれば、岩盤の上に建てられ、初重目六間四方・西南部に三間四方の付櫓、二重目四間四方、三重目二間四方の望楼形式であった（図4）。各重の平面構成からみて、非相称な形態であったらしく、初期天守の

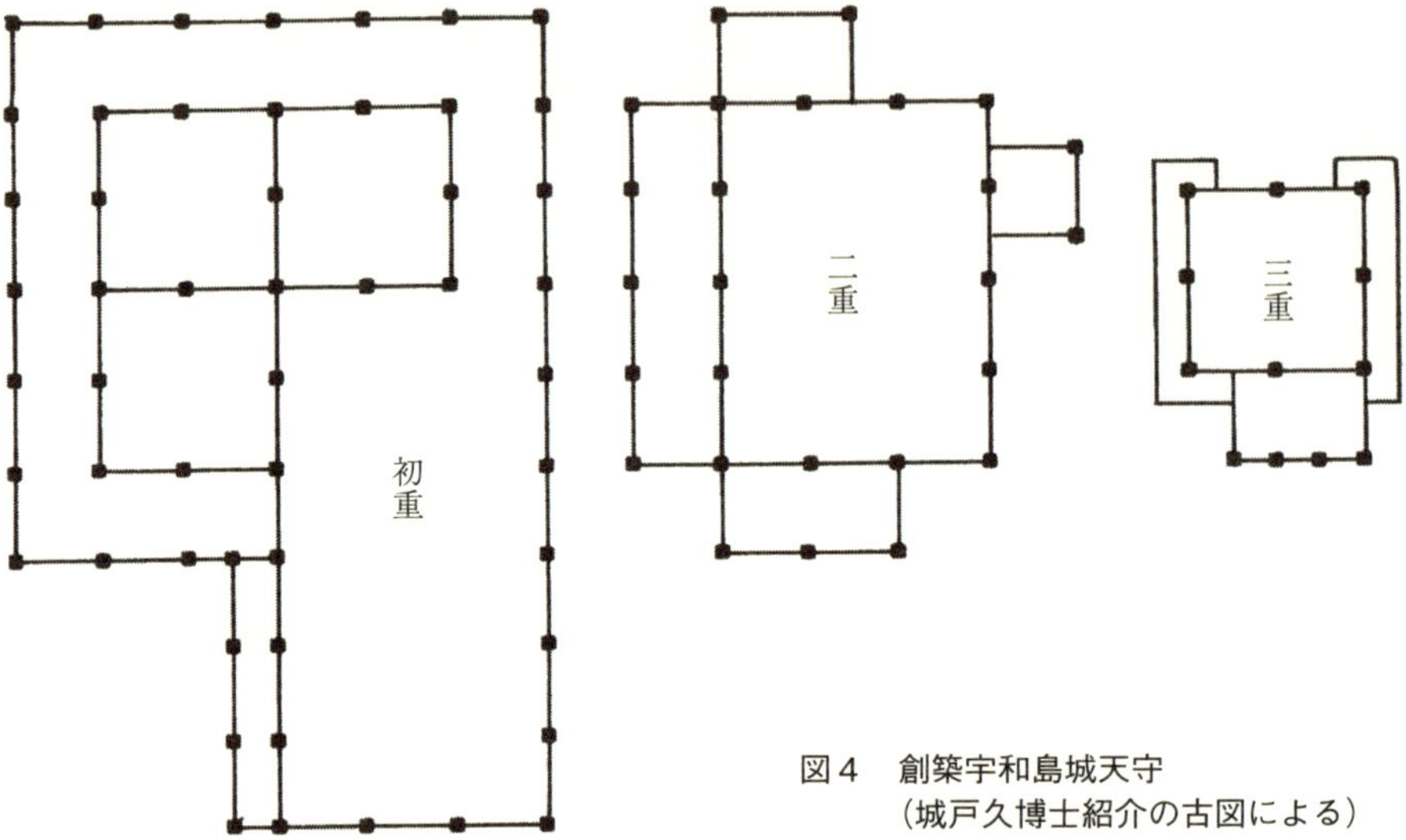

図４　創築宇和島城天守
（城戸久博士紹介の古図による）

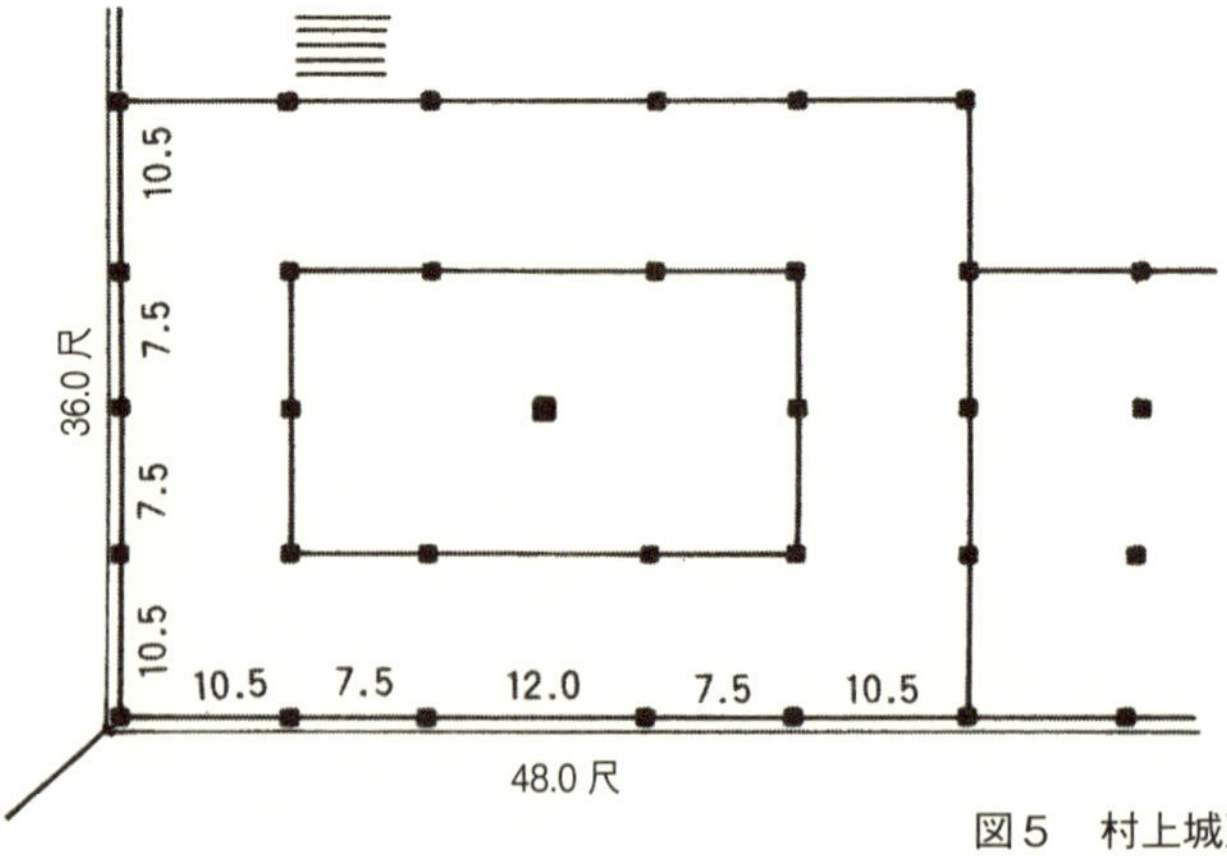

図５　村上城天守台の規模

特色がうかがえる。ちなみに、現存の天守は寛文五年（一六六五）に旧天守が腐朽したため、伊達宗利が改築したものである。

［鳥羽城天守］　この天守は、寛永十年（一六三三）、九鬼家の去った後に内藤忠重が入ったときに建てた。『志摩城之結構』によると穴蔵五間×四間、初重目六間×五間、二重目六間×五間、三重目三間半×三間一尺であったという。二層目入母屋の上に物見櫓をのせたものと思われるが、天守台が残らず、指図もないのでよくわからない。しかし、初重目が六間×五間であるのは、但馬竹田城天守台と同規模で参考になる。

［山城の天守］　近世の山城で天守があるのは、鳥取城のほかに高取城、村上城、岡城（豊後竹田）、備中松山城（高梁）が知られている。高取城天守は記録によると、初重目八間×七間二尺、二重目七間×六間二尺、三重目五間×四間二尺であった。天守台の規模と合い、入口形式の穴蔵をそなえる点は、犬山城天守や福知山城天守と同様である。岡城では、文禄二年（一五九三）に中川秀成によって築城された天守が明和八年（一七七一）に焼失しており、その後、御三階櫓を再建、古図から初重目五間四方、二重目四間四方、三重目三間四方で、廻縁をまわしていたことが知られる。

越後村上城の三重天守は、松平直矩が寛文元年（一六六一）に建てたが、その期間は短く、同七年の落雷で焼失した。天守台に礎石がよく残っていて、六尺間で八間×六間の規模、周囲に幅一間半の入側をまわし、四間半×二間半の身舎の中央に心柱を立てていたと推定できる（図5）。

［備中松山（高梁）城天守］　山城の天守の唯一の遺構で、天和元年（一六八一）に水谷勝宗が建てたものである。二重の高くない建物だが、石垣側面の取付き廊下五間×一間半を入口部にして上がる。初重目は七間×五間、東南部五間×一間半の張出しに囲炉裏を設け、東北部三間×一間半の張出しを一段高めて「装束之間」とする。二重目は五間×三間、東北面の幅一間通りに御社壇を設ける。ここに祭神を祀る点に特色があり、外観も入母屋破風や唐破風を高低に配備して変化をつける（図6）。

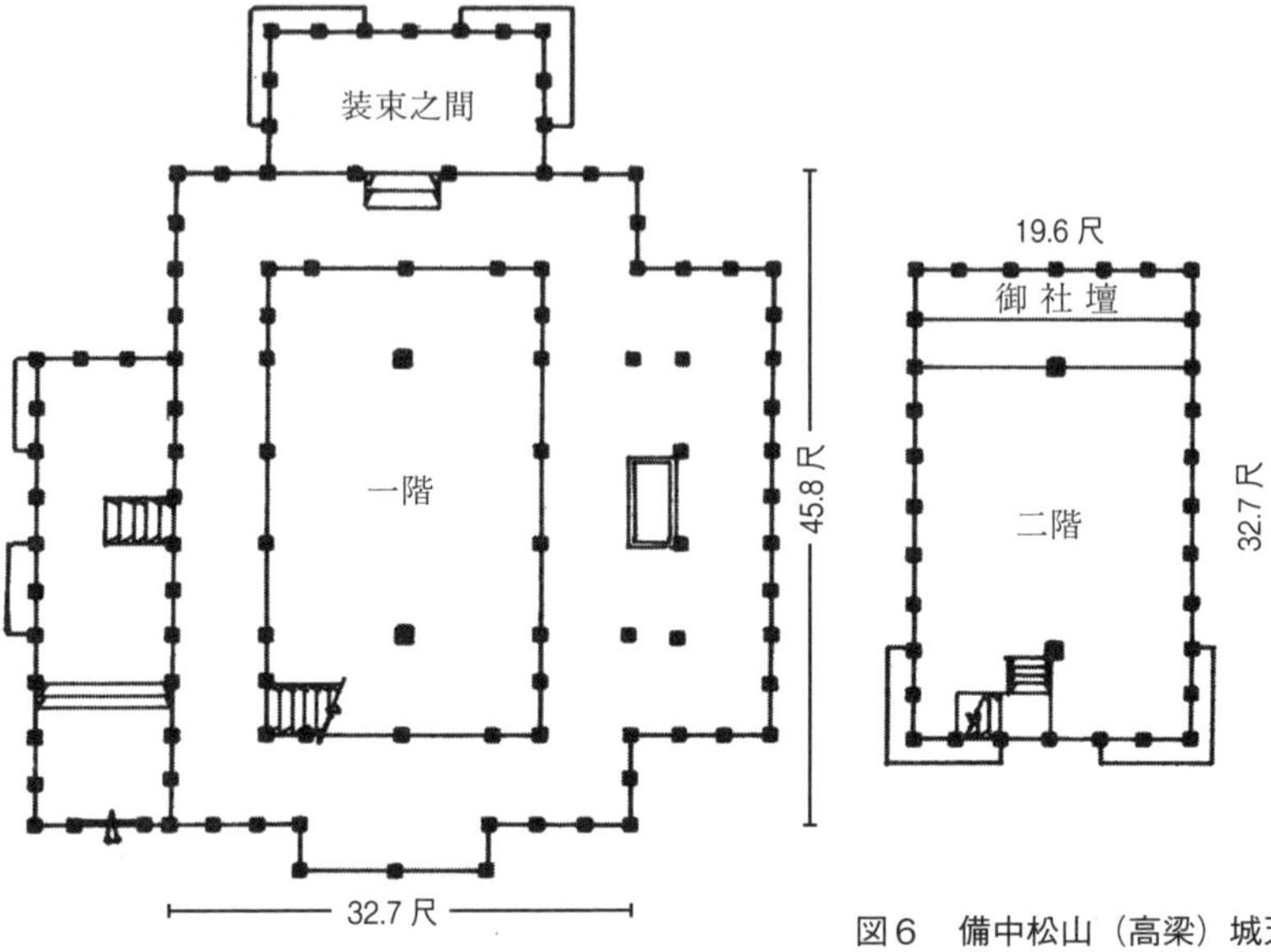

図６　備中松山（高梁）城天守

［丸亀城天守］　但馬竹田城天守台の六間×五間と同じ規模をもつ建築遺構は少ない。丸亀城天守と弘前城天守と明石城坤《ひつじさる》櫓しかなく、いずれも江戸時代も後のものである（図7）。丸亀城の三重天守は、万治三年（一六六〇）の棟札によって、京極高和が建てたことが判明している。初重目六間×五間、二重目四間半×三間半、三重目三間余×二間余で、最上層入母屋の妻面をわざわざ長辺に向けてかけ、構えを大きく見せる。柱間は六尺三寸を基準にしているが、身舎《もや》と入側《いりがわ》をまわす平面プランをとらず、構架法上、隅部の柱間寸法を恣意的に処理している。初重目がすべて柱立てである点は、高知城天守と同様、江戸時代中期の手法である。なお、内閣文庫所蔵「讃岐国丸亀城絵図」では、当天守が矢倉六間五間とされており、幕府に遠慮してのことだろうが、注意をひく事柄である。

［弘前城天守］　文化七年（一八一〇）に建てられた。ただし、当時は本丸巽櫓と称しており、やはり幕府に遠慮している。初重目六間×五間、二重目五間×四間、三重目四間×三間で、各重が規則正しく逓減している。ここでは、下階の半間内側通りの隅柱が上階の外壁まわりを支える構架法をとって

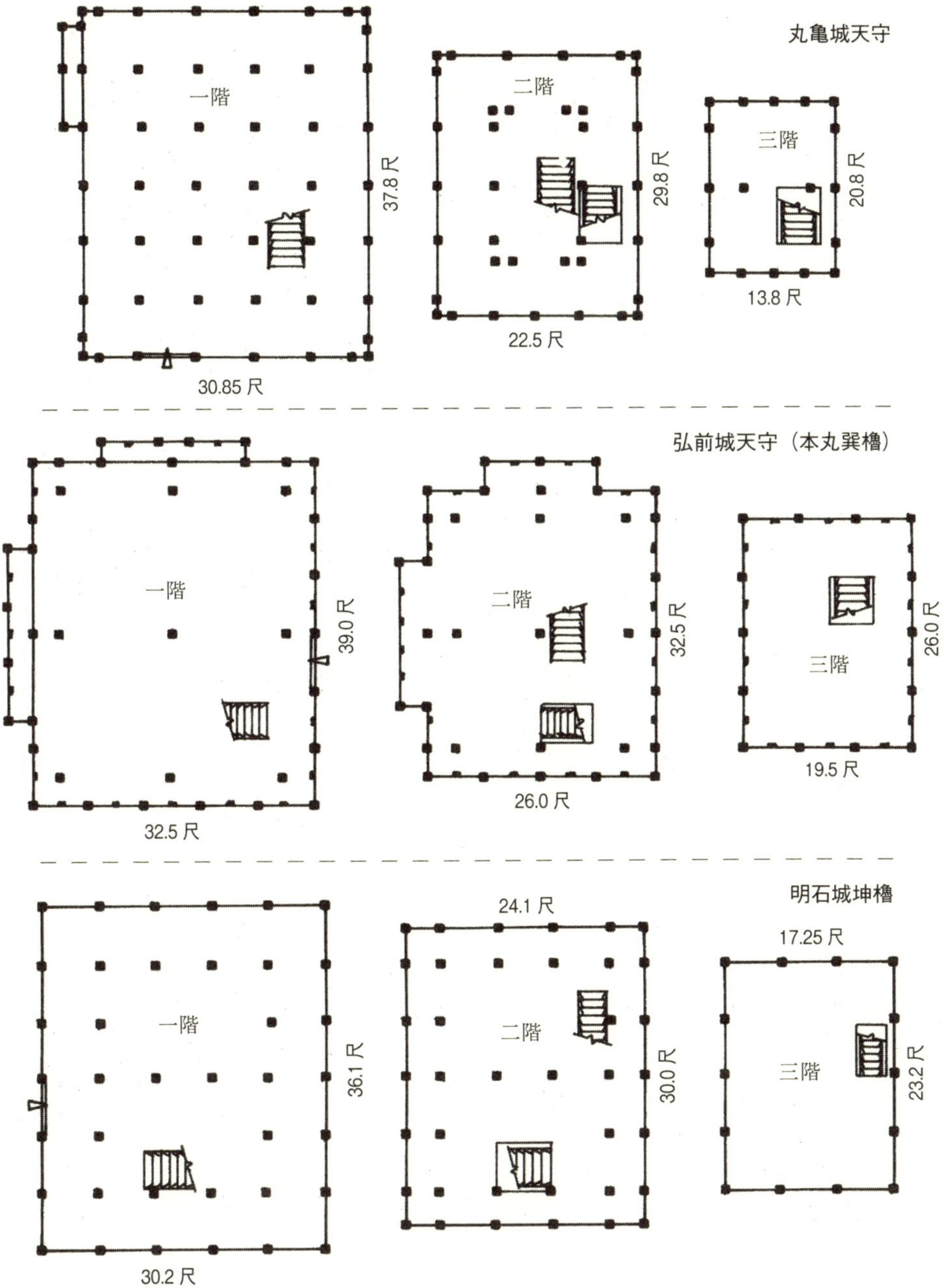

図７　初重目が六間×五間の天守・櫓（現存遺構）

いる。内部の柱数が疎らかで広々なわりには、外まわりに間柱を入れていて、より進んだ手法を示す。同じ弘前城でも、二ノ丸未申櫓・辰巳櫓・丑寅櫓（いずれも築城当初にさかのぼるとみなせる）が初重・二重目ともに四間四方、三重目三間四方で初層目腰屋根、二層目入母屋の上に小櫓をのせる形式とは異なる。

［明石城坤櫓］　元和三年（一六一七）に小笠原忠真が明石城に入ったとき、幕府は姫路城主本多忠政に築城工事の監督を命じた。天守台を構築しながら天守は建てられなかったが、本丸の四隅に三重櫓を建てた。坤櫓はそのときの遺構である。弘前城天守と同じく初重目六間×五間、二重目五間×四間、三重目四間×三間の規模であるが、平面プランが二室の身舎と周囲の入側をとる柱割りで、伝統的な形式を示す。ただし、両端の柱間が六尺五寸に対して中の柱間が五尺七寸五分で、設計寸法の調整がみられる。もう一つの遺構、巽櫓は初重目五間×四間、二重目四間×三間、三重目三間×二間余でひとまわり小さいものの、柱間六尺五寸の基準寸法をとっている。

天守台に関する問題

ほかに、山城の天守として唐造り（南蛮造り）の特異な形態をとる岩国城天守や洲本城天守、佐伯城天守なども捨てがたい。いずれも史料を欠くため、あえてふれなかった。

ここで、但馬竹田城の天守台にもどって考えてみよう。これまで述べた天守台の実測データや山城の天守、あるいは同規模の建築遺構を通じてみてくると、初期の天守台には歪みがあること、同一天守でも改築を受けていた例も知られる。天守台に歪みがあること、たとえば安土城天主・岡山城天守・山崎城天守などのように、極端な形状を示す点は意識的な感が強いが、なぜこのような歪みを生じたのか、その理由が明白ではない。ただ、考えられるのは、石積みが未発達な土木技術上の問題によること、あるいは山上の自然地形にあわせて造成したためかと思われる。また、天守台があっても天守本体を建てない例も多く見受けられる。これらは、明石城・篠山城・赤穂城・三原城・福岡城・

唐津城・甲府城・仙台城などである。

そうすると、但馬竹田城天守台はちょうど六間×五間におさまり、半端な寸法や歪みもわずかしかないので、よく整備されたものと評価できる。しかし、山城の天守の遺構である備中松山城（高梁城）天守もしくは、同規模の丸亀城天守や弘前城天守・明石城坤櫓などを参考にできても、史料や記録がないため、建築構成を知ることはかなりむずかしい。しかも、礎石はあっても実際に建っていたかどうかわからないし、ことによると、天守台だけであった可能性もあるからである。

この問題はさておき、但馬竹田城は戦国時代以来のものであるが、今日残る石垣の構築は、やはり赤松広秀にかかることはまちがいなかろう。天守台をそなえるほどの規模施設をとり、かつ天守台が六間×五間と整然と築かれた技法（ただし後世の改修がなければ）からみて、あえて推察することが許されるならば豊臣期に比定され、すくなくとも天正十三年（一五八五）以降と考えたい。とりわけ、池田由之の利神城や木下重堅の若桜鬼ヶ城などは地理的に近く、秀吉配下の関係を考えると興味深いものがある。

加えて、但馬竹田城周辺の城郭をみまわすと、中世城郭に天守台とおぼしき例がいくつか見出せる。京都府亀岡の笑路《わろうじ》城や穴太《あのう》城、北桑田郡（現、京都市右京区）の周山《しゅうざん》城、兵庫県氷上郡（現、丹波市）の朝日城や岩尾城などで、光秀と秀吉が丹波・但馬攻略後に石垣の構築をさせたとみなされている。ただし、規模が小さく単なる櫓台にすぎなかったかもしれないし、朝日城では「物見台」と称していたらしい。したがって、天守の祖型と考えるむきもあるけれど、十分なうらづけを得るまでにはいたっていない。

むしろ、中世城郭から近世城郭への流れにおいて、物見台・天守台らしき構築に関して興味ある問題を提起している。従来の建築史研究の分野ではあまり考えのおよばなかった盲点をついており、中世城郭の縄張り構成や石垣構築がはじめられた時期や、技法的発展などの面にも視野を広げる必要があるかもしれない。遺憾ながら、近世以前の山城にあって物見台・天守台とみなせる遺跡をまだ踏査していないので、今後の研究課題として他日を期したい。

【参考文献】

和田山町竹田観光協会編『竹田虎臥城史』一九六六年四月

北垣聰一郎「太田垣・赤松両氏と但馬竹田城」『城』一〇〇号　関西城郭研究会、一九七九年一月

根津袈津之「但馬竹田城」『城』関西城郭研究会、七三号一九七一年十一月、七七号一九七二年九月、七九号一九七三年三月

観光資源保護財団『利神城と平福の町並み』一九八四年三月

『日本城郭大系』十二巻　大阪府・兵庫県　新人物往来社、一九八一年三月

村田修三編『図説中世城郭事典』二・三　新人物往来社、一九八七年

〈付記〉その後、再踏査して改めて実測したこと、かつ関連資料を見出して知見を得たものがあった。そのため旧稿のうち部分的に修正加筆した。

なお、遺構として松本城天守・松江城天守・彦根城天守・高知城天守・伊予松山城天守・また戦災焼失の広島城天守・備後福山城天守・岡山城天守・大垣城天守・名古屋城天守・和歌山城天守・松前城天守・水戸城三階櫓もあるが、規模が大きく山城の天守ではないので、あえてとりあげていない。

Ⅲ

但馬竹田城跡に見る近世城郭の存在形態

村井毅史

一

但馬竹田城跡に現在残る遺構群は、文禄年間から慶長初期にかけて構築されたものと考えられており、織豊系城郭の最終段階の城郭であるといえ、近世的な城郭が成立する前段階に位置している。つまり、竹田城跡は織豊的な要素と近世的な要素を併せ持っている可能性が考えられ、城郭の構成から近世城郭の形成過程を考察する上において、良好な資料であると考えられる。

そこで本稿では、但馬竹田城跡の特徴を抽出し、これをほかの織豊系および近世城郭の中から見い出し、これらを親疎の差および、その想定される形成年代をもとに複数の段階を設定することによって、但馬竹田城跡と特徴を共有する近世城郭が、どのような過程で形成されたかを明らかにしたい。また、近世城郭に見られる位置上の特性についても考察したい。

二

本節では、山上遺構群の構造を検討し、その特徴を抽出してゆきたい（図1）。但馬竹田城跡の山上遺構群は、標高三五三・七mの山頂を中心として、これから延びる三本の尾根上に東西一九〇m、南北三二〇mの範囲に展開しており、この範囲を城郭として機能させていたのは、人工の石垣と自然の急斜面である。横堀・堀切は用いられていいな

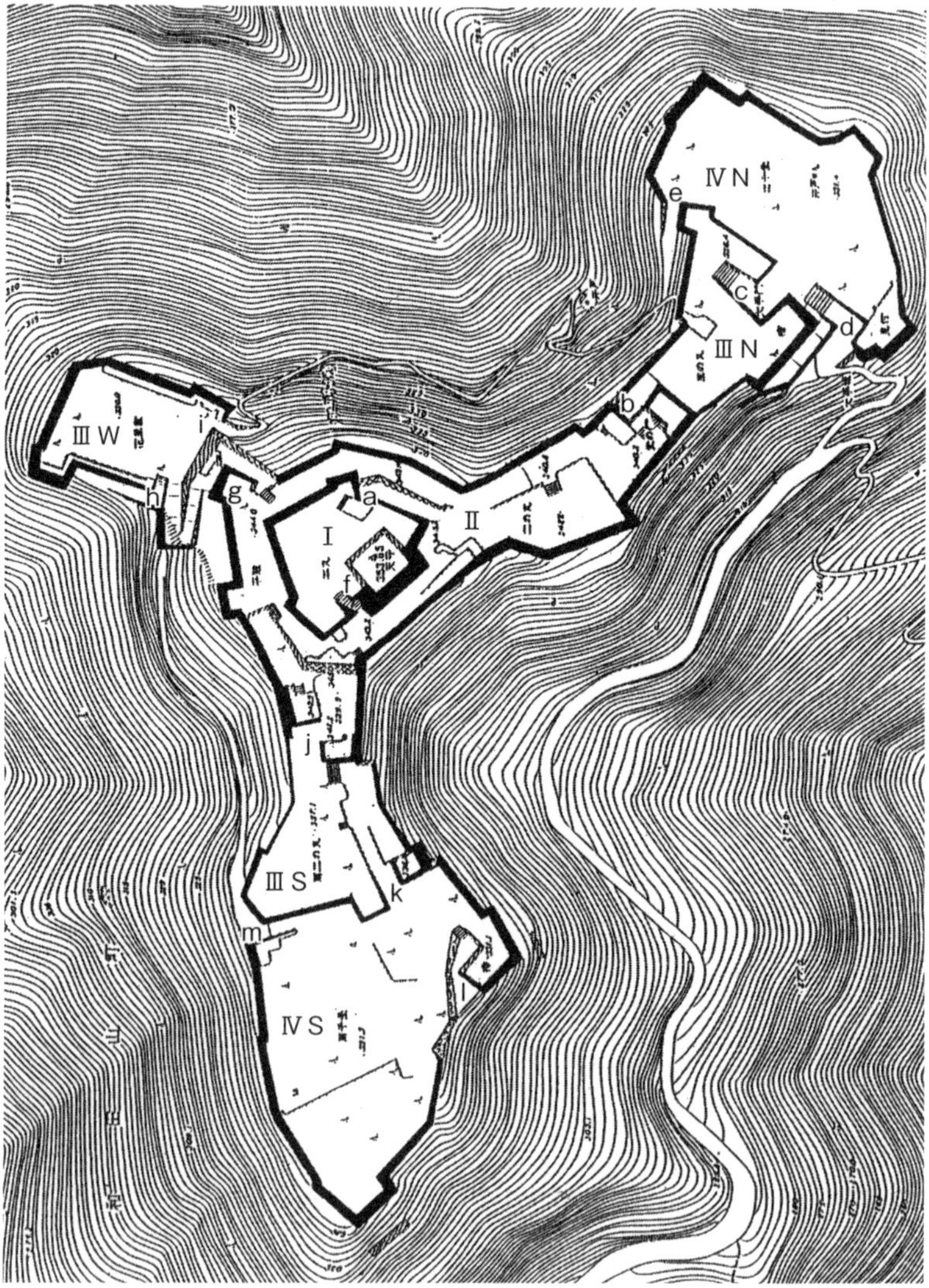

図１　但馬竹田城の構成図（S ＝ 1/2500）

いが、これは竹田城跡が位置する山容自体が、傾斜角度四〇度前後の急峻なものであり、また、狭い山嶺上を十分に活用し、城域を分断せず統一的に運用するためであったと考えられる。そして、石垣は主郭から末端の曲輪に至るまで用いられており、防御施設の主体を成している。

城内と城外および曲輪と曲輪を接続する虎口は、間口六mを測る大型のものが中心を占め、城道の「折れ」や、横矢を意図しており、十分に発達したものである。

山上遺構群の構成は、主郭（Ⅰ曲輪）を頂点とした厳格な階層性を示しており、限定された城域内にはこれに対向すべき郭は存在せず、防御上もっとも優位な場所を占めている。主郭は天守台と二つの虎口を有するが、その面積は九五〇㎡と狭く、コンパクトにまとめられており、天守郭的な性格が強い。

主郭を取り巻き、これを直接防禦するのが、b・g・jの虎口によって画される曲輪（Ⅱ曲輪）である。この曲輪は複数の平坦面から成り立っているが、防禦的に一体であると考えられるので、単一の曲輪として取り扱う。Ⅱ曲輪の虎口のうち、gとjが主郭直下に設けられているのに対して、bの虎口は北へ離れた位置に設けられている。これは、主郭と虎口との間に六〇〇㎡程の平坦面が取られているためであり、主郭直下にこの空間を確保するための措置であると考えられる。虎口を持たない点から見て、防禦的な機能を果たしたとは考え難く、大手（北方）から主郭に至るには、必ず通過しなければならないことから、直接戦闘に関係しないが主郭に付属した機能を有したと考えられ、主郭が小規模であることから、本来の主郭機能の一部を分掌していた場と考えられる。また、このⅡ曲輪は、三本の尾根上に渡る曲輪群を主郭を介することなく接続し、一連の曲輪を有機的に結合させる機能を持っており、山上遺構群の要的な位置にある。

Ⅱ曲輪の外には、三方にそれぞれ独立してⅢN曲輪（約一二五〇㎡）、ⅢS曲輪（約一三〇〇㎡）、ⅢW曲輪（約九〇〇㎡）が配置されている。このうちⅢW曲輪は直接城外に接しており、また、方形を基調とするプランを持ち、ほかの曲輪と異なった機能が想定できる。

以上のような曲輪配置の末端に位置するのがⅣN曲輪（約二五〇〇㎡）、ⅣS曲輪（三五〇〇㎡）である。この二曲輪は城内での隔絶した規模を有しており、他の曲輪の二〜三倍の面積を有している。

以上のことから、山上遺構群の特徴をまとめると、まず虎口が十分に発達していることが挙げられる（ⅰ）。次に、ⅣN・ⅣS曲輪にみられるような大規模な曲輪を有すること（ⅱ）、Ⅱ曲輪にみられるような、主郭を介さず複数の尾根上に展開する曲輪群を接続するバイパス機能を有する曲輪の存在が挙げられる（ⅲ）。また、全体的にみれば、城域を構成するすべての曲輪が同様の防禦施設・虎口を有し、この外側に近接して曲輪を持たず城域が限定されている点（ⅳ）を挙げることができる。

三

前節で抽出したような特徴を有し、複雑な構成をとる城郭が突然出現したとは考え難い。おそらく、このような特徴は竹田城に至る城郭の変遷過程の中で、徐々に付与・獲得されていったものと考えられる。そこで本節では、これらの特徴がどのようにして発現してきたかを、事例を挙げて段階的に検討していきたい。

第一段階　ⅰとⅱの特徴を共有する段階である。ⅱの特徴は、織豊系城郭全体に共通するⅰを除けば、但馬竹田城跡の特徴の中で、最初に出現するものである。

有子山《ありこやま》城跡（図2—1）（兵庫県豊岡市）は、近世出石《いずし》城跡の背後に位置する山城である。有子山城が織豊化するのは天正五年（一五七七）以降で、六万石程度の大名が入っている。これは、但馬国内の他大名が二万石程度であることから、但馬の中心的な城郭であったといえる。有子山城跡の中心部分は、比高三〇〇ｍの山頂を中心に、二八〇ｍに渡って構築されている。この中心部分はほぼ同規模の二曲輪（Ⅰ・Ⅱ）を中心とし、石垣を用いる限定城域と、これと堀切と隔てて設けられた大規模曲輪(Ⅳ)から成り立っており、この大規模曲輪は限定城域に匹敵する規模を持ち、ほぼ同規模の二区画(四〇×四五m)と、これより小さい一区画(三〇m四方)から構成されている。限定城域と大規模曲輪の間は大規模な堀切によって分断されており、両者は直接接続されておらず、大規模曲輪は限定城域に対して独立的である。

田上山《たがみやま》城跡(図2—2)(滋賀県長浜市)②は、賤ヶ岳合戦(天正十一年・一五八三)時における羽柴方の中心城郭である。当城跡はほぼ同規模の三曲輪(Ⅰ・ⅡN・ⅡS)と西へ長く延びる曲輪(ⅡW)によって構成される限定城域と、防禦上これの下位に位置し、虎口によって接続される大規模な曲輪(ⅢN・ⅢS)によって構成されている。

第二段階　ⅰ〜ⅲの特徴を共有する段階で、複数の尾根上に展開する、曲輪群を主郭を介せずに接続するバイパス機能を有する曲輪が付加される。

東野山《ひがしのやま》城跡(図2—3)(滋賀県長浜市)③は、田上山城跡と同じく賤ヶ岳合戦における羽柴方の陣城である。城域は、土塁と横堀によって防禦された限定城域(Ⅰ・ⅡE・ⅡW)と、これより北および東に展開する自然地形を囲い込んだ大規模な曲輪(ⅢN・ⅢE)によって構成されている。バイパス機能を有するのはⅡE曲輪であるが、この曲輪を確保するために、主郭(Ⅰ)をレベル的に一段低い位置に設定しており、全体的な構成の中で、バイパス機能が重要な位置を占めつつあることがうかがえる。

洲本城跡(図2—4)(兵庫県洲本市)④が織豊化したのは、天正十年に入城した仙石秀久以降であり、同十三年には、代わって脇坂安治が城主となっている。洲本城跡の山城部は、紀淡海峡を見降ろす比高一三〇mの山頂を中心に、六五〇mに渡って構築されている。バイパス機能を持つのはⅡ曲輪で、主郭を取り巻いて設けられ、東西に一つずつ虎口を持っている。また、Ⅱ曲輪の東部や南部は巾が広くとられ、一段高くなっており、但馬竹田城のⅡ曲輪とよく似た構成をとっている。

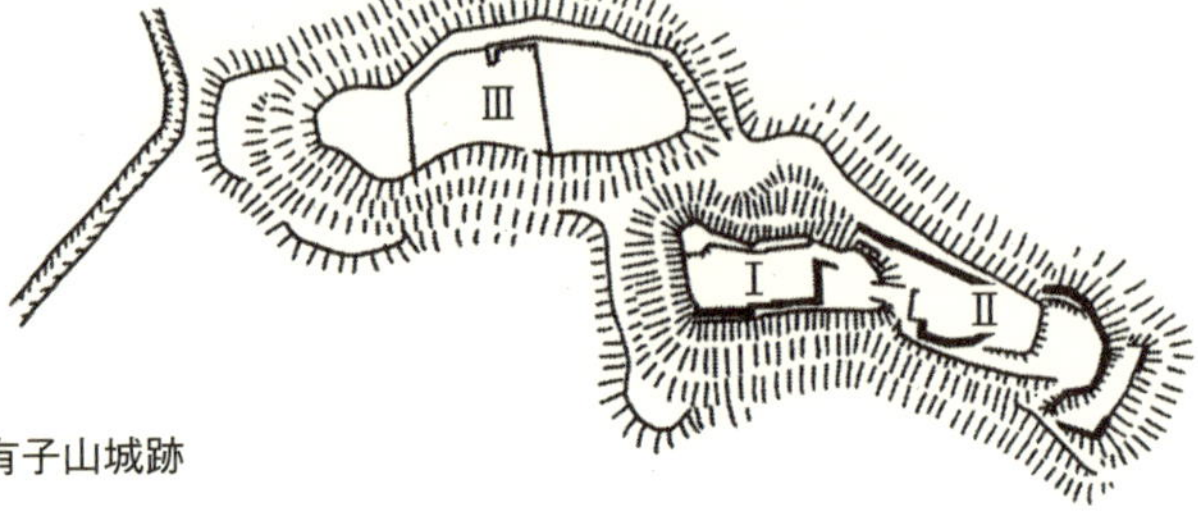

図２―１　但馬有子山城跡

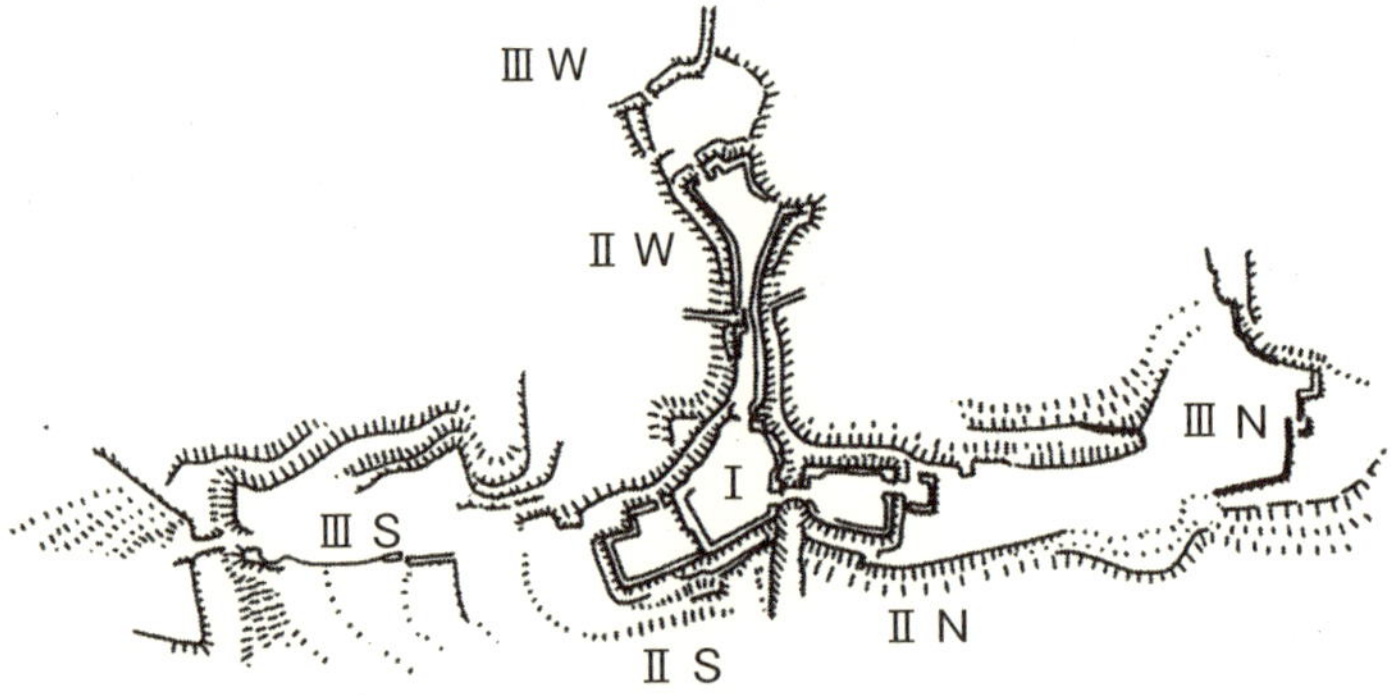

図２―２　田上山城跡

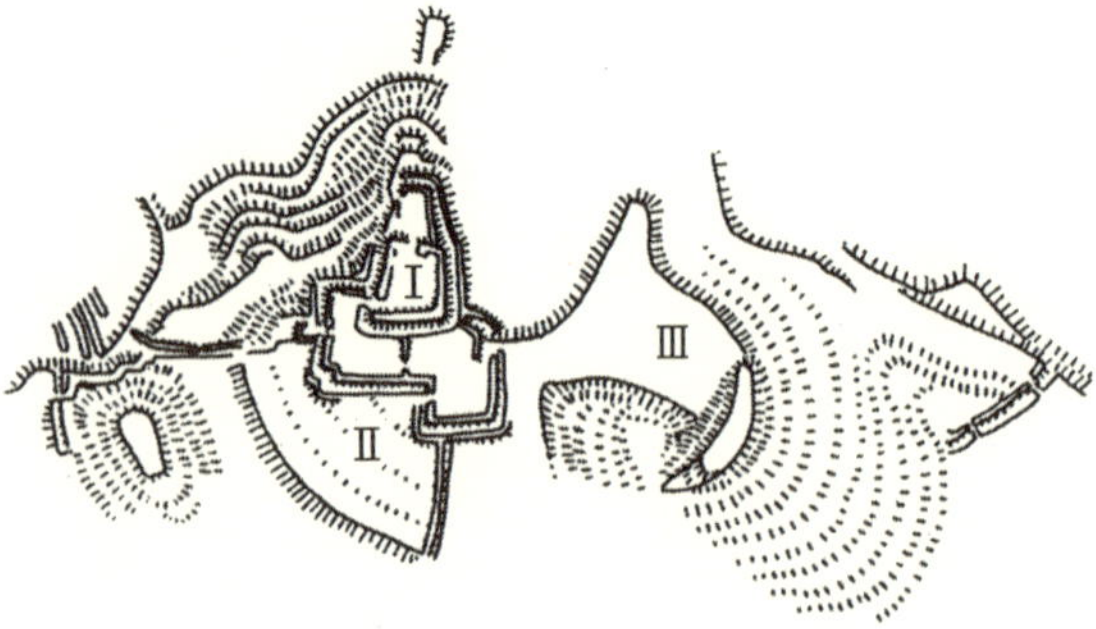

図２―３　東野山城跡

図２　城郭の構成図１（S＝1/5000）

Ⅱ曲輪の東に位置するⅢE曲輪（東之丸）は方形の平坦面によって構成されており、屋敷地的な様相を示している。このⅢ曲輪までが高石垣によって防禦され、発達した虎口を有する限定城域である。限定城域の外側には、ⅣE（武者屯）・ⅣW（西之丸）の大規模な曲輪が設けられている。これらは低い石垣によって囲まれ、明瞭な虎口を持たない。また、限定城域内には瓦片の散布が見られるが、ⅣE・ⅣW曲輪には見られない。ⅣE曲輪は虎口によって限定城域と接続されているが、ⅣW曲輪は限定城域に対して独立的な位置を占めている。

第三段階　但馬竹田城跡が属する段階である。これまで限定城域外に置かれていた大規模曲輪が、限定城域内に取り込まれた段階であり、城域内と城域外が明瞭に区別され、城域が限定されている。

村上城跡（図3―1）（新潟県村上市）⑤に初めて入った織豊系大名は村上義明（九万石）で、慶長三年（一五九八）から元和四年（一六一八）に改易されるまで在城した。これに代わって城主となったのが堀直奇で、天守から総堀まで大々的に改修を行ったことが知られている。村上城跡の山城部分は、居館を核とした平城部分の背後に聳える比高一二五mの山嶺上に位置しており、自然地形に従って細長く展開している。限定城域の延長は五二〇mに及ぶ。城域

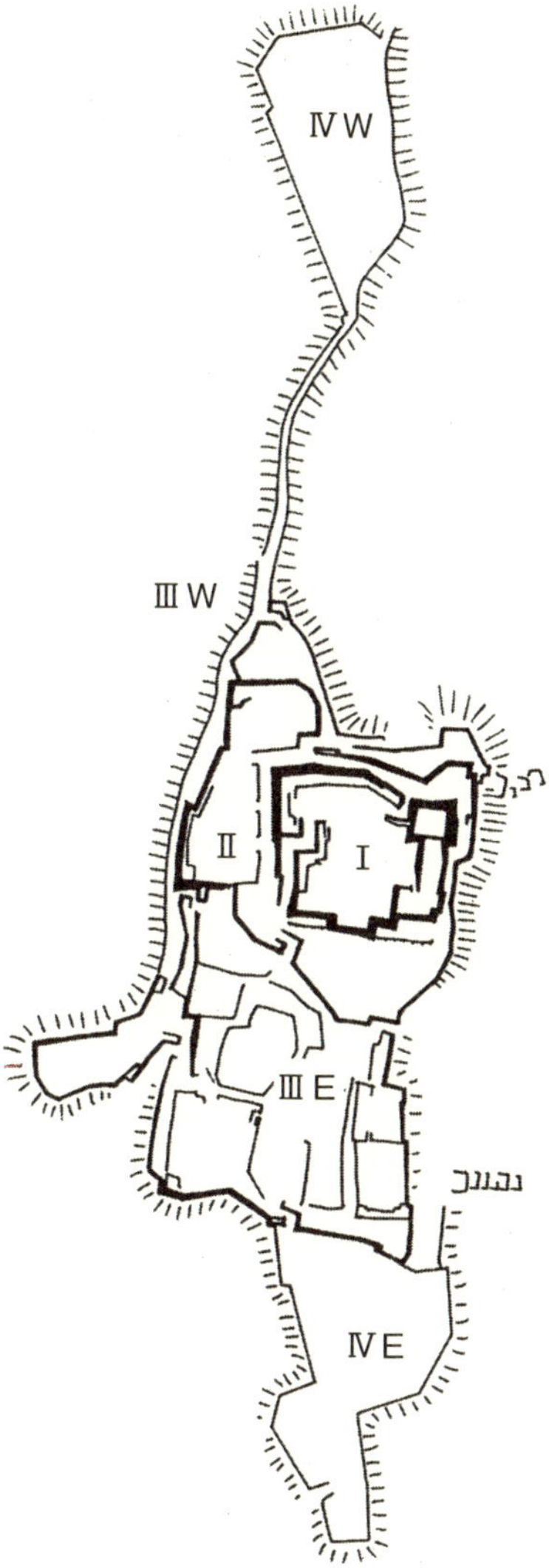

図2―4　洲本城跡

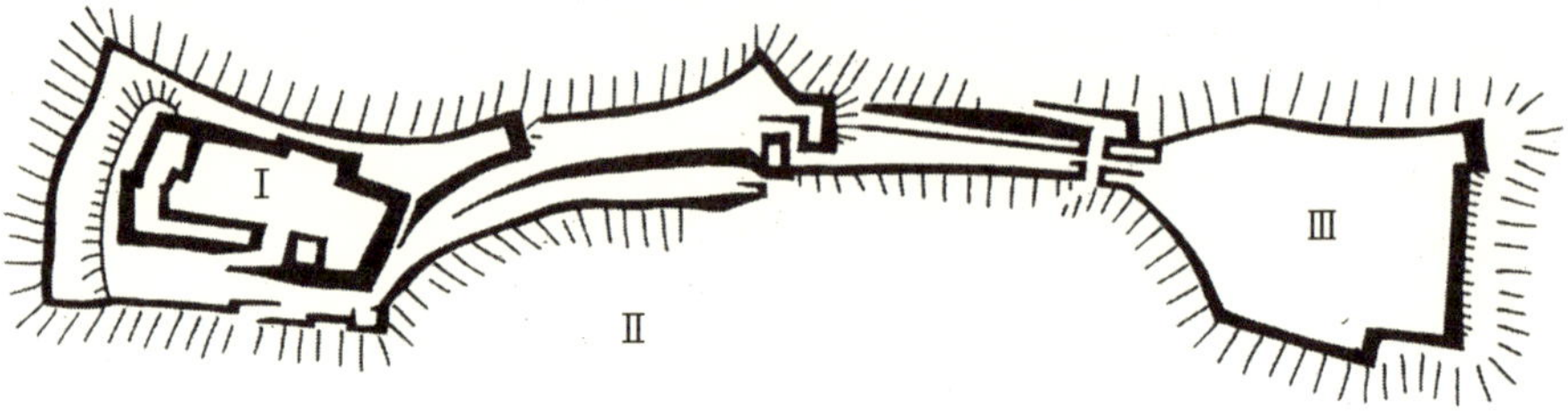

図３―１　村上城跡

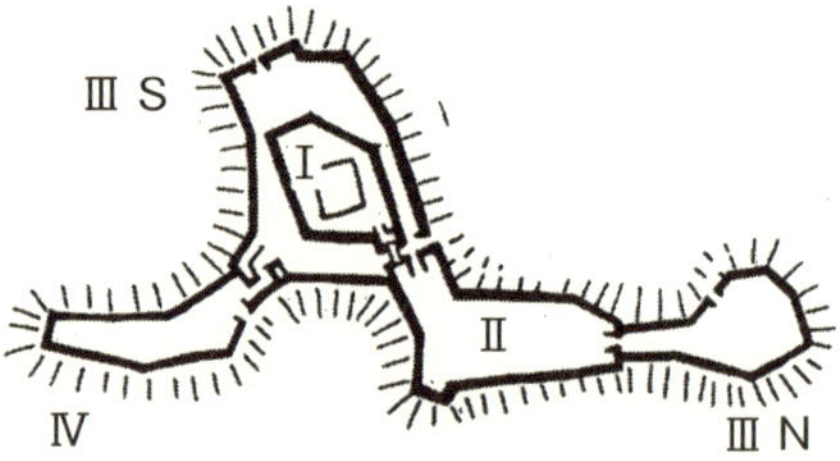

図３―２　佐伯城跡

の構成は中心から外方に向かって、コンパクトにまとめられた主郭（Ⅰ）・バイパス機能を有する曲輪（Ⅱ）・城域内最大規模の曲輪（Ⅲ）となっており、但馬竹田城跡も同一の曲輪序列をとっている。

第四段階　但馬竹田城跡と特徴を共有するが、曲輪の配置に新たな変化が認められる段階である。

佐伯城跡（図3―2）（大分県佐伯市）⑥は、慶長九年（一六〇四）に織豊系大名の毛利高政（二万石）によって築城されている。佐伯城跡の山城部分は、比高一三五mの八幡山山頂を中心に、二三〇m×一五〇mの範囲を占めており、山下にはこれと別に居館が設けられている。佐伯城跡の構成は、中心に主郭（Ⅰ）を置き、その廻りにバイパス機能を持つ曲輪（Ⅲ）を配置し、これらに接続させて城内最大規模の曲輪（Ⅱ）を設けている。但馬竹田城跡と異なるのは、

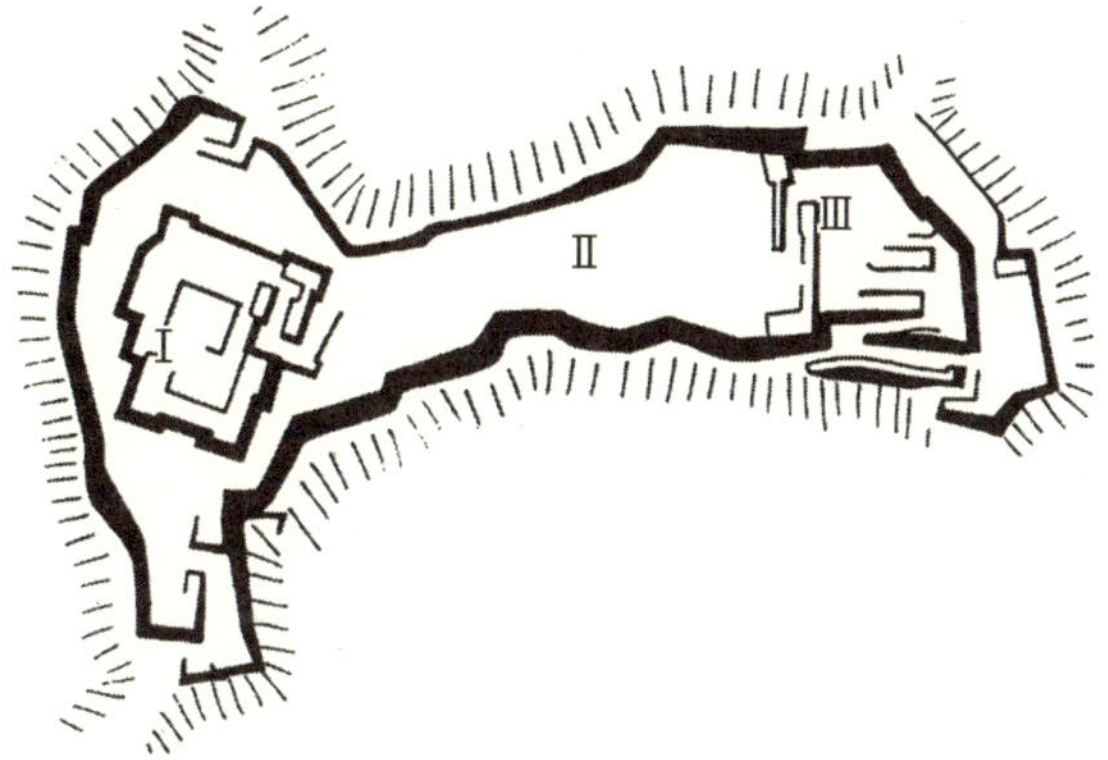

図３―３　伊予松山城跡

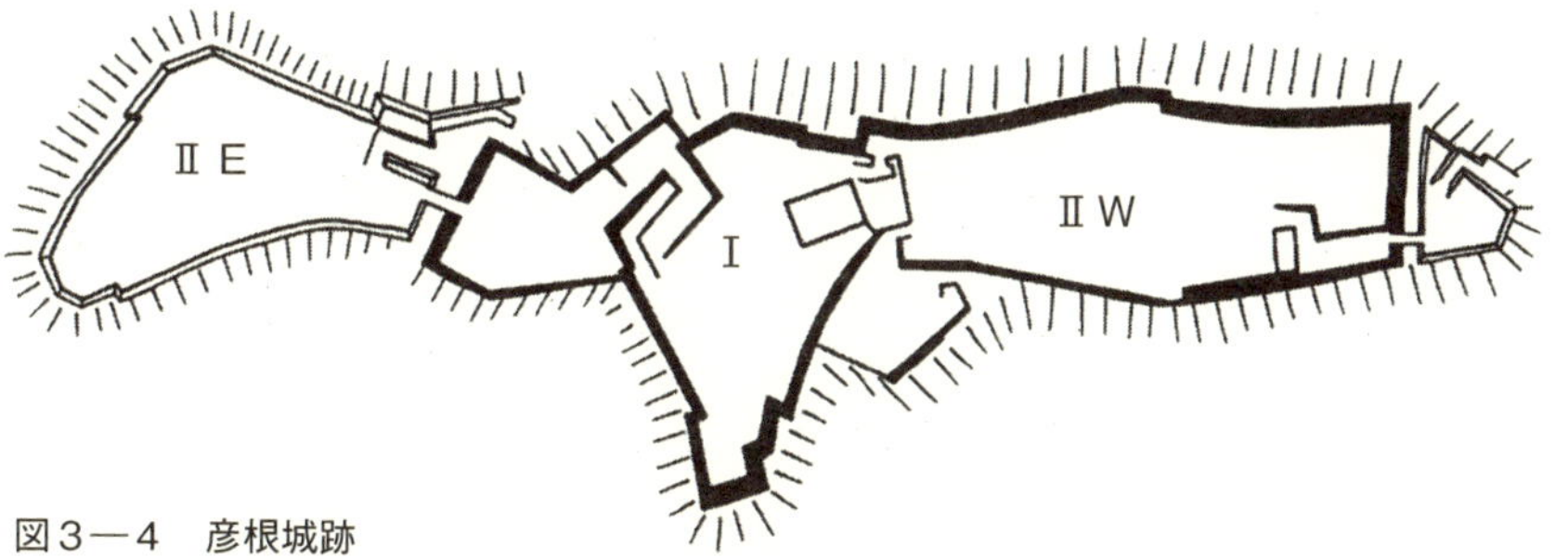

図３―４　彦根城跡

図３　城郭の構成図２（S＝1/5000）

主郭と大規模な曲輪が直に接続し、バイパス機能を持つ曲輪は、この曲輪よりも防禦上下位に置かれている点である。

伊予松山城跡（図3―3）（愛媛県松山市）⑦は、加藤嘉明（二〇万石）によって慶長七年から築城工事が開始されている。

伊予松山城跡の山城部分は比高一〇〇mの独立丘上に位置し、延長三一〇mの規模を有する。山下には、登り石垣によって山城部分と防禦上一体化された居館（二之丸）が設けられ、これを核として平城部分が構成されている。山城部分の構成は単純で、中心から外方へ向かって主郭（Ⅰ）・城内最大規模の曲輪（Ⅱ）・小規模な曲輪（Ⅲ）の順に配置されている。バイパス機能はⅡ曲輪が持っており、これまで見てきた城とは異なって、限定城域内最大の曲輪とバイパス機能を持つ曲輪が一体化している。

彦根城跡（図3―4）（滋賀県彦根市）⑧

の山城部は、比高四五mの独立山丘上に位置する延長五二〇mの連郭式山城であり、これを取り巻いて輪郭式の平城部が展開している。主郭（曲輪Ⅰ）は城域のほぼ中央に位置し、天守を有する。主郭と密接に結合されているのは、限定城域内最大の規模を有する西之丸（ⅡW曲輪）で、両者の間には高さ一・六m程の石垣と小規模な虎口を介するだけである。この曲輪には小規模な曲輪が二つ付属しており、一つは馬出し状を呈する（ⅢW曲輪・観音台）。主郭の東側は、本丸の正門である太鼓門櫓を介して太鼓丸（ⅡE曲輪）に接続している。この曲輪は全体がゆるやかなスロープとなっており、本丸と次の鐘之丸をつなぐ役割を持っている。鐘之丸（ⅢE曲輪）は、限定城域の東端に位置する大規模な曲輪で、ⅡE曲輪とは堀切によって隔てられており、ⅢW曲輪と対応する位置関係にある。

彦根城跡には、バイパス機能を有する曲輪は存在しない。これは、近世城郭では珍しい堀切を持つことと関連している。堀切はⅡW・ⅢW曲輪間、ⅡE・ⅢE曲輪間に設けられ、ともに木橋によって両曲輪を接続している。木橋は土橋と異なり容易に撤去・破壊が可能である。つまり、籠城戦の推移によってはこの橋を撤去することによって、両堀切の内側を独立させ、これを一個の城郭として機能させることができるのであり、限定城域が二重に設定されていたと考えることができる。このようになった場合、二次限定城域と山下をつなぐ城道は、天守の直下から北へ降りる道のみとなり、城域内の兵力移動の必要がなくなるため、あえてバイパス機能を有する曲輪を設けなかったものと考えられる。

また、この二次限定城域と、伊予松山城跡の限定城域の規模はほとんど同じで、二〇万石前後の城主にとって延長三〇〇m程度の山城が、守りやすい適当の規模であったと考えられる。逆にいえば、彦根城跡のある山は、当時の井伊氏にとっては山城とするには大きすぎたのであり、あえて全山を城郭とするのはさけ、限定城域を適当な規模に制限するために、近世城郭としてはあまり見られない堀切を用いたと考えられる。

以上の三城跡は、主郭と限定城域内最大規模の曲輪が直接接続する点、バイパス機能を有する曲輪の城域全体における位置が相対的に低い点において、但馬竹田城跡と異なる。

四

前節で見たような、但馬竹田城を経て彦根城に至る段階的な変遷は、近世城郭形成の一過程としてとらえることができる。では、このような特徴の付与・獲得は、城郭のどのような機能的変化によるものであろうか、本節ではこのことについて検討してゆきたい。

織豊系の城郭が他の中世城郭と一線を画し、近世城郭へと変化していく過程で最初に獲得したのが、「折れ」や「横矢」を意識した複雑な構成を有する虎口である。城の基本的な構成要素は、防禦施設とこれによって防禦される空間であり、防禦施設とは、相手の進入を物理的に阻止することを目的としたものである。虎口とは門の一種であり、二つの異なった性格を有する空間を接続する施設である。つまり、虎口とは防禦線に開けられた穴であり、城郭が単純に防禦的な性格しか有さないのであれば必要のない施設であり、近世城郭に見られるような複雑な発達はしなかったと考えられる。つまり、虎口の存在は城内に籠城した兵力を出撃させたり、これを収容したりすることによって、籠城戦を有利に展開しようとする思想の現れであると考えることができる。

本稿で取り上げた、但馬竹田城のような構成を有する城郭群の最大の特徴は、大規模な曲輪を城域内に有していることにあり、この大規模な曲輪内には全域を占めるような建物群は存在せず、広い空間が確保されていたようである。たとえば彦根城は、『井伊年譜』によって築城当初の様相がある程度わかり、本丸・鐘之丸に御殿建築が設けられ、内堀内に木俣土佐守や鈴木主馬正といった大身の家臣屋敷が存在したことが記されている。しかし、大規模曲輪である西之丸に関しては、実体がわかるような記述はみられず、御殿や家臣屋敷等が存在した可能性は低いと考えられる。洲本城では、東の大規模曲輪（ⅣE曲輪・武者屯）の一角で発掘調査が行われたが、遺構・遺物は検出されておらず、周囲に恒常的な施設が存在したとは考え難い。また、村上城や伊予松山城を描いた城絵図にも、大規模曲輪内全域を占める様な建物群は認められず、数棟の倉庫らしい建物が描かれているのみである。

このように、大規模曲輪内は広い空間と若干の建物によって構成されていたようであり、日常的な機能はきわめて低いと考えられる。とすれば、このような大規模空間の存在理由として、籠城時における軍事的な機能以外を想定することは困難であり、兵力の収容といった目的が一番大きいと考えられる。

次に付加されたのは、バイパス機能を持つ曲輪である。これは、賤ヶ岳合戦の前後から認められるものであるが、これを導入することによって、大規模曲輪に収容された兵力を主郭内を通過させることなく、城域のどの方面にも移動させることが可能となる。籠城戦は内側に劣勢な守城側、外側に優勢な攻城側といった配置となり、籠城側は内線作戦をとることになる。内線の利点は、短い移動距離を利用し、分散した包囲軍を各個撃破できるところにあり、そのためには兵力が集中されねばならない。つまり、籠城戦を有利に遂行するためには、城域内における兵力のスムーズな移動は不可欠である。

これが、一段階前の田上山城跡では、三本の尾根に延びる城域を一個の城郭として結び付けているのは主郭であり、城域内で兵力の移動を行おうとすると、指揮中枢である主郭内を通過する必要があり、混乱をまねく恐れがあって、不都合である。同じ賤ヶ岳城塞群の一つで、柴田方の中心であった玄蕃尾《げんばお》城跡では、二つの馬出を持つ虎口を主郭の角によせ、通路が西側土塁に沿って通るようにしており、主郭内を通路が分断しないように縄張され、バイパス曲輪出現直前の様相を示している。

但馬竹田城跡が出現する第三段階になると、これまで見られた限定城域とその外側に広がる城域といった二重構造が解消される。これは、それまで限定城域外に置かれていた大規模曲輪が、限定城域に取り込まれた結果である。一、二段階においては、大規模曲輪は主郭を中心とする曲輪群よりも防禦施設や虎口が貧弱であり、機能上、一段低いレベルに置かれていることは明らかである。

このような構造を、多田暢久氏は陣城特有のものとされ、陣城の二重構造と呼称されており、野営地確保と陣地といった要素の反映であるとされている。しかし、これまで見たように二重構造は恒久城郭にも認められ、陣城だけの特徴ではない。両者の差は、築城にかけられる労働力と時間の差であると考えられる。二重構造は、近世の平城にも認められる。たとえば、名古屋城跡では本丸や二之丸といった城主の占有する曲輪は、いずれも防禦線が石垣で構築されているのに対し、家臣の居住する曲輪では、いずれも土造りを主体としたもので、石垣は虎口部分にしか用いられていない。安土城跡でも、総石垣の中心曲輪群と周辺に位置する屋敷群といった二重構造をとっている。

つまり、多田氏の述べられる陣城の二重構造とは、恒久城郭の構造を移植した結果であるといえる。このような封建城郭の二重構造は、城郭を使用する集団が、城主である主人とその家臣というまったく異なった二つの階層によって構成されているところに起因するものと考えられる。

とすれば、第三段階に見られた大規模曲輪の限定城域内への取り込みは、城主によって占有される空間に、軍勢という不特定多数の家臣集団が、戦時とはいえ常住する場を与えられたのであって、城郭の構造上大きな変化であるといわねばならない。そして、これが第四段階に至ると、大規模曲輪は限定城域の中核を占めるようになり、城郭のもっとも重要な構成要素となるのである。

また、第三段階では主郭の小規模化が進行し、城内に日常的な生活の場を見い出すことが困難になり、第四段階に至ると山下に明確な形で平城部分が出現するのである。

以上のような変遷過程から、但馬竹田城跡を中心とする一連の城郭群の機能的な変化を推測すれば、少数の兵力で固く守り続け、攻城側の内的な理由による撤退まで持ち堪える消極的な籠城戦から、集中された多数の兵力を用いた出撃を行うことによって戦闘を主導し、籠城戦を有利に展開する積極的なものへの変化であり、日常的な生活空間を極限まで排除した、純粋に軍事的な城郭の出現である。

五

次に、但馬竹田城跡と特徴を共有する城跡の構築された位置について見てゆきたい。

村上城跡は、南北に長い越後国の最北に築かれた城郭であると同時に、築城者である村上義明は最北に配置された豊臣家譜代の大名であり、外様である最上・上杉両勢力の間に打ち込まれた楔であった。村上義明は堀秀治（三〇万石）の与力であることから、村上城は堀秀政の居城である福島城（新潟県上越市）の支城としてとらえることができる。

彦根城は、琵琶湖と鈴鹿山脈の支脈によって近江盆地がもっとも狭まった所を北に立地しており、陸・海の交通が集中する軍事・交通上の要点を押さえている。これを東進し、加納城（慶長五年築城・城主奥平信昌・一〇万石）から南下すると、名古屋城（慶長十五年築城・城主徳川義直・清須城より移る）に至る。彦根城は名古屋城にとって、近江盆地への入り口を確保する重要な位置を占めているのである。

彦根城からは水上で直接膳所城（慶長七年築城・城主戸田氏鉄・三万石）本丸へ入ることが可能である。また、桑名城（三重県桑名市・慶長六年改修・城主本多忠勝・一〇万石）に名古屋城から堀川を経由して直接水運で接続されている。これらはいずれも、上陸点を確保するためのものであると考えられる。これらのうち名古屋城をのぞいた四城は、いずれも慶長五～七年の短期間の間に構築され、中継点に位置する加納城をのぞいて、交通上の要地を背にした橋頭堡的な役割を持っていたと考えられるが、その中でも彦根城は城主の国高がもっとも高く、天下普請によって築城されており、名古屋城（当初は清須城）を中心とする支城網の中でも、最重要の城郭であったといえる。

但馬竹田城跡・洲本城跡は、大坂城跡（大阪府大阪市）を中心に考えることができる。両城跡は大坂城跡の西方、直線距離にして七〇～一〇〇㎞に位置し、ほぼ南北にならんでいる。この両城跡の中間に位置する姫路城跡も、大規模な曲輪（西之丸）を有する城郭である。姫路城跡の西之丸は、元和三年（一六一七）に池田光政に代わって城主となった本多忠政によって造営されたとされるが、昭和の修理の際に、池田氏の家紋瓦およびこれより古いと考えられる瓦が出土しており、その起源が関ヶ原合戦以前に遡ることがほぼ明らかとなった。とすれば、大坂城の西方に位置する大規模で整備された城郭は、いずれも但馬竹田城と特徴を共有する城郭であったと言える。

またこの三城跡は、自然の要地を背にして構築されていることも共通している。但馬竹田城跡は南に生野の峠を擁し、円山川上流の小盆地を北に有する地狭部に位置している。姫路城跡は、生野峠から南流する市川の西岸に位置し、洲本城跡は、大阪港をはさんで大坂城跡と対向する位置にある。いずれも大坂城を中心とした橋頭堡的な機能を想定して構築されたと考えられる。また、大坂の南方七〇㎞に位置する和歌山城跡（和歌山県和歌山市）も、紀ノ川と和泉山脈を背後に擁しており同様の立地をとっている。

北垣聰一郎氏によれば、但馬竹田城跡の石垣は、文禄年間から慶長初期にかけての構築物であるとされている。北垣氏がこれと同時期とされる石垣を有する城郭は、この周辺に先の洲本城跡・和歌山城跡をはじめとして、黒井城跡（兵庫県丹波市）・大和郡山城跡（奈良県大和郡山市）・感応堂城跡（兵庫県南あわじ市）が挙げられる。また、淀城（京都市伏見区）・聚楽第（同上京区）の破脚および伏見城（同伏見区）の築城もこの時期である。朝鮮出兵と併行して、以上のように大規模な城郭の新築・改修が大坂周辺で進行していたのである。

但馬竹田城跡が大改修される以前の、但馬における軍事・政治・経済の中心は、出石（有子山城々下）であったと考えられる。出石は但馬国のほぼ中央に位置し、山名氏もここに守護所を置いていた。また、ほかの城主がいずれも二万石程度の大名であったのに対し、有子山城主は六万石であった。石高から見て、八木城跡と大差なかったと考えられる但馬竹田城跡は、大改修されることによって、最新式で但馬最大規模の城郭へと変化すると同時に、但馬における軍事の中心になったと考えられる。

有子山城跡の大規模曲輪は、三つの平坦面から成り立っている。これは、城主を除いた但馬の大名数と一致する。この平坦面は、ほぼ同程度の二平坦面とこれより小規模の一平坦面から成り立っている。三大名の石高は二・二万石、二万石、一・五万石である。また、大規模曲輪と限定城域との間は、大規模な堀切によって分断されている。独立の大名が収容されるのであれば、当然の措置ではないだろうか。少数で小規模な城郭に籠城して各個撃破されるよりは、大規模な城郭に兵力を集中するほうが、籠城もより有利になるのではないだろうか。但馬竹田城跡も、末端に大規模な曲輪を三ヶ所有している。以上、不確実な推測を述べたが、両城はともに但馬一国の兵力を集中して用いる拠点として築城されたと推測される。

但馬の中央に位置する有子山城は、独立した一国の軍事拠点としては適当であったが、大坂を中心とした部分としての但馬においては、軍事拠点として不適当であったと考えられる。但馬との連絡を考慮する必要のある姫路城を除いた、但馬竹田・洲本・和歌山の三城跡が、いずれも一国の大坂よりに配置されている点から見ると、大坂近国において、従来一国単位で編成されていた城郭配置を解体し、大坂を中心とした体系に編成し直す作業が、文禄・慶長期に進行したものと考えられる。

以上、三、四段階で一定の城郭網の中に組み込まれているものを中心に述べてきた。これらに対して、伊予松山城跡や佐伯城跡のように、城郭網に組み込まれず、単独で存在するものも認められる。このうち佐伯城跡は、石垣も低く全体的に貧弱で、前節までに述べたような機能を果たしうるか疑問に感じられる。

六

但馬竹田城は、城域内に大規模な曲輪を抱える山城であり、当城を中心とする城郭群の変遷は、この大規模な曲輪を城域の中心部に取り込み、これ以外の施設を棄捨し、小規模化する過程であった。また、築城された位置からみると、城主が直接支配する領域を越えた、広域軍事機構の一翼をになう城郭であるといえ、多数の兵力を収容可能な大規模曲輪の存在や日常性の喪失は、純粋に軍事利用のみを目的とした城郭であると言える。

このような状況は、これまで述べた山城のみに止まるものではないだろう。平城においても、主郭周辺に空白地が目立つ絵図を目にすることがあり、このような空間は、江戸後期になると藩政関連の施設によって埋められてゆく。おそらく同様の変化を経て、平城も近世城郭へと移行していったものと考えられる。

【参考文献】

北垣聰一郎『石垣普請』法政大学出版局、一九八七年三月

八鹿町教育委員会『但馬八木城』、一九八九年三月

出石有子山城・此隅山城の保存を進める会編『此隅山城を考える』第3集、一九九〇年七月

長谷川銀蔵他『滋賀県中世城郭分布調査7』（伊香郡・東浅井郡の城）滋賀県教育委員会、一九九〇年三月

多田暢久「陣城プランの特徴について―賤ヶ岳陣城群を中心に」『近江の城』第三二号　近江の城友の会、一九八一年一月

〈追記〉　本稿は、ほぼ四半世紀前に執筆したもので、新版という本書の趣旨に従ってほとんど手を加えないこととした。記述していることは当時の筆者の考えである。本稿と現在の筆者の考えで全く異なっている部分は、織豊系城郭と近世城郭に関する定義である。論題を除いて、本稿の「織豊系」とある部分を「織豊期」に、「近世」とある部分を「徳川期」もしくは「江戸期」と読み替えていただくことを願うものである。

そして、現在は両者を合わせて、近世城郭であると考えている。

Ⅳ　竹田城の構造と防御機能

宮田逸民

はじめに

通常、中世の山城跡は樹木雑草に覆われているために、見通してその防御システムを考えるのが困難である。現在、但馬竹田城の主要部（石垣部分）は整備公園化によって、樹木がすべて取り払われており、城郭が城郭として機能していた四〇〇年前と同様の姿を我々に見せてくれている。

現存の竹田城は、織豊期における織豊系城郭の一つであり、鉄砲（火縄銃）主体で、弓矢・槍等を補助とした防御システムをとっている。つまり、当時の鉄砲の有効性を最大限考慮した構造になっている。当時の火縄銃は、①真下は撃ちにくい、②最も有効な射程距離は三〇〜五〇m、③雨のかかるところでは使用しにくい、④左右に動く標的に対するより、前進してくる標的、あるいは背後からが撃ちやすい、等の特徴を持っていた(1)。ここでは竹田城の構造を細部にわたって防御機能の面から考察し、その築城主体と築城時期等の背景について私見を述べる。

大手門から本丸へ

竹田城の本丸へ至るルートとしては、①北東部の「北千畳」から、②西側の「花屋敷」から、③南側の「南千畳」からの、三ルートによる入城方法が想定される。まず、①の「北千畳」、つまり現在、「大手口」といわれているルートで、本丸へ至る防御形態について「竹田城実測図」（図1参照）を用いて解説する。

現在は、老若男女を問わず、誰もが竹田城の見学が行えるように大手門のすぐ下まで車道がつけられているが、旧の登山道（法樹寺の脇から登る道）は、当時からのメインの登城ルートであった。居館部も法樹寺の上方にあったとされている。この大手道を登り詰め、コーナーaを曲がった途端、「見付櫓」Aの二つの隅から鉄砲で狙われる。この間の直線距離は三五～四〇mであり、コーナーaは意識的に造られたものであることがわかる。この見付櫓部分の石垣は「北千畳」の石垣より一段低く築かれており、通常とは異なり、一見すれば櫓台とは思えない。これはこの櫓からコーナーaを射撃する際の俯角を小さくするために意識して低く築かれたと考えられる。次にコーナーbに至ると、今度は「三の丸」の隅櫓Bとその下の武者溜（武者隠）Cから狙われる。この距離も三五～四〇mである。攻城側が竹田城に侵入するためには、ポイントa、bで多大な犠牲を払わなければならない。

「見付櫓」下の虎口は、竹田城虎口の中で最大規模のものであり、ここにだけ城門が二ヶ所（cおよびd）想定でき、他の虎口にはすべて一ヶ所である。城門cに迫った兵は、Cから背後を弓で射られる。弓は鉄砲に比べると射程距離は短く致命傷を与えにくいが、速い発射速度と簡便さから、近づいた敵に傷を負わせ、戦闘能力を失わせるには鉄砲より有効となる。城門cとdに囲まれた空間は、「枡形」として機能しうるが、ここを突破した兵はそのまま「北千畳」に乱入、あるいは「大手門」に迫ることができる。dを守る手段としては、正面の隅櫓Dからの防御のみである。ここに至っては、「北千畳」を放棄せざるをえなくなる。

このように、竹田城は一見防御に対して優れた構造になっているようであるが、欠陥部分も多い。つまり、「北千畳」は物資の貯蔵所であるにもかかわらず、あっさりと放棄せねばならないのである。欠陥部分は、「北千畳」に至るもう一方の虎口eの防御である。この虎口こそ、飛び道具では守る方法がないのである。ただし、eに至るためには、尾根続き北西八〇mに築かれた「登り石垣」（第二章西尾氏論考図2参照）を突破するか、「北千畳」の石垣下の周囲を回る必要がある。なお、城門dを抜けても、大手門fはDの死角に入り、見にくい構造になっている。Dとfで

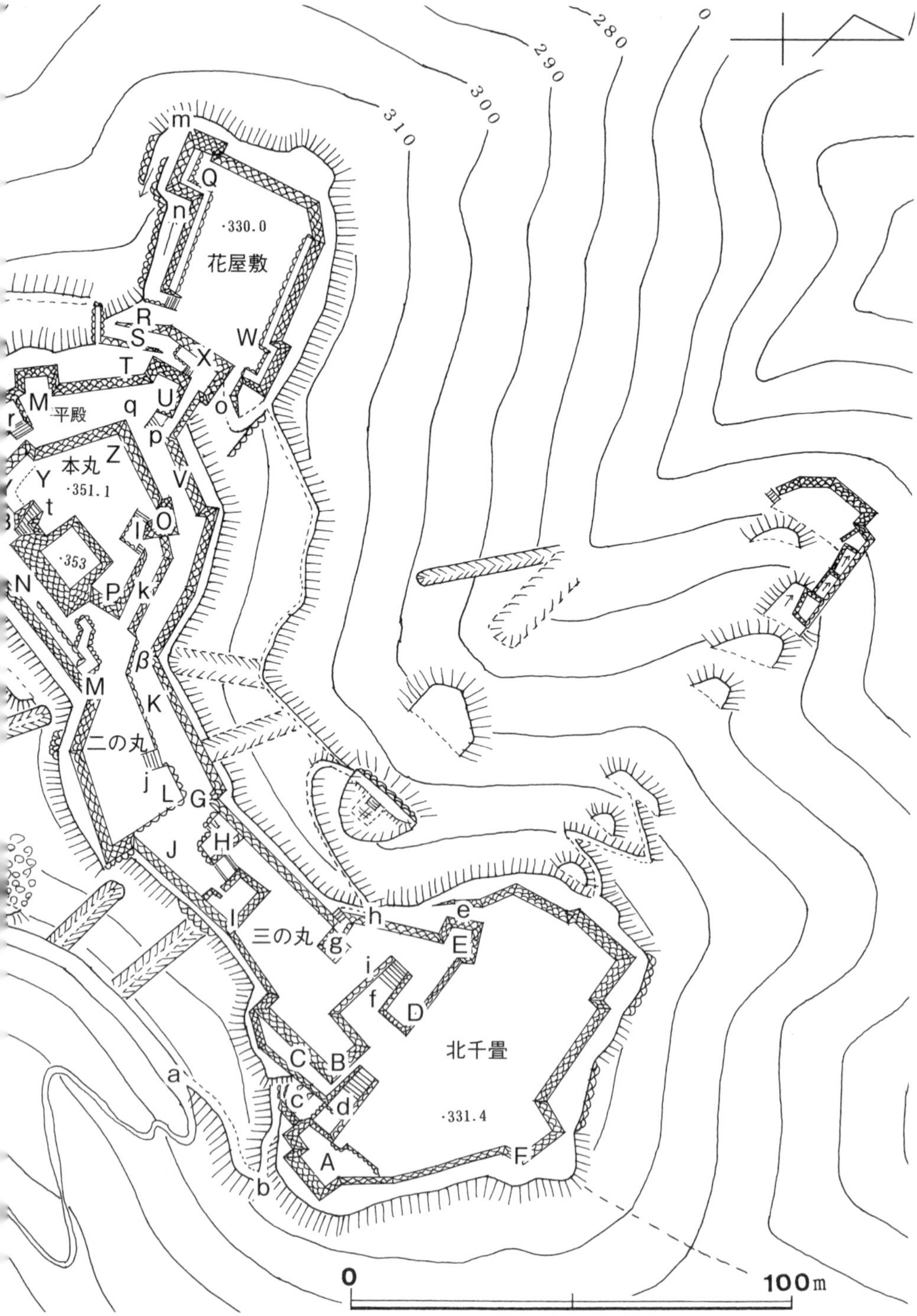

花屋敷
·330.0
平殿
本丸
·351.1
·353
二の丸
三の丸
北千畳
·331.4
280
290
300
310
0
100m

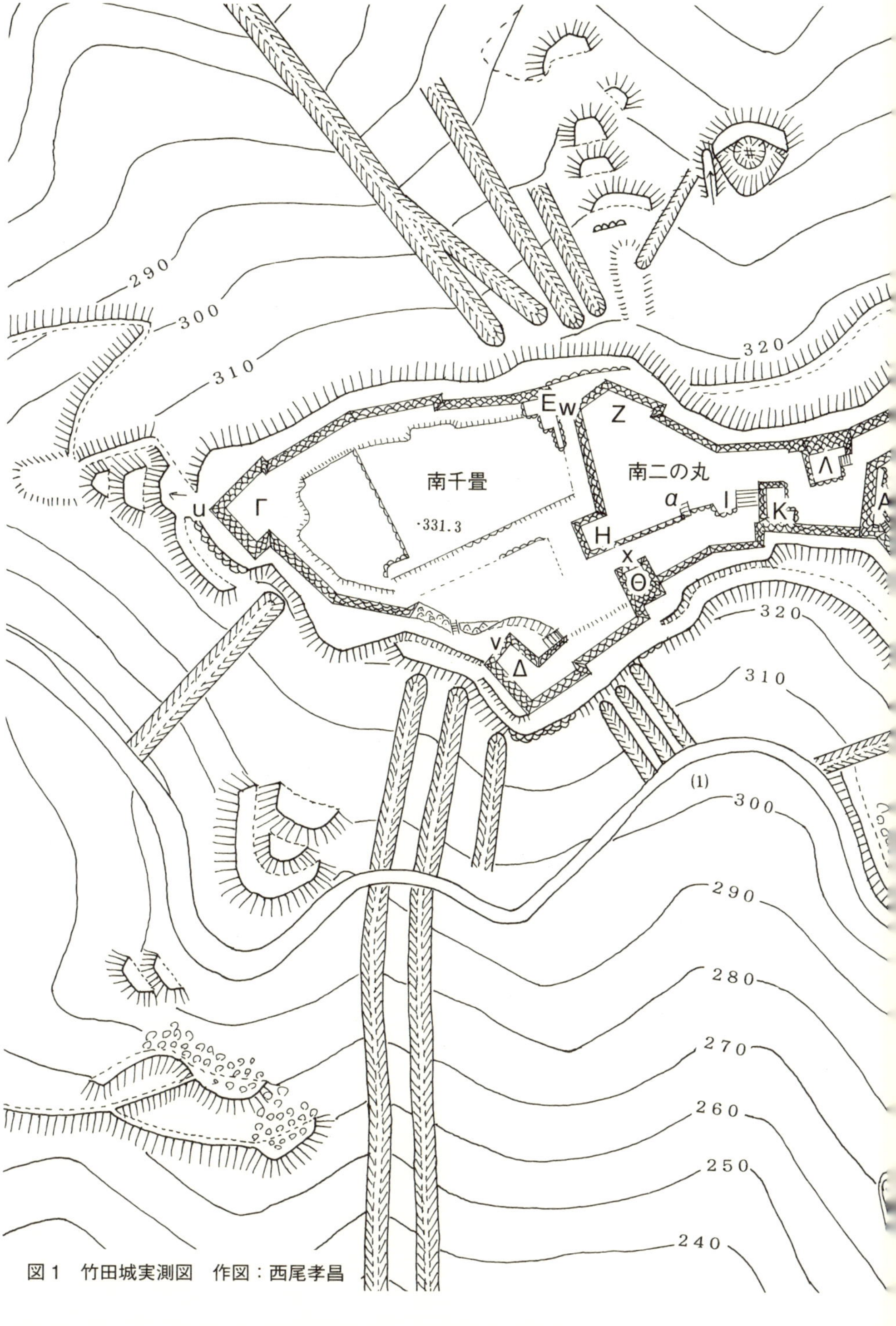

図１　竹田城実測図　作図：西尾孝昌

多聞櫓を築けば、隅櫓Bとのセットでfの守りは近世城郭のように厳重なものとなる。また、「北千畳」の尾根続き観音寺山城方面からの敵に対しては、「北千畳」の東の出隅F等から、犬走りの下の急斜面を登坂中に、鉄砲による十字砲火を浴びせられる構造になっている。

三ノ丸のもう一ヶ所の虎口gは、「水の手」に至るものであるが、その防備は比較的甘い。すなわち、gの下のコーナーhに対しては、三ノ丸の東の隅櫓Eから鉄砲攻撃が可能であるが、gに達してしまった敵に対しては、防御の方法がないのである。二ノ丸下のコーナーGからでは、鉄砲の有効射程外である。

fから三ノ丸内部に入り、コーナーiを曲がったときに正面「武ノ門」を造る櫓Iから絶好の攻撃目標とできる。ここで、GよりもHを突出させておけば、虎口gを含めて、水の手方面の防御が容易になったものと考える。「武の門」の櫓Iは、門の存在を隠すためのものであり、HとIで構成する門は、守備のためというより攻撃のためのものと解釈できる。三ノ丸に侵入されたとしても、「武の門」背後の空間Jに守備兵を集合させ、Iからの指示で三ノ丸へ出撃できるのである。なお、この虎口の構造は、韓国慶南の倭城の「安骨浦《あんこっぽ》城」(三城が一本の尾根上に並んでいる)の真ん中の城の虎口に類似しているのも興味深い。

さて、竹田城の縄張りにおいて最も疑問が残されているのは、Jに続く帯曲輪Kとその上の「二ノ丸」の構造で、JからGを曲がった敵に対して攻撃できないのである。二ノ丸の構造が、なぜ後述する「南二ノ丸」と対称形になっていないのであろうか。Jに入った兵は、ほとんど抵抗を受けずに「本丸」下の「平殿」まで侵入できるのである。これは、築城者が意図的に二ノ丸に侵入されるよりも、「平殿」へ誘い込むように仕向けたためか、あるいはKを含めてβのあたり一帯が、後世破壊を受けたためによるものであろうか(詳しく観察すると、積石の状態も異常であるのに気づく)。今後の検討課題である。

また、「平殿」は「南千畳」、「花屋敷」、「北千畳」という主要スペースを結ぶ連絡路となっている。これを利用することにより、平時・戦時をとわず、本丸など中枢部分s・j間を部外者立入禁止にできる。よって、本丸が「馬出し」Nにより守られていることは、秘密にできたのではないだろうか。

二の丸虎口のjの門は、二の丸の出っ張りLによって隠されており、jを突破されても正面の小施設Mから鉄砲で狙える。Mは二の丸に面した部分のみ奥行があって、兵を配することが可能であるが、奥行の短い部分については塀が立ち、「天守」南西下の曲輪Nを隠しているのである。また、Nは両翼に虎口を有し、「馬出し」的な機能も持っている。二の丸は、天守台からM越しに狙えるようになっている。本丸南隅Pは直下の虎口を狙えるものの、壁面が四五度で二の丸に面しているので、そちらへの射撃は有効にならない。

二の丸から本丸に至るスロープkも、前記したように疑問の残る部分であり、守る方法がないのである。本丸虎口lを守るのは、小さくかつ正対できないOしかない。スロープkには、旧石垣のものと思われる石列があり、Nから二の丸にかけての石列とともに元の縄張りを想像させるものであり、興味がそそられる。lの中の東についている石段が、後世のものであることはいうまでもない。

「花屋敷」から本丸へ

竹田城の西方尾根続き約二kmに、竹田城より二五〇m も高い大路山が聳えている。当然、この方面からの攻撃、とくに鞍部（現在、観光用駐車場になっている）からの攻撃も予想され、西側「花屋敷」からの入城ルートも工夫のあとが見られる。

鞍部から尾根筋を直登すると、「花屋敷」西隅櫓Q下のmに至る。この区間はQから狙われる。そしてmからQを迂回し、スロープnを通過するときに、決定的なダメージをこうむるのである。すなわち、正面R、S、Tからの三段構えの鉄砲攻撃を受けてしまい、このスロープを登り切ったとしても、今度は「平殿」Uからの射程内に入り、背後のQからも狙われるようになる。まさに近世城郭のつくりであり、このルートの防備は大手にも匹敵する。現在（平成三年時）、竹田城の観光登山ルートがここに設定されているのは喜ばしい限りである。

ところが、ここにも大きな欠陥がある。mから「花屋敷」の下を反対回りしたところにも、虎口oが設けられている。これに対しては、Vからしか攻撃できない構造になっている。「花屋敷」の南および北の縁に設けた石塁も、塀を立てて、その内側を人が自由に移動するには幅が狭すぎる。そのため、虎口o上の突出部Wからの石垣下の横矢掛けも、石垣のせり出し自体が少ないこともあって、ほとんど不可能である（韓国にある慶南地方の倭城の石塁は合坂《あいさか》が設けられており、かなり自由に移動できる構造になっている）。ただ「花屋敷」は、前記の「北千畳」の場合とは異なり、敵の侵入を受けたとしても、曲輪内部がUあるいはその下のXからの絶好の攻撃目標になり、占拠されにくい。

次に、Uからの攻撃をかわしながらスロープR、Sを登り、Xに達すれば、本丸およびVからの射程エリアに入る。そして、虎口pの守りはOに委ねられている。虎口pを入って、今度は「平殿」を南に回った場合について見てみる。コーナーqを回ると、本丸の南の隅櫓Yから狙われる。Yの石垣ラインは改修された模様で、竹田城の初期築城時はγのラインであったと思われる。現在、本丸表面にこの石垣ラインも現われている。

しかしながら、ここでも疑問が一つ残る。すなわち、本丸西隅Zをなぜ西へ突出させなかったのか、ということである。現状では、虎口r付近をZから狙えないのである。Yのせり出しによって、この部分の通路は狭いものになっており、屏風状施設Aからの正面攻撃は可能ではあるが、やはりZのせり出しは必要である。また、施設AはMに対するもので、重要である。現在、A上の凹部は非常に狭くなっており、東の石段からは人が通りにくくなっているが、この部分は昭和四十六年に始まった石垣修復工事を受けており、このときに狭められてしまった可能性がある。同様に、突出部Bも後退させてしまったものと考える。おそらく本来は、sの位置に門が設けられており、この門はYによって守られていたと考える。

現在、竹田城の天守台に登るためには石垣をよじ登らねばならないが、往時はどのような建造物があり、どのようにして天守に入ったのだろうか。天守下から鯱瓦片が採取されており、(2) いわゆる「天守閣」と呼べるものがあったことは間違いない。たとえば、Yと天守の間を多聞櫓で結んでおり、tからいったん本丸空間へ入り、そこから反転して多聞櫓に入り、階段を登る構造等が考えられる。この天守台は穴蔵を伴わない。ただでさえ手狭な山城の天守に、穴蔵のスペースを取らない理由は何なのか。これは、考古学の手法によらねばわからない。ただし、天守台の高石垣が後の増築によるものであれば、元の石垣が中に入っている可能性があり、それを埋め込んだのかもしれない。

「南千畳」から本丸へ

竹田城から南に真っ直ぐに延びた尾根を逆に登ってゆくと、「南千畳」に達する。「南千畳」から本丸へ至るルートも、一応は防御されているが、前の二つのルートに比べると貧弱であり、一部未完成の部分も残る。

「南千畳」の南に突出したΓからは、尾根を登ってくる敵を攻撃できる。敵は、Γ下のuに達した後は、「南千畳」石垣下を右あるいは左に進んで来る。右に進んできた場合、Γから背後を、虎口の櫓Δから正面を狙うことができる。虎口vは未完成らしく、二折れの石垣虎口を築く計画であったように思える。いずれにせよ、虎口vから「南千畳」に入ると、当然のことながら、正面のHおよびΘからの目標になるのである。現在、Θへ登る石段が欠落しているが、これも石垣改修工事時のつけわすれであろうか。

ところが、もしも敵がuから左のコースを辿った場合は、「南千畳」のもう一つの虎口wの近くに来るまで、鉄砲攻撃はできないのである。虎口wを構成する櫓台Eあるいは「南二ノ丸」の西の突出部Zを、なぜ張り出させなかったのだろうか、大いに疑問である。何か敵を右のコースへ誘導する施設が、uにあったのかも知れない。なお、虎口w自身はEと「南二ノ丸」の南櫓台Hによって防御されている。また「南千畳」は、前記の「北千畳」と同様に侵入を受ければ、防御困難な「捨曲輪」的な性格を有している。なお、「南千畳」と「北千畳」とでは性格が異なっていたと考えられる。「北千畳」は、公的な御殿が想定されるのに対し、「南千畳」は内部が区画されており、城内居住スペースと貯蔵スペースであったと思われる。

「南二の丸」は、その虎口αの石段には大きな石材を使用しており、城主居住区と解釈できる。また、この曲輪は一種の「逆心曲輪」の機能を持つように考えられる。「南千畳」から「南二の丸」に入るためには、まず、HとΘおよび城門で構成される虎口xを抜け出る必要がある。ここは、正面の出っ張りIおよび櫓台Kによって守られている。「南二の丸」自体を守る施設は、背後の櫓台KおよびΛである。侵入者は、IK間、KΛ間、ΛA間を抜けて行くのであるが、このあたりの防御施設は、逆回りではあるが前記の「武の門」の構成に類似している。つまり、防御方法は鉄砲ではなく、弓主体となっている。そして、ΛA間を回ったときに、正面の櫓台Mからの鉄砲攻撃を受けるのである。なお、櫓台Mは張出しており、Tおよび「南二ノ丸」の凹部Λあたりの石垣下も守備している。

まとめ（竹田城築城の背景）

以上述べてきたように、但馬竹田城は非常に防御が厳重なところと、あまりそうでないところが混在している。これは、増改修されたとはいえ一貫性に欠けている。つまり、最高の防御システムを一応身につけているが、それを完全に活かしてはいない段階といえるのではないか。そのような人物が、この城を築いたと考えられる。

また、但馬周辺の諸城に比べて石材の使用量が飛び抜けて多く、廃城時の城主と伝えられる赤松広秀の単独築城には疑問がある。もともとこの城は、豊臣政権にとって但馬平定の際、羽柴秀長が拠点とした由緒ある城である。天正十三年（一五八五）、播磨・但馬・因幡における大領地替えにともなう「城郭の適正化」(3)により、最初の改修がなされたのであろう。

ところで、立地条件を考えると、ここは山陰道から大坂へのルートを押さえ、生野銀山を守備する重要拠点なのである。しかし、但馬においては僻地であり、城下町経営には不向きな位置で、かつ山城なのである。このような軍事拠点としての機能優先は、石材の量からも中央の指示と考えざるをえない。つまり、豊臣政権の天下普請と考えるべきであり、赤松広秀は政権にとって忠実な「城代」であったのではないだろうか。

だが、彼が豊臣政権の指示をうけて築いたとも思えない。彼は天正十五年（一五八七）の九州の役、同十八年の小田原の役、文禄元年（一五九二）の文禄の役に但馬衆の一員として出兵している。その部隊を統括していたのは前野長康である。(4)前野氏は、文禄四年（一五九五）の秀次事件に連座して失脚し、その後の統括者は鳥取の宮部長熈である。天下普請を考慮するならこの両者か、あるいはそのいずれかが築城責任者ということになる。

竹田城を大坂城の「支城」として位置付け、その改修とすると、その時期は大坂城改修とも関連すると考えるべきである。文禄三年、伏見城とともに大坂城惣構堀の普請が行われている。そして、慶長三年（一五八九）には大坂城三ノ丸が新たに築かれている。(5)現竹田城の縄張りの完成度は、だいたいこの時期に合致すると考えられる。この時期に行われたのが朝鮮出兵であり、これに先の両者は参加しているが、自ら築城したり長期の籠城戦を指揮してはいない。つまり、最初に述べた条件にもかなうのである。

この両者を比較し、「支城」の改修を委ねられるほど秀吉の信頼が厚かったのは、豊臣政権の「中老」であり、豊臣姓を与えられた宮部氏である。彼は伏見城、大坂城三ノ丸の両工事に参加している。(6)父継潤は近江以来の家臣で、九州平定には島津の大軍を根白坂の陣城に食い止めた勇将である。竹田城が本丸周辺だけでも死守しようという意識が強いのも、その実績のうえに成り立っているようにも思える。よって、宮部氏が指揮して現竹田城を築いた可能性が最も高いと考えられる。そのように豊臣家に忠実であったからか、西軍に与して関ケ原の戦いに破れた際、主戦場にいなかったにもかかわらず、赤松氏ともども改易されたので、記録・伝承共に残らなかったのではないだろうか。

最後に、現地竹田城にワープロを持って登り、縄張り考察の要点をメモしていただいた角田誠氏、および考察に対して現地で疑問点を指摘していただいた西尾孝昌氏、谷本進氏に謝意を表します。

【註】

（1）海津榮太郎氏の御教示による。
（2）和田山町郷土資料館が所蔵している。
（3）角田誠「織豊統一政権による築城、秀吉の播・但・因への進攻と山城を例として」（『第七回全国城郭研究者セミナー資料』、一九九〇年八月、於小田原）。
（4）『豊岡市史』。
（5）『日本城郭大系』十二巻　新人物往来社、一九八一年。
（6）高柳光壽・松平年一『戦国人名辞典』吉川弘文館、一九六二年。

V　但馬竹田城跡採集瓦について
―文禄・慶長年間築城の考古学的考察―

中井　均

はじめに

但馬竹田城跡は、兵庫県朝来市和田山町竹田の古城山山頂に所在する典型的な織豊期の山城跡である。ほんの十数年前までは、嘉吉年間（一四四一～一四四三）に山名持豊が築城したものと、現存する石垣遺構が同じ時期のものであるかのように説明されてきた。[1]しかし、近年の縄張り研究、いいかえれば城郭遺構そのものを比較考察することが急速に進歩してきた結果、石垣によって構成される山城は、おおよそ天正年間（一五七三～一五九二）以降のものであることが判明している。さらに、虎口の形態や石垣の組み方から、現存する竹田城跡の遺構は文禄～慶長年間（一五九二～一六一五）に築城されたものであることが明らかとなってきた。

拙稿では、遺構から明らかとなりつつある年代をより明確に位置付けるため、遺物の面から考察をおこなうものである。ただ、竹田城跡は過去に一度も発掘調査が実施されておらず、遺物の面から年代を明らかにすることは不可能であると考えられていた。ところが、以前に表面採集された遺物（大半は現在でも城跡全域に散布する瓦類）が、和田山町教育委員会（現、朝来市埋蔵文化財センター〈以下、同〉）および朝来郡広域行政事務組合（同上）に所蔵されていることがわかった。しかし、考古学的資料としては近世初頭というきわめて年代の新しいものであることから、現在に至るまで公表されることはなかった。ここでは、竹田城跡の年代を明らかにすることのできる唯一の考古学的資料として、これらの瓦類を図面化し、若干の考察をおこなってみたい。

さて、城郭出土の瓦については、近年非常に注目されつつある。森田克行氏は、大阪府高槻城跡の発掘調査によって出土した瓦を中心に、高槻周辺の寺社、城郭瓦を詳細に観察し、編年分類をおこなった。この結果、緩弧線《かんこせん》が無数につく糸切状のコビキA手法と、胎土中の砂粒の移動が横筋となってあらわれるコビキB手法が丸瓦凹面にあることに注目し、コビキA手法は内膳町（聚楽第）を最新とし、文禄三年（一五九四）以降の伏見城には認められず、コビキB手法は大坂城を初例とし、それ以前には認められないことをつきとめた。さらに平瓦については、凸形台上で布を用い、叩き締めて成形した平瓦Aと、凹形台上でハナレ砂を用いて成形した平瓦Bの存在が、天正年間前半で平瓦Aが消滅することも明らかにされた点は、近世瓦研究にとって重要な指摘となっている。(2)

土山公仁氏は、岐阜城跡から出土した瓦の調整を詳細に観察し、軒丸瓦をⅠ～Ⅵ類に、軒平瓦をⅠ～Ⅴ類に分類し、それぞれ岐阜城の画期となるⅥ時期にあてはめた。さらに同氏は、織田政権下の城郭瓦を丹念に調査し、安土城跡と同笵《どうはん》もしくは同型瓦が存在することを確認した。これら一連の研究により、城郭瓦も今後は同笵というマクロな視野が必要となった。さらに、この研究は瓦という考古学的資料を操作することによって、瓦工人集団の働きを想定することも可能となるものである。(3)

また、久保智康氏は越前における近世瓦を、田中幸夫氏は播磨における近世瓦を、とくに瓦工橘氏との関係から詳しく研究されている。(4)このように近年、近世瓦の研究は盛況であり、その中心に城郭に使用された瓦が位置しており、今後、城郭研究にとって瓦は重要な研究課題となるものである。

一　採集瓦の検討

それでは、採集された瓦について個々に観察していきたい。

【軒丸瓦】（図①～③・写真①～③）

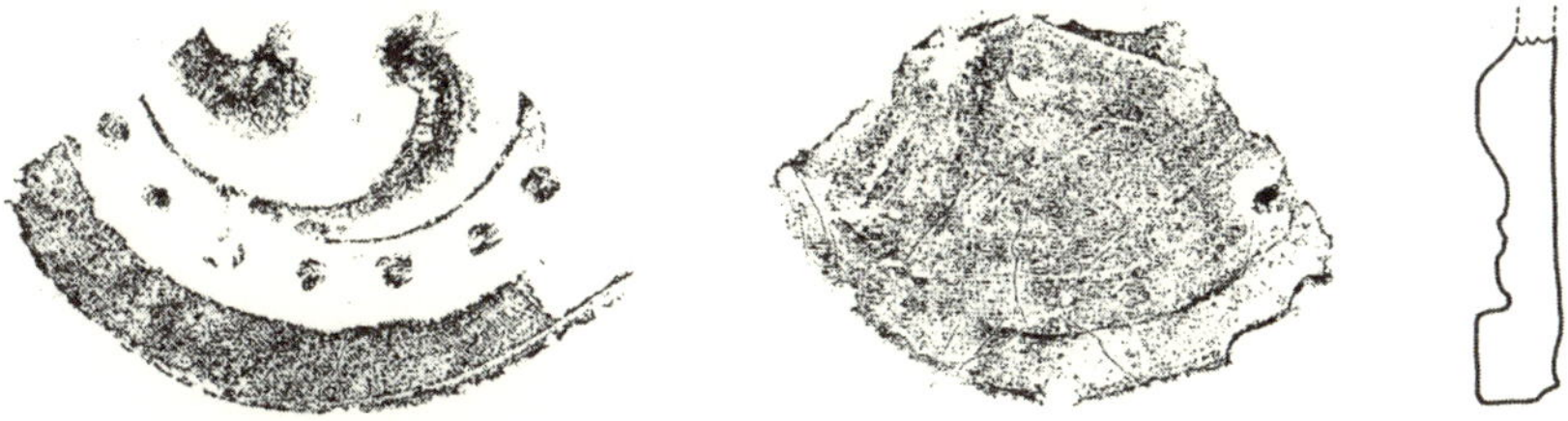

図①　軒丸瓦 1

写真①　軒丸瓦 1

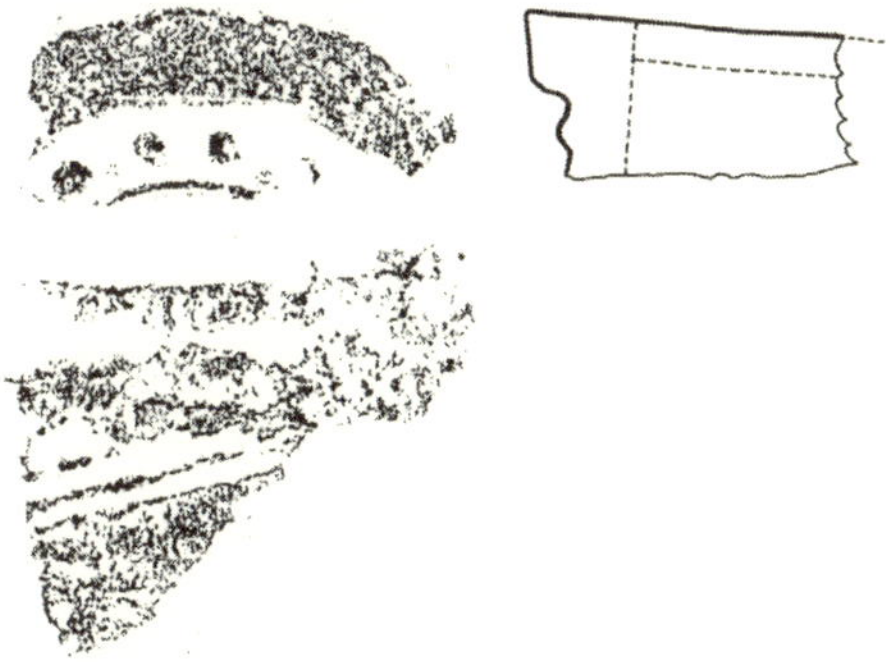

図②　軒丸瓦 2

写真②　軒丸瓦 2

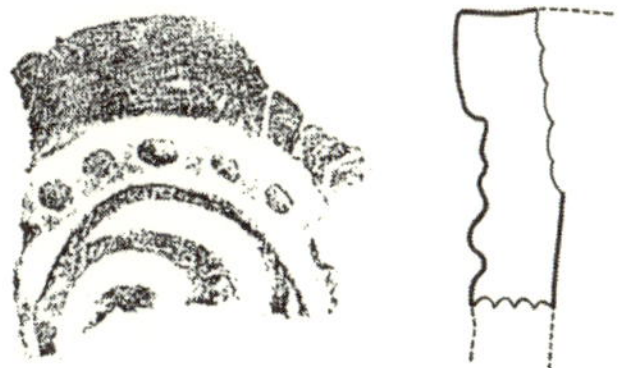

図③　軒丸瓦 3

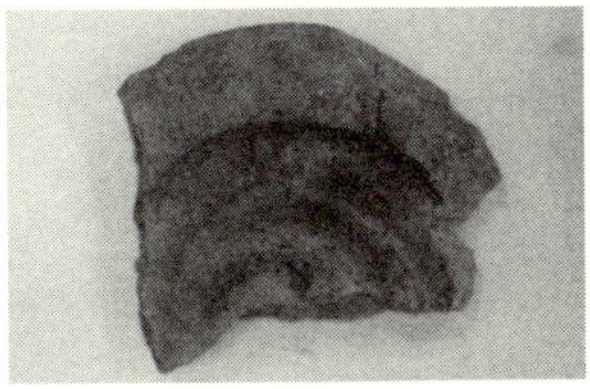

写真③　軒丸瓦 3

和田山町教育委員会所蔵資料中、軒丸瓦は三点確認できた。①は右回りの三ツ巴紋で、巴文の尾部が接する。直径一六・六cmに復元でき、珠文《しゅもん》は一六個つくものと考えられる。内面はていねいにナデ調整を施すが、端部に指オサエの痕跡を残す。周縁の幅は二・〇cmを測る。

②は珠文部分の断片資料であるが、文様は三ツ巴文である。巴の尾の部分が残存しているが幅が狭く、線状のシャープなものである。瓦当《がとう》の接合部が明瞭に残る。写真②で見ると、薄い瓦当部分の色調の違いがよく観察できる。ここでは瓦当接合部だけでなく、丸瓦凹部にも櫛目が認められる。焼成は堅緻であるが、胎土に石粒を含み、ざらついた仕上がりとなる。

③は、復元径一一・四cmと小型の軒丸瓦であり、あるいは道具瓦になるものかもしれない。三ツ巴文は左回転で尾は太く、接している。珠文は密に配され、一八～二〇個つくものと考えられる。周縁はいびつで、直径に比して厚いところは二cmを測る。①、②が黒色であるのに対し、黄褐色を呈するが、焼成・胎土ともに良好である。

【軒丸瓦】（図④～⑥、写真④～⑥）

和田山町教育委員会が所蔵する軒平瓦は、すべて均正唐草文様で、中心飾りを中心に左右に唐草文を転回させている。④は、文様区幅一五・三cm、縦二・五cmを測る。やや小型の軒平瓦で、中心飾りが五葉で、中央の三葉の先端には花弁がつく。両端の二葉は、唐草へ転回するように左右にのびている。唐草文は大きく両側へ二反転する。文様区が瓦当の中心に位置せず、やや右側に片寄っている。このため脇区幅が右二・五cm、左三・八cmとなっている。

⑤は、文様区幅一九・五cm、縦三・三cmを測るもので、中心飾りは小珠文から派生する五葉からなる。中心飾りは中央の三葉先端に花弁を表現している。両端の二葉は④と同様、両側にたれ下がっており、花弁の表現もないことから、あるいは花冠ではなく葉を表現したものかもしれない。唐草は大きく巴状に巻きこんで二半転させている。中心飾り

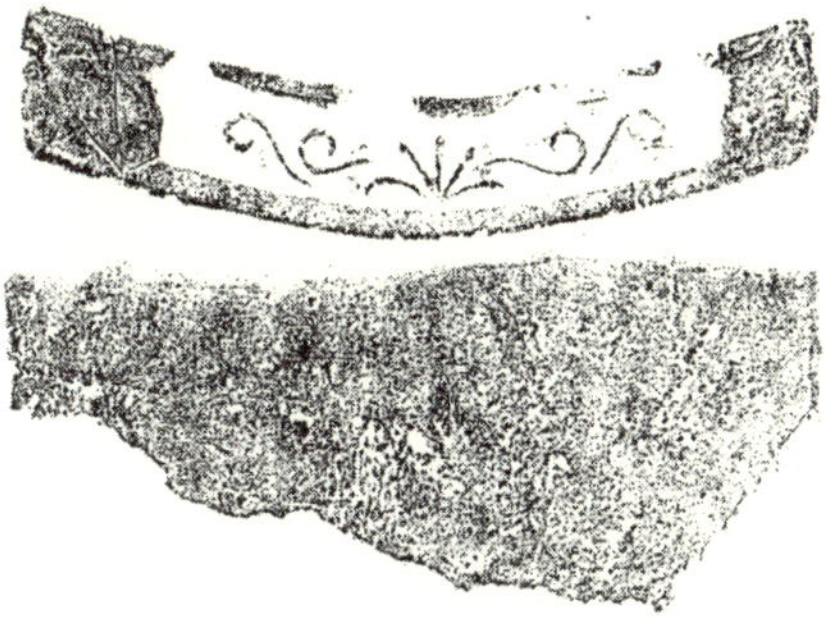

図④　軒丸瓦４

写真④　軒丸瓦４

写真⑤　軒丸瓦５

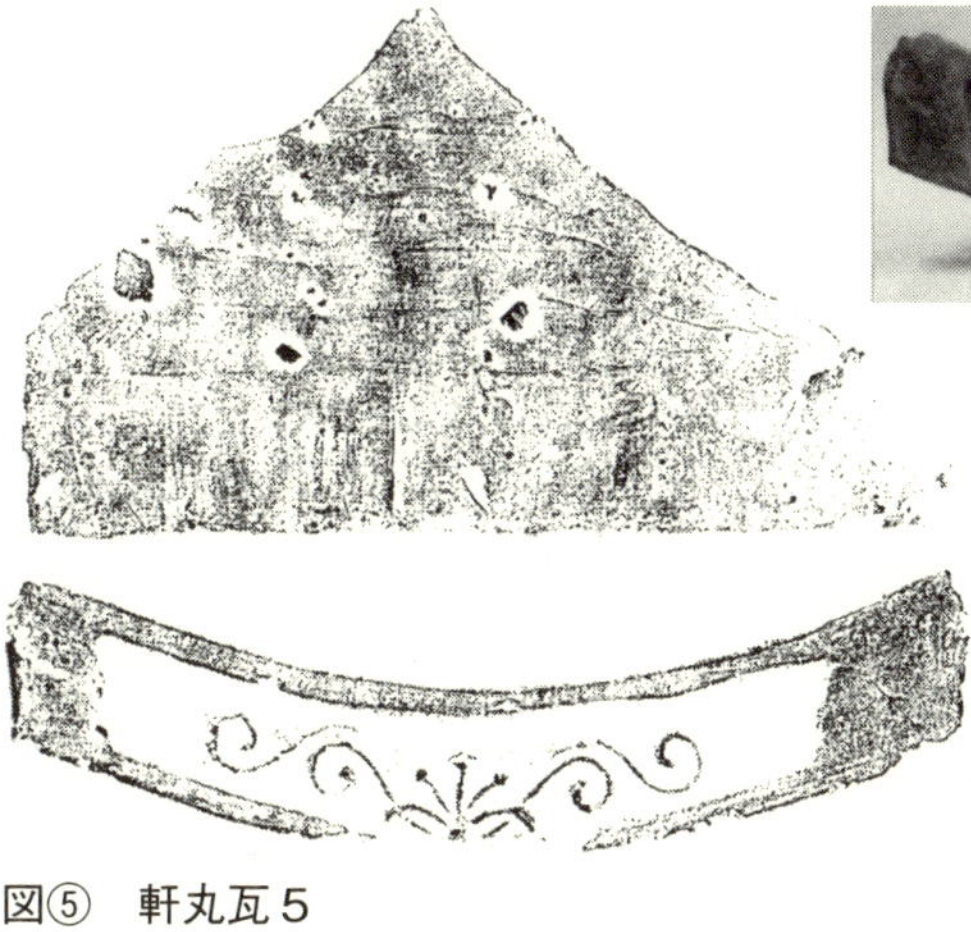
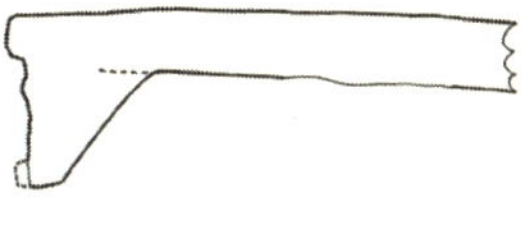

図⑤　軒丸瓦５

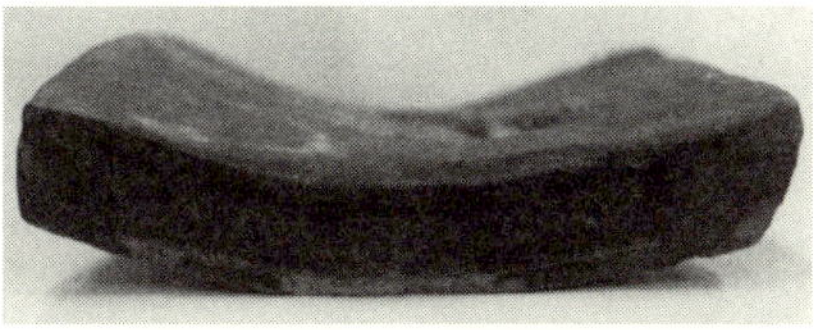

図⑥　軒丸瓦６

写真⑥　軒丸瓦６

0　20cm

に近い唐草は、中心飾りの下端部より派生させており、中心飾り両端の二葉をつき抜けるようになっている。さらに④と同様、文様区が瓦当の中心に位置せず、脇区右三・五cm、左二・四cmと左側に片寄っている。凸面には横ナデ痕が残る。

⑥は、文様区幅一五・五cm、縦二・七cmを測るもので、五葉の中心飾りを中心に、唐草文が左右に二半転する。中心飾りは中央の一葉の先端のみに花弁を表現している。両端の二葉は大きく左右に開き、唐草文の下部におよんでいる。⑥も④⑤と同様、文様区が瓦当の中心に位置せず、脇区右三・六cm、左二・八cmと左側に片寄っている。さらに、文様区左上端部が凹状に脇区にくぼんでいることが認められる。これは、瓦当に版木を押捺して施文する際、粘土板から版木を取りはずすために差し込んだ、工具の痕跡ではないかと考えられる。④、⑤にも同様の凹部がやはり文様区の左上端部に認められる。

【丸瓦】（図⑦～⑧・写真⑦～⑩）

和田山町教育委員会所蔵の竹田城跡採集資料の大半は、丸瓦と平瓦であった。ここでは特徴的なものを紹介する。図⑦（写真⑦）は竹田城跡採集資料中、最も注目できる資料の丸瓦で、玉縁《たまぶち》を欠損している。凸面端部付近は、ていねいに縦方向にナデを施しているが、他は全面にタタキ痕を残している。このタタキは、一辺七cmの方形区画の版木を原体とし、原体中央に十文字（クルス）の花弁状のものと同心円状の彫刻を施し、周囲を綾杉状に彫刻したもので、あきらかに高麗瓦（朝鮮瓦）である。[5] 焼成・胎土・色調は他の丸瓦と同様であることから、朝鮮半島で焼かれたものではなく、日本国内で生産されたものにまちがいない。この丸瓦については考察で詳細に検討するが、現在同様のタタキを有する高麗瓦の出土例は皆無である。

図⑧（写真⑧）および写真⑨は、輪違い瓦である。図⑧は尻すぼみ状に端部をおさめる。凹面は横位のケズリ（コ

写真⑦　丸瓦１

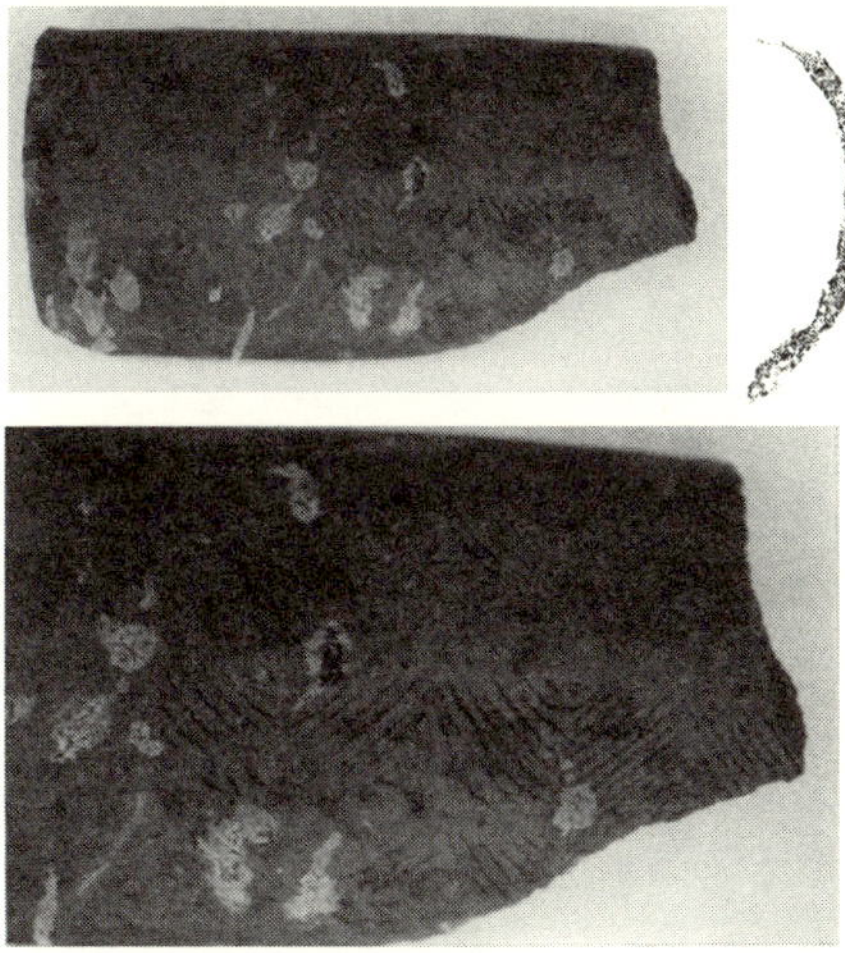

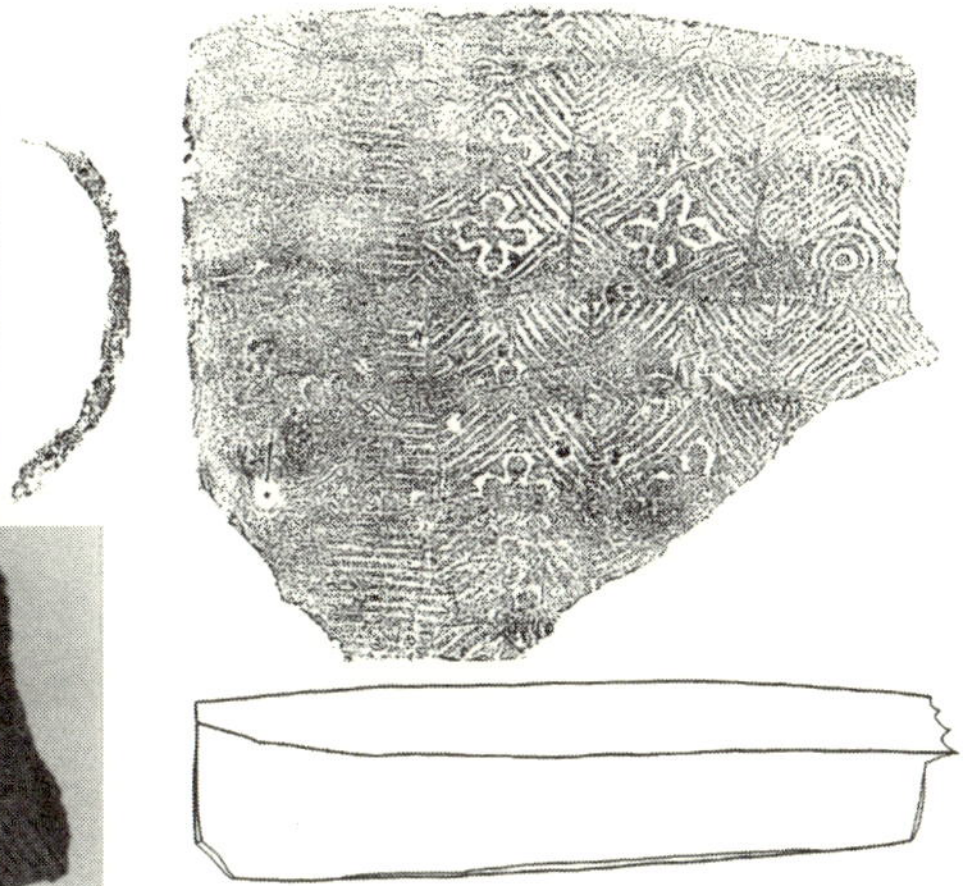

図⑦　丸瓦１

写真⑧　輪違い瓦１

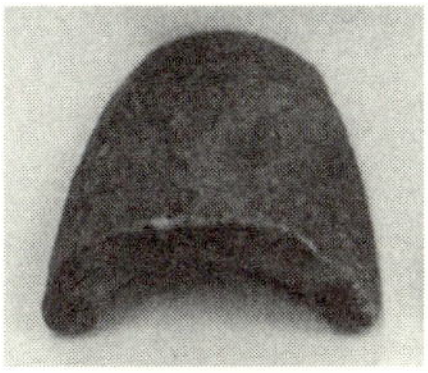

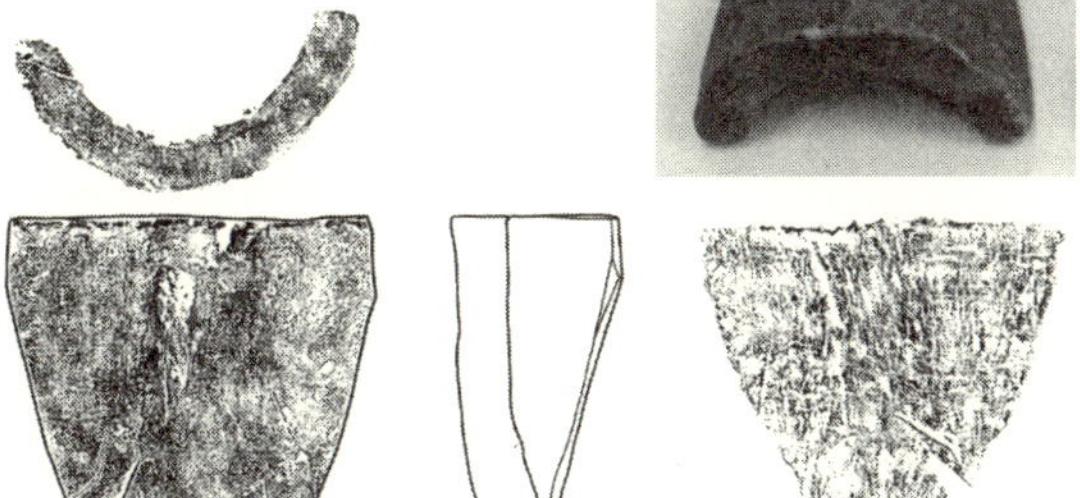

図⑧　輪違い瓦１

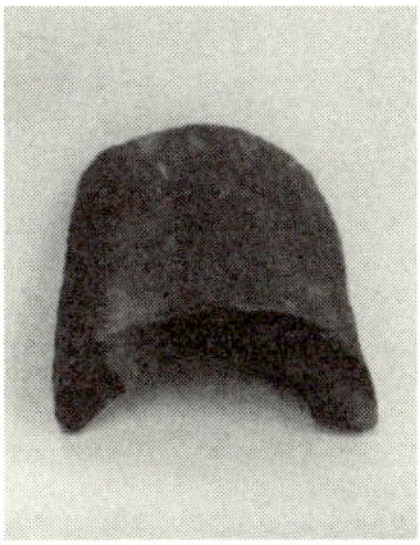

写真⑨　輪違い瓦２

写真⑩　丸瓦３

ビキB手法）とともに布目痕が残る。これに対し、写真⑨は両端部ともに同一幅でおさまる形状となる。長さはほとんど変わらない。

写真⑩は、玉縁を有さない丸瓦である。凸面は全体にナデを施す。凹面は鉄線で引かれたと考えられる横線が認められ、コビキB手法で制作されたものである。焼成は堅微であるが、胎土中に石粒が多く混入しており、ヒビ割れ筋が目立つ。

【道具瓦】

○菊文差瓦（小菊瓦）（図⑨・写真⑪）

直径一一・三cm、周縁部幅一・四cmを測る一二弁の重弁小菊瓦で、花弁は分離して表現されている。焼成はやや甘く、黄褐色を呈する。

○鳥衾《とりぶすま》瓦（図⑩・写真⑫）

鳥衾は降棟《くだりむね》の先端にとりつけるもので、筒状を呈している。文様は左回転の三ツ巴文で、頭部は退化している。尾は細くシャープで長く、接している。丸瓦と瓦当の接合部には櫛目が残る。色調は黒灰色であるが、焼成は甘い。

○鯱瓦（図⑪・写真⑬）

鯱瓦は数片認められる。図⑪は、断片中央に突起があり、鰭《ひれ》を表現したものと考えられる。全面の鱗は木印で押捺して表現している。

○鬼瓦（図⑫・⑬・写真⑭・⑮）

鬼瓦も数片認められる。図示したのは、残存度の高い二点である。図⑫は、脇区のみの断片で文様は不明である。凸面、側面はていねいにナデを施す。下端部が大きく外反するものと考えられる。凹面は指によって掻取られて整形されている。焼成・胎土ともに良好で、灰白色を呈する。

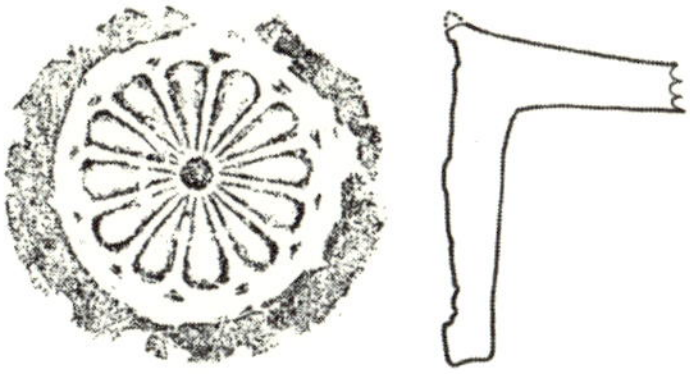

図⑨　菊文差瓦

写真⑪　菊文差瓦

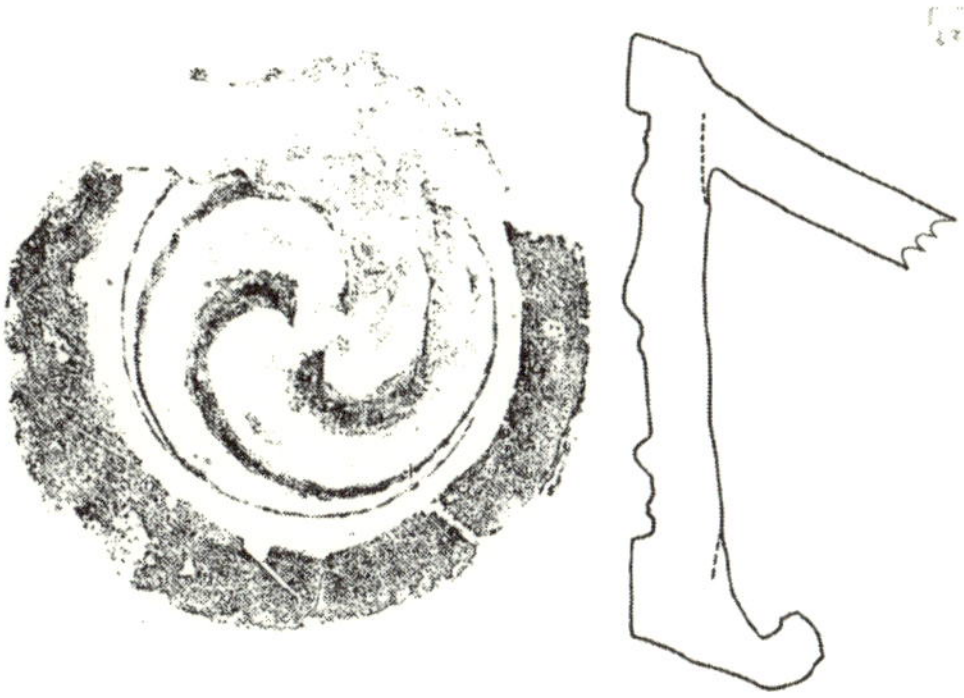

図⑩　鳥衾瓦

写真⑫　鳥衾瓦

写真⑬　鯱瓦

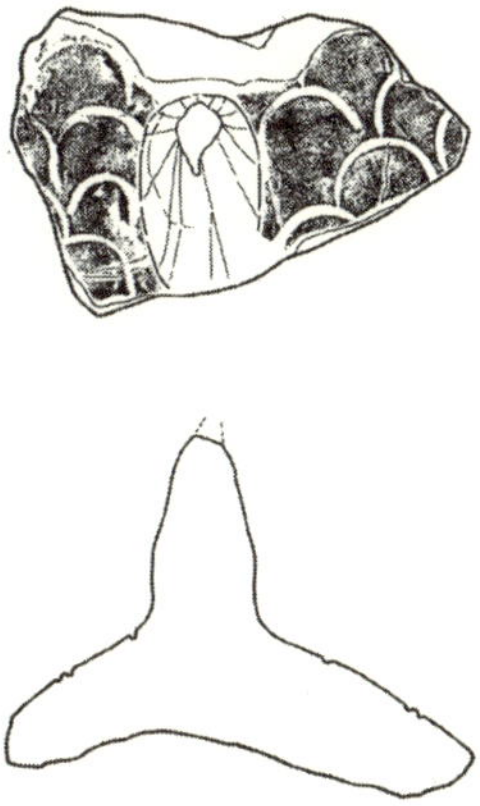

図⑪　鯱瓦

図⑬は、脇区よび文様の一部断片である。瓦当文様は剥離しており不明である。脇区および側面は、ていねいにナデ仕上げとなる。凹面は全面に指ナデを施している。

以上、和田山町教育委員会所蔵資料以外に、朝来郡広域行政事務組合にも若干の竹田城跡採集資料が所蔵されている。写真⑯は、直径一三・四㎝を測る軒丸瓦で、左回転の三ツ巴文である。巴文は円形のしっかりした頭部となり、尾はシャープで接する。珠文は一九個を密に配している。焼成は甘く、胎土に砂粒を多量に含んでいる。色調は灰褐色を呈する。

写真⑰は、玉縁を有する丸瓦で、凹面には顕著なコビキB手法が認められる。

この他図示できなかったが、軒平瓦では図5と同笵のものや、中心飾りが三葉で、山字形を呈するものなどが認められる。

二　考察

以上、竹田城跡採集瓦資料を個々に観察したが、いくつかの点について考察を加えてみたい。

（1）高麗瓦の語るもの

図⑦は、タタキの施文から高麗瓦であることはまちがいない。渡辺誠氏の調査によれば、現在、日本では一八ヶ所で出土している。しかもその出土遺跡は、すべて城または城跡からである。この一八城跡から出土する高麗瓦は、瓦当の角度が一二〇度という点と、軒平瓦の形状が倒三角形であること（女莫斯＝ヨマクセ）を特徴としている。(6) 残念ながら、竹田城跡の資料には高麗瓦の軒瓦は認められないため、他城跡出土高麗瓦の軒瓦との比較は不可能である。ところが、長崎県金石《かねいし》城跡、島根県富田《とだ》城跡からは高麗瓦の丸瓦の出土も報告されているので、まずはこれらと比較してみよう。

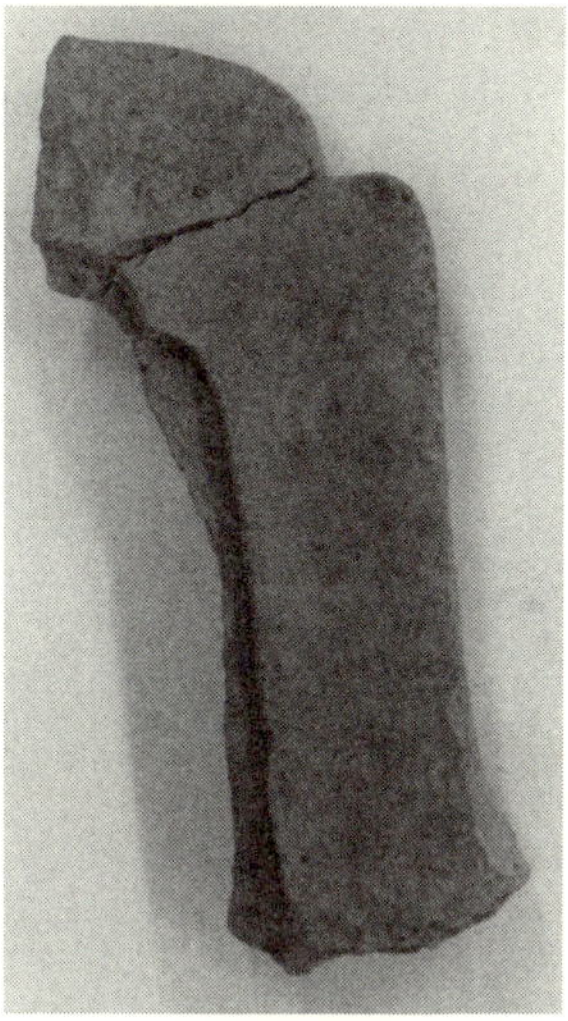

写真⑭　鬼瓦１

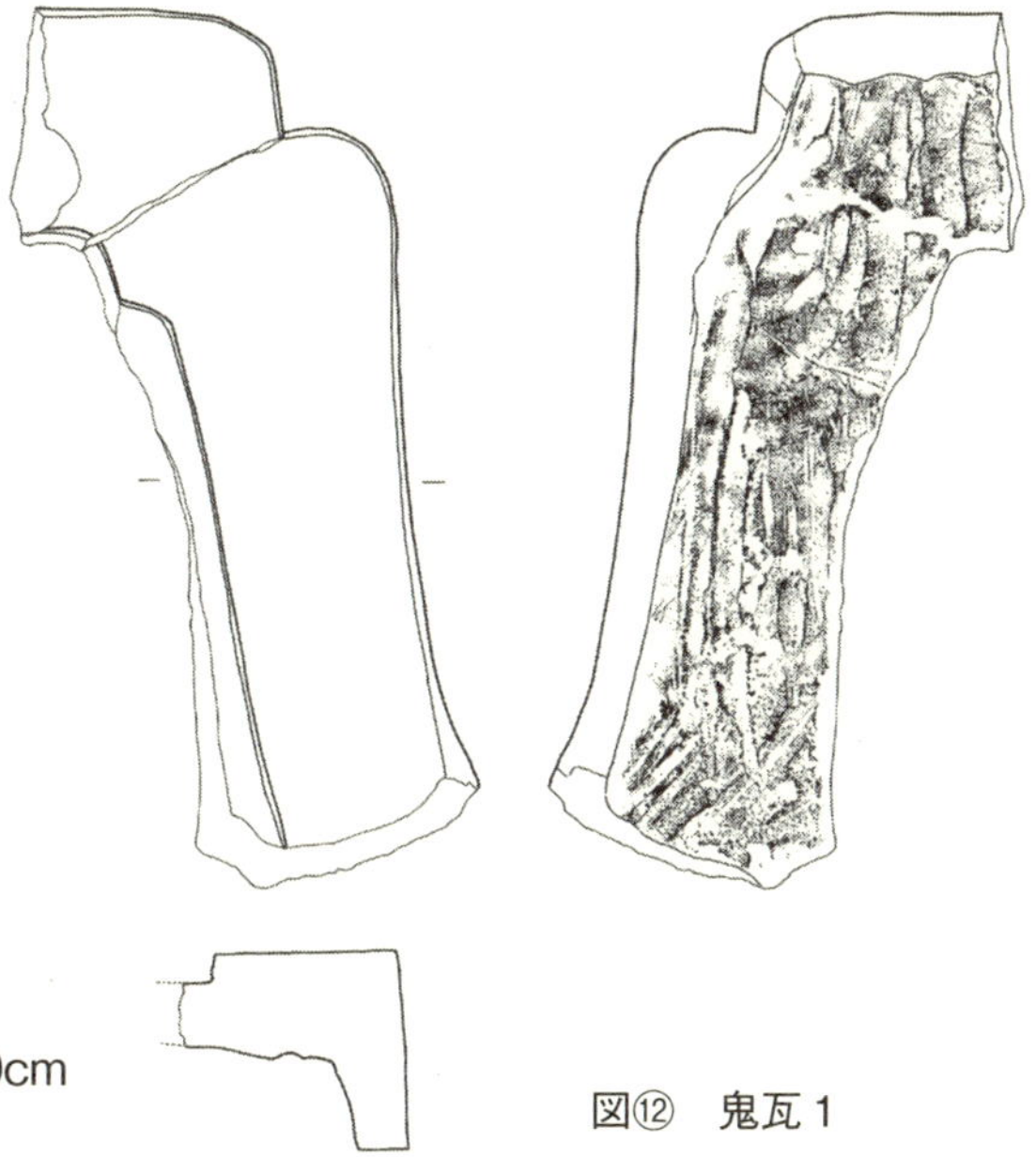

図⑫　鬼瓦１

写真⑮　鬼瓦２

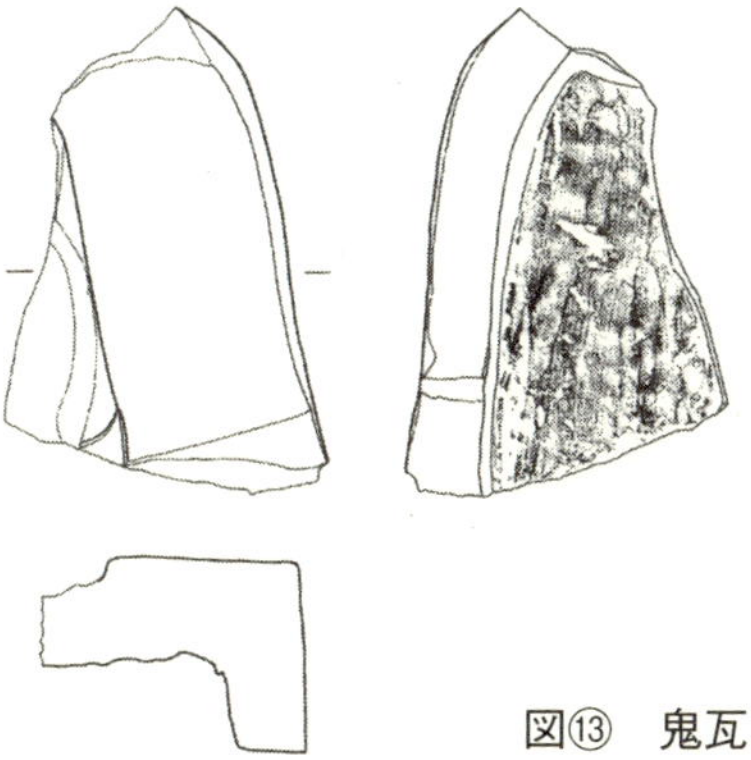

図⑬　鬼瓦２

写真⑰　丸瓦

写真⑯　軒丸瓦

金石城跡は対馬の国主宗氏の本城であり、ここからは軒平瓦（女莫斯）と軒丸瓦（夫莫斯＝プンマセ）とともに、平瓦（女瓦＝アンキワ）と丸瓦（男瓦＝スッキワ）が出土している。丸瓦は玉縁を有し、凸面に綾杉状もしくは青海波文のタタキが認められ、凹面には布目痕を残すとともに、コビキB手法と同様に横線が認められる。また、青灰色の須恵質のものと灰白色の須恵質のものがある。報告書によると、文明年間（一四七〇頃）、宗貞国によって復興された国分寺に利用された可能性が高いとし、さらに高麗瓦の制作については、来島瓦匠による対馬島内制作としている。(7)

出雲守護職尼子氏の本城富田城跡菅谷地区からも、女莫斯、夫莫斯、女瓦、男瓦が出土している。男瓦（丸瓦）はⅡ―3区で、凹面を上方に十枚並べて溝として転用した状態で出土している。玉縁を有する丸瓦で、凸面に平行タタキ、青海波文タタキ、斜格子状タタキを施し、凹面には布目痕を残している。(8)

竹田城跡採集丸瓦のタタキは、これら資料と異なり、現在、国内からは同一資料の出土例は認められない。朝鮮半島に目を向けると、文禄・慶長の役（一五九二〜一五九八）で秀吉軍側が築城した、いわゆる倭城跡の形態は日本の織豊系城郭と同一のものである。ここから出土する瓦は、城郭の形態が織豊系であるにもかかわらず、高麗瓦である。タタキは綾杉状、青海波文であり、やはり竹田城跡出土高麗瓦と同様のタタキ文は認められない。(9)今後は、さらに朝鮮半島における李氏段階の資料を確認していかねばならないだろう。

竹田城跡出土資料は、タタキ施文から見て高麗瓦であることは疑いない。それでは、この高麗瓦をどう評価すればよいのだろうか。前出の金石城の城主宗義智は、秀吉の朝鮮出兵に参戦している。さらに、尼子氏の後に富田城主となった吉川広家も参戦している。これ以外に高麗瓦を出土する城跡を概観すると、慶長四年（一五九九）銘の女莫斯が認められる熊本城は、文禄・慶長の役に参戦した加藤清正の築城であり、唐津城の寺沢政成、宇土城の小西行長をはじめ、文禄・慶長の役参戦大名の諸城に多く認められるのである。渡辺誠氏が、「……むしろ文禄役後の導入の方に、強く関心を持たざるをえていたのである」と言われるように、(10)高麗瓦の城郭への導入は、文禄・慶長の役、いいかえ

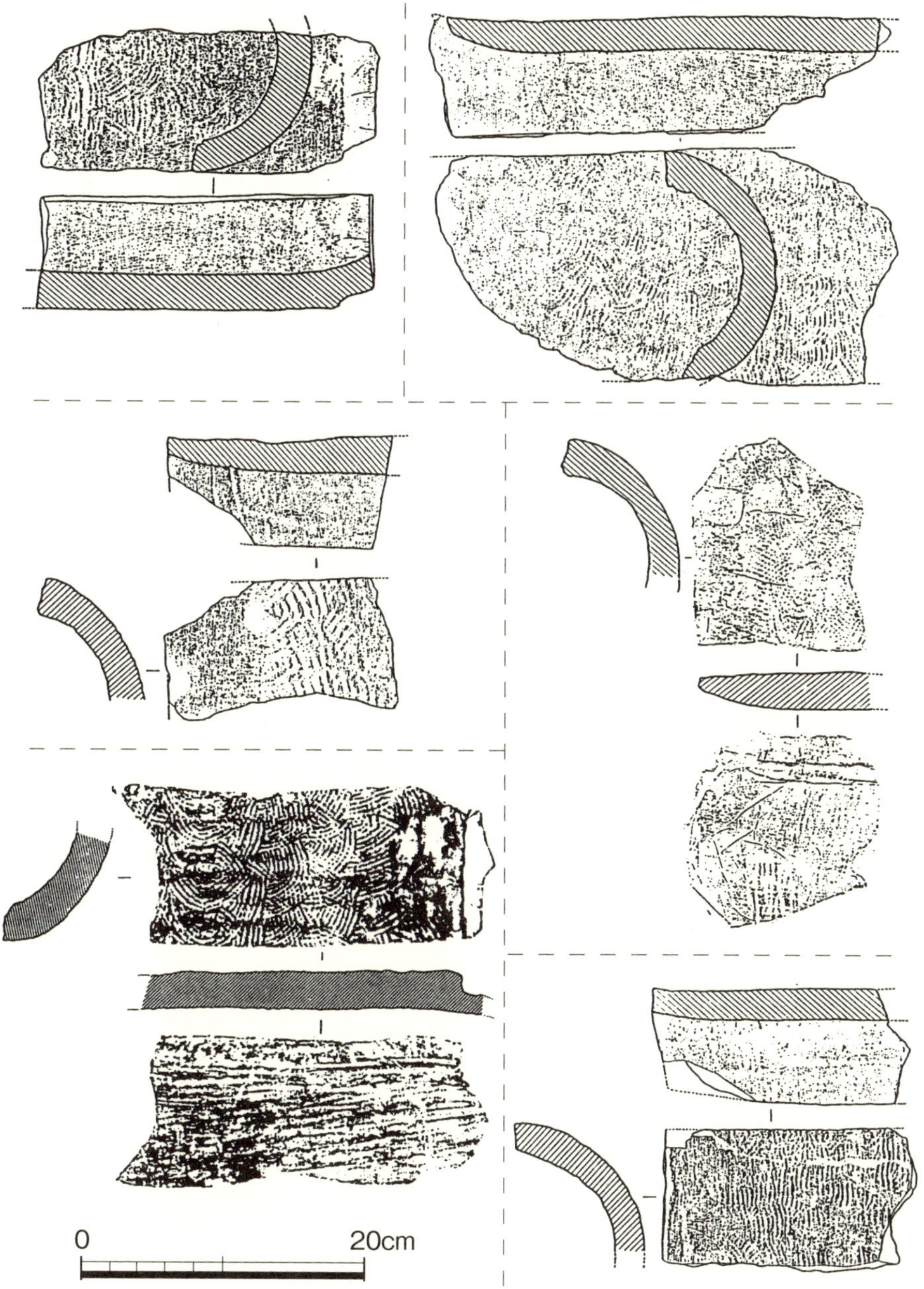

図⑭　各地出土の高麗瓦実測図（金石城跡：註８より）

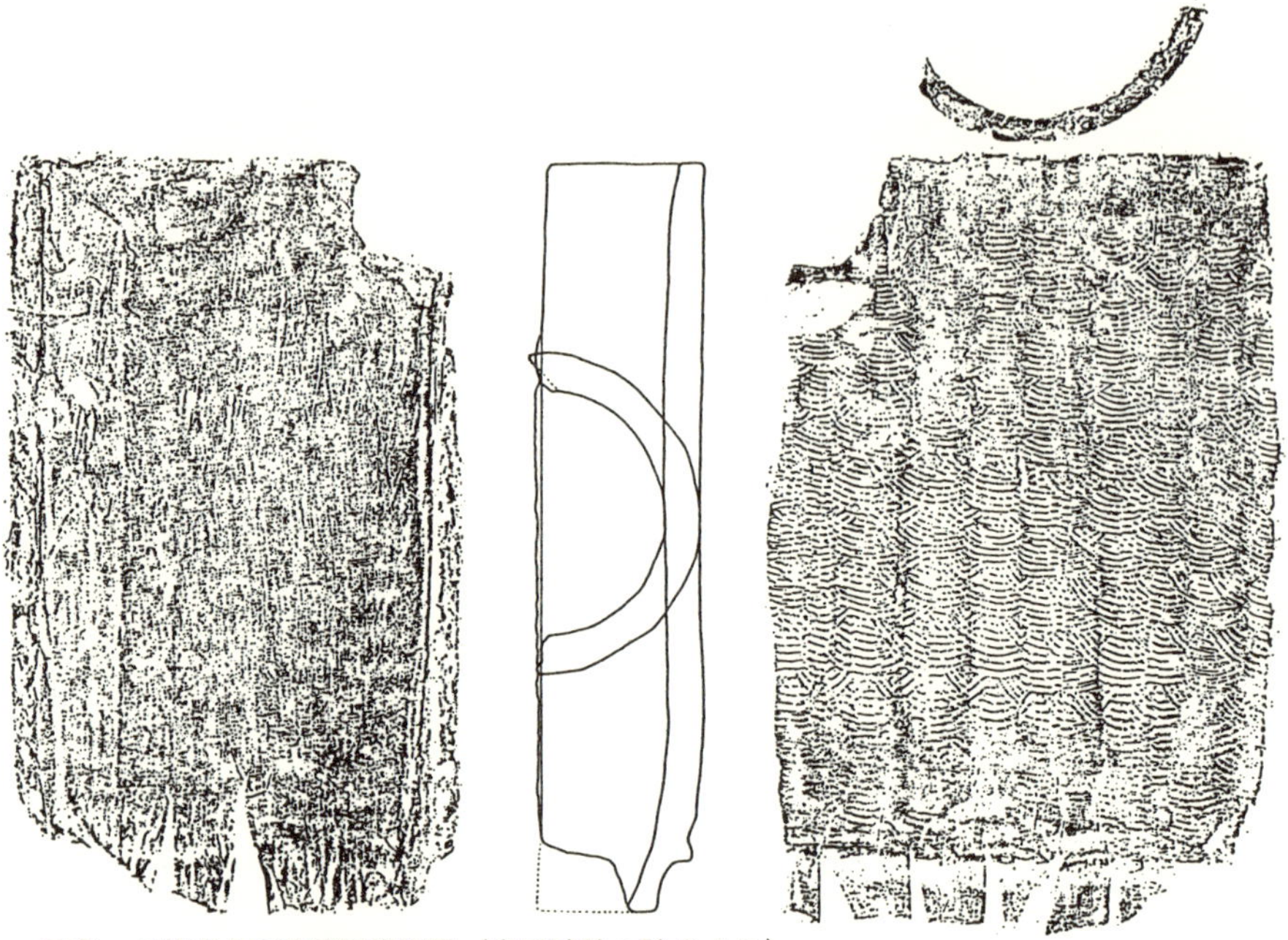

図⑮　各地出土の高麗瓦実測図（富田城跡：註９より）

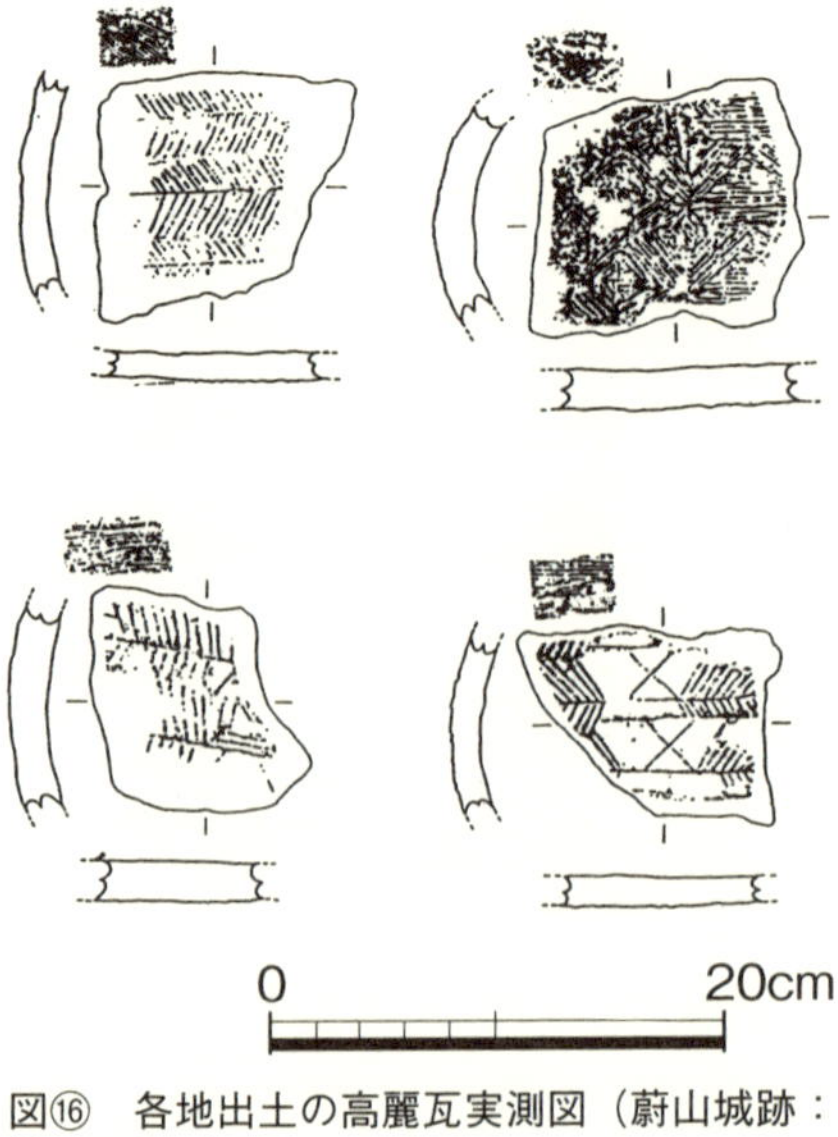

図⑯　各地出土の高麗瓦実測図（蔚山城跡：註10より）

れば秀吉の朝鮮侵略の結果ということができよう。

天正十三年（一五八五）、但馬竹田城主となった赤松（斉村）広秀（広英・広通）は、文禄元年（一五九二）に但馬勢を引きつれて朝鮮へ渡り、さらに慶長二年（一五九七）にも渡海したとみられる。[11] この両役に参戦した結果、他大名同様、居城に高麗瓦を用いたものと考えられる。

さらに、興味深い文献が残っている。慶長の役で秀吉軍に捕らわれ、日本に連行された朝鮮人儒者（宣務郎前守刑曹佐郎）姜沆《カンハン》が著した『看羊録』である。[12]これによると、姜沆は舜首座（藤原惺窩）の言として、「日本の将官は、すべてこれ盗賊であるが、ただ、〔赤松〕広通だけは人間らしい心を持っています。日本にはもともと喪礼がありませんが、広通のみは三年の喪を行ない、唐の制度や朝鮮の礼を篤く好み、衣服や飲食などの些細なところで、必ず唐と朝鮮に見習おうとしています。日本にいるのではありますが、日本人ではない〔と思えるほどな〕のです」とし、姜沆自身も広英と会見し、「また、ある時、わが国の『五礼儀書』と『郡学釈菜儀目』を入手し、但馬の自領に孔子廟を〔自ら監〕督〔して設〕立した。またわが国の祭服、祭冠を〔まねて〕制定し、しばしばその家臣を率いて祭儀を習ったりした。」と記している。[13]

これによって、城主赤松広英は他大名と違い、朝鮮文化に非常に造詣の深かったことがわかる。ここで想像が許されるならば、姜沆のいう孔子廟を城内に設け、それに葺かれた瓦こそが、図⑦資料と考えられるのではないだろうか。他の出土地もそうであるが、朝鮮瓦の出土量はけっして多くない。しかも、日本の軒瓦も共伴して出土している。これは、城内の建造物すべてに朝鮮瓦が用いられたのではなく、ある特殊な建物にのみ用いられていた結果ということができるのではないだろうか。[14]

竹田城跡について、「史跡指定に係る調書」に、位置不明ながら「拝所」の記載がある。[15]この拝所こそ孔子廟であり、図⑦瓦はここに葺かれていたと想像できよう。いずれにせよ、この一片の朝鮮瓦は文禄・慶長の役以後の所産であることは確実で、遺物の面から、竹田城の築城が文禄慶長期のものであることが判明したのである。さらに限定するなら、文禄二年（一五九三）の帰国以後、慶長五年（一六〇〇）の廃城までの八年間に、現在の遺構が成立したといえよう。

（2）但馬における城郭瓦

次に、視野を広げ、但馬国内における城郭瓦と竹田城跡採集瓦を比較してみよう。まず、但馬における織豊系の城郭は、図⑰のとおりである。八木城跡は、天正五年以降、秀吉側の城として機能しており、天正十三年には別所重棟

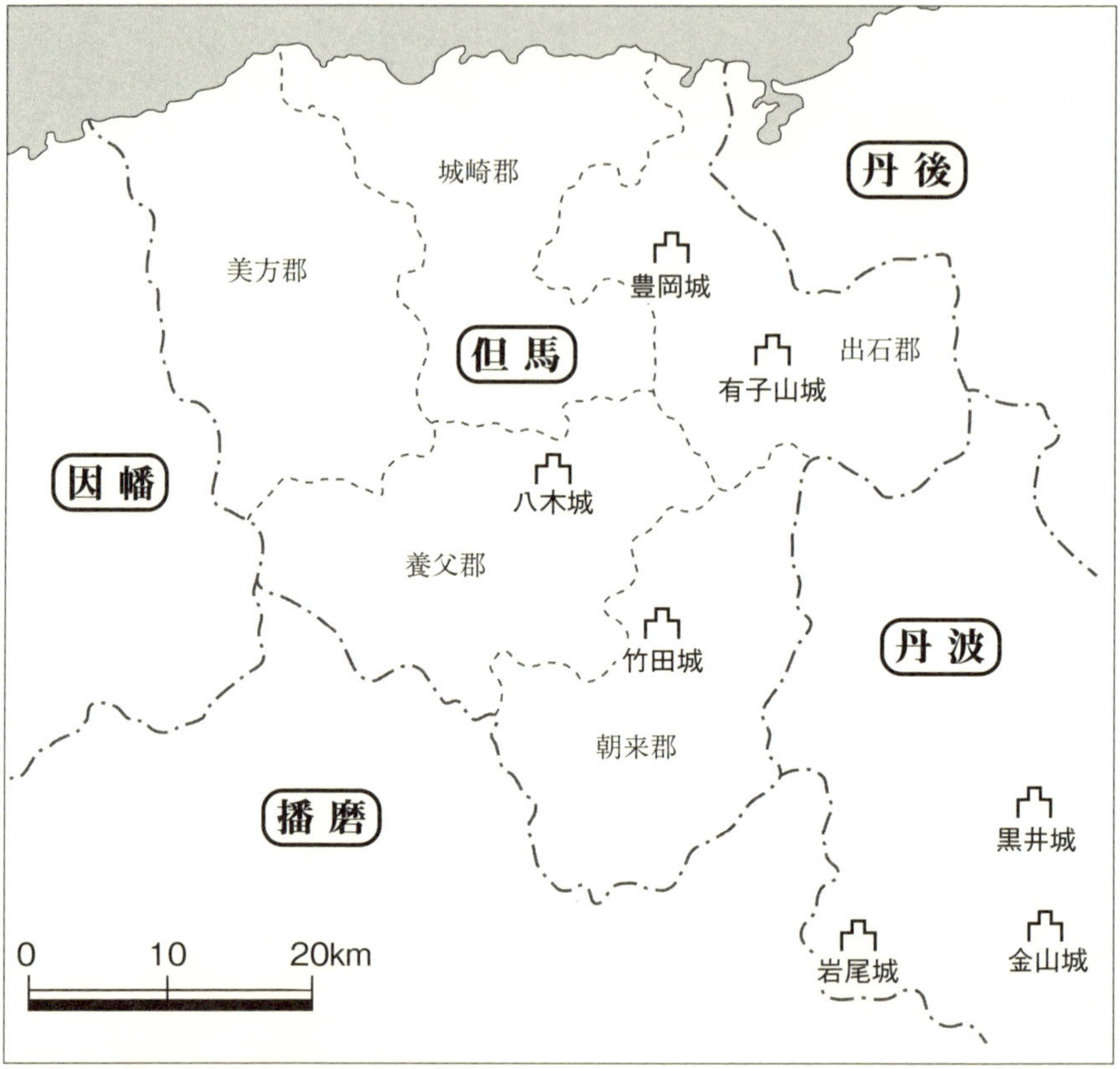

図⑰　但馬・丹波における織豊系城郭

が入城し、慶長五年の廃城まで別所氏の居城であった。現在、石垣で固めた城域と削平地のみの地域（土城と呼ばれている）から成っている。西尾孝昌氏をはじめとする但馬城郭談話会のメンバーの熱心な踏査にもかかわらず、瓦片は一片も出土していない。

豊岡城跡は、天正八年に山名祐豊を滅ぼした秀吉によって、宮部善祥坊が築城している。以後、木下氏、杉原氏などが次々に入封しており、承応二年（一六五三）の杉原氏の断絶にともない廃城となり、以後、京極氏は山麓に陣屋を構えて明治に至る。山城部分は明治以降破壊が繰り返され、昭和四十年までかろうじて残存していた天守台も、今は見ることができない。この天守台の存在から、瓦葺建物は宮部・木下・杉原氏段階に存在したと考えられるが、現在のところ瓦片の採集は聞かない。

有子山城跡は、近世出石城の背後に位置する山城で、天正二年（一五七四）、但馬守護山名氏の最後の拠点として築城され、天正八年（一五八〇）の織田信長の第二次但馬攻めで落城した。その後、天正十三年（一五八五）に前野長康が城主になるまでの間、不明な点が多いが、木下昌利、青木勘兵衛、羽柴秀長らが城主であったという。従来、この有子山城跡にも瓦の採集は報告されていなかったが、西尾孝昌氏の熱心な踏査により、数片の瓦片が採集された。図⑱―1～4（写真⑱～㉑）がそれである。⑱―1は軒平瓦の断片で、均正唐草文様であったと考えられ、渦巻状の唐草文が二半転している。⑱―2～4の三点はいずれも丸瓦の断片であるが、凹面はすべてコビキA手法が認められる。森田克行氏の報告によれば、コビキA手法は天正期前半（おそらく天正十一年前後）に用いられたもので、以後、ほとんど見られなくなる技法である。おそらく、天正八年から天正十三年の間の織田・豊臣段階に生産された瓦であろうと考えられる。

この段階の織豊系城郭には、おおよそ次の三パターンが存在するようである。ここでは、但馬だけでなく丹波も含めて分類してみたい。

（A）臨時的な陣城

合戦にともなって築城される臨時的な陣城群で、基本的に土塁と空堀（横堀）によって構成され、石垣、瓦、城下町等をともなわない、純軍事的な施設である。兵庫県下の事例としては、三木城を包囲した秀吉軍の陣城群や、上月城攻めの秀吉軍の陣城群などがある。

（B）占領地における陣城

織田氏が占領地において築城した半永久的な陣城群で、部分的に高石垣を用いる。しかし、瓦葺建物や城下町をともなわず、一定の占領地政策が終わると拠点的城郭へ移動し、廃城となるものである。兵庫県下や京都府下（旧丹波国）

図⑱—1　軒平瓦

写真⑱　軒平瓦

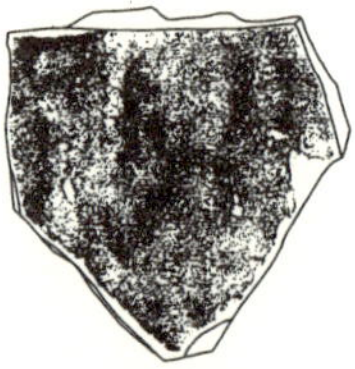

図⑱—2　丸瓦１

写真⑲　丸瓦１

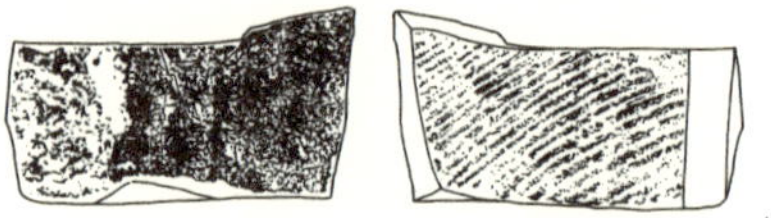

図⑱—3　丸瓦２

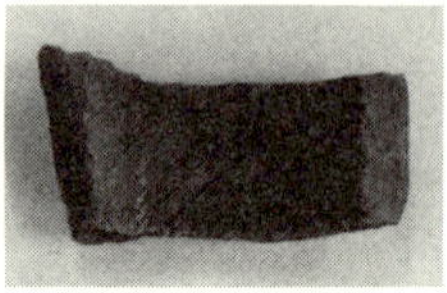

写真⑳　丸瓦２

写真㉑　丸瓦３

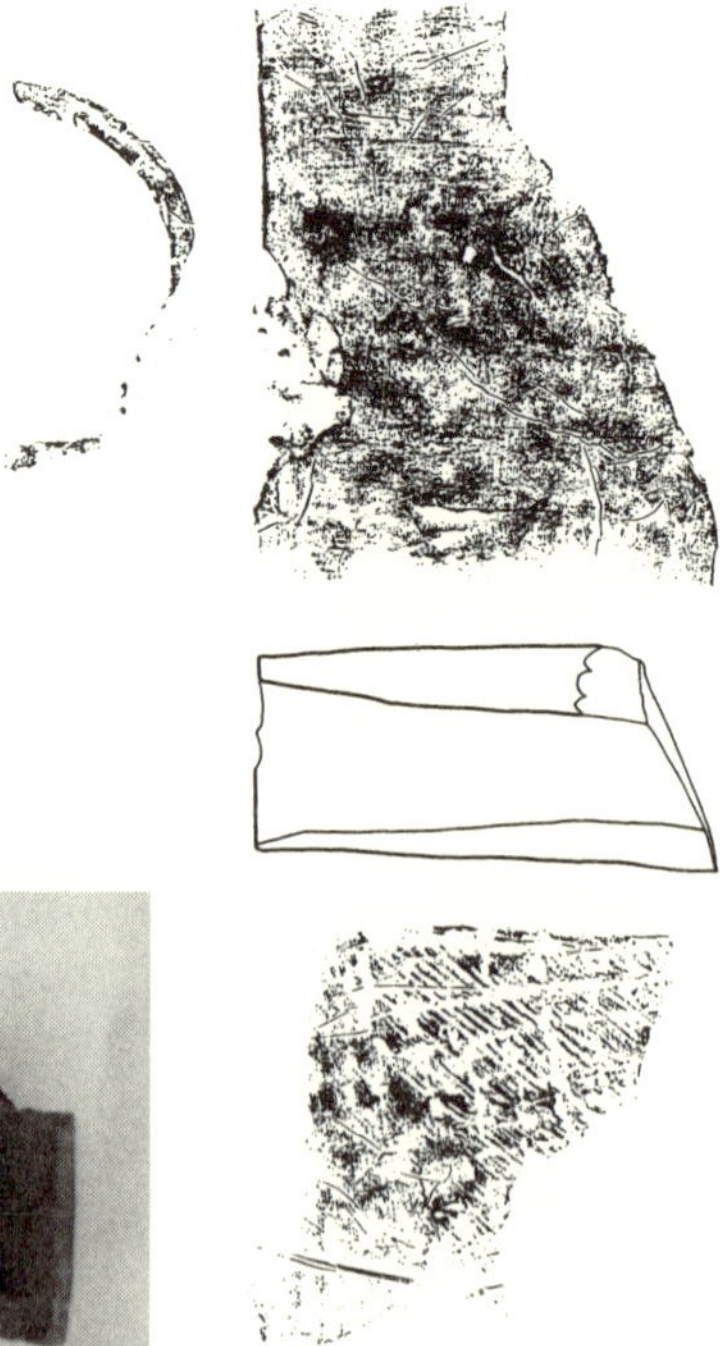

図⑱—4　丸瓦３

図⑱—1～4　有子山城跡採集瓦実測図

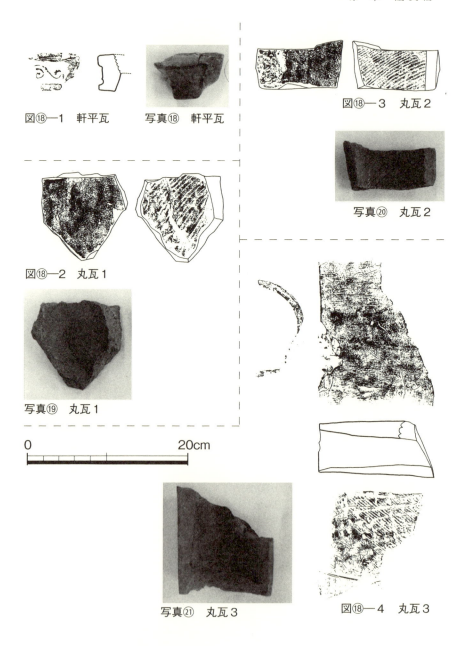

の事例としては、金山《かなやま》城跡（兵庫県）や須知《しゅうち》城跡（京都府）などがある。

（C）拠点的城郭

織田氏が占領地における中心として永久築城したもので、高石垣、瓦葺建物、城下町がともなう。兵庫県下や京都府の事例としては、黒井城跡、蛇山岩尾城跡（兵庫県）や周山城跡（京都府）などがある。

こうしてみた場合、竹田城跡は但馬における拠点的城郭として、（C）タイプに位置付けることが可能である。さらに、瓦が天正十一年までに出現した有子山城も（C）タイプに属し、現在、瓦は確認されていないが、豊岡城跡も（C）タイプに属するものと考えられる。問題は、八木城跡が瓦を出土せず、（B）タイプに分類すべきであるが、城下町の成立から拠点的城郭としてとらえるべきで、今後の調査によって、瓦の出土有無を確認してから判断したい。

しかし、いずれにせよ、竹田城跡はその散布状況からしても城郭の全域に瓦葺建物が存在していたことは明白で、しかも現在、コビキA手法が認められないことから、天正十一年以降の築城であることはまちがいない。さらに高麗瓦の存在より、他の瓦自体も天正十一年以降慶長五年といった漠然としたものではなく、文禄二年から慶長五年までの年代を与えることも可能ではないだろうか。

結語

瓦という考古学的資料から、竹田城跡について考えてみた。もちろん、これに遺構（縄張り）の検討を加えることによって、さらに竹田城跡の実像が明確なものとなってこよう。現在、山頂に遺存する石垣遺構は見事なもので、その構成（石垣による曲輪配置、虎口形態）には目を見はるものがある。おそらく、赤松広英が天正十二年（一五八四）に築城を開始し、順次拡張されていたものとは考えられず、洗練された統一的な縄張りは、短期間のうちに計画的に築城されたものとしか考えられない。瓦についても同様に、時期差を求めることは難しい。そうであれば、短期間のうちにおこなわれた築城時期は、文禄二年（一五九三）以降、慶長五年（一六〇〇）の間であることはまちがいない。高麗瓦が認められることに加えて、虎口形態が朝鮮半島に残る倭城跡の虎口に類似することから、文禄・慶長の役を経験した結果が、竹田城跡に活かされているといっても過言ではなかろう。

城館跡研究は、縄張り研究（すなわち、考古学的遺跡を実地に踏査するという行為）の結果、飛躍的に進歩したことは誰しもが認めるところであろう。城跡を遺跡として認識するならば、城跡に残存する土塁、曲輪、堀切、石垣は、遺構として取り扱われるものである。今後、採集、出土資料、つまり考古学的遺物が存在する城館跡では、遺物を積極的に評価することによって、遺構調査（縄張り研究）では不明であった部分も明らかにすることができるのではないだろうか。

末尾ながら、資料を実見させていただいた和田山町教育委員会、朝来郡広域行政事務組合をはじめ、拓本実測に御協力戴いた吉村正親、山上雅弘、田畑基、角田誠、西尾昌孝の各氏および、和田山町立郷土資料館の皆様に深謝の意を表する次第です。

【註】

（1）たとえば、一九六七年に刊行された『日本城郭全集』第10巻（人物往来社）には、「工事は永享三年（一四三一）に始まり、縄張りは山城国の大江岸までといわれ、古城山頂、約三万平方メートルの大地に、南北約五百メートル、東西約百メートルにわたり、本丸を中心に二の丸、南千畳、北千畳、花屋敷などの曲輪を構え、天険を利用した規模の壮大な城郭である」と記されている。

（2）森田克行「屋瓦」（高槻市文化財調査報告書第14冊　摂津高槻城本丸跡発掘調査報告書』高槻市教育委員会　一九八四年）。

（3）土山公仁「岐阜城の瓦について」Ⅰ（『岐阜市歴史博物館研究紀要』三、一九八九年）、同「信長系城郭における瓦の採用についての予察―同笵あるいは同型瓦を中心にして―」（『岐阜市歴史博物館研究紀要』四、岐阜市歴史博物館、一九九〇年）。

（4）久保智康「越前における近世瓦生産の開始について—武生市小丸城跡出土瓦の検討—」（『福井県立博物館紀要』第三号、福井県立博物館、一九八九年）、田中幸夫「大和から三木へ来た橘氏と古瓦」（『三木史談』第二一号、三木郷土史の会、一九八九年）、同「播磨で活躍した室町・桃山時代の瓦工集団」（『播磨考古学論叢』今里幾次古稀記念刊行会、一九九〇年）。

（5）高麗瓦の名称については、日本出土のものが李氏朝鮮段階のものであり、高麗時代のものでないことは明らかであり、適切ではない。これに対して渡辺誠氏は、李氏段階のこの瓦を滴水瓦《てきすいがわら》と呼称し、高麗時代の瓦との混乱を避けることを提唱している。しかし、本資料は瓦当ではなく丸瓦であるため、滴水瓦の名称もふさわしくない。なお問題は残るものの、ここでは従来通り、李朝時代に導入された瓦制作法ではあるが、とりあえず高麗瓦の名称を用いておく。

（6）渡辺誠「高麗瓦の制作技法について—韓国における考古民族学的研究・Ⅲ—」（『名古屋大学文学部研究論集CI史学34』名古屋大学、一九八八年）。

（7）正林護他『金石城—長崎県下県郡厳原町所在—』（厳原町教育委員会、一九八五年）。

（8）内田律雄「菅谷地区出土の李朝系古瓦について」（『史跡富田城跡菅谷地区—第一次発掘調査概要—』広瀬町教育委員会、一九八五年）。

（9）倭城跡については、蔚山城跡の発掘調査が実施されており、瓦の出土が報告されている（沈奉謹他『古蹟調査報告書第十二冊、蔚山倭城・兵営城址』東亜大学校博物館、一九八六年）。さらに、機張城跡、西生浦城跡、熊川城跡、安骨浦城跡を実地踏査した結果、多量の高麗瓦片が散布しているが、竹田城跡と同一のタタキ地文は認められない。また、それぞれの倭城跡には、瓦片が多量に散布しているにもかかわらず、一片の軒瓦も認められなかった。あるいは、倭城には軒瓦はなかったのかもしれない。

（10）前掲註（6）。

（11）赤松広秀の文禄・慶長の役参陣については、不明な点がある。肥前名護屋城に配置された諸将の陣屋中にも、広秀の名は見出せない。しかし、『大日本古文書家わけ八ノ三　毛利家文書之三』「九三〇　石田三成外二名連署状写」（文禄二年四月十八日）には、明よりの勅使が日本へ渡海するための準備を、在韓の諸将に命じており、その中に斉村左兵衛（赤松広秀）の名があり、文禄の役には確実に参戦していることがわかる。

また、『大日本古文書家わけ二　浅野家文書』「八一　唐入軍勢進発次第書」は、慶長の役の渡海諸将が詳しく記されている。その中に「たちましゅ（但馬衆）」の名がみえる。赤松広秀の実名こそ登場しないが、この但馬衆を引きつれて、赤松広秀が再び渡海している可能性は高いといえよう。

(12)　姜沆著・朴鐘鳴訳注『看羊録―朝鮮儒者の日本抑留記―』（平凡社東洋文庫版、一九八四年）。

(13)　姜沆は赤松広英を評価しているが、『看羊録』の原注（尹舜挙）には、「広通は、その国の桓武天皇の九世の孫である。六経に非常にうちこみ、風雨〔の日も〕、馬上でも、本を手から離したことがなかったが、その性質が鈍魯で、かな訳がなければ一行も読めなかった、ということである」と酷評されている。

(14)　現在、竹田城跡には城跡全域に瓦片が散布しており、石垣にともなう城郭建造物は、すべて瓦葺であったことはまちがいない。これだけ多量に散布する瓦片中、高麗瓦が一点しか認められないのは、城郭建物中わずかにしか高麗瓦が葺かれなかった結果といえよう。

さらに、全国で出土する高麗瓦に目を向けると、姫路城天守や熊本城の建物群のように軒瓦すべてに滴水瓦（高麗瓦）を用いるものと、金石城跡や富田城跡のように、日本の瓦と共伴して出土するものとがある。とくに和瓦と共伴するところでは、滴水瓦の出土量は和瓦に比べて圧倒的に少量で、この場合も城内における特定の建物のみに用いられたのではないかと考えられよう。

(15)　田中一郎「史跡竹田城跡と城主赤松広秀」（『和田山町の歴史』五、和田山町史編集室、一九八八年）所収附図による。

Ⅵ

戦国末期の竹田城についての一考察

角田　誠

はじめに

近年、中世城郭研究は、その核となった縄張り研究の優位性を反映させた巨大城郭あるいは地域における特異城郭について大きな進歩を遂げているが、九〇年代に向けては、地域史と密着した研究も重要になってきている。(1)

現存の但馬竹田城は、長年、山名宗全の城、あるいは山名氏家臣の太田垣氏の城として信じられてきたが、故石田松蔵等によってこれが外来の織豊系城郭であることが指摘され(2)、今日では全国屈指の、近世初頭における織豊系の総石垣の山城として知られるようになっている。竹田城が、なぜ、いつ、どんな背景で、誰が、どのようにして築いたか等については、本書の他の論者によって詳しく分析されるが、地域史、とくに戦国時代末期の南但馬を知るうえでは、その前身、つまり織豊政権入植前の竹田城についても、可能な限り調べてみる必要がある。

竹田城については、昭和五十二年頃に和田山町の手で遺構確認調査がなされ、石垣部分以外にも、尾根先端部に堀切等の城郭遺構の存在することがすでに指摘されている。(3) また、この遺構が石垣部分と必ずしも同時期ではないことも示唆されている。このような観点で城郭遺構を詳細に研究するには、考古学的な発掘調査の実施が最も有効であるが、実施にあたっては、調査の主点を明確にしておく必要があり、そのためにも、可能な限りの先行調査は不可欠である。

本稿は単なる一試案にすぎないが、竹田城およびその周辺の城郭の悉皆調査を実施し、縄張りからそれらを比較検討することによって、南但馬の戦国時代最末期の歴史を再検討することを目的としている。

一　竹田城の概観と遺構の再検討

中世、山名領の南但馬は、南は播磨赤松領、東は丹波細川領と接し、軍事的にも要衝の地であった。播磨から生野峠、丹波から夜久野《やくの》峠あるいは遠阪峠を経て但馬に至る街道は、いずれもこの地で一本に交わっている。竹田城は街道の分岐点の南六km、標高三五三・七m（比高二六〇m）の虎臥山の頂上に位置しており、東を円山川が流れ、八鹿《ようか》、豊岡を経て日本海へ注いでいる。

竹田城が初めて築かれたのは、永享三年（一四三一）から嘉吉三年（一四四三）にかけて、山名宗全の臣太田垣光継によるとされている。室町時代においても山名氏が「嘉吉の変」（一四四一年）をはじめとして数回播磨に進軍しているが、兵を集結させたのは、いずれもこの地であった。また、戦国時代に入ってからは、天文十一年（一五四二）に生野銀山が発見されたこともあり、銀山支配をめぐっての山名氏内紛や織豊政権との戦闘等も勃発している。[4]

このような歴史・地理的背景からみても、室町～戦国期に南但馬を統括した山名氏四天王の一人、太田垣氏の竹田城が存在した意味は大きかったことを確信する。前記したように、現在の竹田城の主要部、つまり総石垣の城は、織豊政権が但馬に入植し、但馬を完全に制圧した後、織豊政権の手によって築かれたものである。しかしながら、今回行われた竹田城を擁する全山の精細な踏査による遺構確認調査で、従来考えられていたよりも、城域が大幅に拡大するものであることがわかり（図1参照）、その遺構の中には、明らかに非織豊系城郭的要素を有するものも各所に発見されている。図1の竹田城および観音寺山城図において、非織豊系城郭的要素を端的に示しているのは、石垣部分周辺、とくに「南千畳」周辺に多くみられる竪堀群の存在である。[5]これは明らかに山名氏時代の遺構とみられる。

一般に織豊系城郭と呼ばれているものについてみた場合、彼等が築城時あるいは改修時に、新規に竪堀群を用いた例はいまだ確認されていない。[6]ただし、竪堀施設の存在自身を否定するものではなく、在来の施設も積極的にではな

図１　竹田城および観音寺山城要図　作図：西尾孝昌

いにしても、やはり活用はしている。(7) つまり、織豊支配下における竹田城の改修は石垣部分にのみ限られ、その周辺、たとえば尾根筋に存在する曲輪群、および堀切等は在来のままであり、防御面においては依然有効に機能させている。筆者は以前、播磨、但馬、因幡の事例を基にして、織豊政権が進攻してゆく段階（天正八年〜十三年段階）で築いていった拠点的城郭が、軍事目的の反面、城郭を被支配住民に見せることによる力の誇示を象徴するものであったとし、さらに竹田城が総石垣の城であることから、防御機能優先を明確にした次の段階のものであると報告した。(8) この場合、少数精鋭による合理的な防御策が採用されているため、城域設定の大きさという観点からは、在来の規模を大幅に縮小しており、主要部周辺でも在来施設が残存しえたと考える。

二　観音寺山城について

織豊入植前夜の竹田城を知る有力な手掛かりとして、竹田城「北千畳」からの尾根続き、東北二五〇ｍに比高二二〇ｍの観音寺山城がある。観音寺山城東北の山麓で円山川と安井川が合流し、この方面の眺望ということでは竹田城よりも優れており、古来より竹田城の出丸ともいわれている。

図1にも示したように、この城の構造の特徴は、最高部の主郭（竹田城築城の石切でかなり乱れているが）を中心として周囲に曲輪を配し、さらに放射状に竪堀を落としている。明確な虎口は一ヶ所、ａの部分で、ここには石垣が用いられている。虎口の東側および東北の堀切（ｂおよびｃ）と、それに連続した竪堀は広くて深く、虎口の防御を強く意識したものである。ところが、これに対してその反対側、竹田城側の尾根続きの防御はまったく貧弱である。観音寺山城を単独で機能させるためには、その被攻撃面である尾根続きを、大堀切等を設けることによって強力に遮断する必要があり、現状では、とうていこれが一城として機能するとは考えられない。

そこで、観音寺山城と竹田城を一体化させて検討してみると、竪堀群は観音寺山城の虎口部分と竹田城の南千畳付近に集中して配備していることに気づく。このことから織豊政権入植前の竹田・観音寺山城塞は、少なくとも播但街道に面した部分の尾根筋を、竪堀を多用することで防御していたことがわかる。

三　竹田城周辺の中世城郭

織豊入植前夜の竹田城の構造が、観音寺山城の遺構に類似したものであったとした場合、その周辺の城郭群にも同様の手法が採用されているはずである。そこで、現在遺構が確認されているすべての朝来郡の中世城郭、とくに竹田から播磨、および丹波へ至るルート上にあるものについて、城郭構造の解析を行ってみた。

図2に、現在遺構が確認されている中世城郭の分布状況を示す。これら中世城郭の中で、数条の竪堀を有するという点において観音寺山城と類似した構造のものを挙げると、筒江城、諏訪城、柴城、大内城、向山城、滝野城、衣笠城の七城である。この分布および中世の街道の略図を図2に示す。非常に興味深いことに、竹田から播磨に至るルート沿いには、これら城郭は一城も位置せず、七城すべて丹波に至るルート沿い、主に現在の山東町に分布する。播磨方面に分布する城郭は、生野城[9]（第三章の図6参照）を除けば、いずれも比較的簡単な造りである。『信長公記』に登場することで著名な「山口岩洲の城[10]」も、第三章の図7に示されるように、主要部はピークと尾根筋を削平して曲輪としただけである。

図2において、中世、竹田から丹波へ至る方法として北から、

①竹田～和田山～東河谷～夜久野峠～丹波天田郡

②竹田～和田山～磯部谷～夜久野峠～丹波天田郡

③竹田～宝珠峠～楽音寺～柴谷～遠阪峠～丹波氷上郡

④竹田～溝黒～楽音寺～柴谷～遠阪峠～丹波氷上郡

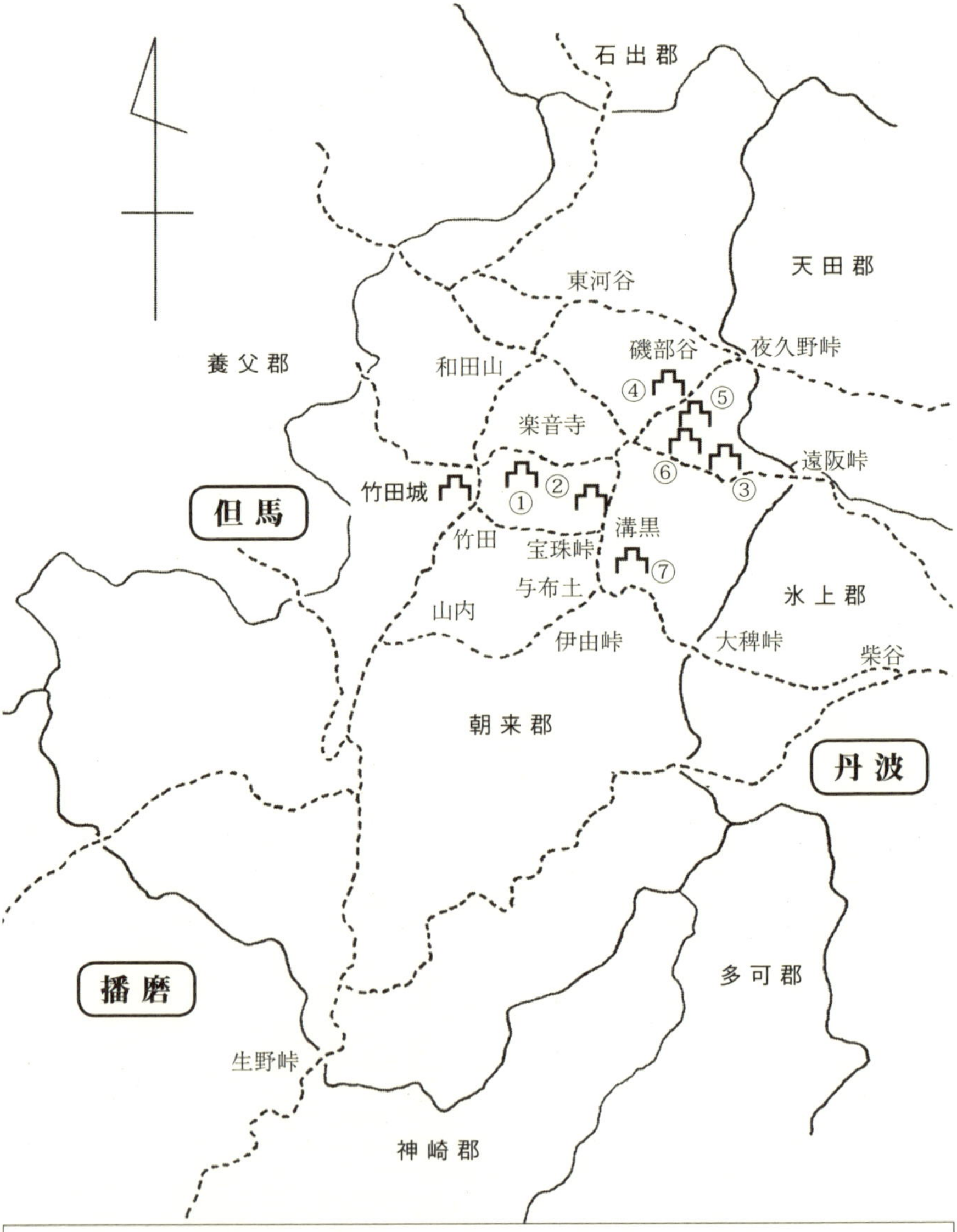

①筒江城　②諏訪城　③柴城　④大内城　⑤向山城　⑥滝野城　⑦衣笠城

図２　朝来郡における竪堀群を有する城郭の分布と中世の主要な街道

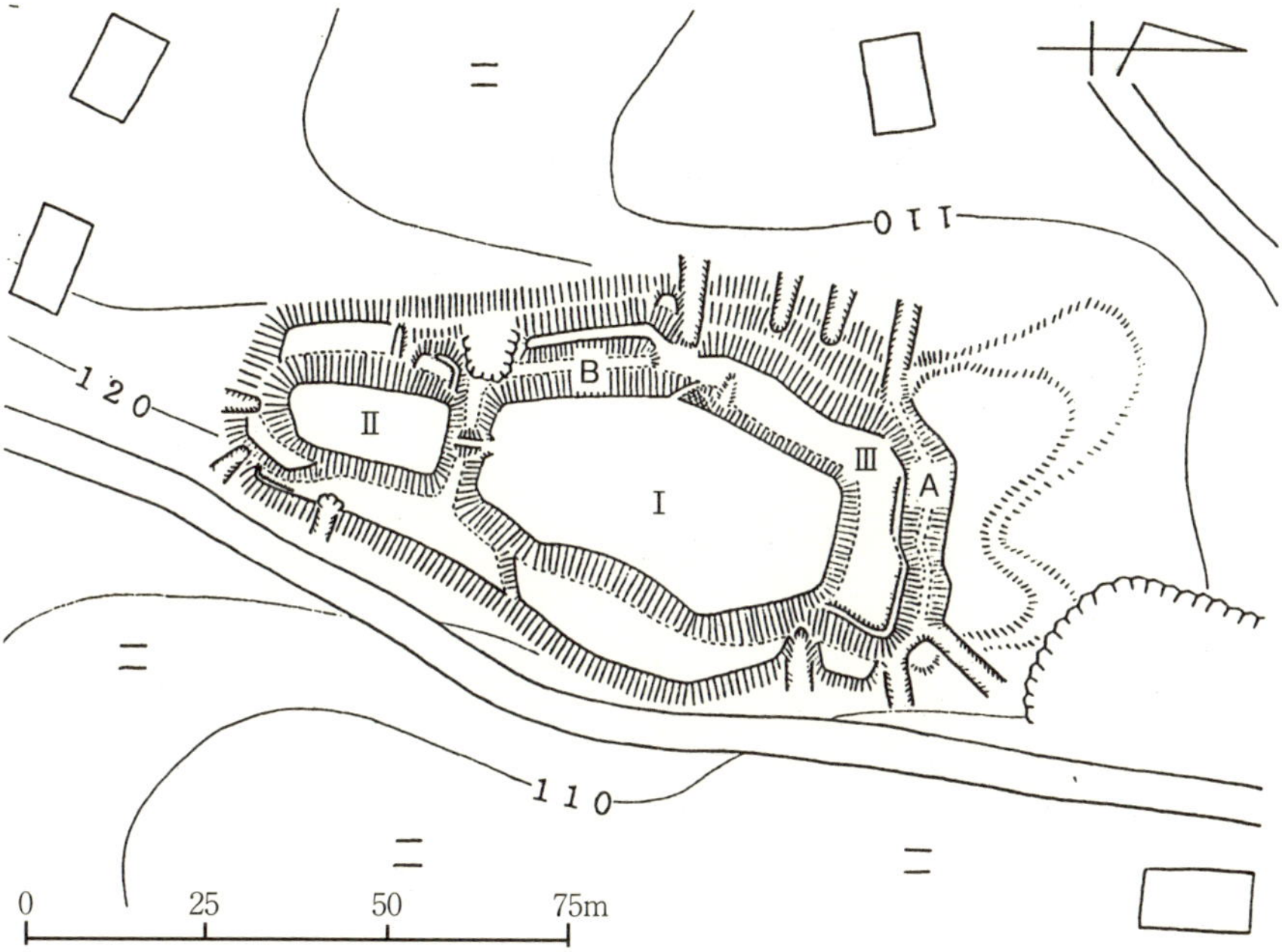

図３　筒江城縄張り図

⑤竹田～溝黒～与布土～大稗峠～丹波氷上郡
⑥竹田～山内～伊由峠～与布土～大稗峠～丹波氷上郡

の六ルートのあったことが知られている。[11]

筒江城は③、諏訪城は④、柴城は③および④、大内城は②、向山城は②、滝野城は②、③および④、そして衣笠城は⑤および⑥沿いに、それぞれ位置している。このうち後者の三城は、比高一〇〇m以上の山頂部分に位置し、街道を遥か眼下に見下ろしているが、前者四城は、いずれも比高三〇m～五〇mの尾根先端部または独立丘上に位置し、すぐ前方を丹波へ至る街道が通っている。このように、前者の四城は要害性には乏しい立地条件にもかかわらず、それぞれの縄張りから判断すると、明らかに居住性よりも軍事性を重視した構造になっていることがわかる。街道を押さえる番城、あるいは臨戦時の軍事拠点の城として位置付けることができる。よって、ここで四城の縄張りの特徴を述べる。

a　筒江城（図3）

南から北へ延びる尾根先端部の比高三〇mに位置

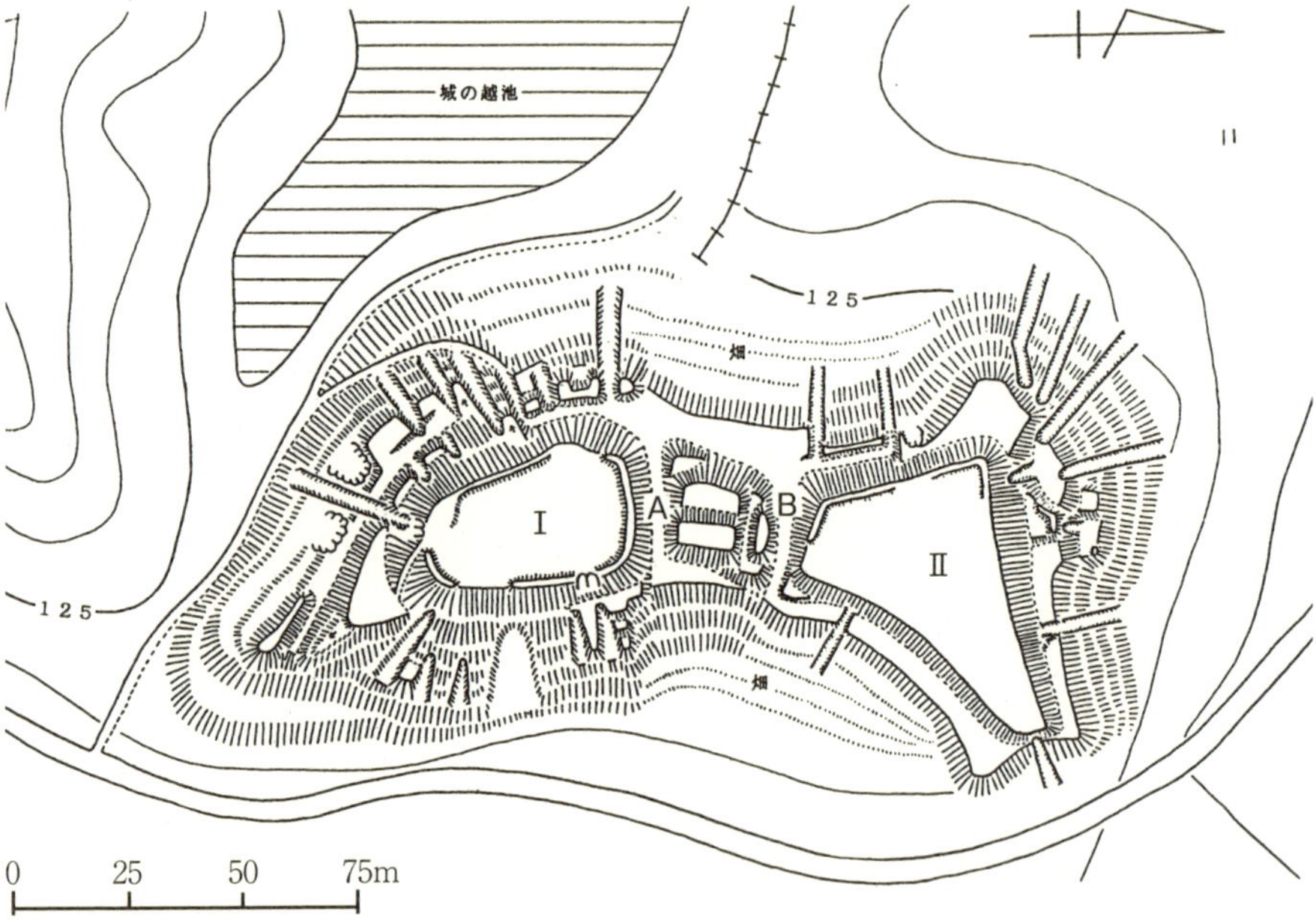

図４　諏訪城縄張り図

し、街道が北方二五〇ｍの所を東西に通っている。曲輪配置は、堀切を挟んで大小二つの曲輪（ⅠとⅡ）が中心であり、周囲に帯曲輪を巡らせただけのものである。しかし、この城は防御性という観点からみると特徴的である。すなわち、（Ⅰ）北側、城の前方のクランク状に折り曲げた大堀切Ａと、その部分にだけ土塁が用いられて、横矢掛かりを意識した帯曲輪Ⅲ、および堀切Ａに連携した、全部で七条の竪堀を有していること、（2）城の南西方向から横堀Ｂ底を通って帯曲輪Ⅲに至り、主郭Ⅰへの入り方、および主郭Ⅰの虎口には石垣が用いられていることである。明らかに北方の街道に対する防御を意識している。

ｂ 諏訪城（図４）

比高わずか三〇ｍのほぼ独立した丘陵上にあり、すぐ東側を、与布土川に接するように街道が南北に通っている。城は南北二〇〇ｍ、東西一〇〇ｍで、独立丘全体を要塞化しており、中央部の大きな二本の堀切Ａ、Ｂで南北に分断してい

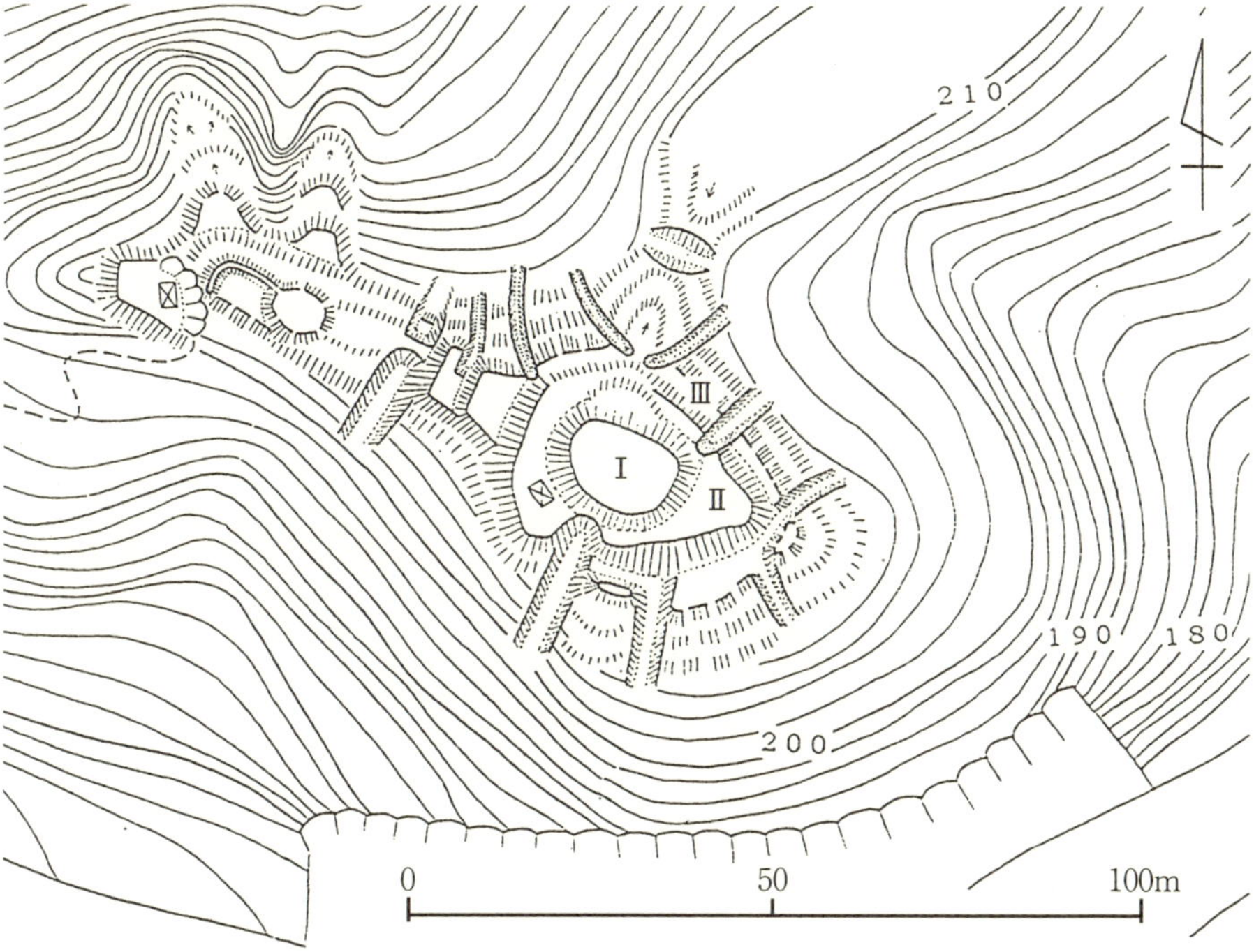

図5　柴城縄張り図　作図：中井 均

る。曲輪Ⅰを中心とした南域、および曲輪Ⅱを中心とした北域は、高さ、大きさともほぼ同レベルであり、それぞれ独立した城郭としても機能しうる（「一城別郭」あるいは「二城一郭」）。

入城ルートは、Ⅰの南西部の竪堀群の下を通り、五番目の竪堀を登って横堀に入り、中央部からⅠおよびⅡに入る方法が想定される。Ⅰの南西部分の造りが最も緻密である。堀切AおよびBには木橋が架かり、ⅠとⅡが結ばれていたものと考える。この城は本来、ⅠおよびⅡを取り巻いて帯曲輪および横堀を持っていたのを、多数の竪堀を落とすことによって、これを分断してしまってい る。東側斜面は西側斜面に比べると竪堀の数が少ないが、これは東側斜面がもともと急斜面であるためである。立地が独立丘ということで、全周をことごとく防備した城である。

c 柴城（図5）

但馬、丹波国境の一つ、遠阪峠の西方約一・八kmの地点、街道がちょうど山合いから平野部に抜

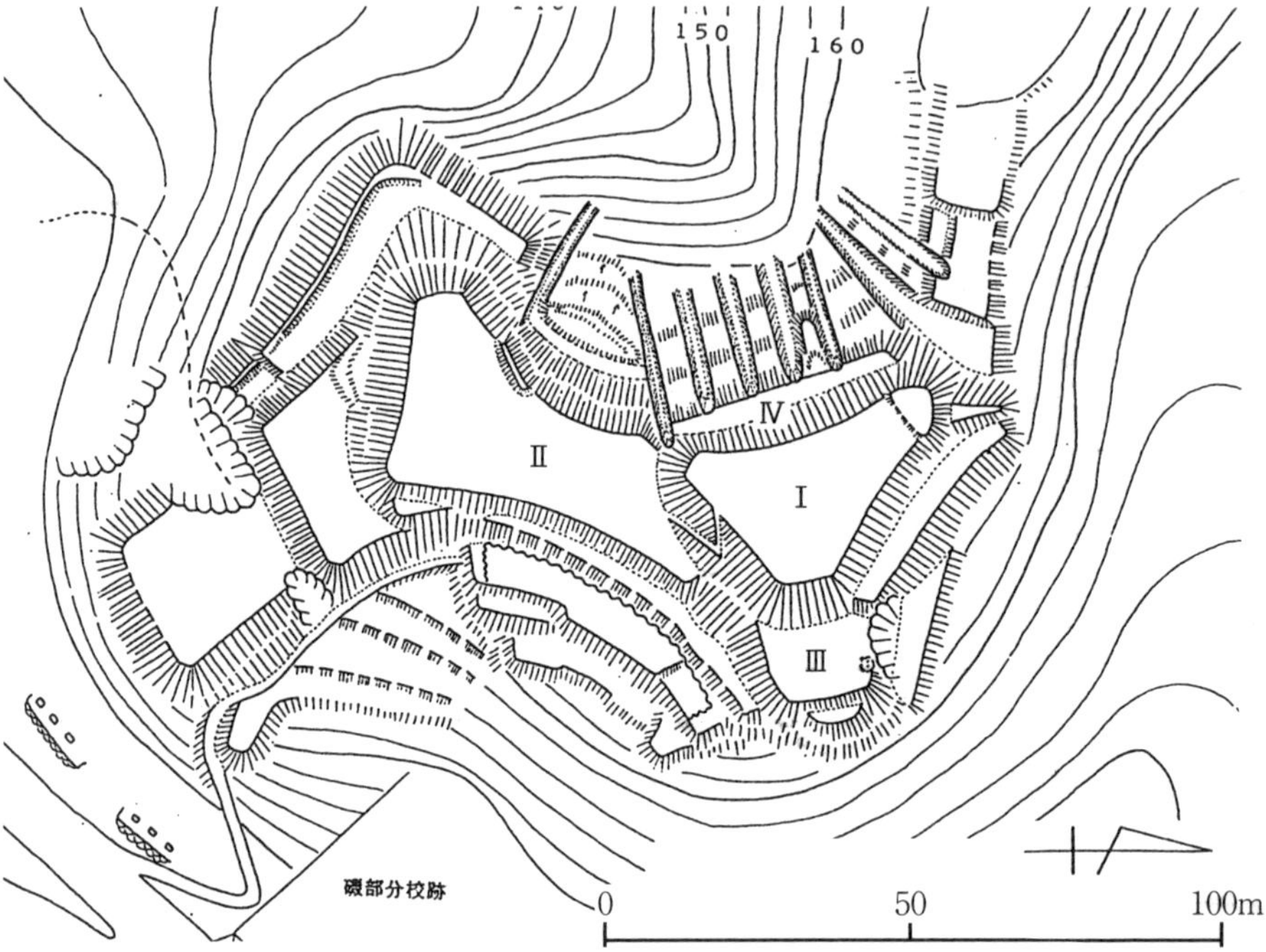

図6　大内城縄張り図　作図：中井 均

ける地点の尾根先端部比高五〇mに位置する。この城も、主郭Ⅰを中心に帯曲輪Ⅱ、Ⅲを二重に巡らせ、放射状に落とした竪堀によって帯曲輪を分断し、帯曲輪および斜面における兵の横移動を禁止している。街道側の、城の南側斜面は急斜面であるにもかかわらず、深くて幅の広い竪堀が用いられているのが特徴である。遠阪越えにおける但馬側の最前線に位置する城である。

d 大内城（磯部氏館、図6）

『但馬の城』[12]には「磯部氏館」として記載されているが、命名の根拠は不明であり[13]、今日の「城」と「館」の定義[14]からいって、「館」とするより「城」としたほうが適切と判断した。なお、いまだ所在が確認されていない「磯部城」という城も、南北朝期の城として史料に登場するが[15]、城郭構造からみて、この城を磯部城に比定するのは無理であり、とりあえず所在地名から「大内城」とした。

大内城は但馬、丹波のメイン国境、夜久野峠に至るまで、一・五kmの山陰道沿いに位置し、比高五〇ｍ、北西から東南に延びる尾根先端部にある。この城の特徴は、前記の三城に比べて切岸が非常にしっかりしていることである。とくに主郭Ⅰ北側の帯曲輪Ⅳ下の「畝状竪堀群」は、丁寧に掘られている。街道に面する城の南側斜面は、残念ながら後世の開墾を受けており、往時の姿は偲べない。しかしながら、地形的にみて城の背後の谷筋は比較的緩斜面であり、この方面からの攻撃をとくに意識している。すなわち、Ⅳ下の畝状竪堀群は曲輪の先端部から落としてあり、帯曲輪Ⅳは使用可能にして残している。Ⅳに対しては、曲輪Ⅱからの横矢掛かりを可能にしている。また、Ⅱ北側の部分的な土塁は竪堀群のないⅡの北側斜面に対する横矢掛かりである。自然地形を利用して、曲輪Ⅰ、Ⅱを巧く連携させている。なお、この城も但馬、丹波国境にある夜久野城を除けば、最前線に位置する。

これらの普請が、どのような過程で行われたかを考えると、必ずしも特定の時期にすべてが一気に行われたとは考えにくい。その理由として、いずれも基本の曲輪配置が、比較的単純であることがあげられる。竹田城の東側地域で同様の立地条件の他の城として、たとえば第三章の図21の山歳城[16]がある。山歳城は比高五〇ｍの独立丘上にあり、立地は前記の四城と類似している。曲輪も堀切で区画し、堀切に繋げた帯曲輪を周囲に巡らせ、規模も四城と同等である。しかしながら、この城の防御性は明らかに四城より劣る。ただ、この城も斜面に数条の竪堀を落とせば、まったく前記の四城、特に筒江城や諏訪城に非常に類似した構造となりうる。このことから、逆に前記の四城は、本来は山歳城的な構造であったものを、何らかの事情で急遽竪堀群を中心とした施設を付加することによって、軍事的な拠点的城郭に改変したものとして捉えることができる。山東地方で山歳城的な縄張りを有する城としては、他に楽音寺城[17]（第三章の表1の25）、矢名瀬城[18]（第三章の図16）、小谷城（第三章の図20）などがある。

一方、山頂部分に立地し、竪堀群を有する三城、すなわち向山城（比高一三〇ｍ）、滝野城（比高一八〇ｍ）、衣笠城（比高二六〇ｍ）に対しても、これを有しない城、たとえば比治城（比高二一〇ｍ）等がある。山頂部に位置する城郭についても、竪堀を多用している城は、少なくとも前記の四城と同時期に築城あるいは改変されたものと考える。

四　戦国時代最末期の南但馬

南但馬においては、軍事拠点的城郭であることを端的に示した「竪堀群を有する城」は、北は東北地方から南は九州地方にかけて広く分布していることは周知のとおりであり[19]、天文年間から天正年間の約六〇年の間に流行したとされている。竪堀群の機能としては、基本的には山城における斜面の防御形態の一つであり、相対的に緩斜面に多用され、斜面の横移動阻止等を含めて、敵に斜面を移動させない目的で造られたものである。北垣聰一郎氏は、但馬にこの施設が出現しうるのは、日本海文化伝播論からいって比較的早い段階であろうと推測しているが[20]、これが実践されるためには、やはり何らかの契機が必要であったろうと思われる。

但馬においては、築造の下限を但馬が織豊政権に組み込まれる天正八年に置くことができる。従来の地誌類の記載では、但馬における戦国時代末期の最大の軍事的緊張は、この過程であるとしている。すなわち、但馬が織豊政権による直接の進攻を受けるのは、第一回目の永禄十二年（一五六九）、第二回目の天正五年（一五七七）、そして第三回目の天正八年（一五八〇）である。しかし、この三回にわたる侵入はいずれも播磨から生野峠越えで受けており、もし太田垣氏がこれに対して防御を固めたとすると、播但国境方面の城郭を整備していたはずである。ところが前記したように、城郭遺構からみる限り、播但ルート沿いの城郭は、いずれも防御性には乏しいものばかりである。

史・資料的にみても[21]、播但の緊張は数多く伝えられているが、但馬・丹波についてはほとんど伝えられておらずむしろ友好関係にあったことを裏付けるものが多い[22]。この中で唯一、丹波とのかかわりとして、天正三年（一五七五）の丹波黒井城主荻野直正による但馬竹田城占拠が伝えられている[23]。この事件は結局、太田垣氏が信長の助けを借り、明智光秀の丹波黒井城攻めによって、荻野氏を竹田城より退かせたことで落着している[24]。この唯一の丹波との緊張から判断して、現在、山東地方に見られる竪堀群を有する城郭が出現した時期は、天正三年段階の荻野直正の竹田城占拠に関連したものであると結論せざるをえない。また、この段階においては、織田信長は毛利氏とはまだ同盟関係にあり、但馬は毛利氏の属国的な状態であったとされ[25]、築城技法として毛利氏の影響も多少は受けているものと推測される[26]。

ただし、このときの築城主体が太田垣氏であったか山名氏であったかについては、いまだ問題が残されているが[27]、斜面の防御法という観点から、少なくとも竹田城や観音寺山城の竪堀も同時期であると結論する。

まとめ

但馬竹田城において最近確認された数条の竪堀は、但馬の戦国時代の最末期に太田垣氏によって掘られたものであり、観音寺山城の竪堀群とセットで機能させていたことが、南但馬の中世城郭の悉皆調査で明らかになった。南但馬（朝来郡）において、観音寺山城と同様の数条の竪堀を有する城郭は、竹田城の南部（播磨側）には一城も確認されず、すべて東部、とくに丹波に通じるルート沿いに集中している。

この要因となった但馬・丹波国境の軍事緊張のあった事件を調べたところ、天正三年の丹波黒井城主荻野直正の竹田城の占拠が、唯一これに相当することがわかった。『信長公記』が伝える、天正五年および天正八年の織豊政権の播磨からの但馬侵入時においては、竹田城主の太田垣氏はこれを積極的に阻止しようとした形跡が城郭遺構から認められなかったことから、この段階において、南但馬の戦国時代はすでに終結していたものと結論する。

従来、地誌類を中心とする文献には、織豊対山名氏の軍事衝突が大きく取り上げられているが、但馬が大きな戦乱に巻き込まれたのはもう一段階前であり、丹波とのかかわりが大きかったのではなかろうか。

現在、竪堀多用型城郭は太田垣氏領の南但馬だけに限らず、本家山名領、垣屋領、田結庄《たいのしょう》領でもその存在が確認され、さらに詳細な調査が但馬史研究会や但馬考古学研究会などの手によって進められている。今後、調査の進行とともに、但馬戦国史が一層解明されてゆくものと期待する。一方、丹波についても、福島克彦氏が精力的に中世城郭の調査研究を進めており、筆者としてもこれらの成果をふまえて、この問題をさらに詳細に検討してみたいと考えている。

本稿作成において、朝来郡の中世城郭踏査に同行し、意見交換させていただいた但馬在住の西尾孝昌、谷本進、田畑基、宿南保、小谷茂夫、政次義孝の各氏、および城郭談話会メンバー各位に謝意を表します。

【註】

（1）中世城郭研究会・城郭談話会「第八回全国城郭研究者セミナー開催の趣意書」より。

（2）但馬の城編集委員会『但馬の城』、但馬文化協会、一九七五年。

（3）和田山町教育委員会『竹田城保存管理計画書』、和田山町教育委員会、一九七八年。

（4）石田松蔵「但馬史年表」（『但馬史』3、神戸新聞出版センター、一九七五年）、および北垣聰一郎「太田垣・赤松両氏と但馬竹田城」（『城』一〇〇号、関西城郭研究会、一九七九年）。

（5）たとえば、千田嘉博「中世城郭から近世城郭へ―山城の縄張り研究から―」（『月刊文化財』第三〇五号、一九八九年）など。

（6）鳥取の「太閤ケ平陣城」や韓国「慶南の倭城」などに見られるように、ラインを設定するために竪堀が使用されることはある。

（7）福島克彦「丹波朝日城の沿革と構造」（『歴史読本』第五三七号、新人物往来社、一九九一年）に、隣国丹波の興味深い事例が報告されている。

（8）拙稿「織豊統一政権による築城、秀吉の播・但・因への進攻と山城を例として」（『第七回全国城郭研究者セミナー資料』、一九九〇年八月、於小田原）。

（9）前掲註（4）によれば、生野城は永禄十二年段階で織田信長の領有になっている。

（10）太田牛一『信長公記』巻十（奥野高広・岩沢愿彦校註、角川書店、一九六九年）に、「直に但馬国へ相働き、先山口岩洲の城攻落し」とある。

（11）田中一郎「史蹟竹田城跡と城主赤松広英」（『和田山町の歴史』五、和田山町史編纂室、一九八八年）所収図による。

（12）前掲註（2）。

(13)　前掲註（2）の編集者の談による。
(14)　村田修三「城の発達」（『図説中世城郭事典』一、新人物往来社、一九八七年）の中の「館から山城へ」。
(15)　宿南保「但馬山名氏と出石」（『此隅山城を考える』第三集、出石有子山城・此隅山城の保存を進める会、一九九〇年）。
(16)　前掲註（2）に、「与布土氏館」として記載されている。
(17)　前掲註（2）に、「天満氏館」として記載されている。
(18)　前掲註（2）に、「陳東氏館」として記載されている。
(19)　例えば『第三回全国城郭研究者セミナー資料』（一九八六年八月、於神戸）に、各地の事例報告がなされている。北垣聰一郎「山城の成立と但馬の国」（『此隅山城を考える』第二集、但馬此隅山の保存を進める会、一九八八年）。
(20)　北垣聰一郎「中世城郭における「畝状タテ堀」遺構成立の一考察」（『網干善教先生華甲記念考古学論集』、一九八八年九月）。
(21)　前掲註（4）。
(22)　福島克彦氏の教示による。
(23)　出典は不明であるが、芦田確次「丹波の古城跡」（『城』一一一号、関西城郭研究会、一九八一年）などに引用されている。
(24)　「吉川家文書之一、八木豊信書状」（『大日本古文書』）に、「信長へ出石竹田より連々懇望なすに依り、惟任日向守丹波に至り乱入候、即ち荻野竹田表より引き退かれ、黒井城に楯篭られ候」とある。
(25)　前掲註（4）。
(26)　村田修三「城の分布」（『図説中世城郭事典』三、新人物往来社、一九八七年）によれば、「畝状竪堀群」を有する山城は、中国地方では比較的早くに出現している。
(27)　毛利氏もこの技法を継承し、さらに発展させたと思われ、おそらく太田垣氏による。西尾孝昌氏が「山名氏系竪堀」、「塩屋氏系竪堀」等を詳細に調査されており、それぞれ技法に特徴があるとの教示を受けた。近く発表される。

第二章　調査報告編

写真提供：谷本 進

I 竹田城総石垣地区の調査

谷本　進

はじめに

①調査にあたって

今回の報告を目的とした竹田城の石垣部分の調査は、一九九〇年十一月から一九九一年五月にかけて実施した。調査は田畑基・谷本進・西尾孝昌が参加し、豊岡南高等学校歴史研究部が協力した。

竹田城の調査では、和田山町教育委員会作成の千分の一の測量図を基礎にして、現地で実測と修正を加えて図を完成させた。城郭の図作成には巻尺と箱尺・重りを使用し、谷本進が縮尺五百分の一で作図をおこなった。この図をもとに竹田城を検討する。

ここでは、竹田城の総石垣地区の調査の中で判明した事実を中心に記述し、考察については別に「竹田城の構造形式について」と題して論考する。

②竹田城の曲輪の呼び名について

竹田城の曲輪の名称については、和田山町教育委員会発行のパンフレットにもとづいて、現在使われている通称名を用いた。竹田城は総石垣の山城であり、複雑な構造をしている。このため、個々の曲輪と虎口に記号を付した。曲輪はX・Y・A～Gのローマ字の大文字で九曲輪を表示した。虎口はA1～D2のように、曲輪名として表示したローマ字に数字をつける八虎口と、a～mのローマ字の小文字を使用して表した一三虎口の、合計二一虎口を表示した。

一、竹田城の概略

竹田城は、標高三五三・六五ｍを最高所とする古城山の山頂に築かれた山城である。尾根の最高所に本丸を置き、城下町をのぞむ本丸の正面に、天守台を設定する。尾根はこの本丸から三方向に伸び、それぞれ南千畳・北千畳・花屋敷とよばれる曲輪に連続して終わる。とくに南千畳・北千畳方向には、その間に食い違い虎口と枡形虎口を連続的に設定して、本丸にいたる間を防御している。

花屋敷は、本丸の背後をおさえる搦手となっている。とくに防御に力点がおかれ、竹田城では花屋敷だけに石塁に雁木をもつ構造物がある。また、本丸にいたる虎口は、櫓台を造って防御を固め、平殿との間の高低差は一四ｍもあり、さらに堅固である。

本丸は、南千畳と北千畳を両翼として、城下町側からの敵の進攻を防ぐ。本丸の南辺の位置には天守台がせりだすように作られ、両翼を見通す指揮所となって実戦を重視した構造となっている。

また、城郭全体に石垣が構築された総石垣の城郭である。とくに本丸部分は厳重であり、本丸石垣の周囲を石垣をもつ帯曲輪が取り囲み、二重に石垣が構築されている。

本丸から南千畳方向には、直線距離が一八五ｍ、本丸から北千畳方向には一八〇ｍあり、ほぼ同じ距離に曲輪を配置する規則的な構造である。本丸から花屋敷方向には、八五ｍの直線距離をもっている。さらに高低差をみると、天守台が標高三五三ｍ、南千畳・北千畳・花屋敷の三曲輪がほぼ同じで標高三三一ｍ付近にあり、高低差はいずれの方向も約二二ｍとなるよう統一的につくる。

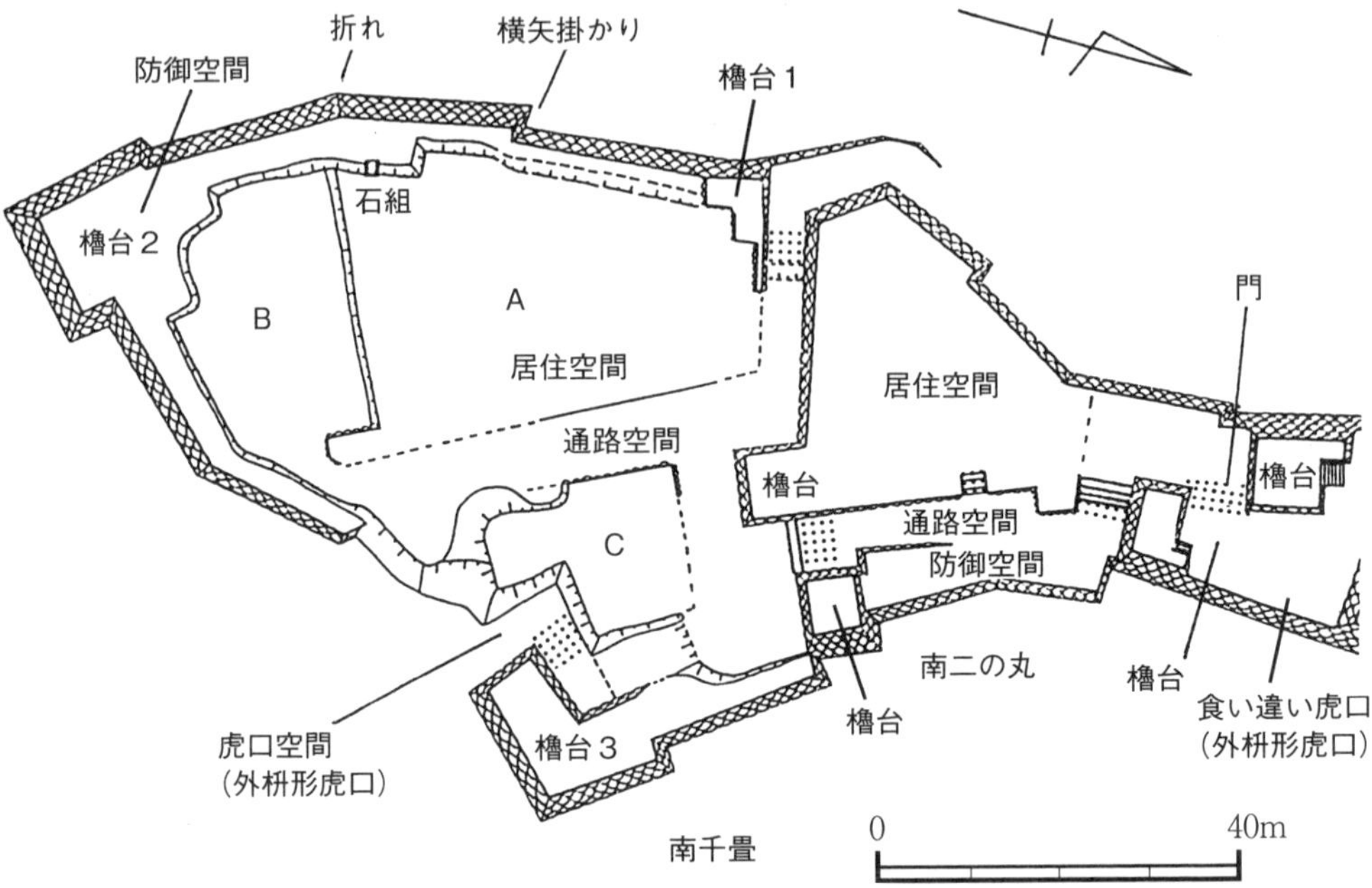

図１　南千畳・南二の丸曲輪図１

二、南二の丸、南千畳について

南千畳は、虎口部分で石垣が途切れていたり、地面が凹凸していることから、理解しにくい区域となっていた。今回、南千畳を表面観察したところ、通路空間と考えられる土地区画を発見した。この通路空間の確認によって、曲輪の内部を住居空間・防御空間・虎口空間と名付けて、南千畳の曲輪を機能的に四空間に分けて理解することが可能となった。

まず、南千畳C地区で、L字形に続く低い石列を確認した。それに対応するA地区でも石列があり、A地区とC地区の間に通路空間を発見した。この通路空間は、b・B1・B2の三虎口および、B地区、櫓台をつなぐ幹線通路となっている。通路はA地区とC地区の間で七・五mあり、虎口ではbで八・五m、B1で三・九mから四・四m、B2で五・〇mある。広くしっかりとした通路が確保されている。

住居空間は、通路空間によって分離されたＡＢＣの三地区の存在が指摘できる。地盤の高さはC→A→Bの順番になっている。A地区とB地区の間は、低い石

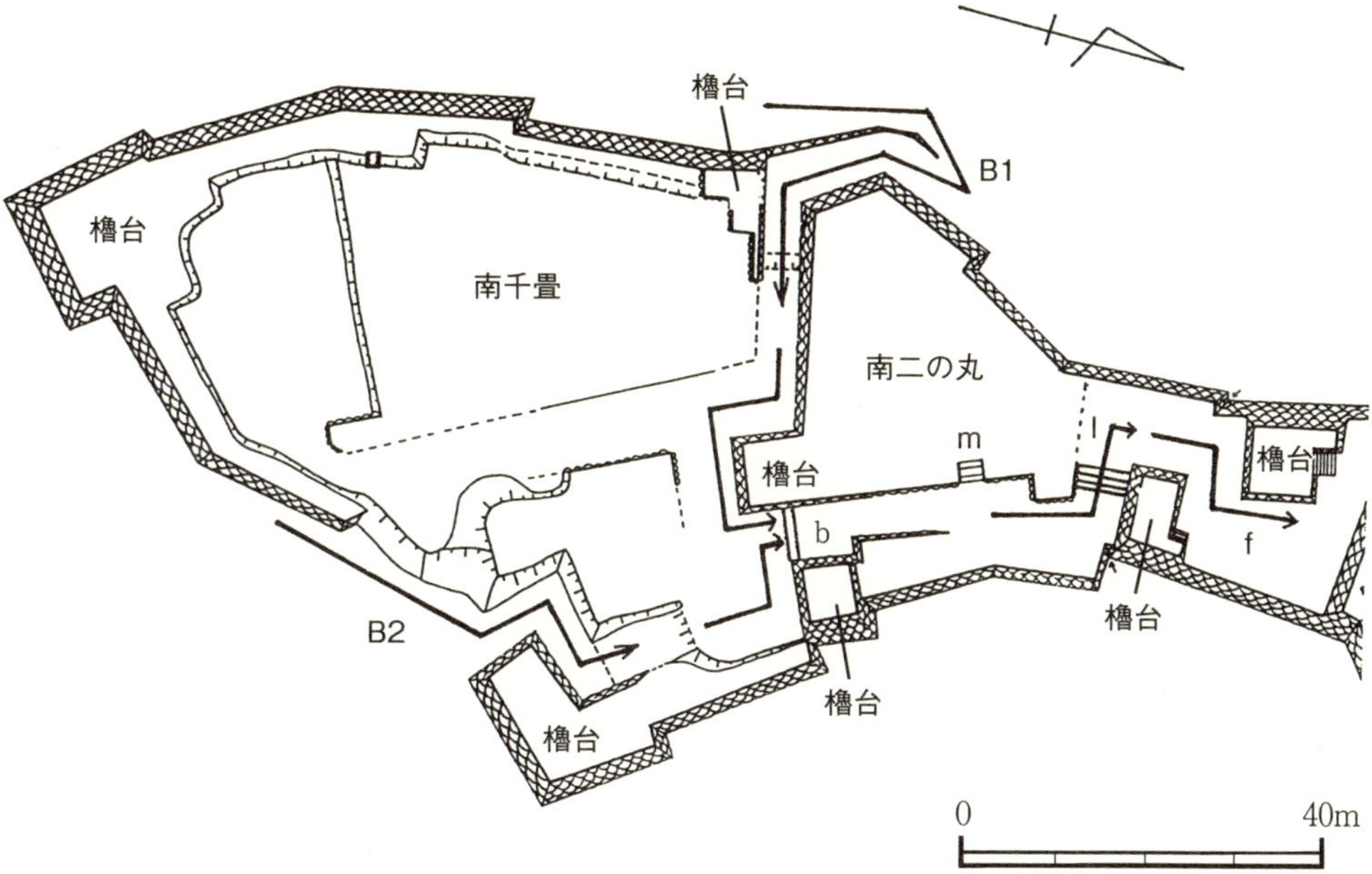

図２　南千畳・南二の丸曲輪図２

垣による段差となっているようであるが、土に埋まっており十分な確認はできなかった。A地区の南西部分には、一・二m×一・四mで深さ〇・七mの石組がある。

こうした住居空間と曲輪の外端部の間には、二・〇mから二・五mの通路が確保されている。B1虎口にある櫓台1からA地区の西側にそって、曲輪の先端部の櫓台2にいたり、そしてB地区の南側にそって通路空間まで伸びている。とくにB地区の南西の櫓台2は、石列や礎石は確認できないが、広い空間が確保されている。このように、南千畳の曲輪の外端部にある石垣に接した部分では、櫓と櫓をつなぐ通路が確保されており、城郭の防御を強化している。機能的には防御空間であり、土塀を設置する空間を想定している。

次に、B2虎口に注目したい。石垣をもつL字形の櫓台3が張り出す一方、その反対側は岩盤を削ってL字形に整形しているものの、石垣が積まれていない。総石垣の竹田城の中でここだけが、石垣の未構築な場所となっている。岩盤を削り込んでL字形に整形している事実を考えると、石垣構築の準備工事の段階を示す

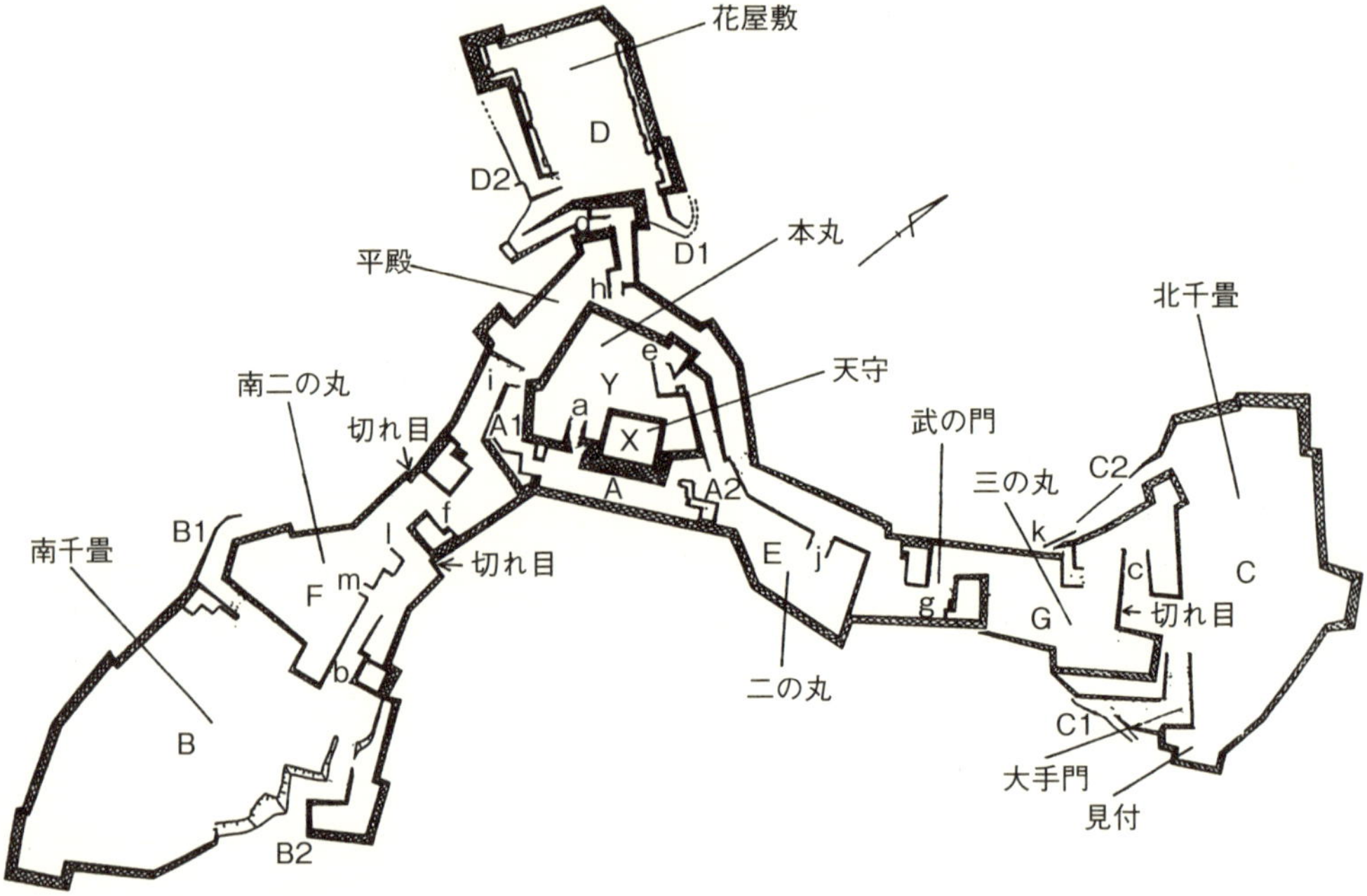

図３　竹田城の曲輪番号図

ものであり、石垣が積まれずに放置されたと考えている。

この部分から南千畳に入る進入ルートを考えると、三折する必要がある。そのままb虎口に入ろうとすると、さらに二折しなければならない。一方、B1虎口から入ると二折で入ることができるが、b虎口に入ろうとすると、上の曲輪から南に張り出した櫓台に遮られて三折する必要がある。こうした進入ルートを考えると、通路空間が住居空間と機能的に分離していると同時に、南二の丸の櫓台と一体になってB1・B2虎口を防御する構造となっている。

このような曲輪を機能面から理解することは、南二の丸でも可能である。通路空間として、b↓l↓fの虎口をつなぐ通路空間がある。この通路空間に面して、m虎口という出入口を開く形で住居空間が作られている。また、通路空間を隔てて東側には、防御空間が確保されている。b虎口を守る虎口後方の曲輪でもあるが、本来的には、北

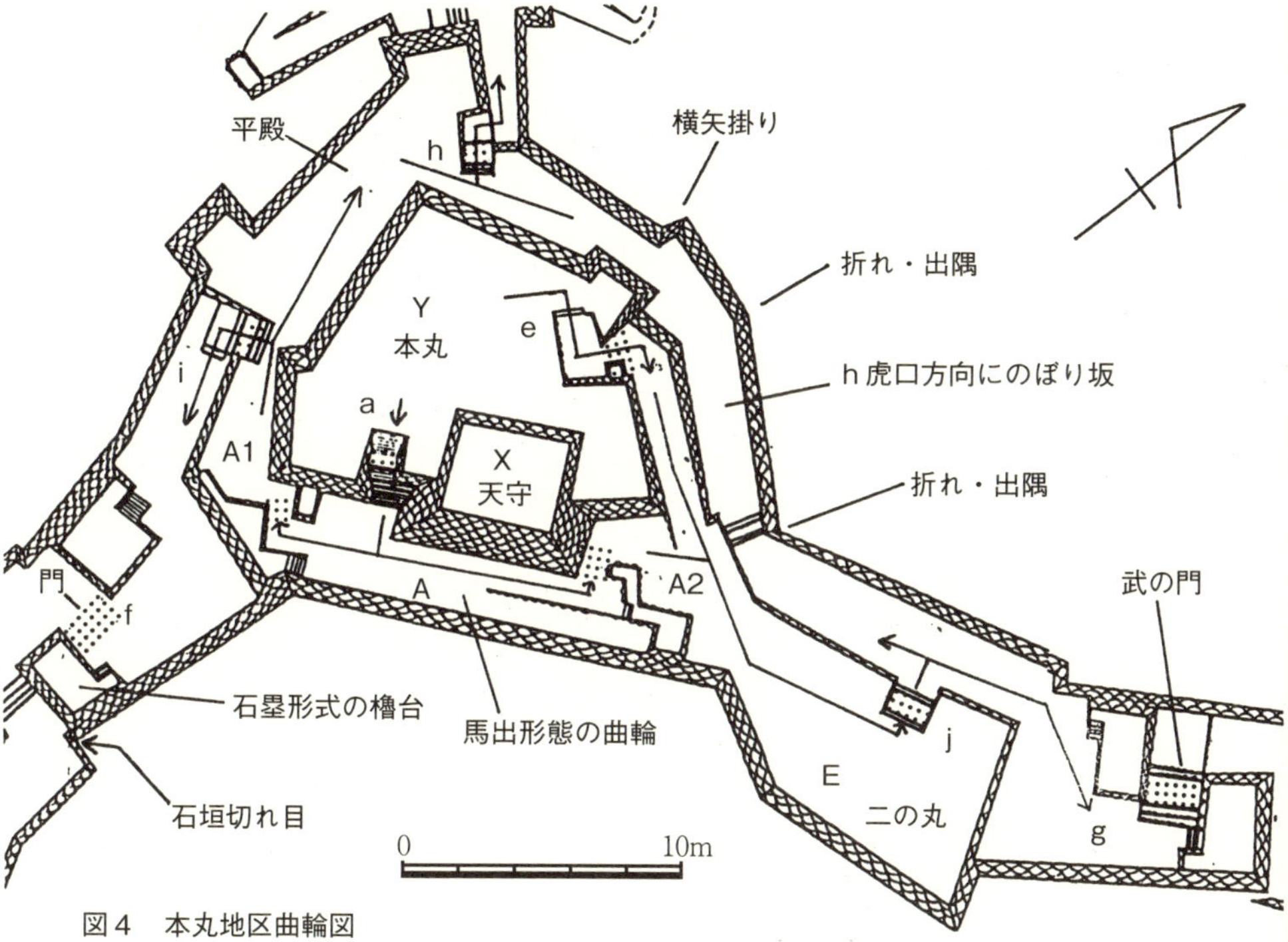

図４　本丸地区曲輪図

千畳方向にある東側の谷を守る防御空間として機能している。南二の丸では、南千畳よりもコンパクトに住居空間・通路空間・防御空間・虎口空間が設定されている。

　こうした曲輪の空間利用は、竹田城ではこの二つの曲輪でしか表面観察できないが、発掘調査をすると、北千畳などほかの曲輪でも確認される可能性は高い。花屋敷では北面と南面に雁木を伴う石塁があり、防御空間はさらに強固になっている。

三、本丸および周辺について

①T字路の通路空間

　曲輪からみた本丸は、天守台であるXと本丸と呼ばれるYの二つの曲輪である。しかし、本丸の前庭部としてつくられたAとEの曲輪も、南二の丸や南千畳からみると独立した空間を作っており、X・Y・A・Eの四曲輪を総称して、本丸地区と考える。この本丸地区に入るには、A1虎口かj虎口のいずれかを通る必要がある。

ここでは、本丸地区の通路空間を中心とした進入ルートを考える。Y曲輪にaとeの二つの虎口がある。A曲輪にもA1とA2の二つの虎口がある。また、j虎口もh方向とg方向に二つのルートが選択でき、A1虎口もiないしh方向に進むことができる。h虎口でも、iとgとd虎口から進んできた三つのルートが交わっている。

つまり、本丸地区を中心とする場所では、進行方向が一方向ではなく、二方向の進路を選択することが可能である。こうした通路空間では、ルートがT字路となって本丸Yを囲み込んでいる。

G曲輪やF曲輪が、直進的に進む一方向の通路となって本丸地区に至るのに対して、本丸地区の付近は通路がT字路の連続で構成されており、より複雑な構造となっている。本丸地区に南千畳・北千畳・花屋敷の三方向から通路が集まるだけでなく、T字路を多く使用して三方向の曲輪をつなぐ役割を持っている。

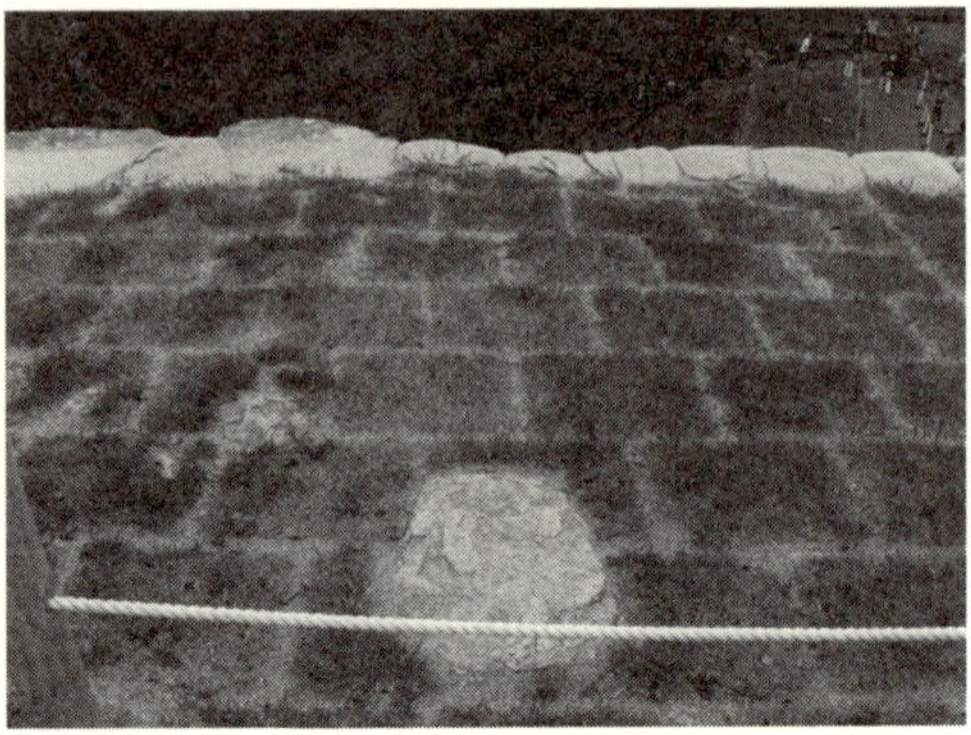

天守台礎石　写真提供：髙田 徹

②天守台の礎石

竹田城の本丸は、南千畳と北千畳を両翼として、城下町側からの敵の進攻を防ぐプランとなっている。天守台は本丸の中でも城下町側にあり、本丸の石垣ラインから前に一段せりだしている。石垣の高さは、一〇・四mある。本丸石垣の高さは、養父市八木城が九・四m、豊岡市有子山城が四・四mであるのと比べてかなり高い。

天守台は、東西一二・七二m×南北一〇・六九mで、尺に換算すると四二尺×三五・三尺である。天守台で礎石を調査したところ、現位置を保つと考えられる黒丸で示した五個の石を確認した。この礎石と礎石の間の距離の平均値をとると、二・〇三mであった。誤差を〇・〇六mと考え、一間を六尺五寸とする一・九七mの間隔で礎石が配置されたと考える。礎石は四間×三間の総柱になるように配置されている。

しかし、この四間×三間の礎石群の周囲には、さらに石垣との間に二・三〇m、七・六尺の空間が存在している。礎石はないが、四間×三間の周囲に、さらに一間相当の柱を建てることが可能である。つまり、竹田城の天守は、実質的には六間×五間相当の天守を建てる計画があったことは確実である。竹田城の中で、表面観察によって礎石を確認することができた。

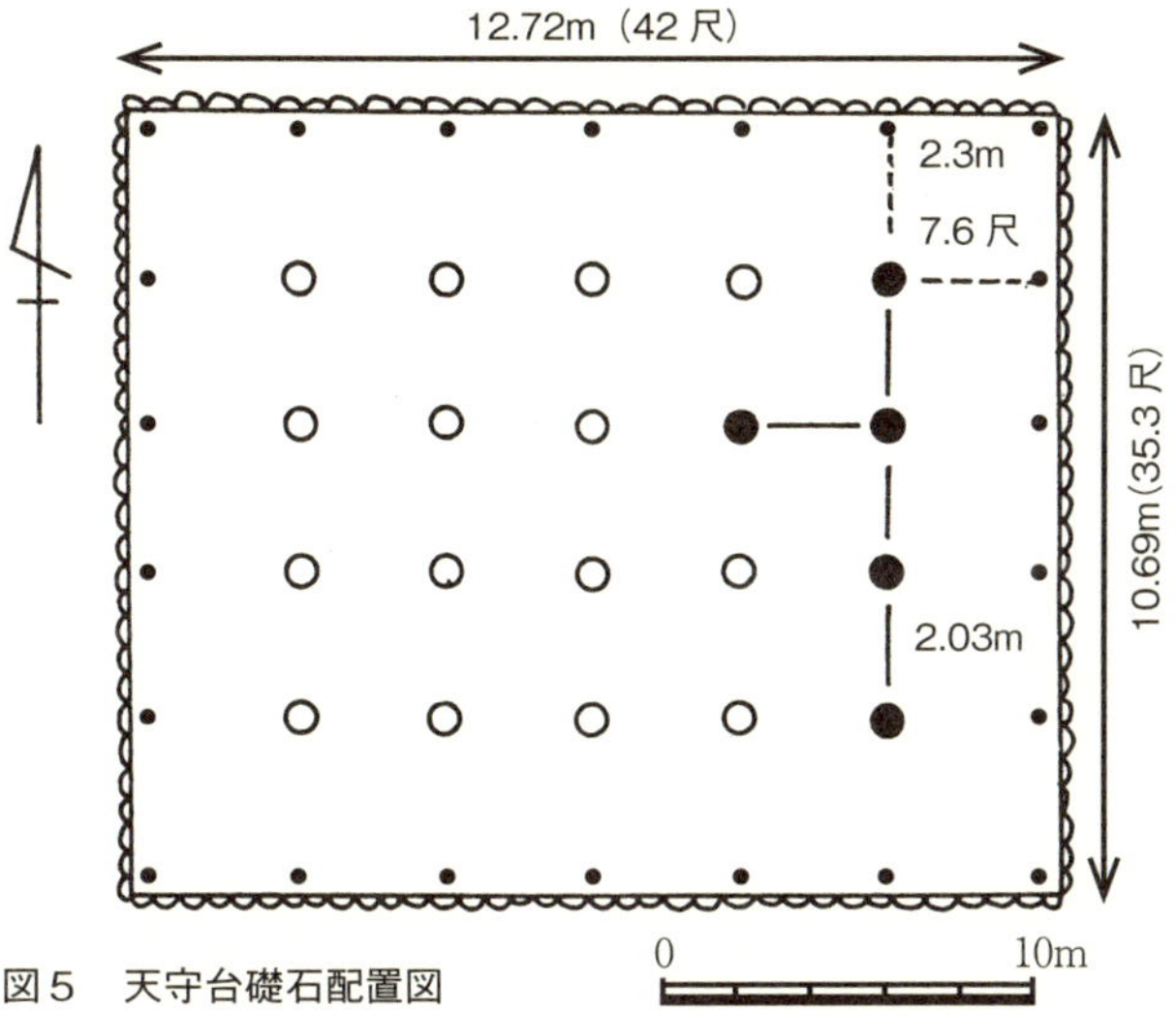

図５　天守台礎石配置図

③石垣の改修

ａ虎口は二一段の高い階段になっているが、階段の西側部分の石垣をみると、古い石垣のラインがあり、石垣を前に積み出した状況が認められる。また、A2虎口付近には石垣にそって石列がみられる。これも表面観察だけでは断定できないが、石垣を前に積み出した古い石垣の最上部が見えている可能性がある。

こうしたことから、本丸地区の現在の石垣の中にも、さらに古い時期の石垣が埋没している可能性が高いことを指摘したい。

ｆ虎口には、曲輪の両側に石垣の継ぎ目（切れ目）があり、ｃ虎口にも同様の石垣の継ぎ目がある。こうしたことからも、総石垣をもつ現在の竹田城が唯一の姿ではなく、古い石垣を拡張して、新しい縄張りによって現在の曲輪が造られていることが推定できる。

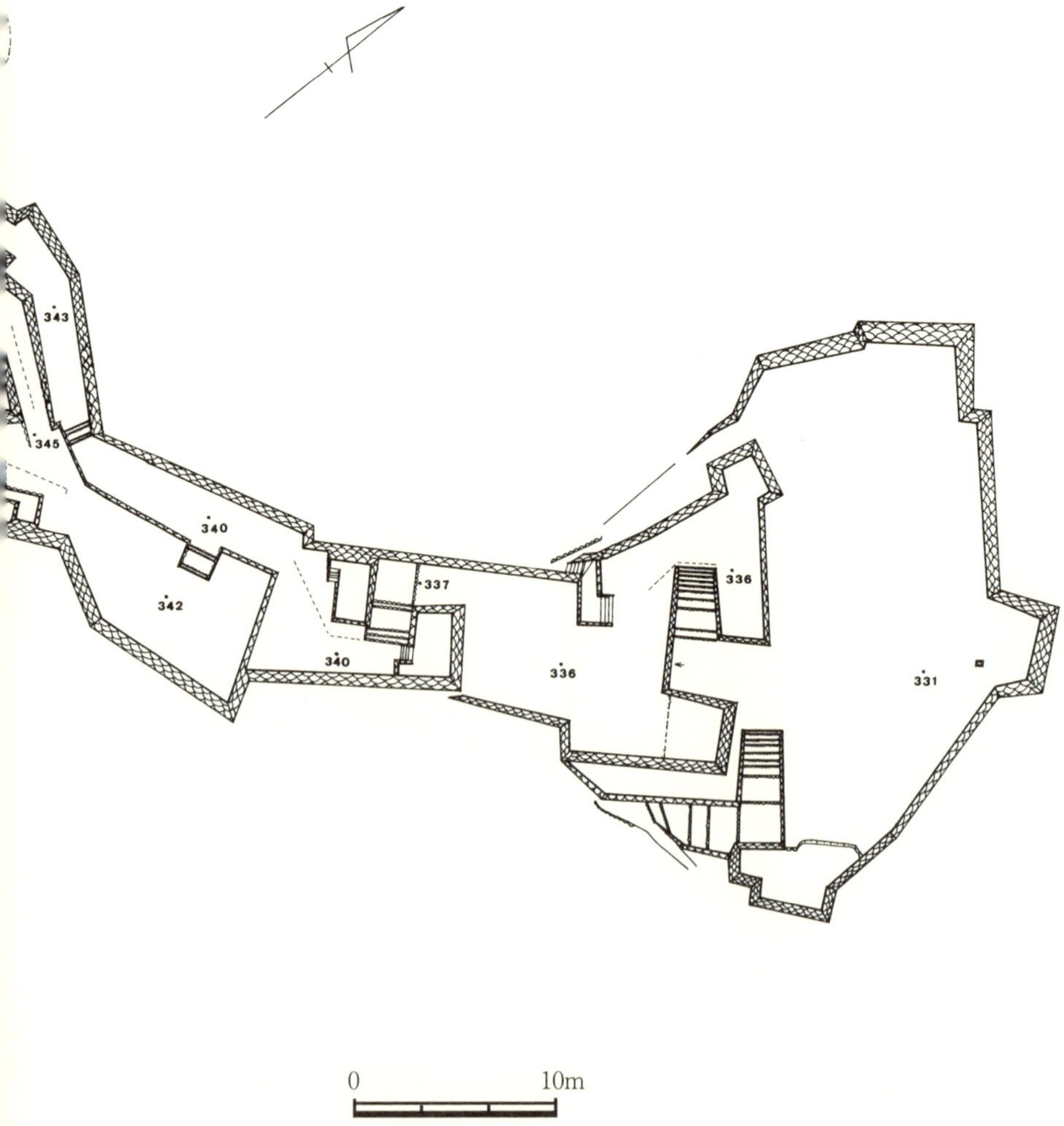
343
345
340
342
340
337
336
336
331
0
10m

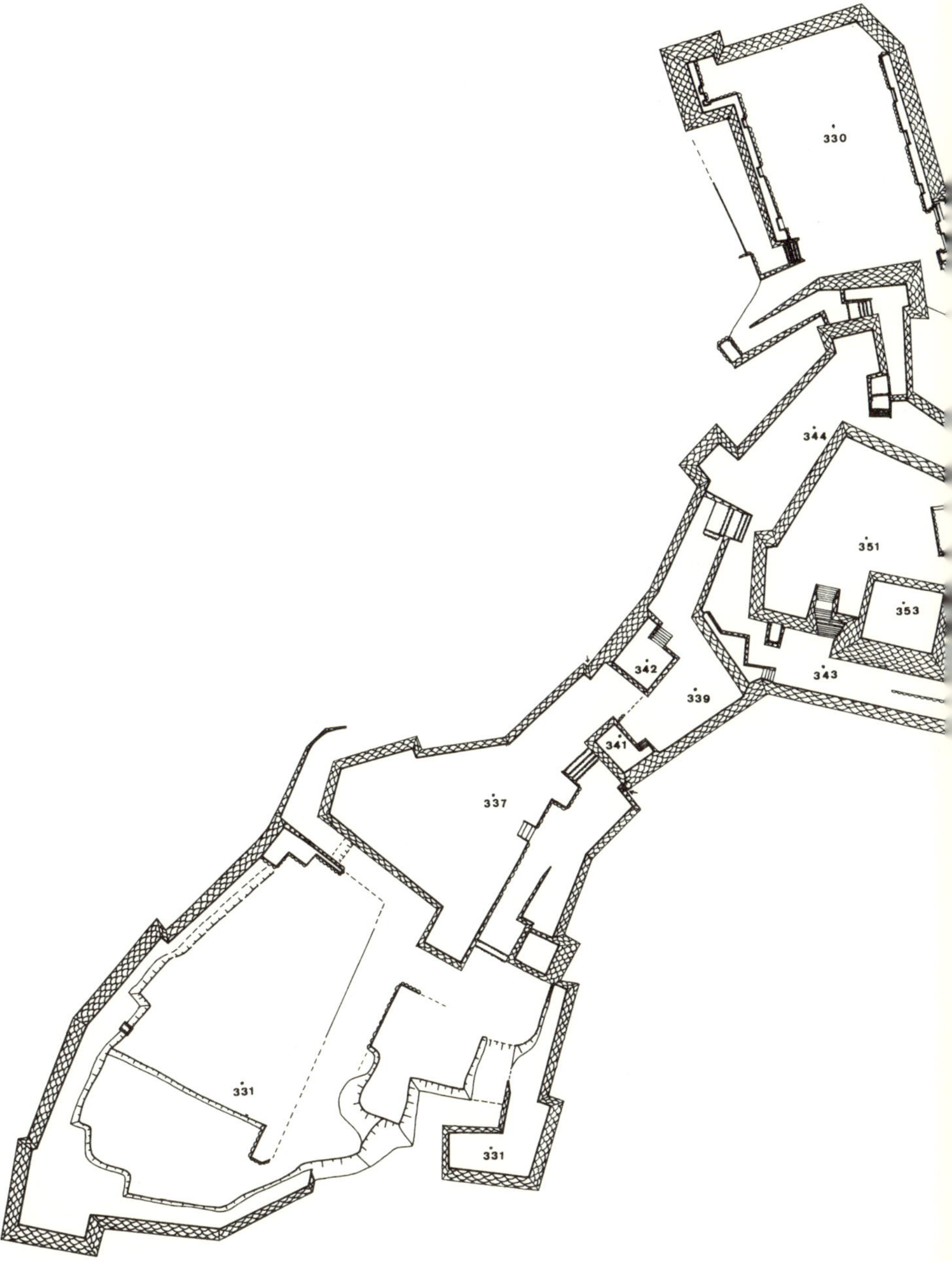

図６　竹田城測量図 作図：谷本 進

四、花屋敷の石塁について

花屋敷は、竹田城でもここだけ方形プランの曲輪となっている。その他の曲輪が多角形を示して、折れや横矢掛かりを作るのに対して、花屋敷には方形プランの曲輪に、外に張り出す二ヶ所の櫓台をつけて曲輪を完成させている。花屋敷は、篠山城にも類似するような方形プランでつくった規格的な曲輪である。

また、曲輪の二つの長辺に石塁を施して、さらに雁木《がんぎ》を作っている。しかし、曲輪の最も先端部に石塁はない。石塁のすぐ下は、D1、D2虎口へ至る通路となっており、石塁の下を通らないと虎口に至れない構造となっている。こうした石塁も、虎口の防御を補強する構造物となっている。

五、門の位置について

北千畳付近にあるc虎口やC1虎口は、山城の曲輪と曲輪の間の段差を利用して、曲輪の先端部に枡形虎口を取り込む構造となっている。c虎口は同じ高さで直進して入り、一折してから階段を利用して上の曲輪に入っている。また、C1虎口は二折してから階段を上って曲輪に入る。

曲輪の間の高低差を利用して、曲輪の前面の一段低い位置に虎口をつくる方法は、竹田城で多くみられる。A1・A2虎口のように平らな空間に石塁をおいて曲輪を仕切る例は、この二つの虎口しかなく、何らかの形で曲輪の中に虎口を取り込む構造となっている。

c・g・fの虎口を現地観察すると、一折した段階で低い石段が二段程度作られ、少し空間を置いて、上の曲輪に上がる石段が続いている。つまり、この二ヶ所の石段の間に門を設定している。このように、門の位置は一折して、階段を上る前に作られている。つまり、枡形虎口の入口と出口に門を作るという完成された枡形構造ではなく、門は一つで通路を仕切るものである。

おわりに

城を作る場合に、石垣を配置した土木工事を「普請」、建物の建築を「作事」といっている。城をどのような縄張りにすれば、防御効果が最大限に発揮されるのかは、建物の作り方だけでなく、土台となる石垣の配置、普請の成否によって決まるといわれている。

つまり、建物をたてる「作事」よりも石垣を配置する「普請」によって、城郭の多くの機能が決まるのである。建物が残っていなくても、防御の要としての城郭構造は、石垣や曲輪の配置の中に戦略が込められているのである。

文化庁・兵庫県教育委員会・和田山町教育委員会が昭和五十二年に作った竹田城の保存管理計画によると、一切の人工的なものを作らずに、すでにある物は撤去し、竹田城を保存していくことが決められている。石垣以外には何も置かないことは、実は大変な努力が必要である。観光のためにといえば、すぐにコンクリート製の休憩所ができてしまう時代である。観光という現代人の都合よりも竹田城の保存を優先する努力は、文化財関係者が積み上げてきた、竹田城保存計画の大きな柱である。

南二の丸のｆ虎口にある食い違い虎口の間には、二個の石材がある。これは門に関係する石段の石材と考えている。また天守台には、天守閣の礎石がわずかに五個だけ残っている。こうした石材が一個でも取り除かれたり、動かされれば、門があった場所や建物の復元ができなくなってしまう。小さな工事でも、城郭が破壊されることがある。

本書において西尾孝昌氏が報告するように、竹田城は今の石垣部分だけはない。北千畳の北側には登り石垣で作った出丸があり、南千畳の西側には井戸もある。竹田城から山裾の館地区まで長くのびる長大な竪堀も確認された。竹田城の規模は驚くほど広い。また、観音寺山城といわれている部分は、永禄から天正八年頃にかけての竹田城の一部であることがわかった。今ある竹田城の石垣の部分は、慶長初期の竹田城であり、石垣の下にはさらに古い石垣が埋まっていると予想される。さらに石垣の外部には戦国時代から天正期にかけての竹田城の竪堀が広がっている。今みられる石垣のある竹田城は、一時期の一部分の姿なのであり、竹田城は城山の全体を保存することが大切である。

竹田城は、城主が慶長五年（一六〇〇）の関ヶ原の戦いで西軍についたため廃城となった。このため竹田城は、慶長五年段階の城郭の日本を代表する基準モデルである。つまり、竹田城より構造的に進んだものか、遅れたものかを見ることによって、その城郭が豊臣時代の築城なのか江戸時代なのか、区別することが理論上は可能となる。豊臣時代に作られた城郭は、江戸時代に入って大改修される。大坂城も姫路城も、もともと豊臣秀吉が造った城郭であるが、現在あるのは江戸時代に作り直された城郭である。豊臣時代の最高技術で作られた城郭を考えるとき、竹田城は日本を代表する城郭の一つとなる。

今回の調査のため、竹田城に登って気づいたことがある。一つは、竹田城の草刈りなどが行われ、管理が行きとどいていることである。もう一つは、竹田城の周辺でも大きな造成工事が実施されてきたことである。豊かな自然景観の中で、山城全体が保存されてきた竹田城の環境が大きく変化してきた。今後、竹田城を保存するためには、景観条例のようなものを作らないと、周辺が乱開発されて竹田城の歴史的な景観が守れない時代になってきたという危惧を感じている。

【参考文献】

和田山町教育委員会『竹田城跡保存管理計画書』昭和五十二年策定、一九七八年三月
北垣聰一郎「太田垣・赤松両氏と但馬竹田城」『城』一〇〇号　関西城郭研究会、一九七九年一月

Ⅱ

竹田城の構造形式について

谷本　進

一、構造分析の視点

竹田城の構造形式について、次にあげる五つの視点から分析したい。第一は、竹田城の四ヶ所の曲輪を「馬出形態をもつ曲輪」と定義づけて、城郭構造の特色を考える。第二は、天正年間に多用される折れや横矢掛りだけでなく、慶長年間以降に多く使われる櫓台の利用に注目する。

竹田城の構造形式の分析として、第三は、こうした竹田城の総石垣が、近世城郭で使われる本丸、二の丸、三の丸という構造形式をもつことを検討してみたい。第四は、構造形式として千田編年の第5類型Ａ2タイプに続くものとして、竹田城をモデルとして第5類型Ａ3タイプを設定する。

第五は、こうした竹田城を築造時期と築城主体から、城郭の成立基盤を検討する。築城主体という言葉は、城主がそのまま築城者ではない場合を検討するために使用する。

二、馬出形態の曲輪

①南千畳・北千畳・花屋敷ついて

竹田城の南千畳（Ｂ）・北千畳（Ｃ）・花屋敷（Ｄ）という三曲輪には、いくつかの共通点が指摘できる。

第一は、標高がそれぞれ三三一・二ｍ、三三一・四ｍ、三三〇・〇ｍにあり、ほぼ同一の高さに標高を統一して築城

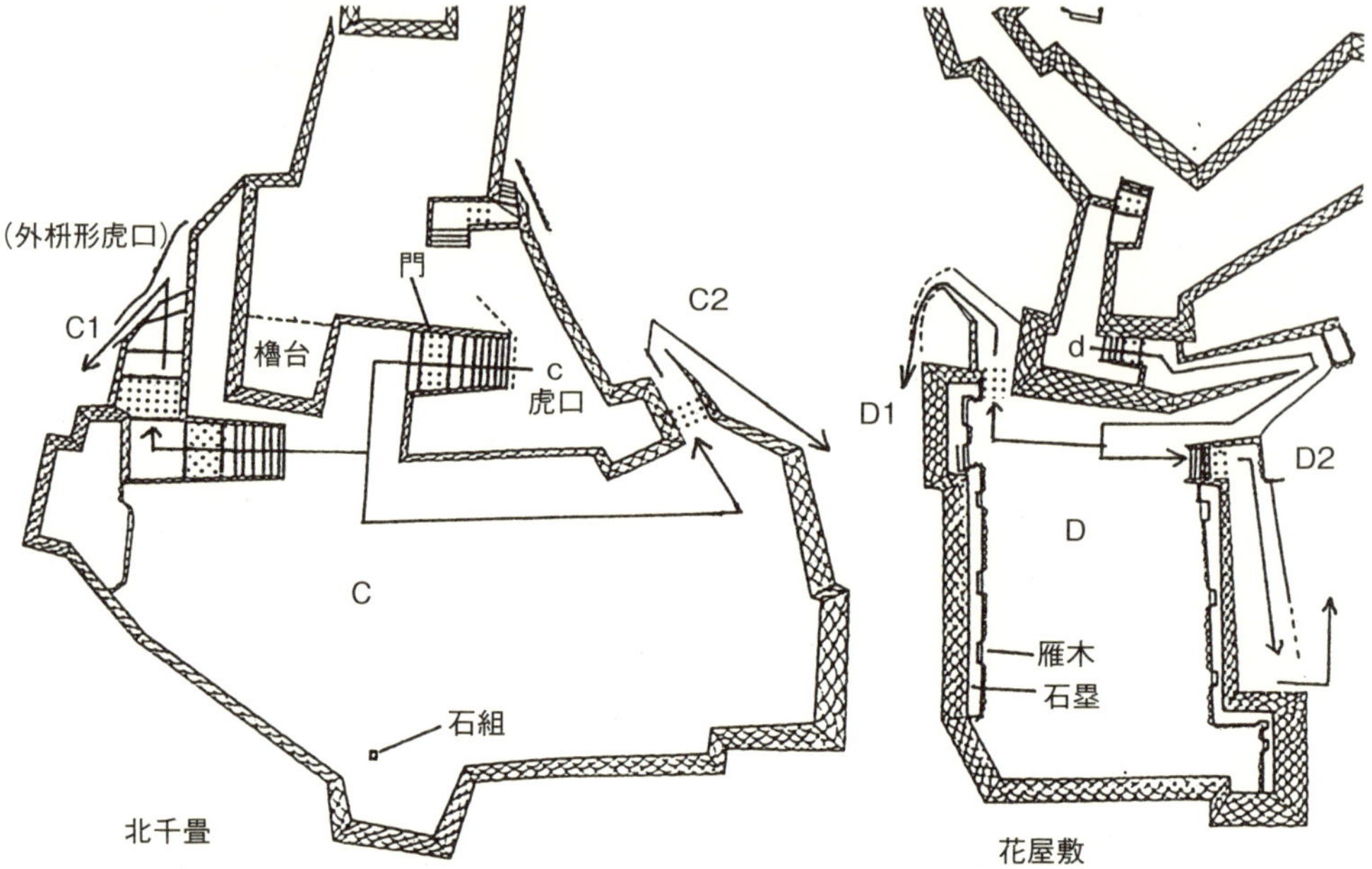

図1　馬出形態の曲輪構造図

されている。つまり、標高三五三mの天守台から、二二mの比高差をもつように設計されている。

第二は、この三曲輪が竹田城のなかでも完成時期が新しい可能性が高いことである。本丸から南千畳にいたる方向では、f虎口をつくる櫓台の隅角石が、いずれも地面まで達している。櫓台を境として石垣の継ぎ足し状況が認められる。また、北千畳にいたる方向では、c虎口に石垣の継ぎ足し状況が認められる。

そして花屋敷は、曲輪が方形プランとなっているだけでなく、石塁が作られており、竹田城でもここだけの新しい要素を持っている。つまり、F・B・C・Dの曲輪は新しく整備された可能性が高い。

第三は、この三曲輪がそれぞれ二つの虎口をもつことである。さらに虎口の位置は、原則として一段上の曲輪に接した両側のサイドに設定されている。北千畳では、C1、C2虎口が曲輪の両サイドにくる。花屋敷でも、D1、D2虎口が両サイドにくる。南千畳ではB1虎口はサイドにくるが、B2虎口はb虎口の正

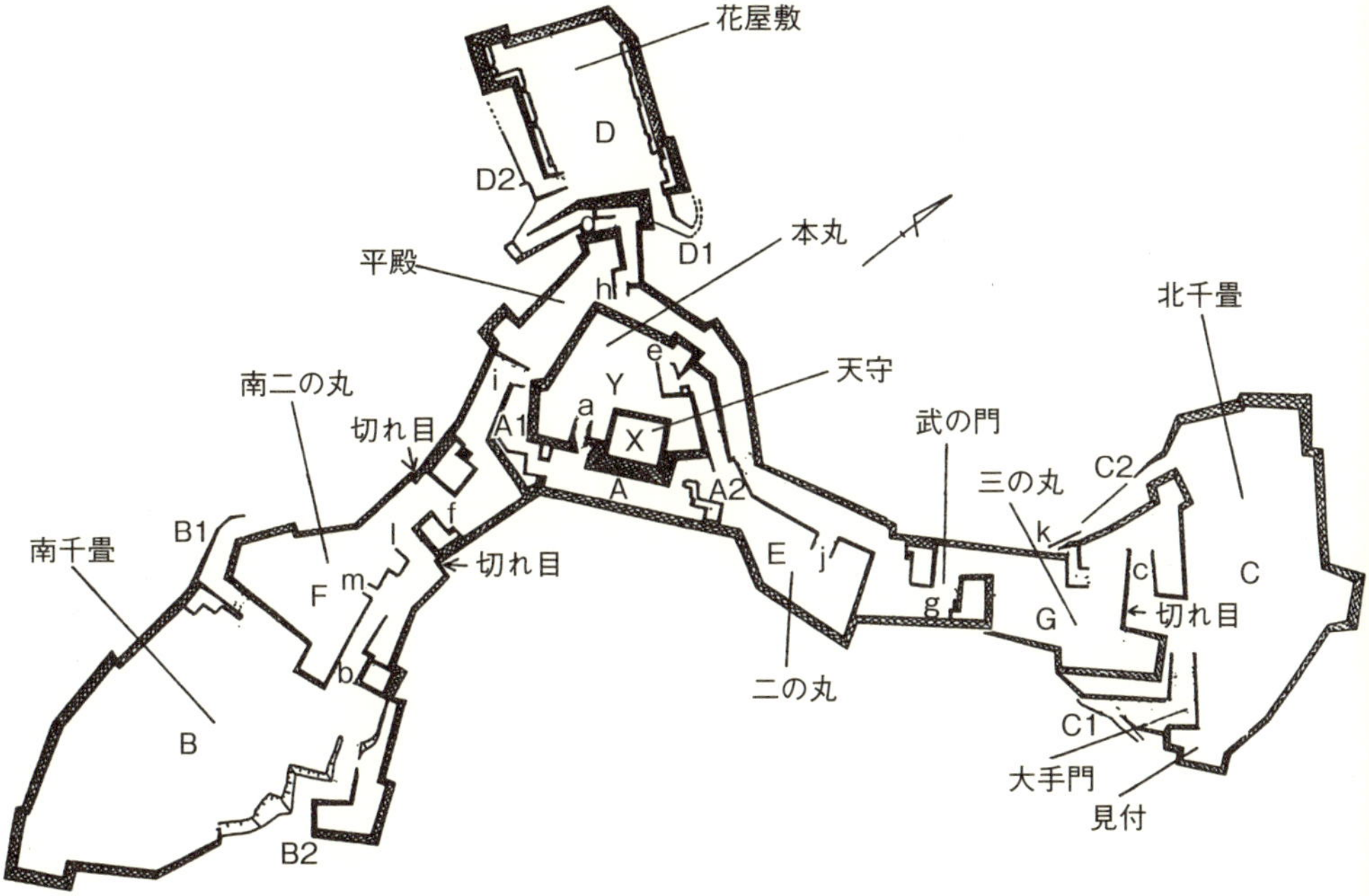

図２　竹田城の曲輪番号図

面に位置するように設計されてやや離れた位置にくる。

第四は、こうした曲輪の虎口が、一段上の曲輪へ入る一ヶ所の虎口と対応していることである。つまり、堀をもたないが篠山城のような角馬出の曲輪の特徴を備えている。上の曲輪の入口にあたる虎口は防御用の虎口であり、北千畳のC曲輪の虎口C1・C2は出撃用の虎口となっている。つまり、南千畳ではb虎口とB1・B2虎口、花屋敷ではd虎口とD1・D2虎口がセットになっている。

こうした関係は図1に示すとおりである。ここには堀を伴っていないが、防御用の虎口と馬出形態の曲輪、そしてその曲輪の両サイドに出撃用の虎口がつく構造になっている。

竹田城は、馬出形態をもつ曲輪が構築され、本丸から三方向にのびる城郭の先端部の曲輪を構成している。さらに、こうした曲輪が、高低差を統一させて築造されている。つまり、曲輪の平面プランと立面プランを規格的に設計していることが指摘できる。

竹田城は自然地形に制約されて築城する山城でありながら、規則的な構造プランを採用している。山城としての自然地形の制約をのりこえて、規則性のある近世城郭プランの要素が多く認められる。こうした構造を倭城と比較して考えると、文禄段階のものとは考え難く、慶長初期段階の可能性が高い。

②本丸の南側のA曲輪について

本丸の南側には、天守台に沿って東西方向に長いA曲輪がある。a虎口を防御用の虎口として、A曲輪の両側にA1・A2虎口が作られている。この石塁にはそれぞれ内側から上がる石段がついており、石塁の上から防御する構造になっている。こうしたA曲輪を守る二ヶ所の虎口は、本丸のa虎口から出撃してA曲輪に入り、A1・A2の石塁から敵を攻撃する構造になっている。

つまりここにも、馬出形態の曲輪が設計されており、本丸の虎口がa、馬出形態の曲輪がA、A曲輪の虎口がA1・A2として説明できる。基本的には、北千畳で説明した馬出形態と同じ構造がある。A曲輪を馬出形態にすることによって、本丸を防御する機能が効果的に向上している。

このA1・A2虎口は石塁の構造となっているが、f虎口・g虎口につくられた櫓台のような幅の広い安定感はなく、細くて小規模で、付加的で不安定感がある。

三、横矢掛りと櫓台と虎口について

①櫓台の位置

直線的につくる石垣の塁線に、折れ、横矢掛りを設けて、鉄砲や弓矢で側射を行う構造をつくる。さらに進んで、石垣をコの字形に張り出して櫓台を設定し、上に建築物をつくって強化をはかる。

竹田城は折れや横矢掛りだけでなく、櫓台を多用して築城されている。前者が天正期から多用されるのに対して、

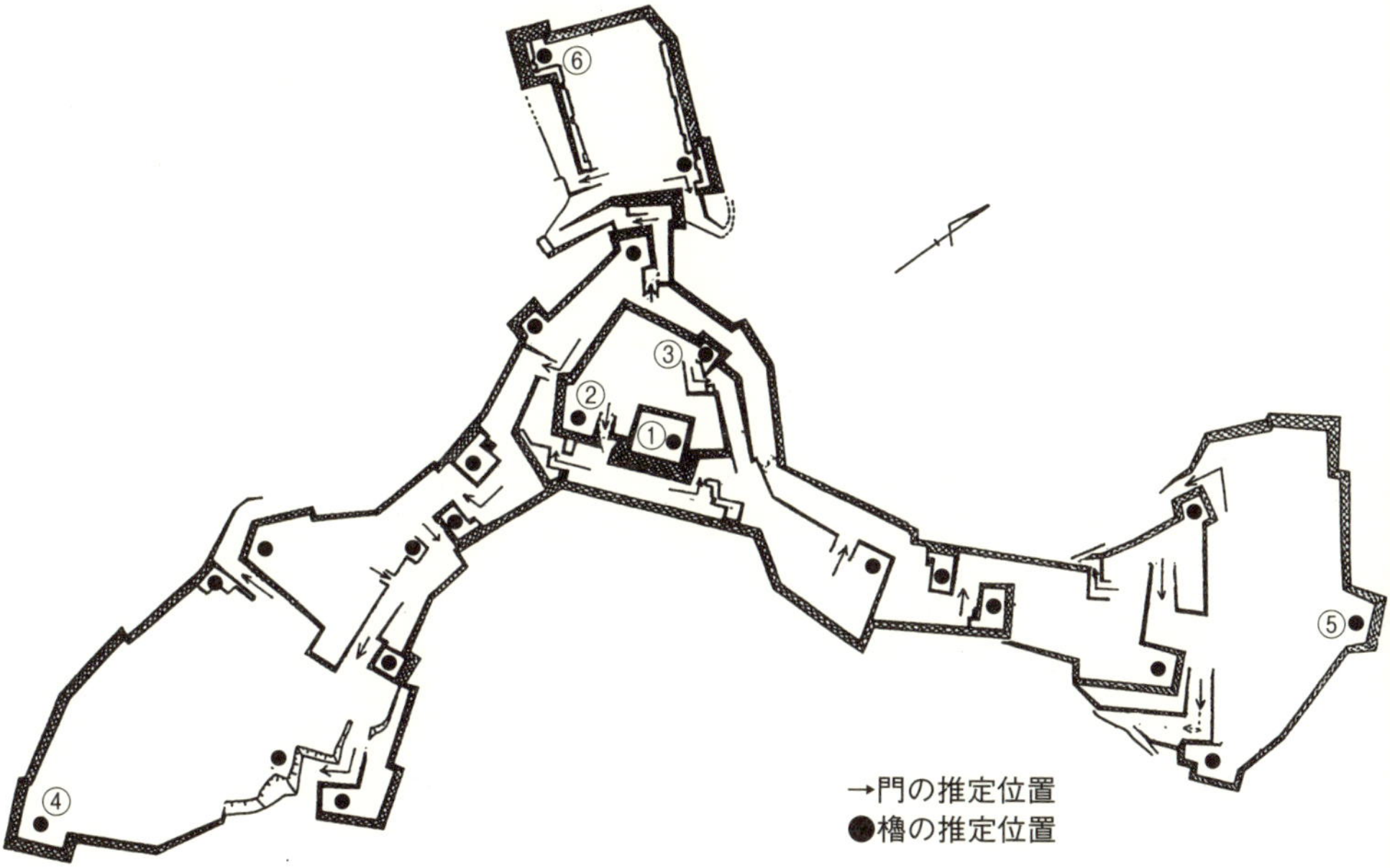

図３　櫓台と門の設定図

後者は慶長期以降に多用されるようになる。

竹田城では、図３に示したように、二三ヶ所で櫓台の設定が可能である。注目されるのは、南千畳、北千畳、花屋敷に各一ヶ所ある曲輪の先端部に設定された④⑤⑥の櫓台である。④⑤⑥の櫓台は、南千畳、北千畳、花屋敷の曲輪の先端部に独立して設定され、それぞれの城外方向を監視する機能を持っている。これに対して、本丸の天守台は城郭の中心にあって総合的な指揮をするため、南千畳と北千畳をのぞんで南に張り出して作られている。天守台は、こうした監視機能をもつ櫓群の頂点に位置している。

しかし、最も多い櫓台の機能は別のところにある。実は、残りの櫓台の多くは、虎口を守るパーツとして使用されている。b・c・f・g の虎口が、櫓台を伴う代表的なものである。一つの虎口に、一ないし二の櫓台が伴っている。櫓台と虎口、虎口と曲輪がきわめて規則的に、効果的に配置されている。櫓台構築の目的が監視する機能だけではなく、竹田城では虎口の防御を第一に考えて使用されている。

つまり、櫓台は門を設置して虎口の防御ラインを設定する役割と、敵に対する監視効果の二つの機能があり、使い分けている。

B1虎口は、一折して入る虎口であり、枡形虎口になっていない。しかし、B1虎口には櫓台を作っている。さらに、この虎口のすぐ上部のF曲輪にも櫓台を推定している。また、C2の虎口も一折して入る虎口であるが、その上に正方形に張り出した櫓台があり、一折する虎口をG曲輪から補強している。

本丸には、天守台①と櫓台②・③の三つの櫓台の存在を推定することが可能である。櫓台②はa虎口、櫓台③はe虎口を防御している。虎口と櫓台がセットで作られると同時に、櫓台②は花屋敷と南千畳の間の方向、櫓台③は花屋敷と北千畳の間の方向を監視できる。つまり、虎口を守る防御機能により配置されたと考えられる櫓台が、監視機能も十分に検討して相乗的な効果をねらって設計されている。

②の櫓台は、石垣の切れ目から考えて本来はa虎口の東側の塁線に対応して直線に続いたが、石垣を前に出して改修し櫓台を作っている。②は、A1虎口にせりだして作られ、A曲輪の固い防御を作っている。

本丸の虎口は、北側と南側の二ヶ所につくられている。北側のe虎口は、二の丸を通って本丸にいたるメインルートとなっており、幅の広い通路が、本丸の東側から北側にそって入っていく。

a虎口は、Y曲輪とA曲輪の間に七・九mの段差があるため、その間を一気に下りる急勾配の階段となっている。階段を八段下りた位置にステップがあり、ここが門の位置と思われる。さらに一三段下りて、A曲輪となる。役割としては、e虎口は大手でありa虎口は搦手となる。

②f・gの虎口

西生浦《ソセンポ》倭城（大韓民国蔚山広域市）の虎口は、石塁を二つ組み合わせて作る事例が多い。竹田城では、f、gの食い違い虎口が近い。この虎口は、二つの長方形ブロックの石塁を置く簡単な構造である。しかし、この部分の曲輪が細くなっており、石塁を置く曲輪を狭く作ることで、強制的に二折する倭城と同じ機能を作っている。わかりにくいが、これを外枡形虎口とみると、この虎口後方に若干の虎口空間を作っている。つまり、虎口空間をもつ二折一空間の虎口を形成している。しかもその空間の背後には、一段上の石垣の塁線が迫っている。石垣を巧みに利用して武者溜りとなる虎口空間を作っており、f虎口はA曲輪、g虎口はE曲輪の石垣塁線とセットで形成されている。

こうした虎口は、門・櫓台・石垣によって閉鎖空間をつくり、塁線を幾重にも重ねて機能的に作られたものである。竹田城は防御を第一に考えて、実戦的には倭城よりも強固で、完成された構造を作っている。

g虎口は、その後方に虎口空間を伴っている。c虎口はその後方にGという虎口曲輪といわれる形態をもつ。さらにC1、C2の虎口はCという馬出構造の曲輪がある。つまり、虎口とその後方にある空間の関係は、竹田城では小さな空間から広い曲輪まで三形態の方法が使い分けられている。

四、「本丸、二の丸、三の丸」構造について

①本丸、二の丸、三の丸構造について

近世城郭の基本構造は、堀と石垣で守る馬出構造をもつ曲輪を連続してつくることである。そして、「本丸」「二の丸」「三の丸」という構造概念が確立し、定型化することである。

竹田城の場合、本丸は天守台XとY曲輪を構成する総石垣の空間である。しかし、a虎口に付属するA曲輪、e虎口に付属するE曲輪を考えると、曲輪群X・Y・A・Eが、本丸地区を構成している。

また、本丸地区の外側には、南千畳と北千畳方向に、同一の形状をもつ規則的な曲輪と虎口が配置されている。つまり、石塁でつくられたf虎口とg虎口の前方にある曲輪が、構造的には二の丸地区であり、F曲輪とG曲輪にあ

たる。f虎口は標高三四一・二m、g虎口は標高三四〇・三mある。また、F曲輪は標高三三七・一m、G曲輪は標高三三六・七mある。このように平面形態だけでなく、高低差も考えて標高も等しく配置している。

そして、「二の丸」の次に「三の丸」があり、位置的には南千畳と北千畳になる。しかし、花屋敷も南千畳と北千畳と同様の機能をもっている。つまり、この三曲輪は、馬出構造の曲輪をもつこと、標高が同じ高さで三三一m付近に位置しており、「三の丸」として配置されたと考える。

つまり、本丸から南千畳と本丸から北千畳へ続く曲輪は、「本丸」「二の丸」「三の丸」を虎口で連続する梯郭式の構造をもつのである。さらに南千畳・北千畳・花屋敷の三曲輪を三の丸として高く評価すれば、三方向につくられた「三の丸」が「本丸」を囲むという一面が存在し、輪郭式の設計プランに通じる考え方を見いだすことが可能である。

このように、竹田城の設計プランには多くの規則的な要素があり、近世城郭の出発点に位置づけられるものである。こうした構造形式を考えると、竹田城の築城年代は慶長初期であり、慶長五年に近いものと思われる。

②城郭構造からみた進入ルート

竹田城の構造を織豊系城郭として検討するため、図4の模式図を作成した。

竹田城は、本丸を馬出形態のA曲輪で防御し、さらに馬出形態の曲輪を南千畳ではB曲輪、北千畳ではC曲輪、花屋敷ではD曲輪として使っている。馬出形態の曲輪を利用して防御する城郭プランとなっている。本丸と南千畳、本丸と北千畳の間には、f虎口・F曲輪、g虎口・G曲輪を設定して防御を高めている。

また、馬出形態のA曲輪で防御することによって、南千畳から本丸にいたる場合、A1虎口からA曲輪に進むことはきわめて困難となった。このためi虎口から本丸の背後に回り、花屋敷からくるルートと合流して東に進み、さらにj虎口の前で北千畳からくるルートと合流して、E曲輪から本丸に進入することになる。

こう考えると、北千畳から本丸へは二折をくりかえしながら直進できるのに対して、南千畳から本丸へは本丸の北

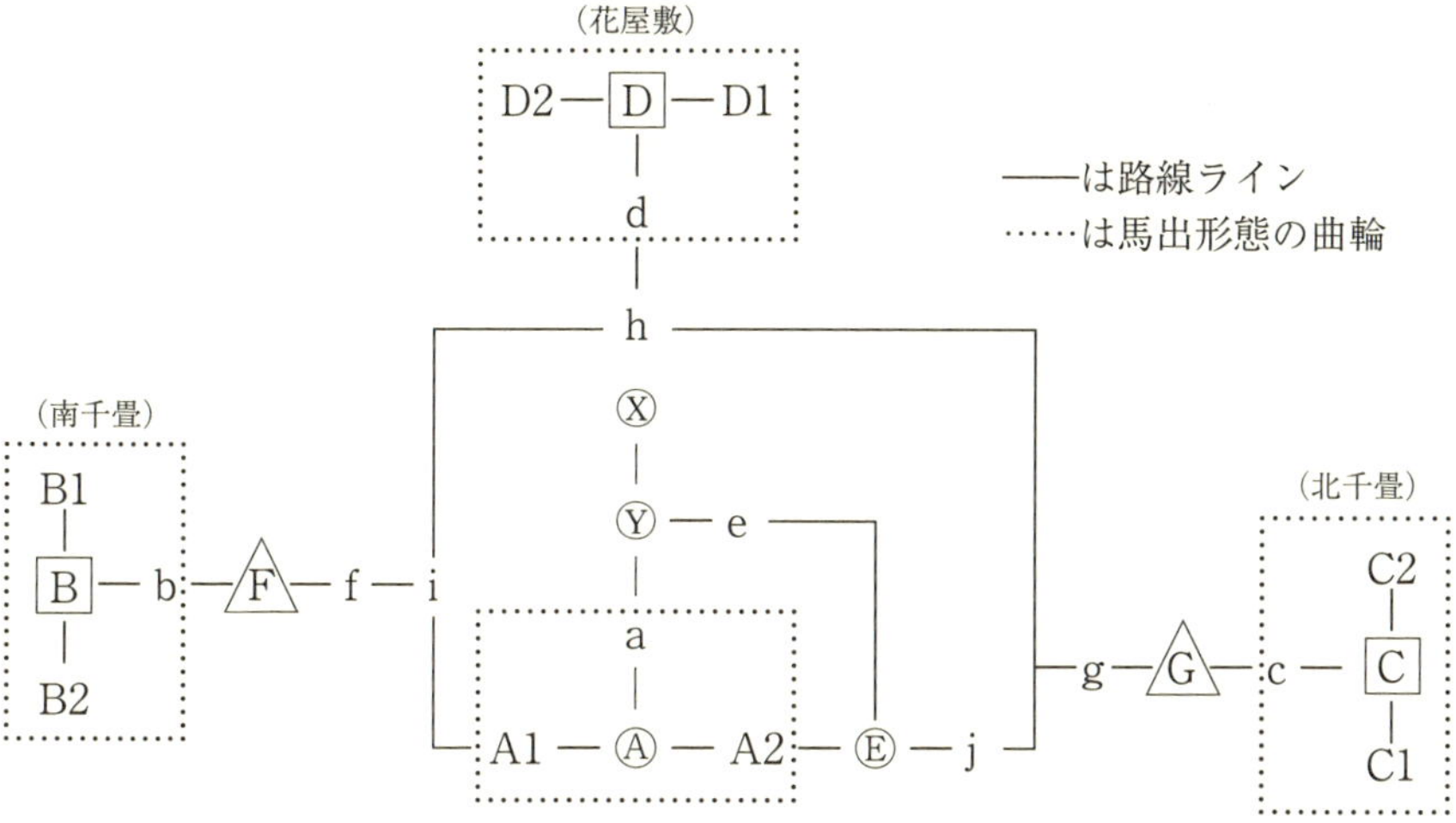

区　分		位　置		箇　所
曲　輪		X・Y，A ～ G		9 曲輪
	本丸地区	X・Y，A，E	○	4 曲輪
	二の丸地区	F，G	△	2 曲輪
	三の丸地区	B，C，D	□	3 曲輪
虎　口		A1・A2，B1・B2，C1・C2，D1・D2，a~m		21 虎口

図４　竹田城の構造図

側を回りこんで、北千畳ルートの二倍以上の距離を進まなければならない。外観的には、北千畳と南千畳の方向に左右対象とした曲輪配置をもちながら、防御の中身は、本丸の南側につくられた馬出形態のA曲輪によって大きく異なるものである。

つまり、竹田城には、本丸へいたる距離が長く防御的に有利な南千畳ルートがある一方で、短距離で直線的に本丸へいたる北千畳ルートがある。北千畳ルートが大手であり、本丸へは最短距離となる。

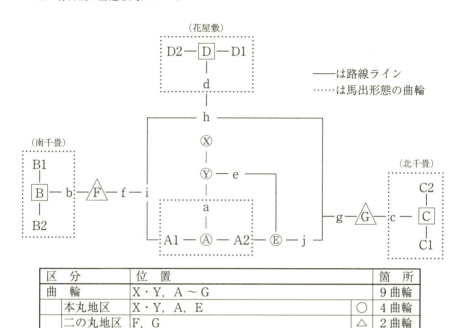

五、第5類型A3タイプの設定

①千田編年の第5類型A2タイプ

千田嘉博氏の虎口プランによる織豊系城郭の構造研究(1)によると、竹田城は第5類型A2タイプとなる。高取城タイプとよんでいるが、倭城の熊川《ウンチョン》倭城（大韓民国昌原市鎮海区）、西生浦倭城を例として設定される形態である。倭城は、文禄・慶長の役にともなって豊臣政権が朝鮮半島につくったものであり、期間が文禄元年（一五九二）から慶長三年（一五九八）の七年間に限定できるものである。特に西生浦倭城は慶長二年に改修されている。

千田氏によると、「二折・一空間の関係が重層的に展開して城郭が作られる段階である。すべての曲輪が虎口空間として機能しえる縄張りになる」もので、多折・多空間と呼ばれている。「西生浦城では外枡形・内枡形・食い違い虎口を並び築く。各虎口後方の曲輪が虎口空間として機能する虎口曲輪として築かれ、それが連続することによって城郭が構成されている」ものである。

こうした理解は、そのまま竹田城にもあてはまる。図2に示したように、南千畳のB2虎口からb虎口、さらにf虎口にいたるルート、北千畳のC1虎口からc虎口、g虎口にいたるルートは、枡形虎口と食い違い虎口を連続して築き、それぞれの虎口後方の曲輪が、虎口曲輪として機能し、それらが連続して城郭が作られている。基本的には、倭城と同じ構造を備えている。

②第5類型B3タイプとの類似

竹田城には四ヶ所の馬出形態の曲輪が存在する。馬出形態が特徴的に表れるのは、千田氏のいう第5類型B3、名古屋城タイプである。堀をセットで使用するもので、徳川大坂城、二条城を例示している。名古屋城は慶長十五年（一六一〇）に築かれたものである。

つまり、「徳川氏の手で織豊系馬出の再編成が行われる段階の城郭である。馬出という本来虎口機能を専有する曲輪を備えながら、専有性を否定して虎口空間の一般化が行われる」という性格のものであり、「馬出から外へ出る虎口が食い違い虎口になる点は従来と大きく異なる。これより、この虎口部分で城道は二折して、虎口空間に入る」機能をもっている。

竹田城は山城であるが、馬出構造と三の丸を採用している。竹田城では、馬出形態の曲輪から外へ出る虎口はA1・

A2虎口、B2・C1虎口は二折となり、B1・C2・D1・D2虎口は一折となっている。攻められやすい一折の虎口が多い。竹田城の場合、C1のような虎口が最も整ったものである。

つまり、竹田城では、千田編年の第5類型A2タイプの二折・一空間の関係が重層的に展開するという部分が一段階進んで、馬出形態をもつ虎口が確認できる。

③第5類型A3タイプの設定

千田編年の第5類型A2タイプのあとに、竹田城の馬出形態の曲輪をモデルとして第5類型A3タイプを設定できる。構造的には馬出形態の曲輪を計画的に配置することで、城郭の防御ラインを設定する。さらに本丸・二の丸・三の丸という曲輪を連続させる構造を作る。同じ類型に入るものとして、西生浦倭城や若桜鬼ヶ城《わかさおにがじょう》をあげる。

竹田城には、文禄・慶長の役（一五九二～一五九八年）で造られたトップクラスの倭城の構造が認められる。竹田城は「関ヶ原の戦い」直前、慶長三年から五年の城郭の基本モデルであり、構造プランは近世城郭の定点に位置すると考えたい。

千田氏は、第5類型B3タイプの城郭を、徳川氏の手で織豊系馬出の再編成が行われる段階と評価した。しかし、この基本構造は、豊臣期大坂城にも部分的に採用されている。竹田城は豊臣政権における城郭の最高水準を示すと同時に、近世城郭の出発点にも位置づけられる。

六、築造時期と築造主体について

①築造時期について

竹田城は、慶長五年（一六〇〇）に廃城になるので、現在の石垣は、慶長五年以前のものであると考えている。しかし、現存する竹田城の構築年代については、古文書がなく、定説が定まっていない。

城郭石垣を研究する北垣聰一郎氏は、『石垣普請』[2]のなかで、城郭石垣の変遷基準でいうと、Ⅰ期の三段階として分析され、文禄年間の特徴をもつと指摘する一方、竹田城の石垣は、文禄四年（一五九五）に廃城になった近江八幡城や近江八幡城に酷似する石垣をもつ但馬八木城にくらべて、算木積みはいっそう発達している。結論としては、「文禄年間から慶長初期にかけての構築物であろう」と指摘している。

また、倭城址研究会の『倭城Ⅰ』[3]をみると、朝鮮半島南部の倭城は、城郭石垣に、枡型虎口と食い違い虎口を多用する設計プランである。竹田城の城郭構造も、枡型虎口と食い違い虎口をくり返して使う、共通した構造であるが、倭城よりも完成度が高いと指摘する。

竹田城の南千畳に入るB2虎口を地表観察すると、逆L文型の櫓台石垣が作られているが、それに対応する櫓台石垣が作られていない。しかし、岩盤を掘削して幅五ｍの通路を確保している。これは、石垣を積む準備作業であり、石垣を積んで虎口を仕上げる直前の状況と判断できる。また、南千畳の中の東側は整地が完成しておらず、雑然としている。こうしたことから、南千畳のB2虎口は未完成のまま放置されたと考えている。つまり、竹田城が関ヶ原の戦いを迎えて廃城となった慶長五年九月は、築城の最終段階であったと考えたい。

竹田城の石垣は、石垣山一夜城や肥前名護屋城のように寝かせて積まずに、直立して高く積み上げられており、天守台の南側の石垣が最も高く、一〇・四ｍの高石垣となっている。竹田城の古い石垣は、北千畳の外側にある通称「登り石垣」と呼ぶ曲輪にある。

竹田城の構造形式は、これまでに述べたように完成度の高いものであり、倭城よりも基本的に進んでいる。竹田城の築造時期は慶長初期、慶長三年から五年の築城と考える。

しかし、織豊系城郭としての竹田城は、天正五年に羽柴秀長が入城して陣城として利用して以降、改修を加えながら利用され、天正十一年に桑山重晴、天正十三年には赤松広秀が城主となっている。文禄年間までの竹田城は、慶長

領地	城郭	天正 8 年（1580）	天正 13 年（1585）	慶長 5 年（1600）
出石	有子山城	羽柴秀長　105,000	前野長康　75,000	小出吉政　60,000
豊岡	豊岡城	宮部継潤　20,000	明石則実　22,000	杉原長房　20,000
竹田	竹田城		赤松広秀　22,000	赤松広秀　22,000
八木	八木城		別所重棟　12,000	別所吉治　15,000

領地	城郭	太閤記 13 朝鮮国都出撃の軍 天正 19 年	浅野家文書 263 もくそ城とりまき 文禄 2 年 3 月 10 日	島津家文書 955 もくそ城取巻人数 文禄 2 年 5 月 20 日
出石	有子山城	前野長康　2,000 人	前野長康　1,500 人	前野長康　922 人
豊岡	豊岡城	明石左近　800 人	明石左近　500 人	明石左近　363 人
竹田	竹田城	赤松広秀　800 人	赤松広秀　500 人	赤松広秀　370 人
八木	八木城	別所吉治　500 人	別所吉治　350 人	別所吉治　313 人

表 1　但馬の豊臣大名の領地と兵力

段階の竹田城のなかに取り込まれて埋没していると考える。

さらに、馬出構造を連続した曲輪配置、そしてその虎口を守るための櫓台の構築、「本丸」「二の丸」「三の丸」概念による築城プランの出現等を考慮すると、近世城郭の重要な要素がみたされている。

こうして考えると、竹田城は地形を巧みに利用した防御の固い、慶長三年から五年段階の最高水準で作られた、織豊系城郭の本流に位置づけられる城郭と評価できる。しかも、規則的な構造形式は、近世城郭のモデル的な色彩がつよい。近世城郭の築城原理が、理論的に体系化された構造形式である。

②築城主体について

この時期の竹田城主は、二万二千石の領地をもつ赤松広秀である。しかし、赤松広秀が竹田城を築いた築城主体とは考え難い。馬出形態の曲輪をもつ縄張りは、当時の最先端技術である。瓦の分布から考えても、山城全体にわたって石垣にふさわしい建築物も建てられていたと推定する。

但馬国の国城は、羽柴秀吉による天正八年の国割り以来、一貫して出石有子山城である。表1にあるように竹田城を二万二千石の大名の城郭として考えれば、八木城、豊岡城と同規模の城郭であるべきである。つまり、図5の八木城のように本格的な城郭石垣は、本丸とその周辺部に

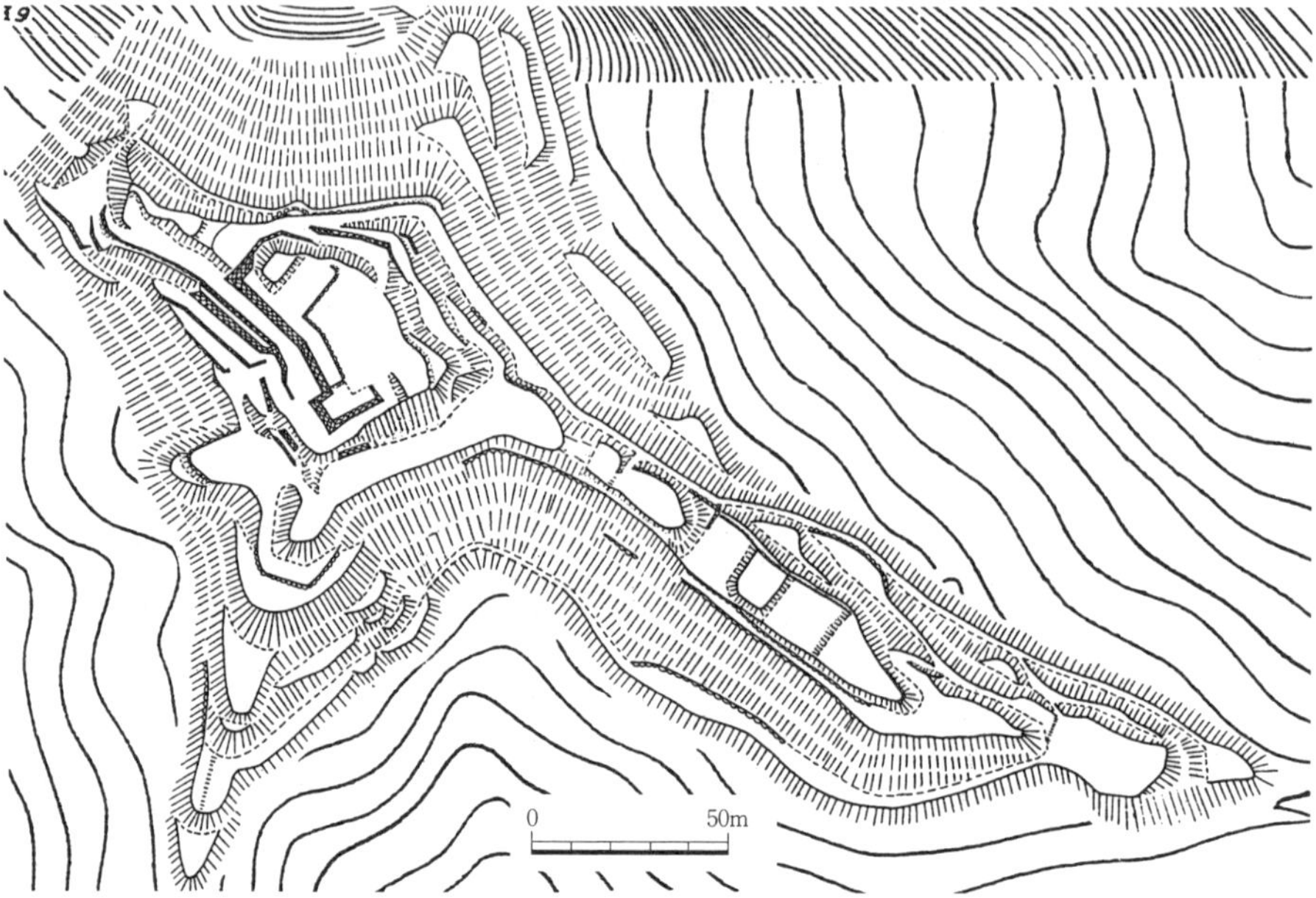

図５　但馬八木城縄張り図

しかなく、城下町側や虎口だけしか石垣を施さない部分的なものであるべきである。竹田城は、但馬国という地域的な豊臣系大名が築いた城郭の序列の中に位置づけができない。

竹田城は、全国的にも有数の織豊系城郭であり、当時でも第一級の構造プランをもつ城郭である。別の言い方をすると、豊臣政権の中枢にいる第一級の設計技師が派遣されないと作れない構造をもつと評価したい。この事実を、そのまま豊臣氏の全面的な援助による築城と理解して、実質的な築城主体を豊臣政権そのものに求めたい。

但馬最大の領地をもつ大名の城は、出石有子山城である。しかし、出石有子山城より竹田城が大規模で軍事的に突出している。また、因幡国では鳥取城よりも若桜鬼ヶ城が軍事的に優れている。豊臣期の城郭規模は、領地の規模に基づいて、豊臣政権における政治的秩序や軍事的秩序を具体化したものであると考えている。竹田城は城主赤松広秀の軍事力を無視した規模である。いずれにしても、竹田城は「豊臣氏の全面的なテコ入れによる築城」と考えるべき規模と、構造を備えている。

実質的には、大坂城を守る支城群の一つとして、豊臣政権によって造られた政略的な城郭と考える。とくに山陰道を固める近畿の北西の要として、竹田城が造られたと思われる。おそらくこの時期、山陽道を固める近畿の南西の要として、姫路城も大改修された可能性が高い。つまり、近畿の西部を面的に固めるために、竹田城と姫路城が拠点的に大改修されたものと理解したい。

また、竹田城から直径二〇㎞圏内には、朝来市生野銀山、養父市明延銅山、養父市中瀬金山など、豊臣政権にとって重要な直轄鉱山が集中している。こうした事実も、竹田城の構築には無関係ではないと推定したい。

【註】

（1）千田嘉博「織豊系城郭の構造」（『史林』第七〇巻第二号、一九八七年）。

（2）北垣聰一郎『石垣普請』（「ものと人間の文化史」五八、一九八七年）法政大学出版会。

（3）倭城址研究会「一九七六年度調査報告」（『倭城Ⅰ』、一九七九年）。

（4）谷本進ほか「但馬八木城」（『八鹿町ふるさとシリーズ』第一集、一九八九年）八鹿町教育委員会。

Ⅲ　竹田城の全山の縄張り調査

西尾孝昌

調査にあたって

竹田城の調査は、一九九〇年十一月から一九九一年五月にかけて実施したものである。調査は西尾孝昌が実施し、谷本進氏、田畑基氏、豊岡南高校歴史研究部の諸君（宮村篤・山田大輔・宮村みゆき・藤原弘子・屋良美由紀）の参加と協力をえた。縄張り図の作成は、西尾孝昌がクリノメーターと巻尺を使用して計測し、千分の一の縮尺で行った。

今回の縄張り調査で、従来周知されていた山上の総石垣部分だけでなく、登り石垣、石取場、井戸曲輪、戦国期の曲輪、竪堀群などの新たな発見があり、戦国期の太田垣時代から織豊期にかけての竹田城の全体像が明らかになってきた。以下、その調査結果を報告し、さらに竹田城の縄張りの特徴（石垣部分を除く）・築造時期等について考察することにする。

縄張りの呼称について

竹田城は、本丸から三方向に延びる尾根に石垣を利用して曲輪（南千畳・南二の丸・花屋敷・二の丸・三の丸・北千畳など）を構築しているが、さらにその支尾根に古い小規模な曲輪・石取場・竪堀・井戸曲輪などの遺構がみられる。こうした場所を特定し、遺構の特徴を明示するために、それぞれに便宜的に番号をつけて説明したい。

曲輪遺構の存在する尾根に、Ａ・Ｂ・Ｃ・Ｈの番号をつけ、井戸曲輪にＤ・Ｆ、登り石垣にＧの番号をつけた。

竹田城には、今回の調査で一六本の竪堀が確認されたが、この竪堀には①～⑭の番号をつけた。また、本来、竹田城の一部である観音寺山城（砦）には、説明の都合上、曲輪と竪堀にａ～ｌの番号をつけている。

Ａ 尾根について

南千畳の南東に延びる尾根には、上から一四ｍ×六ｍ、七ｍ×六ｍ、八・五ｍ×五・四ｍを測る三つの小曲輪がある。その下の「石取場」と記載している曲輪は、石材が散乱しており、石を取った後、平坦地を形成した遺構であると考えられる。また、石を運んだと思われるルートも確認できた。

南千畳北東の畝状竪堀①は、竹田城の竪堀の中でも小規模なもので、長さ一四・五ｍ～二〇ｍ、幅二ｍ、深さ〇・六ｍを測る。

南千畳東の畝状竪堀の内、竪堀②は幅四ｍ、深さ三ｍ、長さ二九ｍを測る。竪堀③④は幅四～五ｍ、深さ二～二・五ｍ、長さ二五〇ｍを測る長大なもので、竹田城下町の内郭の端と思われる谷に落としている。

南千畳南東の竪堀⑤は幅四ｍ、深さ二ｍ、長さ四五ｍを測る。

Ｂ 尾根について

南千畳の主尾根には最大一二ｍ×一〇ｍ、最小四ｍ×五ｍの曲輪が一一段ある。中ほどの堀切は幅四・五ｍ、長さ一三ｍ、深さ四ｍ（下の曲輪からは一・五ｍ）を測る。堀切の近くには石取場があり、石材が散乱している。また、石を運んだと思われるルートも発見された。

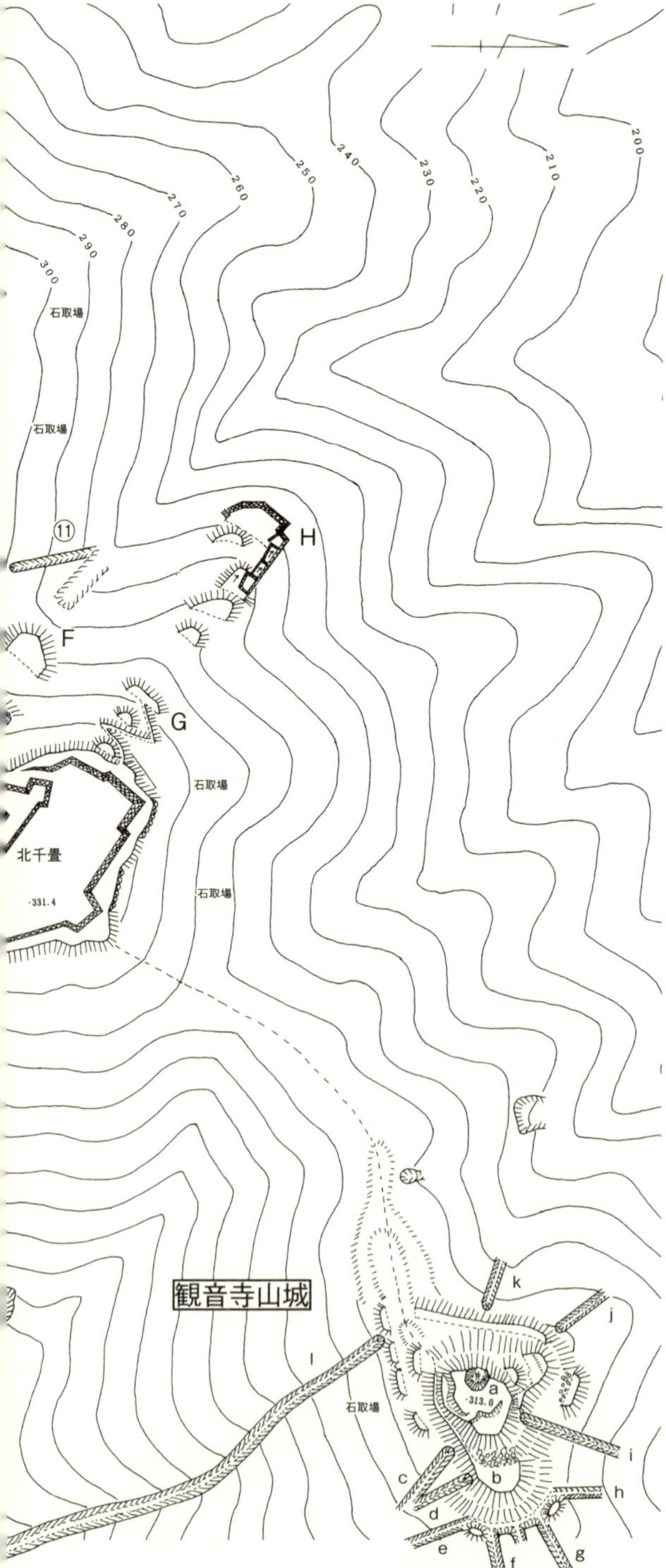

C 尾根について

南二の丸西の尾根には、五段の曲輪があるが、いずれも小さいもので、七m×五・五mが最大である。石取場の曲輪は二〇m×一〇mを測り、やはり石材が散乱している。また、石を上に運んだルートも確認された。

Dの遺構は長さ九m、幅四mの平地とその山側の直径六mの落ち込み（窪地）とからなり、井戸曲輪だと思われる。

井戸を守る土塁と幅四m、深さ一・五m、長さ二〇mの竪堀⑨もある。

竪堀⑥は幅四m、深さ三m、長さ九〇mを測る竪堀に、長さ三六mの竪堀が合流している。

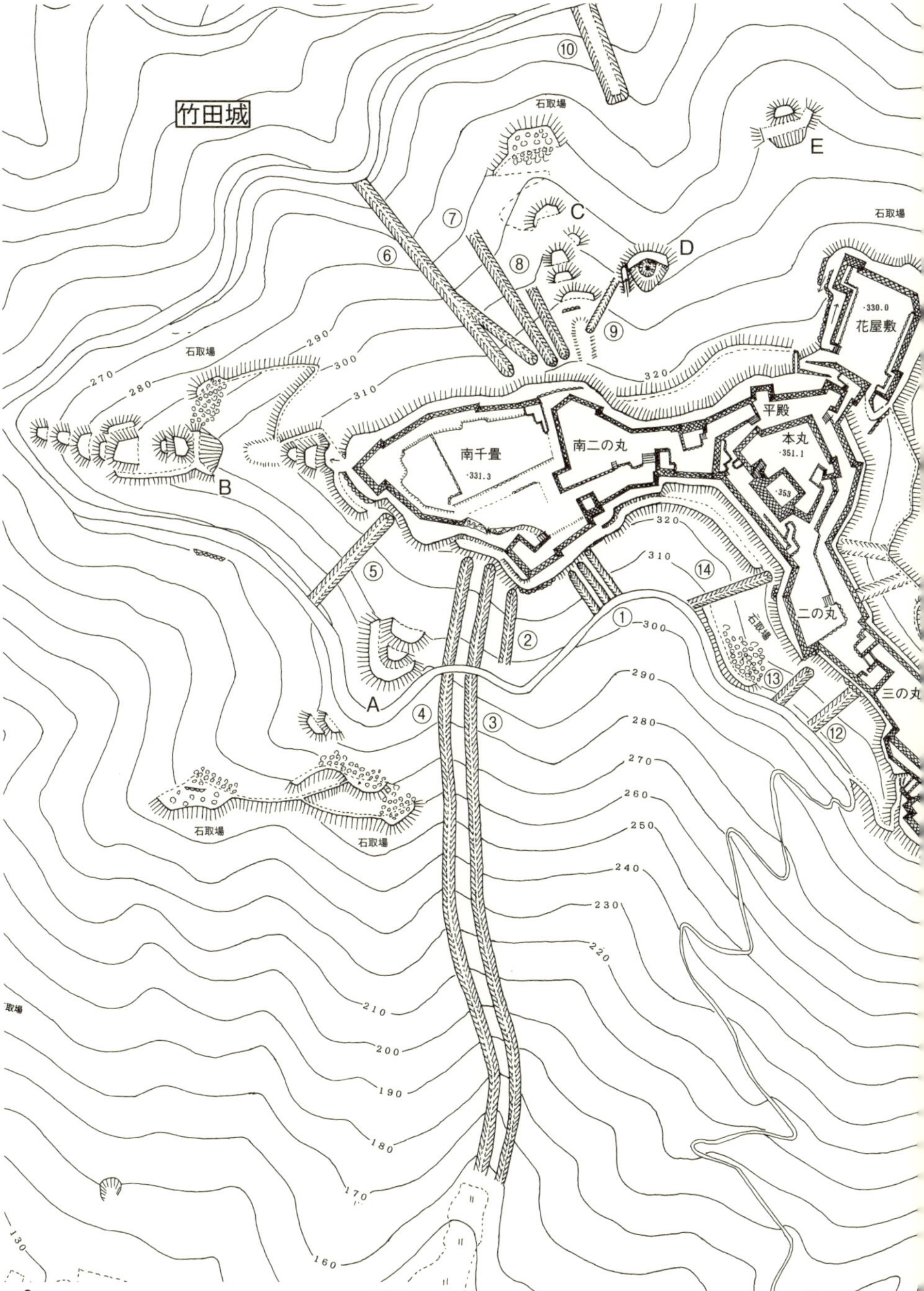

図1　竹田城縄張り呼称図　作図：西尾孝昌

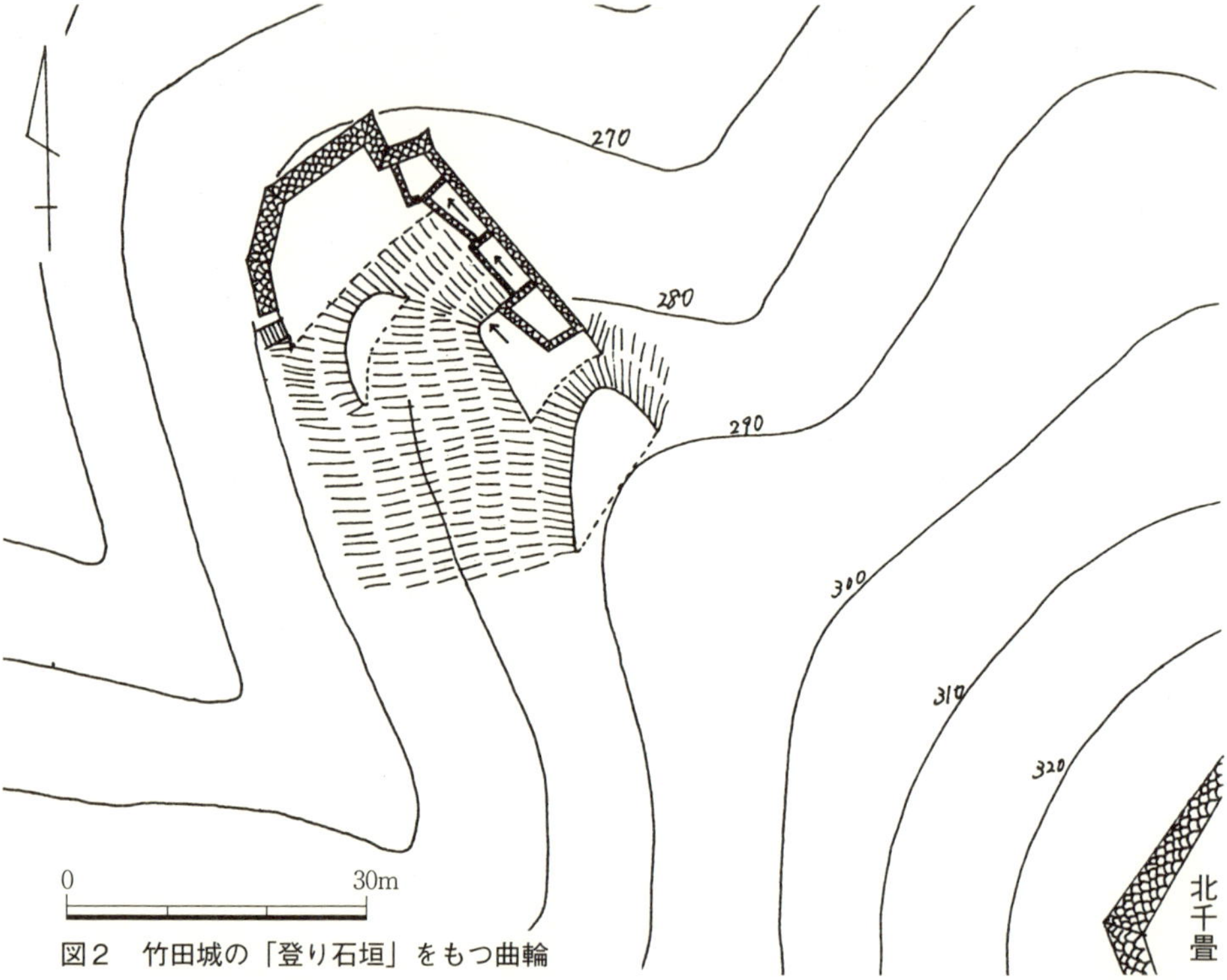

図2　竹田城の「登り石垣」をもつ曲輪

竪堀⑦は幅四m、深さ二・五m、長さ六〇mを測り、竪堀⑧は幅二・五m、深さ一m、長さ三〇mを測る。竪堀⑥⑦⑧は、畝状竪堀を構成しているとみられる。

竪堀⑩は幅一〇m、深さ四・五～五m、長さ三五mを測り、竹田城の中でも深さ幅が最大の竪堀である。

E尾根について

花屋敷西の尾根は急傾斜となっているが、急斜面が途切れるあたりに岩盤を掘り切った堀切と曲輪がある。曲輪は九m×七m、堀切は幅一三m、長さ五m、深さ一・七mを測る。

G尾根、H登り石垣について

北千畳北西尾根には、三つの曲輪がみとめられ、最大一四・五m×三mを測り、犬走りに上る明確な虎口が認められる。

さらに、その下には登り石垣Hがある（図2）。

石塁は上から三段あり、それぞれ六m×三・五m、六m×二m、六・五m×二mを測り（全長二四m）、高さは一・五m～一・八mである。石塁の下は、櫓台と一九m×一〇mを測る曲輪がある。曲輪の石垣の高さは五～六mを測り、算木積みやしのぎ積み（鈍角積みがややのっぺりしている）がみられる。全体として、石塁をもつ堡塁とでもいうべきものである。尾根の北側と東側を防御する機能をもち、井戸曲輪を守るための堡塁であろう。

また、三の丸北西の谷には、井戸曲輪の遺構がある。井戸曲輪は一辺五・八mのほぼ正方形の落ち込みと、横幅一六・五m、奥行六・四mの平坦部からなる。平坦部の谷側には、七・五mにわたって石列がみられる。平坦部からその窪地には、二・二m幅の四段の階段があり、水汲場は一辺一・二mの方形の石組みでできている。井戸曲輪の下には、井戸曲輪を防御するための一五m×一一mの曲輪が設けられている。さらにその北側には、竪堀と谷部を掘り込んだような竪堀状の遺構⑪がみられる。

二の丸・三の丸の南斜面について

三の丸南斜面には、二本の竪堀がある。竪堀⑫は幅三～四m、深さ一m、長さ二〇mを測り、竪堀を埋めて石垣を構築しているようである。また、竪堀⑬は幅三～四m、深さ一・三m、長さ一八mを測る。

二の丸南斜面には、石取場と竪堀⑭がある。竪堀⑭は幅三m、深さ一m、長さ四五mを測る。

観音寺山城（砦）

観音寺山城は、総石垣の竹田城の北東、標高三一三mに所在する（図3）。室町～戦国期の太田垣時代には、竹田城の一砦を構成していたと思われるが、ここでは総石垣の竹田城と区別する意味で、観音寺山城と呼称しておくことにする。

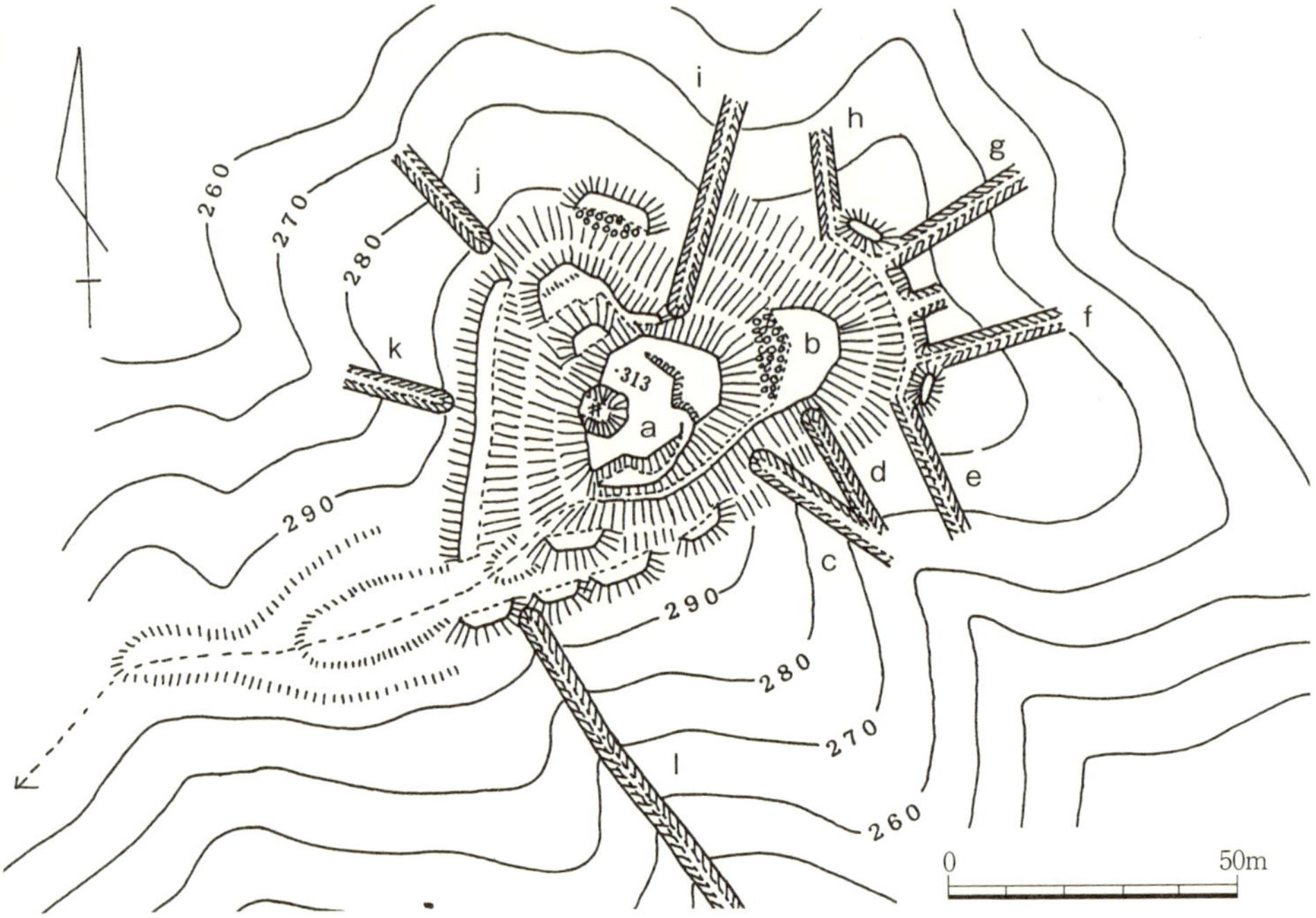

図３　観音寺山城縄張り図

観音寺山城の主郭aは、二九m×二〇mを測る曲輪と上端一辺八m、下端六・五m×三mの落ち込みからなる。この落ち込み遺構は定かには判明しないが、井戸曲輪ではないかと思われる。また、明確な虎口もみとめられる。

主郭東側の曲輪bは、一八m×一一mを測り、曲輪の主郭側には石材が散乱している。この石材は主郭の石垣が崩壊したものではなく、石を採取した石取場遺構であろうと思われる。

曲輪bを防御するために、c～hの竪堀群が配置されている。竪堀cは幅三m、深さ〇・八m、長さ二八mを測り、幅二・三m、深さ〇・八m、長さ一七mの竪堀dと合流している。竪堀e～hは一連のもので、場所によって異なるが、深さ一m以内の横堀から四条の竪堀を落としたものである。サイズは、竪堀eが幅三m、深さ二m、長さ二七m、竪堀fが幅三m、深さ二m、長さ二八m、竪堀gが幅三m、深さ一・五m、長さ三三m、竪堀hが幅三m、深さ一・五m、長さ二一・五mを測る。

竪堀ｉは幅三ｍ、深さ一・三ｍ、長さ三七ｍを測り、主郭ａを守るものである。

主郭下の帯曲輪を防御する遺構として、竪堀ｊとｋがある。竪堀ｊは幅三ｍ、深さ一ｍ、長さ二〇ｍ、竪堀ｋは幅三・五ｍ、深さ一ｍ、長さ一五ｍを測る。

竪堀ｌは幅四・五ｍ、深さ二ｍ、長さ一五〇ｍを測る大規模なもので、城下町内郭の北側ラインを構成しているものと思われる。

観音寺山城の築城は、時期的には三時期が考えられる。すなわち、室町期にａ、ｂをはじめとする曲輪がつくられ、天正初期に放射状竪堀群、天正五～八年段階にｅ～ｈの横堀を伴う畝状竪堀が構築されたものと考えられる。さらに、竪堀ｌは文禄期以降、城下町内郭を画する山側の防御ラインとしてつくられたものと推察される。

まとめ

以上の調査結果から、総石垣部分を除く、竹田城の縄張りの特徴と築城時期についてまとめてみると、以下のようになろう。

①竹田城は、山名氏の家臣太田垣氏の居城と伝えられるが、その築城時期は文献的には不明である。伝承によれば、山名持豊が永享三年（一四三一）から嘉吉三年（一四四三）までの間に築城させたという。

現在、竹田城、観音寺山城に残存している、竪堀群を除く小規模な曲輪、堀切、未発達な虎口などから考えると、これらの遺構は室町期に太田垣氏によって築城されたものと推察される。しかし、観音寺山付近の古い曲輪の存在を考えると、南北朝期の頃から既に城を構築していた可能性も否定できない。

②天正初期に至り、太田垣氏によって竹田城および観音寺山城の竪堀群が曲輪の防御機能を高めるために構築されたものと考えられる。

③その後、天正五～天正八年段階になると太田垣氏によって、観音寺山城の横堀＋竪堀群が構築されたものであろう。また、竹田城総石垣の下部にも、同様の遺構が存在する可能性がある。
④したがって、竹田城、観音寺山城の小曲輪、竪堀群の配置から考えると、総石垣の竹田城の下部には、太田垣時代の主郭を中心とする竹田城本体の曲輪群が存在することは確実であろう。
⑤さらに竹田城は、織豊政権によって天正八年以降、文禄・慶長期を経て、総石垣の城に大改修される。
⑥登り石垣の算木積み等は、北垣聰一郎氏の御教示によると、竹田城総石垣の時期とあまり異ならないといわれているが、竹田城石垣より石が小さいように思われる。時期的には、倭城との関連から、文禄期以降の築造であろう。
⑦全長二五〇ｍもの長さをもつ竹田城の竪堀③④、並びに観音寺山城の竪堀1は、城下町の内郭ラインを画定する竪堀であり、倭城以降に出現する遺構であるといわれる。但馬では、竹田城ほど長大ではないが、出石城にその類例がある。時期的には、文禄以降と考えておきたい。
⑧井戸曲輪は、いつの時期に使用されたものかは判明しないが、井戸曲輪として独立して造られ、井戸曲輪を防御する登り石垣の存在などから、天正八年以降も使用されていたことは確実であろう。
⑨石取場遺構は前述のものだけでなく、花屋敷周辺斜面、北千畳北斜面、表米神社《ひょうまいじんじゃ》裏の斜面などにもみられ、今後さらに増加するものと思われる。したがって竹田城の石垣は、「石垣山」とでも呼ぶべき虎臥山（竹田城のある山）や観音寺山から供給されたことは間違いない。
⑩登城ルートについて一言しておくと、太田垣時代にはB尾根の方向から登城していたものと考えられるが、天正八年以降の織豊期には、北千畳南東の谷（現在の登山ルート）が居館からの登城ルートであったと推察される。

Ⅳ　竹田城下町の調査

田畑　基

はじめに

標高三五三・七ｍを頂点とする古城山山頂部に、竹田城は位置している。古城山からみて東方に広がる平野部には、現在、竹田の町並みが広がっている。この町並みは、現在でも見られる短冊地割の存在や、城下町に関連する字名、その他道路や水路の在り方などから、文禄・慶長期の成立とされる石垣の竹田城の築城に伴って成立した城下町がベースとなって、現在の町並みに踏襲されているものと考えられる。本稿では、このような考え方を前提として、城下町竹田を検討していきたい。

竹田城下町については、今までまったく取り上げられたことはないといっても過言ではない。というのは、郷土史『南但竹田』に記されているように、江戸期の相次ぐ洪水等の災害により城下町は消滅し、その後に新しい町が成立したというのである。確かに、現在の町並みを見ると、「街道町」的な形態をよく残している。しかし、道路に残されているクランク状の折れ等をどのように理解するのか。『南但竹田』に記されているように、一六〇〇年の竹田城廃城後、竹田は城下町としての機能を失い、江戸期の相次ぐ災害によって、町は変化していったのは事実であろう。しかし、現在の町並みを見る限りでは、城下町の町並みをベースとして、新しい都市計画がなされていったと考えざるをえないのである。

現在、竹田城下町に関係する古文書・古地図等については、管見においてまったく存在していない。また、城下町の考古学的検討もなされていない現在、検討する唯一の材料として、明治二十三年に作成された地籍図を利用していきたい。しかし、これも明治三十九年に敷設された播但《ばんたん》鉄道によって地番の書き替え等が行われているため、良好な資料とは言い難い。

竹田城下町の立地

竹田城下町は、兵庫県朝来郡和田山町（現、朝来市和田山町）の南部に位置し、播但道・山陰道の接点にあり、交通の要衝として重要な場所に占地され、軍事上の要衝としても、非常に重要な位置を占めていたと思われる。城下町の西側背後には、竹田城が存在する標高三五三・七ｍの古城山がそびえ、城下町は、その東側山麓に広がる河川氾濫原に立地する。古城山は、西、北東、南東に主尾根が派生し、竹田城は、その尾根地形に逆らうことなく各曲輪が配置されている。このうち、北千畳および南千畳が存在する北東および南東尾根は、町の南端および北端に向かって延び、あたかも屏風のように立ちはだかって町を包囲する。さらに、町の東を南北に貫流する円山川が、東に蛇行しながら存在するため、山と川によって町は完全に取り囲まれる。したがって、竹田城下町は、西は古城山、東は円山川によって外部と隔てられており、自然地形を巧みに利用した天然の惣構によって防御された絶好の場所といえよう。

竹田城下町の構造

竹田城下町の構造を検討するにあたり、城下町を構成する諸要素ごとに分けて見ていきたい。すなわち、町屋区域を反映するとみられる短冊地割、武家屋敷等の居館域を反映するとみられる方形地割、道路・水路・惣構の有無、寺院・神社の配置などである。これらの要素を、明治二十三年作成の地籍図および二万五千分の一の都市計画図を参考にしながら検討していきたい。

①小字名（図1）

明治二十三年に作成された地籍図の中の字界図を見ると、現在の竹田の町内に記された小字名は一六ヶ所である。（下町・米屋町・下裏町・観音町・中町・上町・新町・内垣内・殿町・中裏町・川原町・川除内・町頭・城山ノ下・川原・中川原）このうち、字城山ノ下・米屋町・観音町・殿町といった字名は、城下町当時の地名を反映しているものと思われる。また、字下町から新町までの、現在の南北に貫通する主要幹線道路沿いに存在する町名は、現在の町割に即した形で町割がなされており、町屋域を示す短冊地割が最も多い地域である。それに対して、字川除内・川原といった地区は、現在の町割に即しておらず、地割も乱れていることから、常に円山川の氾濫に悩まされていた地区と推察される。字城山ノ下は、文字どおり、竹田城が存在する古城山の山裾に位置するところで、現在、JR竹田駅裏に形成された寺町地区や、表米神社《ひょうまいじんじゃ》を含む地区である。

②短冊地割・方形地割（図2）

短冊地割は前述したように、字新町から下町にいたる、おそらく播但道を取り込んだと思われる町を南北に貫通する主要幹線道路沿いを中心として配置され、そこから派生する支道沿いにも広がっている。間口は、南北に貫通する主要幹線道路や、それと並行して走る南北方向の支道に向かって開き、例外的に東西方向の支道に向かって開くものもある。字川除内および川原では、常に河川の氾濫にみまわれていたためか、明瞭な短冊地割は認められない。ところで、町の西、字殿町地区にも短冊地割が存在している。地名からすれば、主要家臣団の屋敷地に推定できる地域であり、このことから考えると、この短冊地割は江戸期以降の改変とも考えられるが、資料不足の現在では明らかにすることができない。

それに対して、方形地割は、字城山ノ下の法樹寺から善證寺までの四ヶ寺で構成される寺町を中心として認められる。すなわち、城下町とほぼ標高を同一とする寺町区域に五ヶ所、さらに、地籍図では明瞭に現れていない

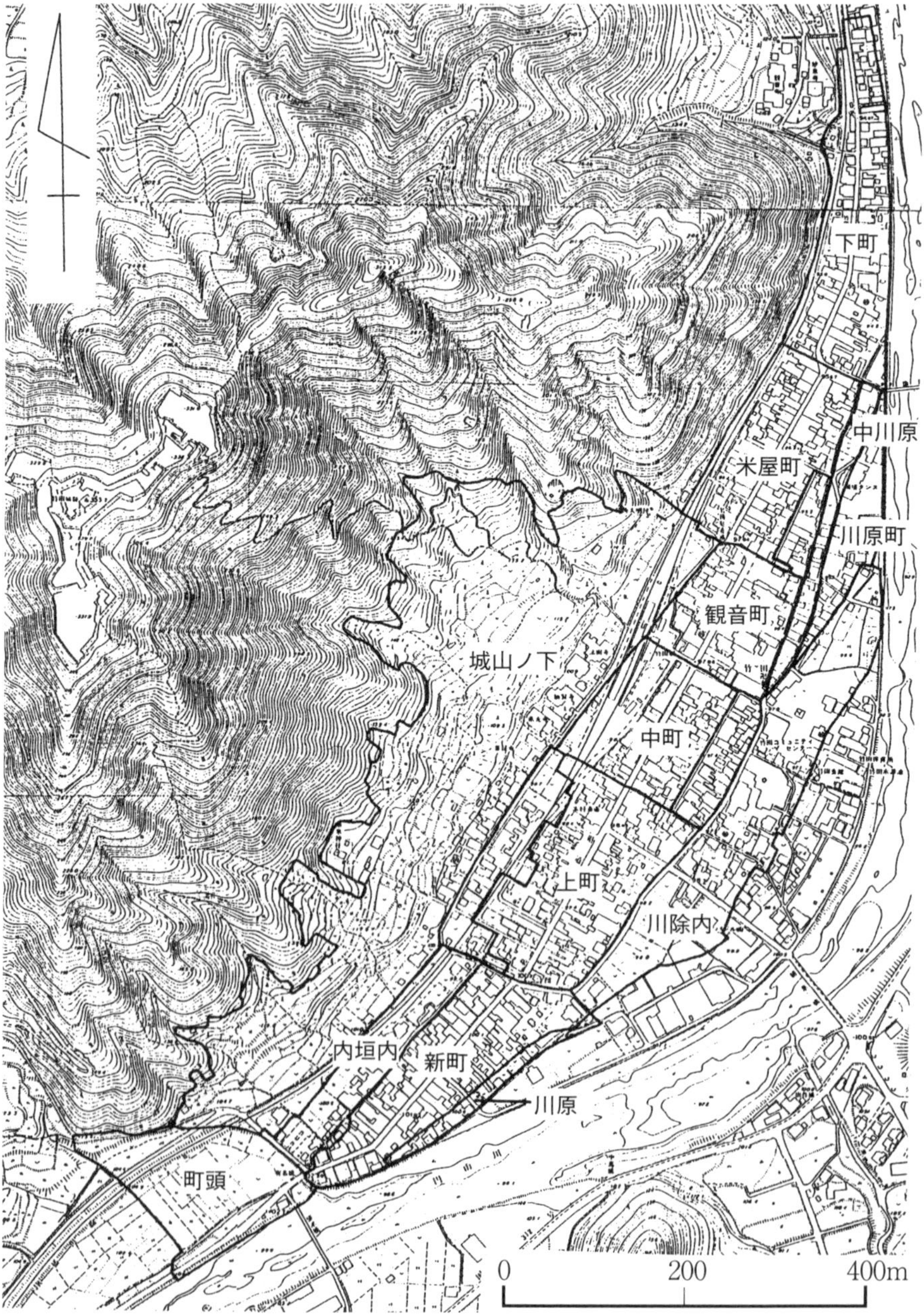

図１　竹田城下町地区の字限図

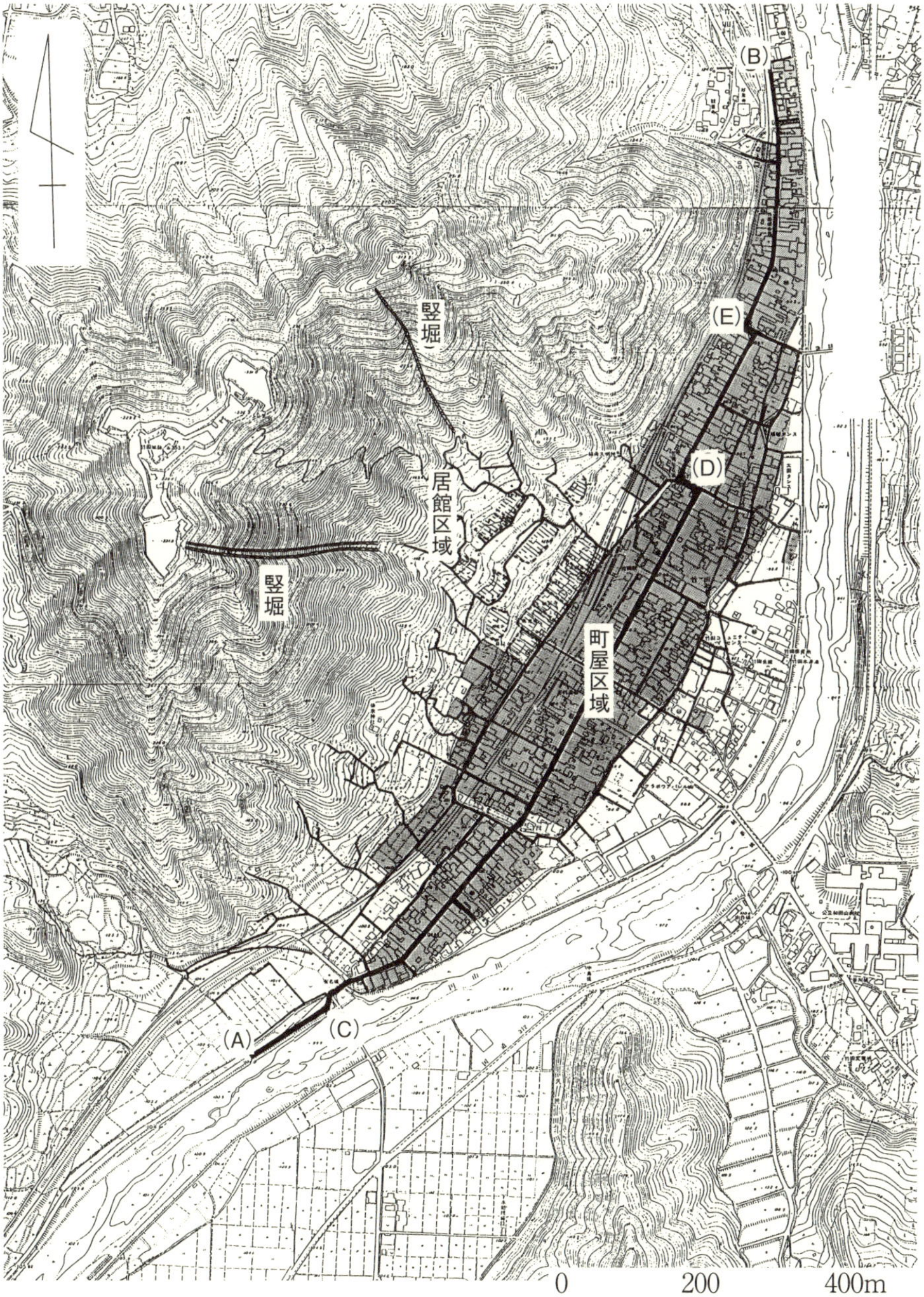

図２　道路と町屋と方形区画

が、寺町区域から山側へ上がったところに方形の曲輪状の平坦部が七ヶ所程度認められる。短冊地割の広がる町屋地区との比高差は、約九mから三二mある。この居館群区域ともいえる方形区画によって構成されるブロックに向かって、南千畳と竹田観音寺山城斜面から延びる延長約二五〇mの大竪堀は、倭城との共通要素を持つもので、城と城下町の形成時期を考えるうえで重要であろう。

③ 道路・水路（図2および図3）

道路および水路は、いわば城下町を形成するうえにおいての骨組みである。したがって、この二つの要素は、城下町の主要部分（居館・家臣団屋敷）、内郭、外郭の区分を把握するために重要である。

［道路］　竹田城下町は、おおむね南北方向に長く延び、その中を南北に貫通する播但道を巧みに取り込み、それを主要幹線道路（A～B）としている。この主要幹線道路には、字新町の南、字町頭地区の現在の俵米橋の辺りでクランク状に折れ（C）、さらに、観音町と米屋町（D）・米屋町と下町の境（E）で大きなクランクが認められる。この主要幹線道路と並行して、町の南の字新町地区付近では、二本、上町・殿町地区では一本、中町地区では二本、観音町・米屋町地区では二本ないし一本の細い南北道が走る。これら南北道を結ぶ、あるいは派生するように東西の支道が方位的に規則性を持って配置されている。町の東端の字川除内地区においては、道路の配置に規則性は見出せない。竹田城の大手につながる道は、法樹寺北脇から始まる。この道は、巧みにクランク状に折れ曲がり、防御性を高めている。この道沿いに、居館群と想定される方形区画が見出せる。大手道は、直接主要幹線道路につながるのではなく、主要幹線道路からみて西の南北道につながり、そこから派生する四本の東西方向の支道によって、主要幹線道路と結ばれるように配置される。これら、町の中を走る道路は、十字路になるところはほとんどなく、T字路で占められている。また、それぞれの道は、前述したようにクランクやわずかな鈍角的な折れによって防御性を高めている。

［水路］　水路は、道路と巧みに組み合わされ、城下町の防御性を増す。竹田の町内を通る主要な水路は、町の南端の

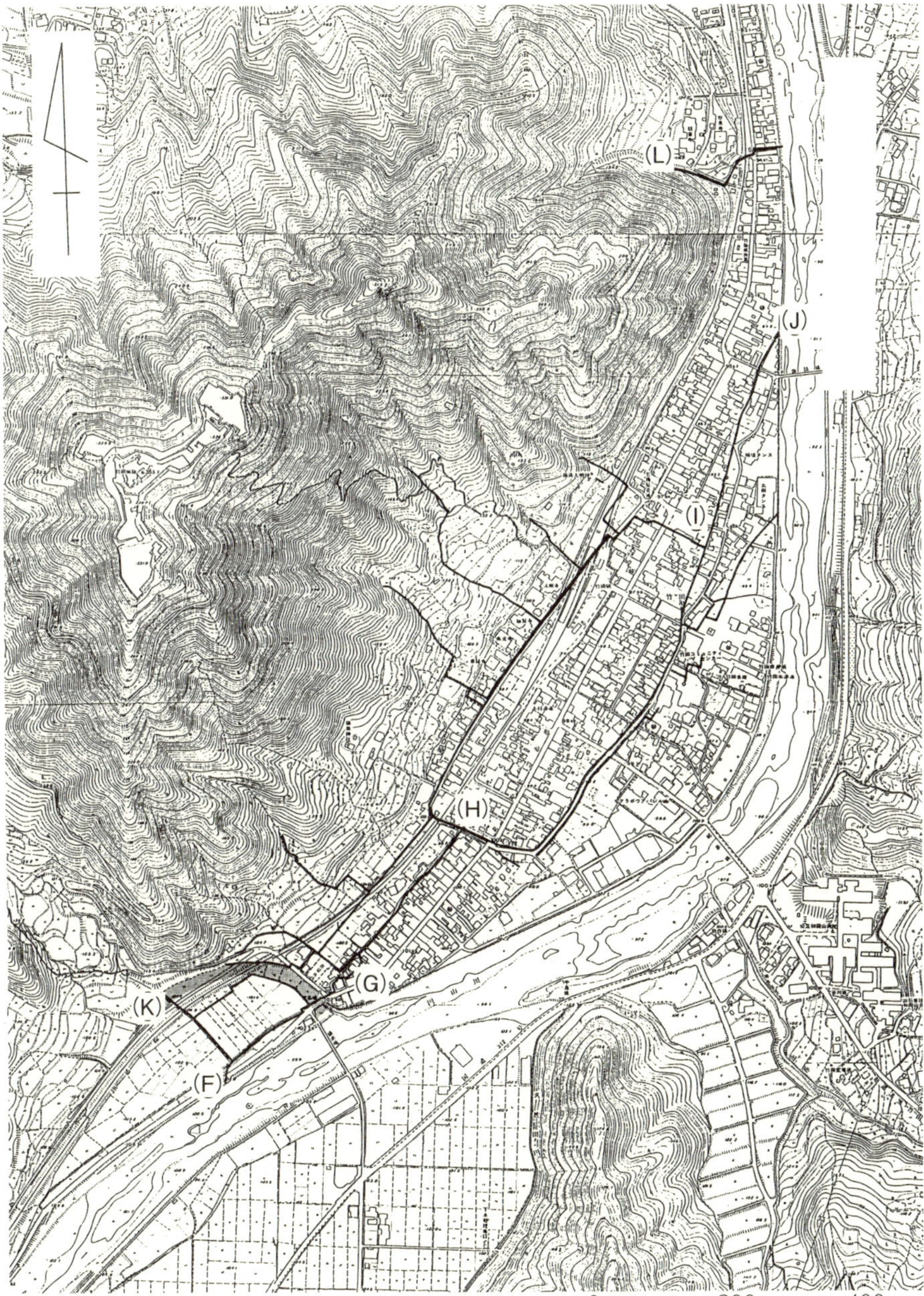

図３　水路と惣構

字町頭地区から円山川の水を引き込み（F）、宇新町地区でクランク状に折れ曲がり（G）、新町と内垣内の境を北上し、殿町・上町との境で二本に分かれ（H）、殿町・上町から観音町を包囲するように北上し、さらに、観音町の北端で一本に合流し（I）、字下町地区で円山川に合流する（J）水路が認められる。この水路によって、町の中を大きく四ヶ所に分割している。すなわち、寺町地区を中心とする居館群区域、殿町・上町から観音町にかけての水路によって取り囲まれた内郭部分、さらにその外側の新町・内垣内地区の南外郭部分、米屋町から下町地区にかけての北外郭部分である。この水路は、地元では「絹屋溝」と呼ばれ、文政七年に町内の防火用水の確保などを目的として作られたとされている。その結果、周辺村落のかんがい用水の不足から、当時、生野代官所や町役人に申し入れをしている水論関係の古文書が、竹田地区やその周辺の地区に残されている。しかし、これら残されている古文書の内容から、当時まったくの新設ではなかったらしく、すでにあった水路の改修も併せて行われていることから、城下町とまったく関係のない水路とは考えることができない。また、この水路が前述したように、居館区域を中心として町を四ヶ所に区分するように配置されていることから、竹田城下町成立時に形成された可能性が高い。

④ 惣構（図3）

竹田城下町は、前述したように、古城山山頂部から派生する二本の尾根と円山川によって自然の惣構となっているが、さらにそれを補強するように、惣構の遺構が認められる。ひとつは、宇新町と町頭の境に旧河川あるいは濠の痕跡と思われる数一〇m低くなった水田が、帯状に存在する（K）。また、城下町の北端、字下町地区に、竹田観音寺山城から派生する尾根の北側の谷から流れ出る谷川を利用し、水路を作り、主要幹線道路を分断するようにして円山川に落としている（L）。字新町地区の濠状の落ち込みよりは、はるかに小規模ではあるが、これらの遺構によって城下町の北と南の防御機能を強化していることは確かである。

⑤ 寺院・神社の配置（図4）

寺院・神社の配置は、城下町の構造を把握するうえで重要である。すなわち、社寺は、祭礼・信仰の場としてだけでなく、城下町の防備施設という側面も持ち合わせているからである。

［寺院］　現在、竹田町内に存在する寺院は、六ヶ寺である。このうちの四ヶ寺は、ＪＲ竹田駅裏に配置され、寺町を形成している。また、他の二ヶ寺は、字下町の惣構と推定される水路付近に配置されている。これらの六ヶ寺は、当然創建時からの位置を示しているのではなく、竹田城が廃城になり、城下町としての機能を失って以降の位置を示している。次に、各寺の創建年代と、創建地を記しておく。

法樹寺…天正六年（一五七八）、竹田河原町に創建。慶長十一年（一六〇六）、赤松の居館（現在地）に移る。『竹田誌』

勝賢寺…天正五年（一五七七）、金梨山迫間村口に創建。寛文年間（一六六一～一六七三）現在の地に移る。『朝来志』

常光寺…文録三年（一五九四）創建。創建地不明。慶長十五年（一六一〇）、現在地へ。『朝来志』

善證寺…暦応三年（一三四〇）、金梨山山麓に創建。寛永二年（一六二五）、現在地へ。『朝来志』

観音寺…創建地は観音町。（創建時不明。）天正年間（一五七三～一五九二）、現在地へ。『朝来志』

妙泉寺…永正年間（一五〇四～一五二一）、加都村茨垣にて創建。寛永年間（一六二四～一六四四）、現在地へ。『朝来志』

［神社］　現在、竹田町内に存在する竹田城に関連すると思われる神社は、表米神社である。また、町内には存在しないが、諏訪神社も竹田城に密接に関連するものと思われる。

表米神社…天正巳年、加納丘に創建。天正八年（一五八〇）、焼亡。その後、天正十四年（一五八六）、竹田（町の西）と久世田の二ヶ所に建立。宝永七年（一七一〇）、現在地へ。『兵庫県神社誌』

諏訪神社…嘉吉年間（一四四一～一四四三）、金梨山山麓に山名宗全により創建。現在にいたる。『朝来志』

以上、前述した中で、まず各社寺の創建年代を見てみると、三社寺の例外を除き、その他の社寺は、天正年間から文録年間にかけて創建されたことがわかる。また、それらの創建場所は、ほとんどが抽象的な記述であるが、おおむ

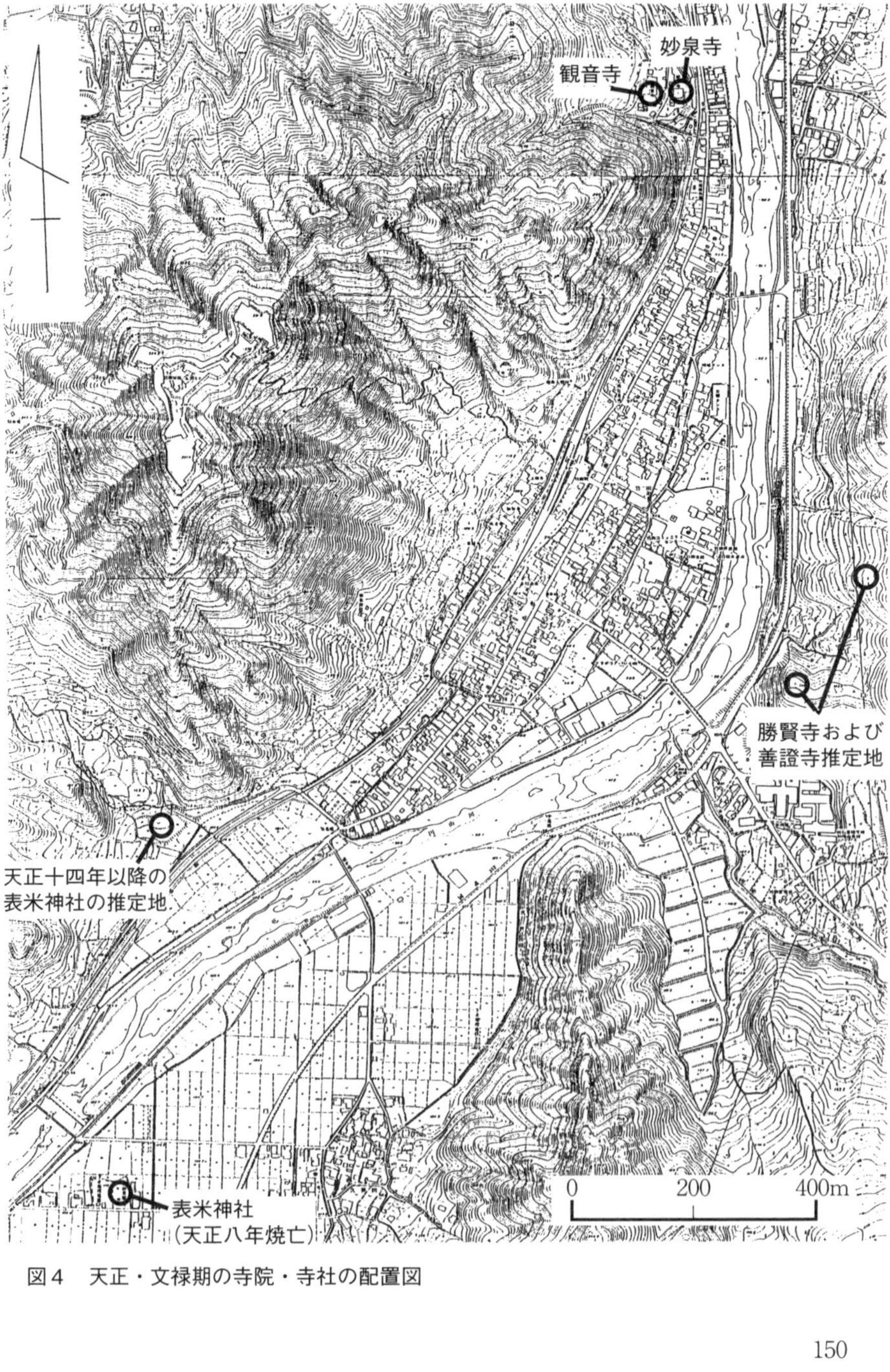

図4　天正・文禄期の寺院・寺社の配置図

ね現在の竹田の町を取り囲むように配置されていることがわかる。

まず、ＪＲ竹田駅裏の四ヶ寺のうちの法樹寺は、町内の字川原町に推定される。次に、勝賢寺および善證寺は、金梨山山麓と記述されている。これは、かなり抽象的な記述であるが、金梨山山麓部に二ヶ所、寺院が存在していたという伝承が語り伝えられており、実際に寺院址と推定できる平坦地が二ヶ所存在する。勝賢寺および善證寺は、これらの位置に推定することも可能である。また、字下町地区に存在する観音寺および妙泉寺のうち、観音寺は、天正年間にすでに現在の場所へ移転している。

このように見てくると、各社寺は、城下内の要所や城下町に通じるそれぞれの街道ぞいに巧みに配置され、竹田城下町の防御を固めている。そして、それぞれの創建年代から、少なくとも天正から文禄年間の間に城下町が形成されていたことを物語っている。

まとめ

以上、竹田城下町について述べてきたが、ここで簡単にまとめておきたい。

①竹田城下町は、竹田城が存在する標高三五三·七ｍを頂点とする古城山から南北に延びる尾根と、東に蛇行しながら南北に貫流する円山川によって自然の惣構を形成しており、さらにそれを補うように、字下町の北端には水路によって、字新町の南端は、濠状の落込みによって防備の強化を図っている。

②城下町の要所や城下町周辺には、社寺が配置され、城下町を防御している。

③道路は、播但道を巧みに取り込んだ南北方向の主要幹線道路を軸とし、それと並行するように南北の支道が二ないし三本走る。それらの南北道路を、東西方向の道路によって結んでいる。それぞれの道路の交差点には十字路はほとんどなく、Ｔ字路が主体である。これらの道路は、要所にクランク状の折れや、鈍角的な折れを配し、防

御性を増している。また、町内を貫流する水路の在り方から、町を大きく四ヶ所に分割することができる。すなわち、現在、寺町として形成されている辺りの居館跡・家臣団屋敷区域、殿町・上町から観音町にいたる内郭部分、米屋町から下町にかけての北外郭部分、新町から内垣内にかけての南外郭部分である。

④短冊地割は、町内に存在する南北幹線道路沿いに配置されている。間口は、この南北道路に向けて開くものがほとんどで、東西道路に向けて開くものはほとんどない。それに対して方形地割は、現在のＪＲ竹田駅裏に存在する寺町付近に集中している。

＊

今回の報告では、竹田城下町の構造を詳細に検討することはできず、現在知りうる状況を列挙するにとどまった。その原因は、竹田城下町に関する資料が不足していることと、竹田城廃城後、街道町としての景観に変貌を遂げていることである。とりわけ、後者については、竹田城下町の構造を検討するうえで、大きな弊害となっている。

今回の報告は、竹田城下町の中間報告的なものにとどまらざるをえなかった点をお詫び申し上げ、今後は、城下町に関する資料の収集と考古学的な検討を交えながら、詳細な構造把握を進めていきたい。

【参考文献】

木村　発『朝来志』一九七三年
木村　発『竹田誌』竹田村役場、一九一九年
『南但竹田』大阪竹田会、一九六九年
小山　実『和田山町における水論について―1―』和田山町の歴史10、一九九一年
『兵庫県神社誌』

その他、神戸地方法務局和田山出張所および和田山町役場保管の「竹田町字限図　明治二三年」と、和田山町作成の二万五千分の一都市計画図24および27を参考にし、現地踏査を行った。

第三章　資料編

写真提供：吉田利栄

竹田城周辺の中世城郭

―但馬の中世城郭の編年的基準―

西尾孝昌

但馬地方では、これまでに、二四〇以上を数える中世城郭が確認されている。このうち、旧朝来郡《あさご》（糸井・大蔵村を除く和田山町、山東町、朝来町、生野町）には、所在の明確なものだけで二六城存在する。ここで竹田周辺城郭という場合、中世竹田城を居城とした太田垣氏の勢力範囲の内、その大部分を占める旧朝来郡内の城郭をさしている。

さて、竹田城周辺部を考察する際、竹田城周辺の城郭が、但馬の中でどのように位置づけられるのかを考えてみたい。

但馬の中世城郭の編年的基準となる指標として、①永禄十二年（一五六九）、秀吉の但馬攻めによる此隅山城（豊岡市出石町）の落城、②天正二年（一五七四）、山名祐豊による有子山城（豊岡市出石町）の築城、③天正三年（一五七五）、野田合戦（豊岡市）（山名氏家臣田結庄《たいのしょう》是義《これよし》と垣屋《かきや》豊続《とよつぐ》との争い）による田結庄氏の居城鶴城（豊岡市）並びに田結庄是義の属将栗坂主水の居城海老手城（豊岡市）の落城、④天正五年（一五七七）、秀長の第一次但馬攻め、⑤天正八年（一五八〇）、秀長の第二次但馬攻め、の五項目が挙げられる。

此隅山城は、但馬守護山名氏の本城である。その縄張りは、放射状連郭式の曲輪配置をしているが、各曲輪は小さく、堀切も概して甘い。主郭南西の堀切など、一部戦国期の改修を受けているものの、竪堀は全く見られない。此隅山城（図1）の縄張りが、永禄期を上限とする但馬の特徴だと考えられる。

此隅山城落城により、天正二年（一五七四）、標高三二一ｍの高所に築城したのが有子山城である。有子山城は（図2）、主郭を中心とした石垣部分は織豊期の改修を受けているものの、二方向に延びる尾根に配された連郭式の曲輪群や尾

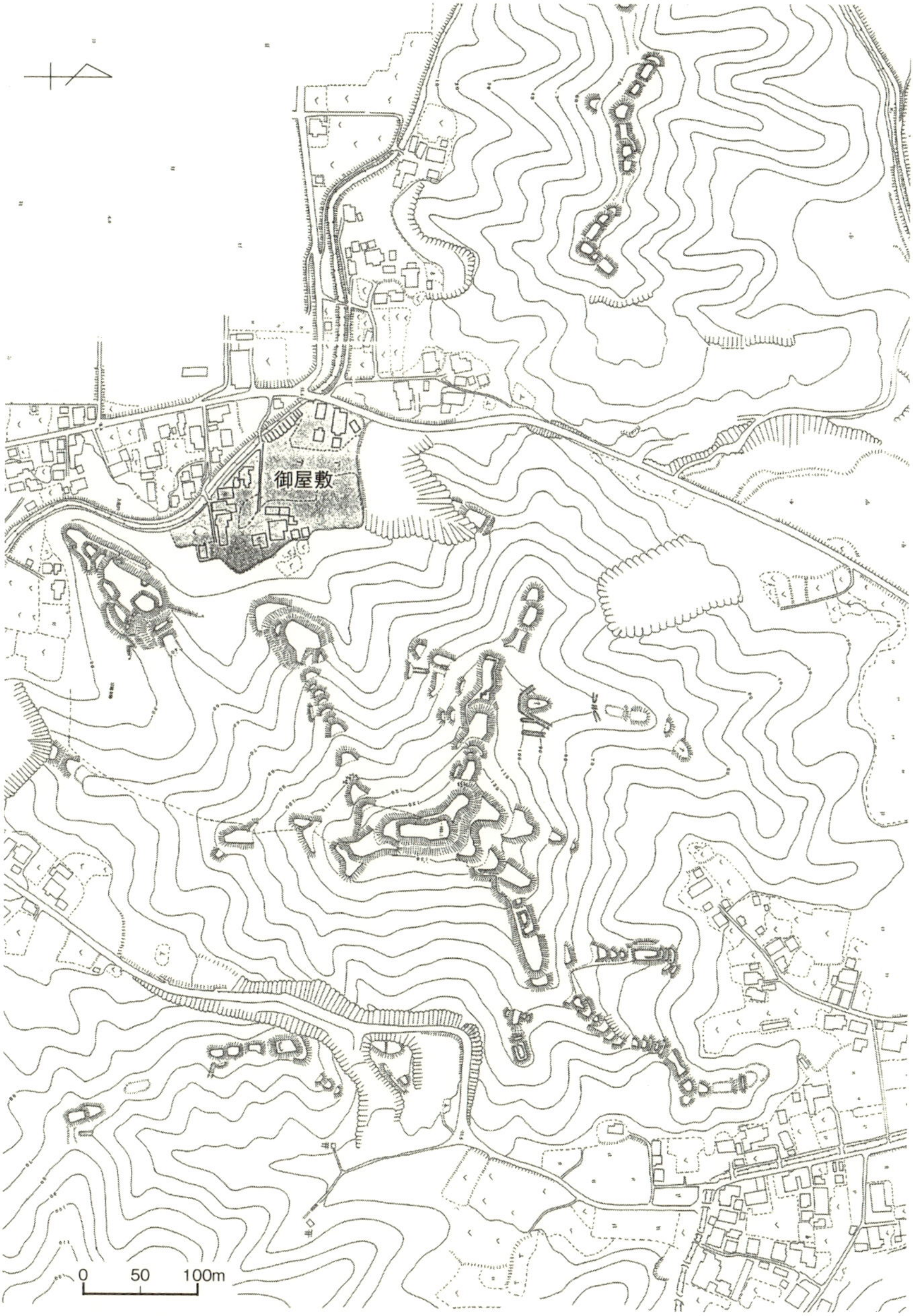

図１　此隅山城縄張り図（豊岡市出石町）　作図：西尾孝昌

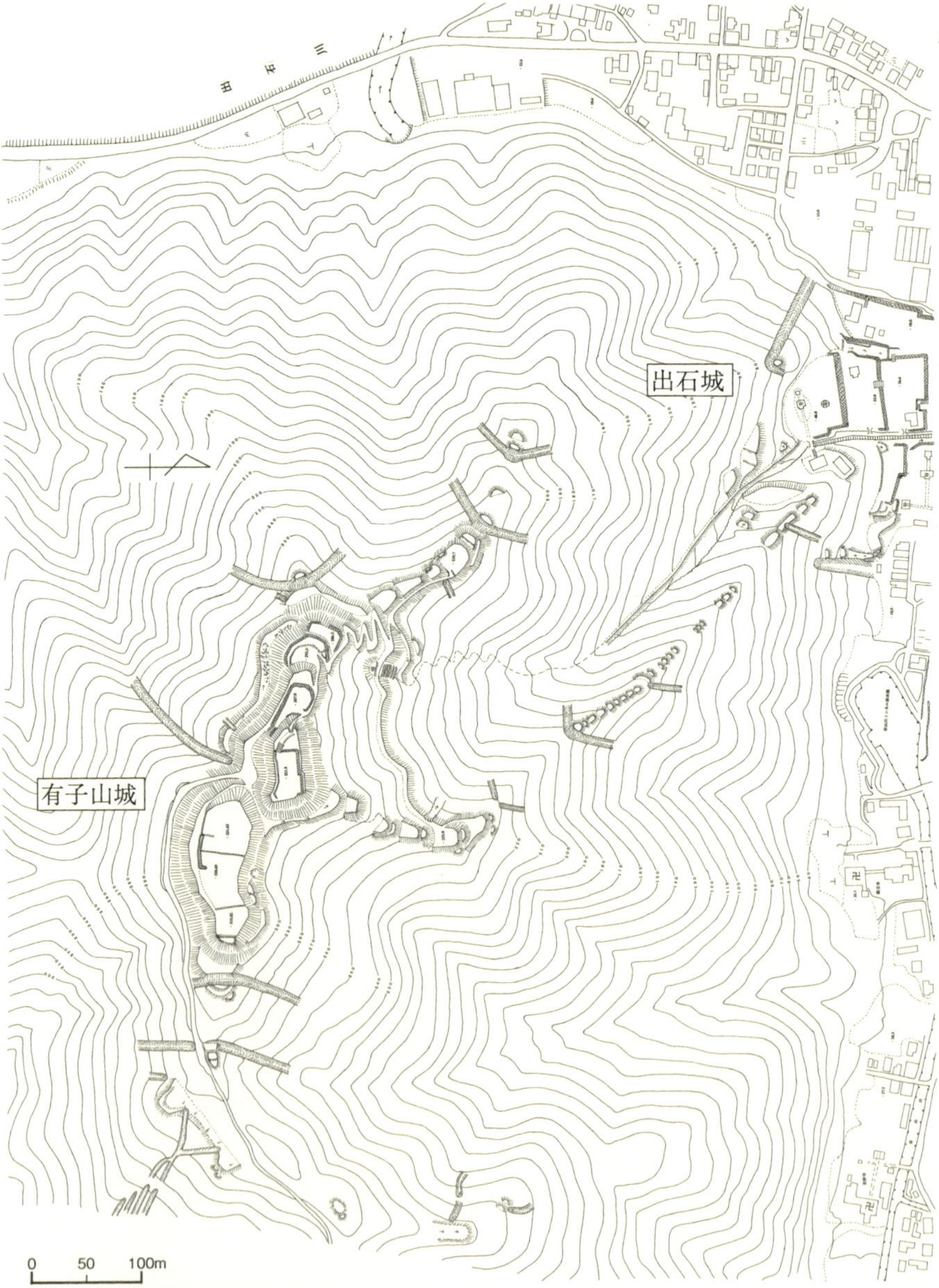

図２　有子山城縄張り図（豊岡市出石町）　作図：西尾孝昌

根を遮断する竪堀群は、天正初期の特徴を残していると思われる。すなわち、天正初期段階では、堀切の両側から竪堀をおとす遺構（堀切＋竪堀）は存在するが、畝状竪堀や横堀は見られない。

野田合戦で落城した海老手城（図３）は、天正三年（一五七五）で廃城になったものと考えられるが、曲輪・堀切・土塁のみで、竪堀は全く存在しない。鶴城には畝状竪堀が存在するが、この遺構は天正三年（一五七五）以降、田結庄氏を滅亡させた垣屋氏によって補強改修されたものであろう。鶴城（図４）とその支城海老手城の縄張りからみると、田結庄系の城では、天正三年（一五七五）段階では竪堀・畝状竪堀は造られず、曲輪・堀切・土塁からなる縄張りをその特徴としていたようである。

天正五年（一五七七）、秀長の第一次但馬攻めでは、岩州城・竹田城などが落城し、ほぼ南但馬が秀吉の支配下に入るが、播州三木城主別所長治が反旗をひるがえしたため、秀吉勢力は一時撤退し、その間、毛利勢（但馬勢）が勢力の立て直しを図ったとみられている。

天正八年（一五八〇）、秀長の第二次但馬攻めでは、竹田城をはじめ有子山城も落城し、天正八・九年（一五八一・八二）には、但馬勢は秀吉の鳥取攻めに参加させられている。この段階で、但馬の中世城郭のほとんどは廃城になったと考えられる（その後、有子山・竹田・豊岡・八木・宵田城などは、但馬支配の拠点として織豊政権の改修を受けている）。

以上の編年基準ないし経過から推察すれば、但馬の戦国期城郭について、次のような編年が可能となろう。

①永禄十二年（一五六九）頃までは、此隅山城に代表されるように、曲輪・堀切・土塁のみで、竪堀は存在しない。

②天正二年（一五七四）段階に至り、堀切の両側から竪堀を落とす（堀切＋竪堀）パターンが採用され始める。竪堀のみの採用は、天正以前のつくりであろうか。

③その後、天正五年（一五七七）、天正八年（一五八〇）に軍事的緊張期がみられるが、天正八年段階までには、堀切＋竪堀から一歩防御性を高めた放射状竪堀・畝状竪堀、さらには、横堀から竪堀を落とす（横堀＋竪堀、竪堀

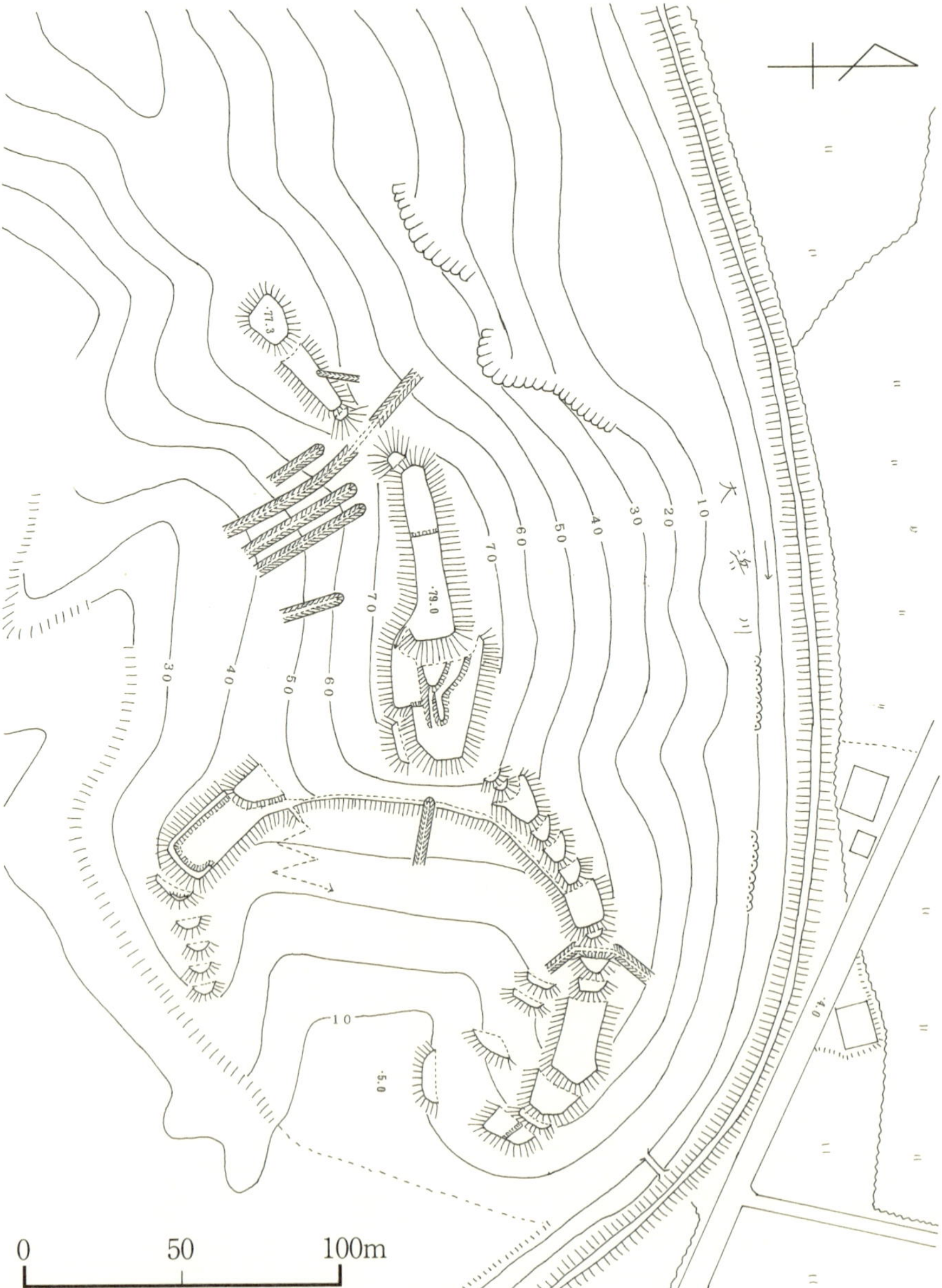

図３　海老手城縄張り図（豊岡市）　作図：西尾孝昌

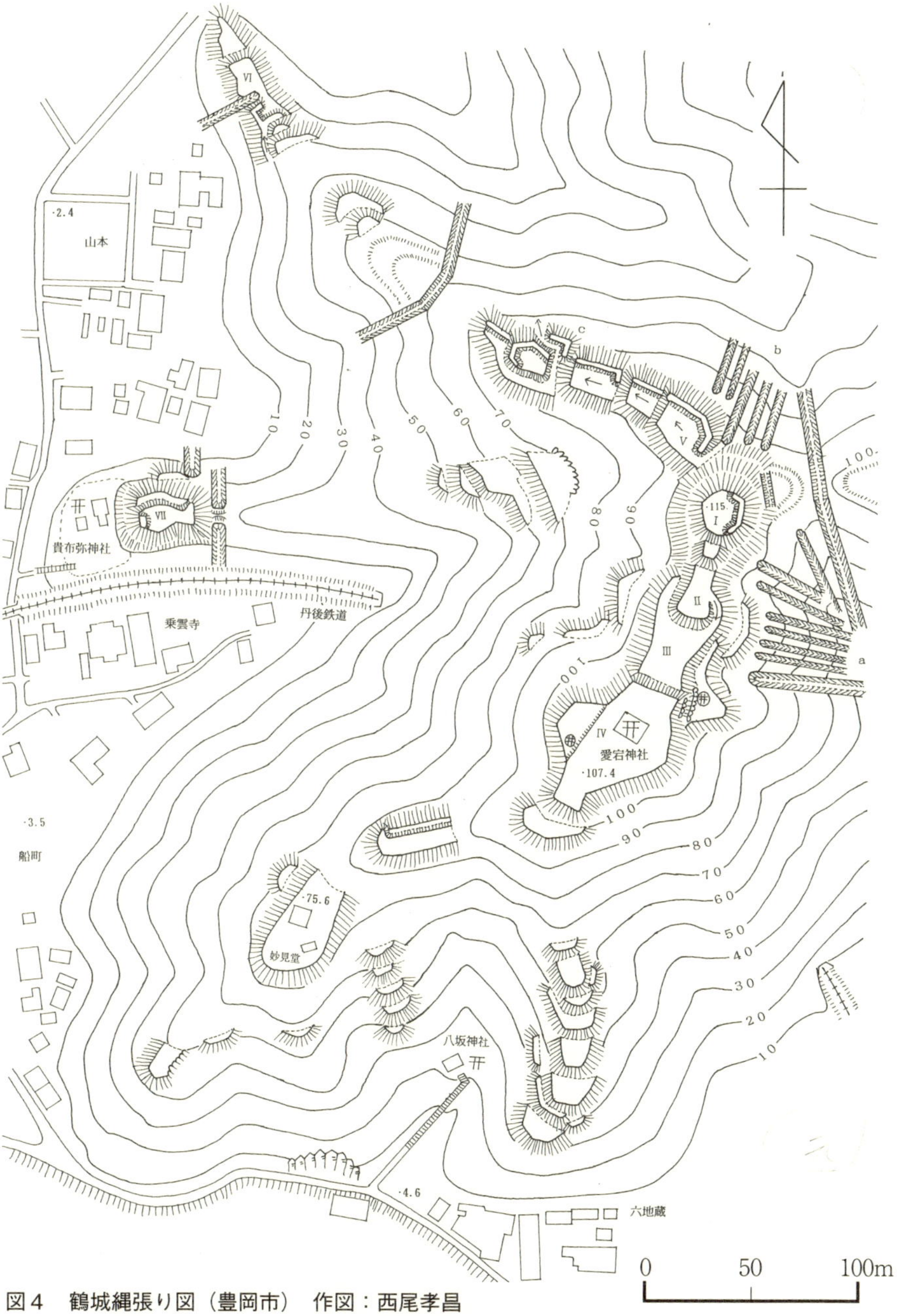

図４　鶴城縄張り図（豊岡市）　作図：西尾孝昌

の頭を横堀で繋いだ形式）パターンが出現する。したがって、堀切＋竪堀のパターンを天正初年段階とすれば、放射状竪堀・畝状竪堀の採用は天正三～天正五年段階に、横堀＋竪堀のパターンを天正六～天正八年段階に位置づけることができる。

④横堀＋竪堀より一歩進んだ、いわゆる穴太積みの石垣の採用は、いうまでもなく織豊政権の手になるものである。前述の視点から、竹田城周辺の中世城郭の特徴を明示したものが表1である。なお、表1の△印は、穴太流石垣ではなく、小規模な戦国期的石積みをさしている。表1には竪堀がまったく存在せず、堀切・曲輪・削り残し土塁のみの城郭として三波城・枚田城・観音寺山城・天満氏館があるが、これらはいずれも室町期に築城されたものと考えている。生野城は、石垣・土塁・一折の虎口の採用などから、織豊政権による改修が考えられる。時期的には、秀吉が生野銀山を接収した永禄十二年（一五六九）以降の築城であろう。

以上のような城郭の特色を指標として、竹田城周辺の中世城郭をみていただきたい。ここに、資料として一七城の縄張り図を紹介する。第1章Ⅵで角田氏が紹介したものを含めると、二一城となる。図6～図15は西尾孝昌が作図し、図16～図22は角田誠氏が作図した。全体的には山東町・和田山町（現、朝来市）には城郭が多く、大きく改修を加えた優れたものが多い。一方、朝来町・生野町（現、朝来市）には城郭の数も少なく、技術的に進んだ城郭がみられない傾向が指摘できる。

〈追記〉一九九一年の段階で、此隅山城・有子山城などを指標とした竪堀のあり方を中心にして、但馬の城郭編年を考えてみた。その中で、「此隅山城・有子山城には畝状竪堀は見られない」ことを記したが、その後の調査によって此隅山城・有子山城にも畝状竪堀が確認された。

現段階（二〇一六年）では、此隅山城の畝状竪堀は、堀切・竪堀に二条の竪堀が付け加えられたもので、主郭周辺の他の遺構と考え合わせると、天正期以降に改修されたものと考えている。また、有子山城の畝状竪堀は、堀切・竪堀で仕切られた城の中心部には存在せず、そこからかなり離れた位置に構築されている。この遺構は天正二年の有子山城築城期の遺構ではなく、その後の天正六年以降の造成と考えている（西尾孝昌作成の縄張り図参照）。

No.	城郭名	旧町名	標高m	比高m	堀切	土塁	竪堀	堀切+竪堀	畝状竪堀	横堀+竪堀	石垣
1	生野城	生野	601	386	○	○	○	○	×	×	○
2	岩州城	朝来	472	205	○	○	○	○	×	×	×
3	田路城	朝来	540	190	○	×	○	○	×	×	×
4	山内城	朝来	218	78	○	○	○	○	○	×	×
5	物部城	朝来	250	146	×	×	×	×	×	×	×
6	三波城	和田山	235	73	○	○	×	×	×	×	×
7	安井城	和田山	227	120	○	×	○	×	×	×	×
8	枚田城	和田山	164	81	○	○	×	×	×	×	×
9	市御堂城	和田山	152	70	○	×	○	○	×	×	×
10	比治城	和田山	295	195	○	×	○	○	×	×	×
11	筒江城	和田山	127	21	○	○	○	○	×	○	△
12	観音寺山城	和田山	168	103	○	○	×	×	×	×	×
13	土田城	和田山	222	157	○	×	○	×	×	×	×
14	寺谷城	和田山	156	90	○	×	○	○	×	○	×
15	黒田城	和田山	306	174	○	×	○	○	×	×	×
16	陳東氏館	山東	167	72	○	○	○	○	×	×	×
17	向山城	山東	240	128	○	×	○	○	○	×	×
18	滝野城	山東	260	185	○	×	○	○	×	○	×
19	磯部氏館	山東	200	77	○	○	○	○	○	×	×
20	夜久野城	山東	225	72	×	○	×	×	×	×	×
21	小谷城	山東	126	30	○	○	○	○	×	×	×
22	諏訪城	山東	142	31	○	○	○	○	×	○	△
23	与布土氏館	山東	177	43	○	○	○	○	×	×	×
24	衣笠城	山東	430	260	○	×	○	○	×	×	×
25	天満氏館	山東	131	30	○	×	×	×	×	×	×
26	柴城	山東	215	56	○	○	○	○	×	×	×

表1　竹田城周辺の中世城郭の特徴

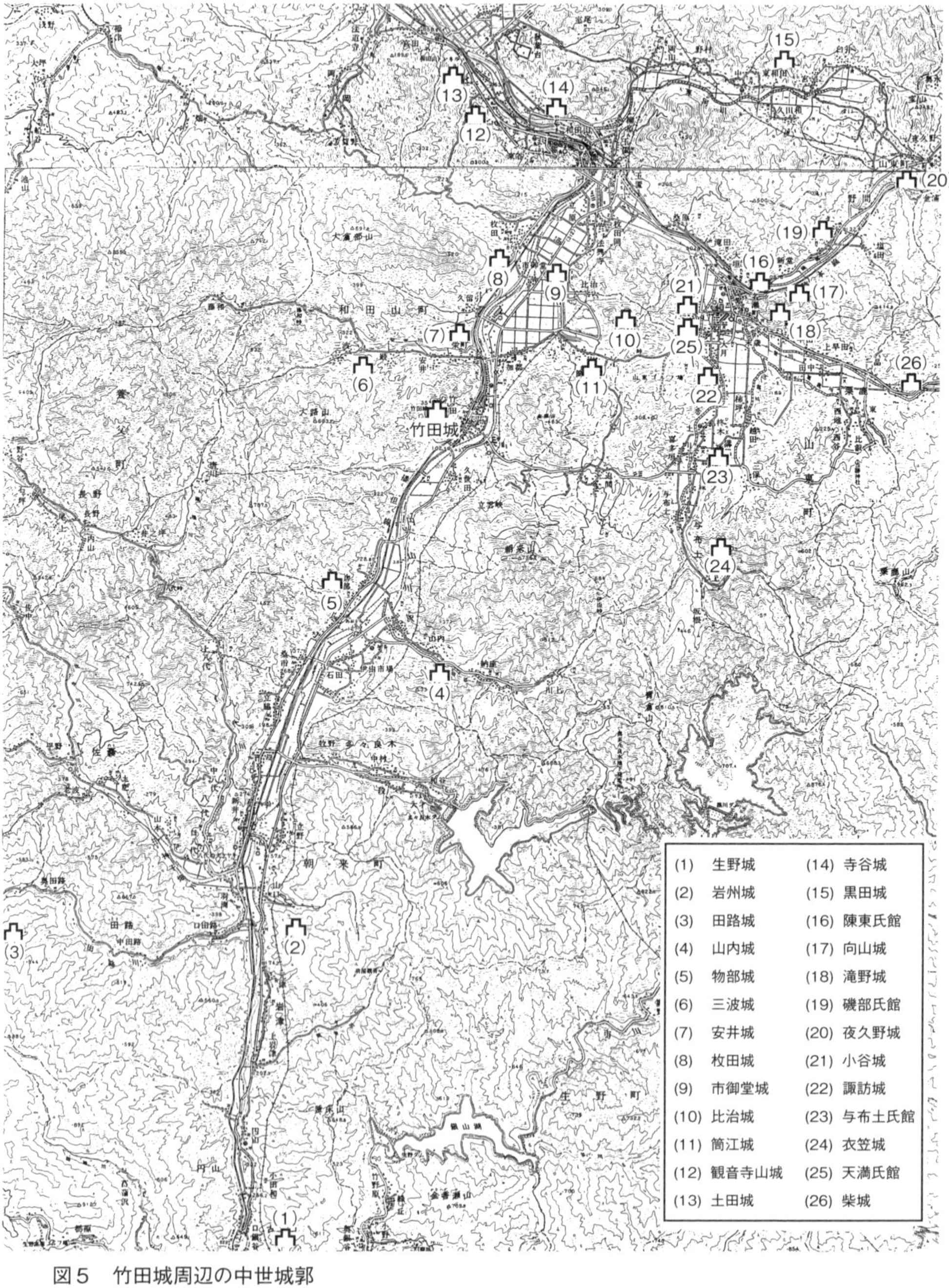

図５　竹田城周辺の中世城郭

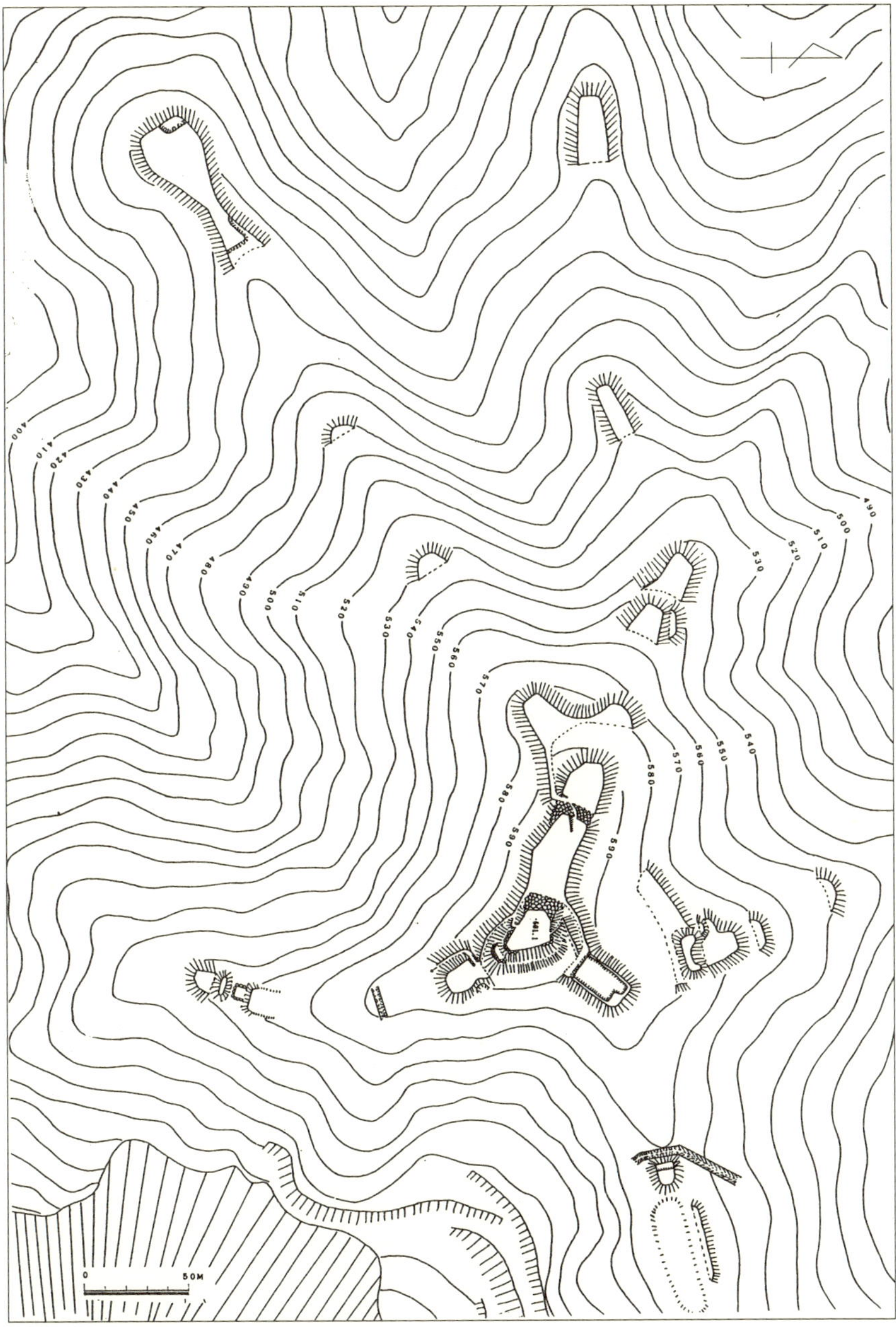

図6　生野城縄張り図（朝来市生野町）

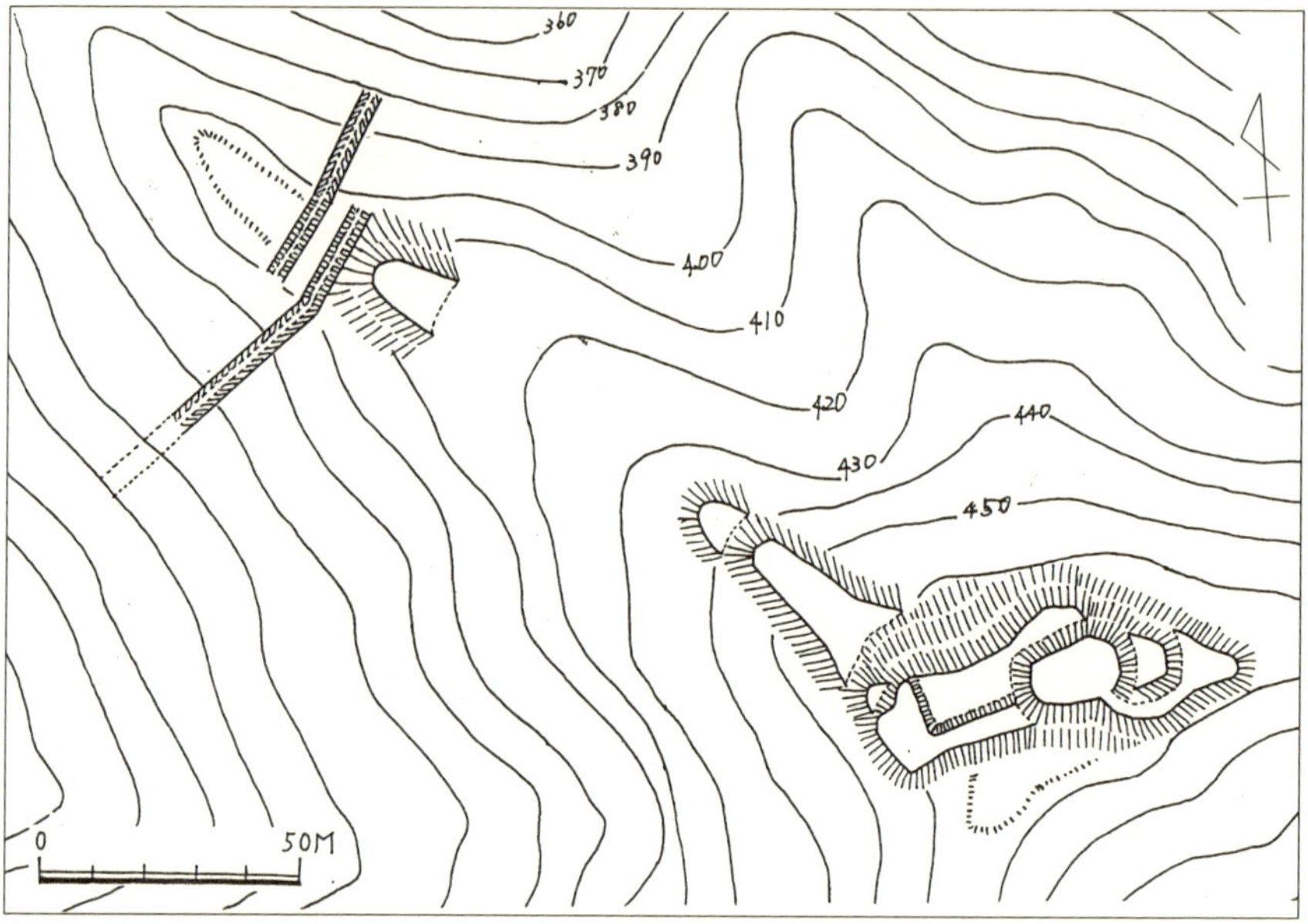

図７　岩州城縄張り図（朝来市）

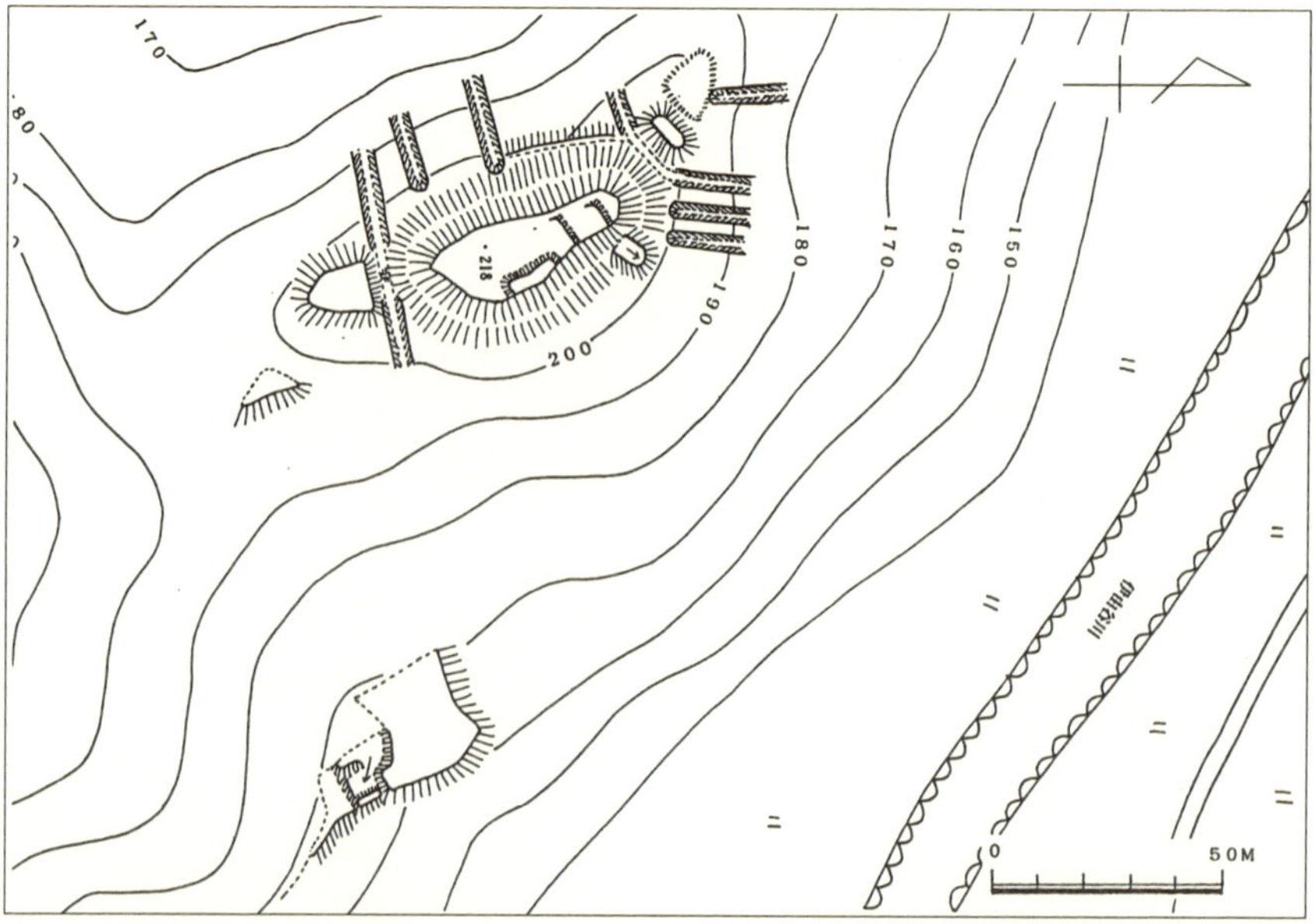

図８　山内城縄張り図（朝来市）

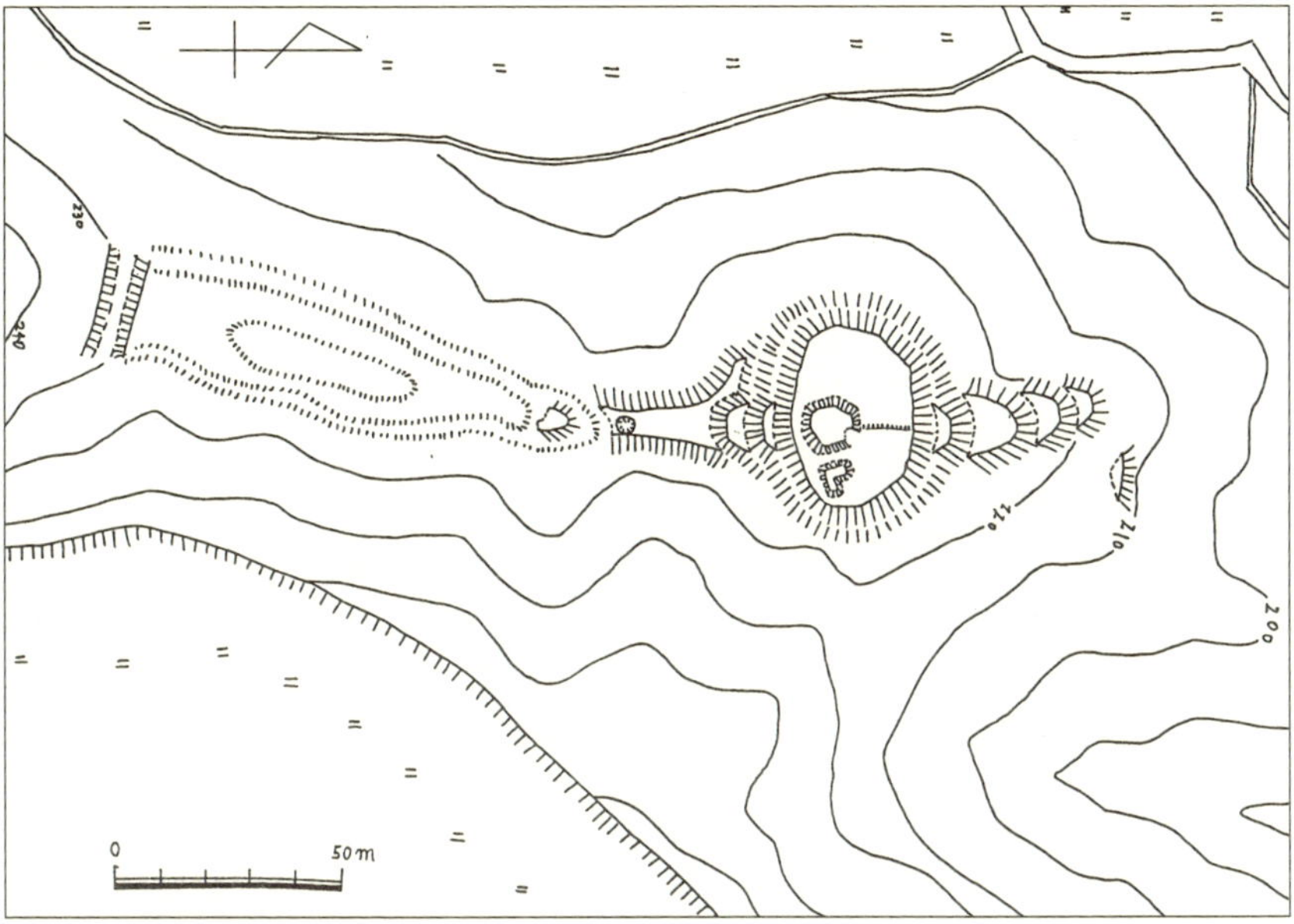

図９　三波城縄張り図（朝来市和田山町）

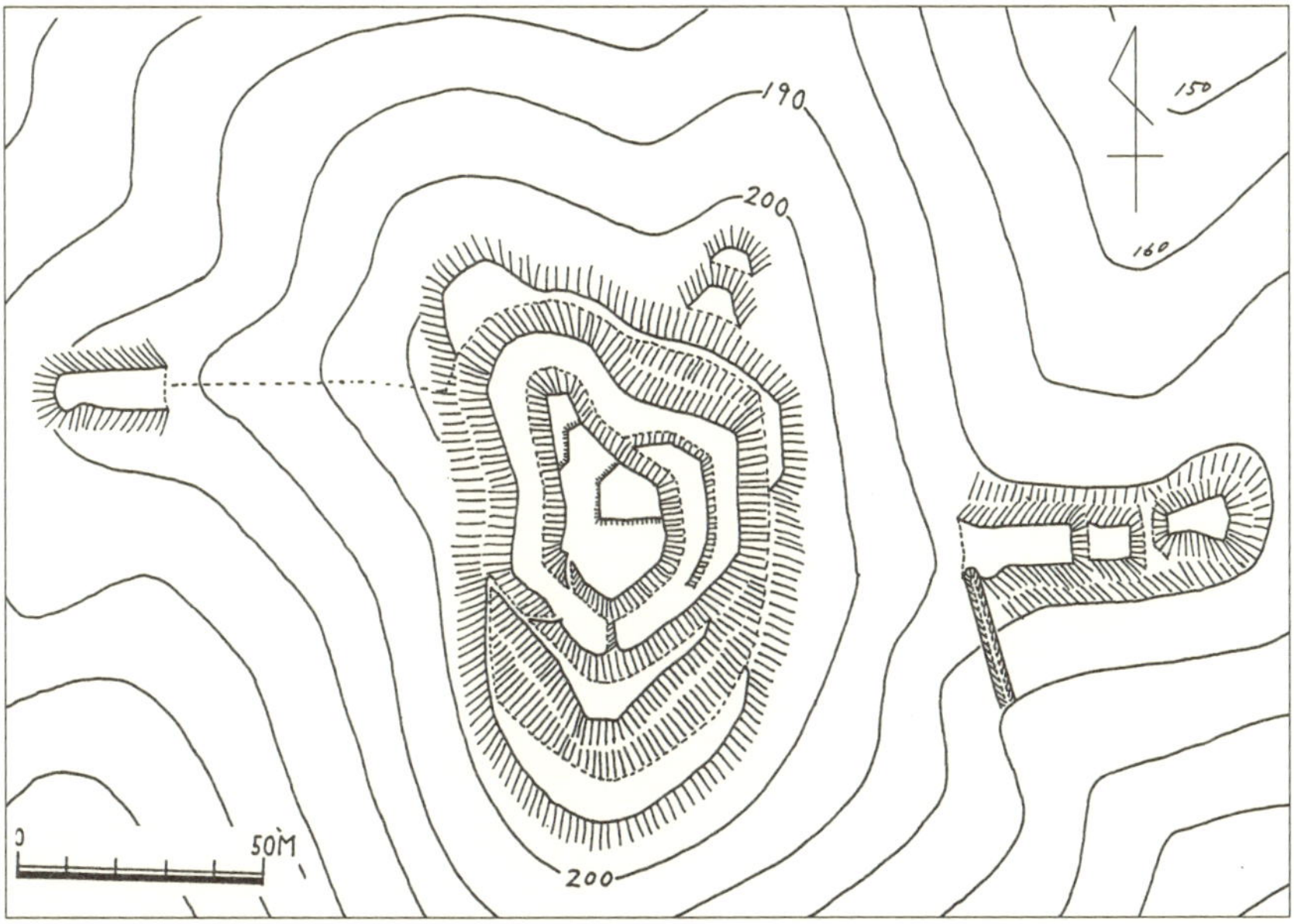

図 10　安井城縄張り図（朝来市和田山町）

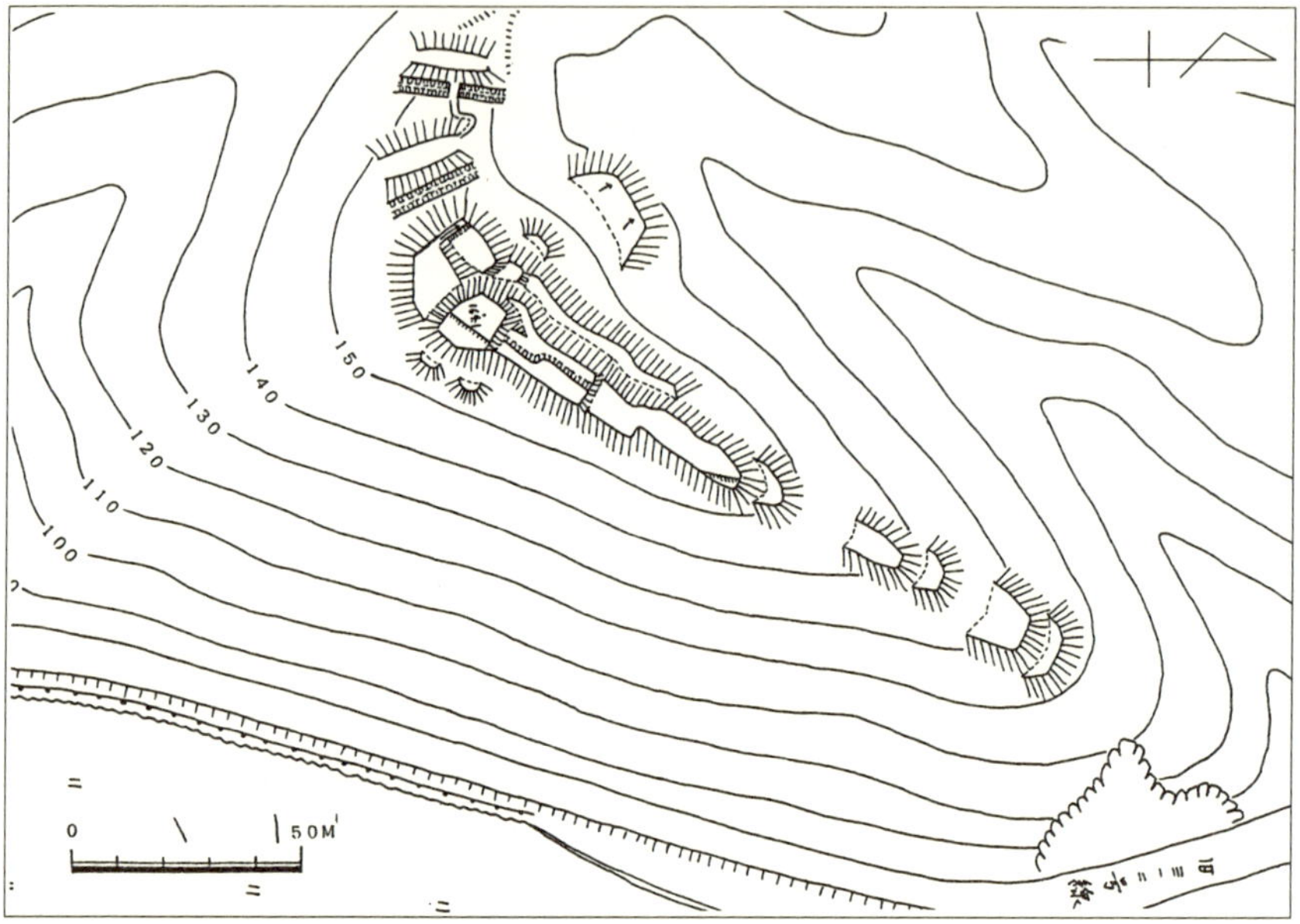

図 11　枚田城縄張り図（朝来市和田山町）

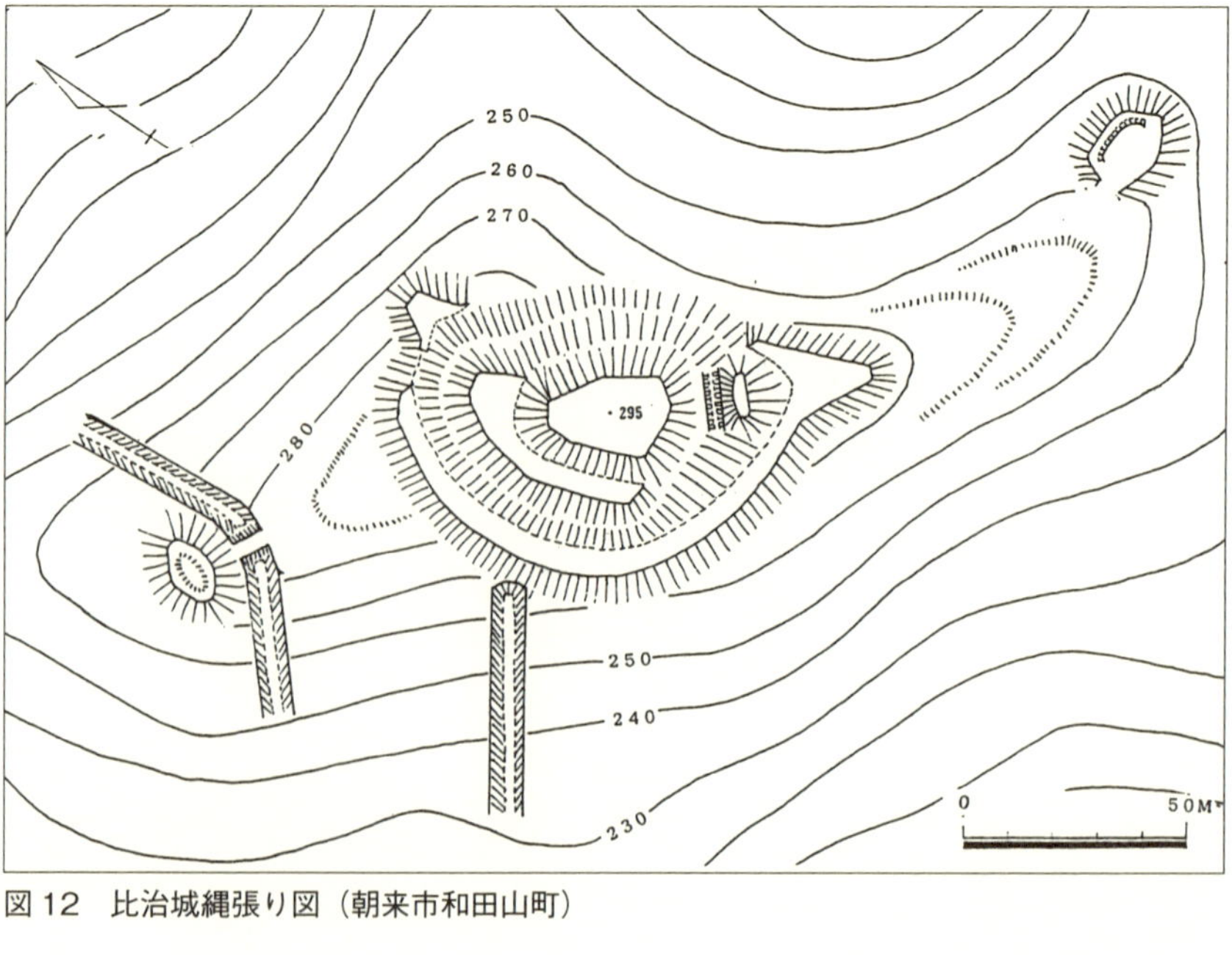

図 12　比治城縄張り図（朝来市和田山町）

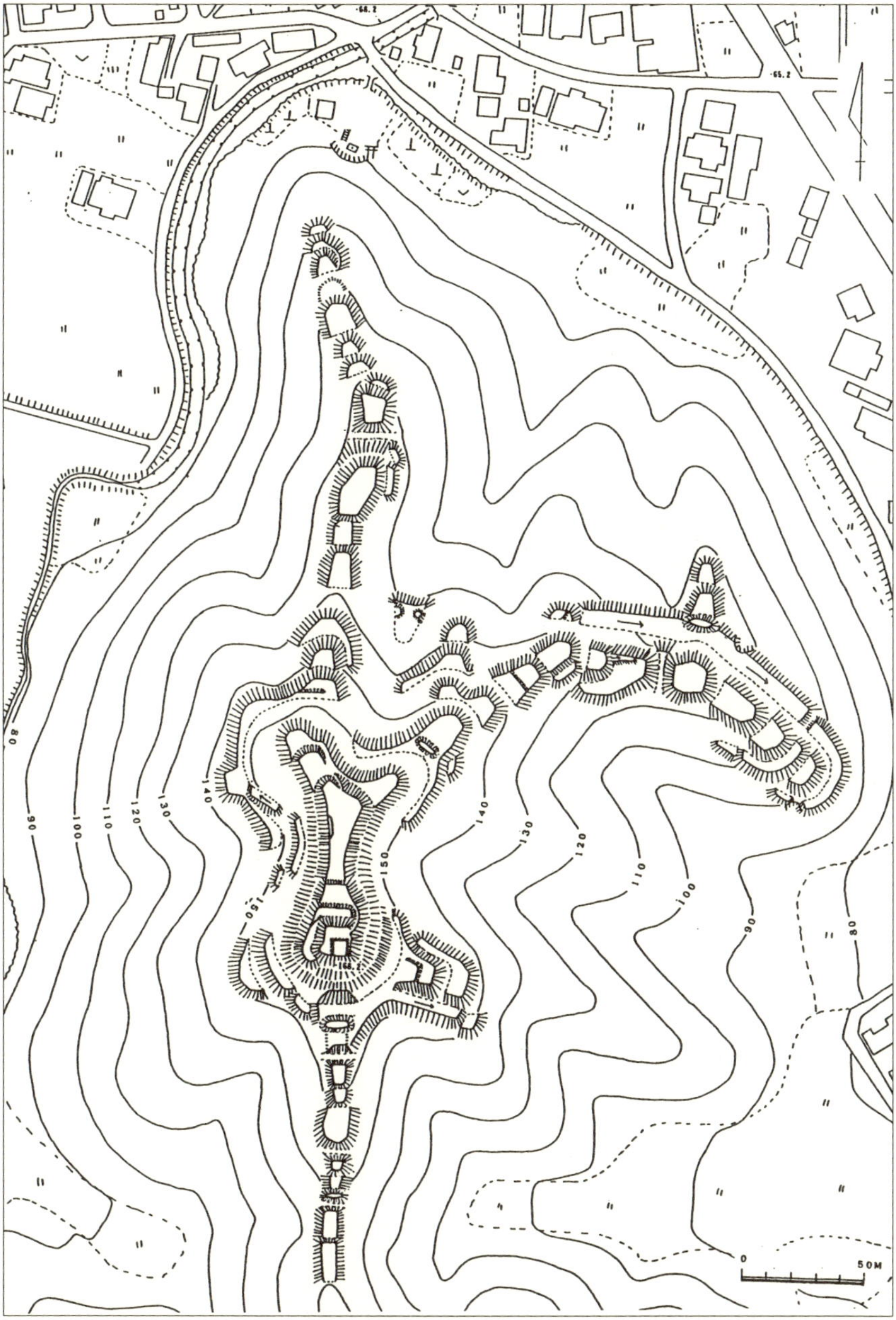

図13　観音寺山城縄張り図（朝来市和田山町）

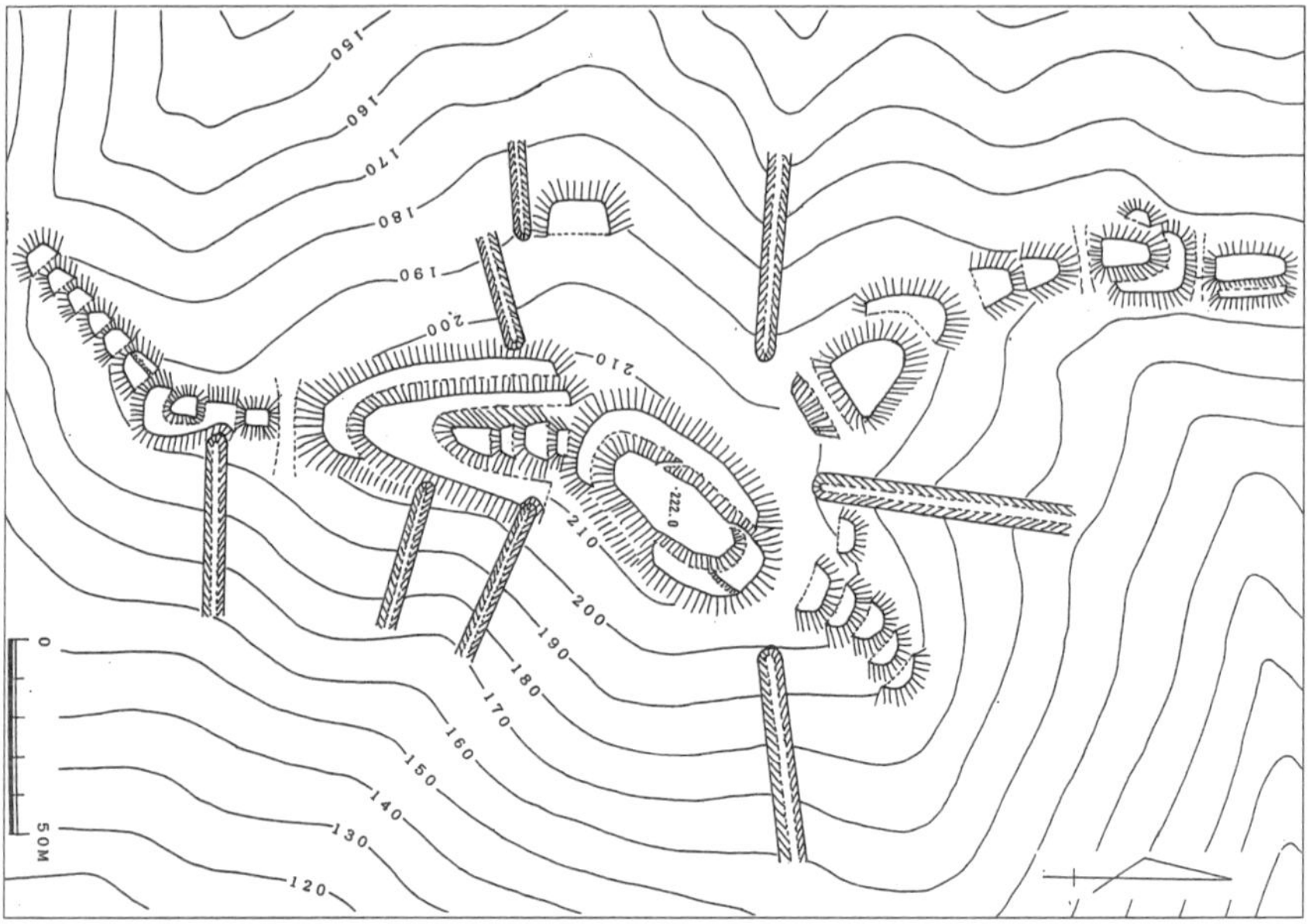

図 14　土田城主郭周辺縄張り図（朝来市和田山町）

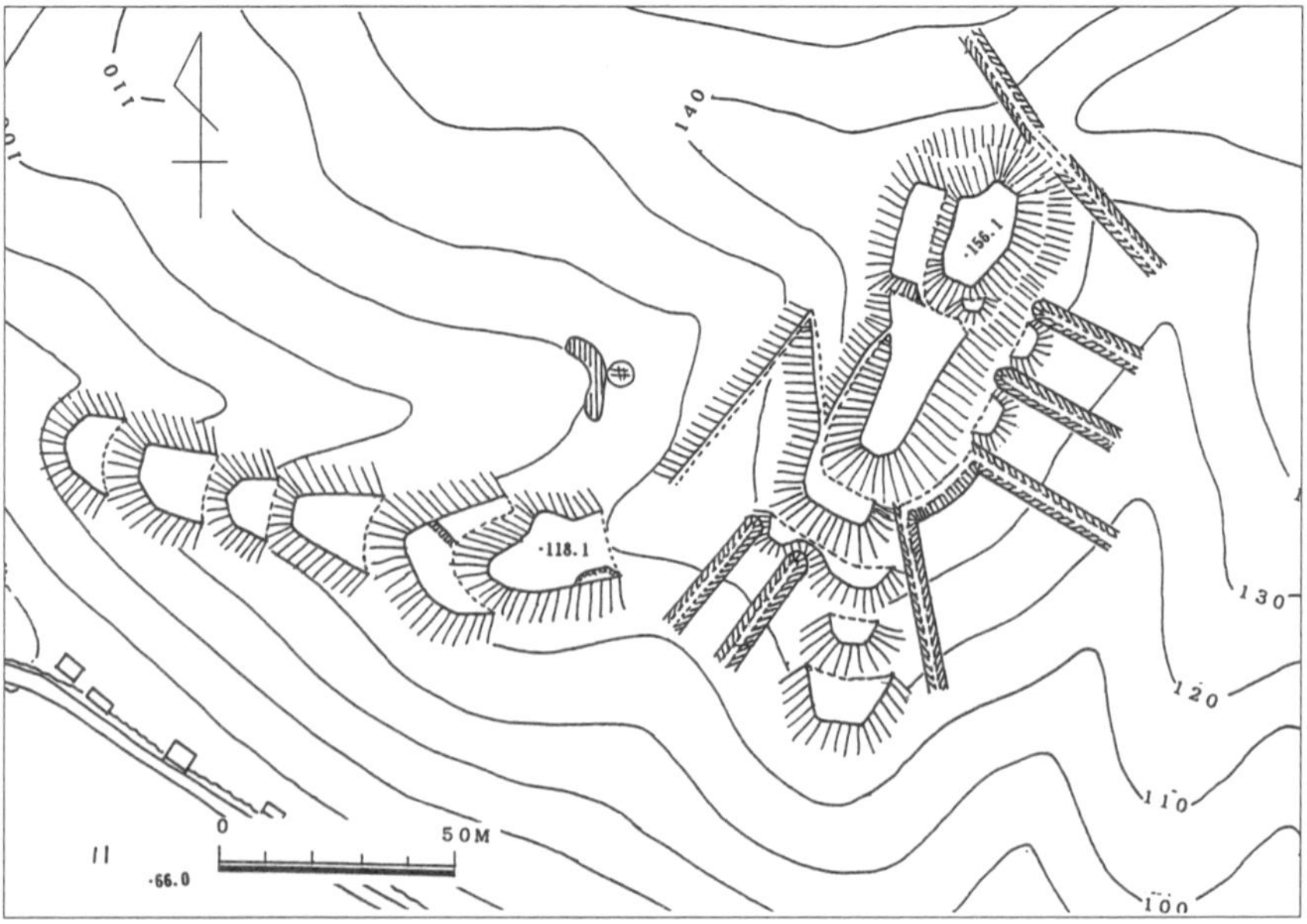

図 15　寺谷城縄張り図（朝来市和田山町）

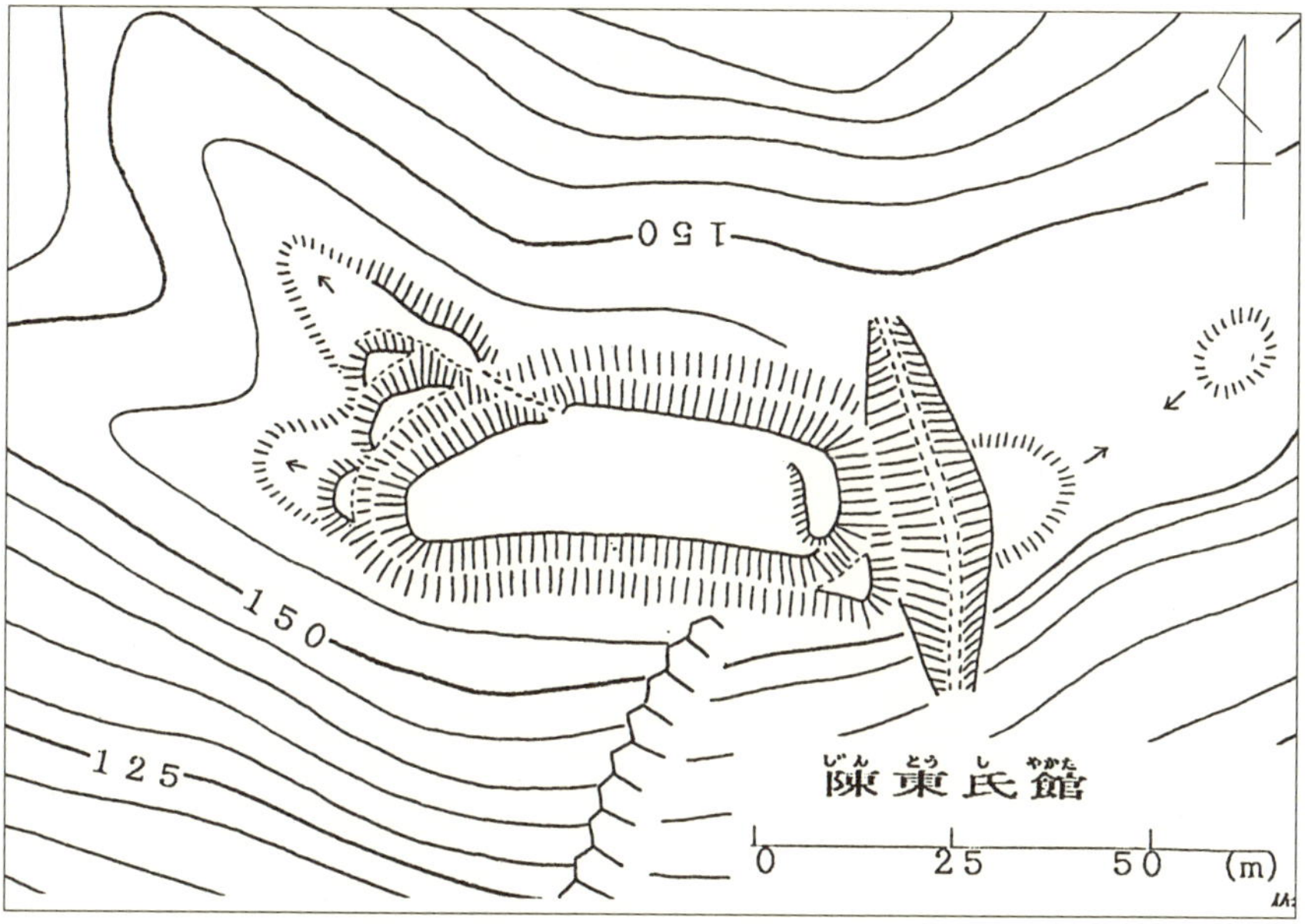

図 16　陳東氏館（矢名瀬城）縄張り図（朝来市山東町）

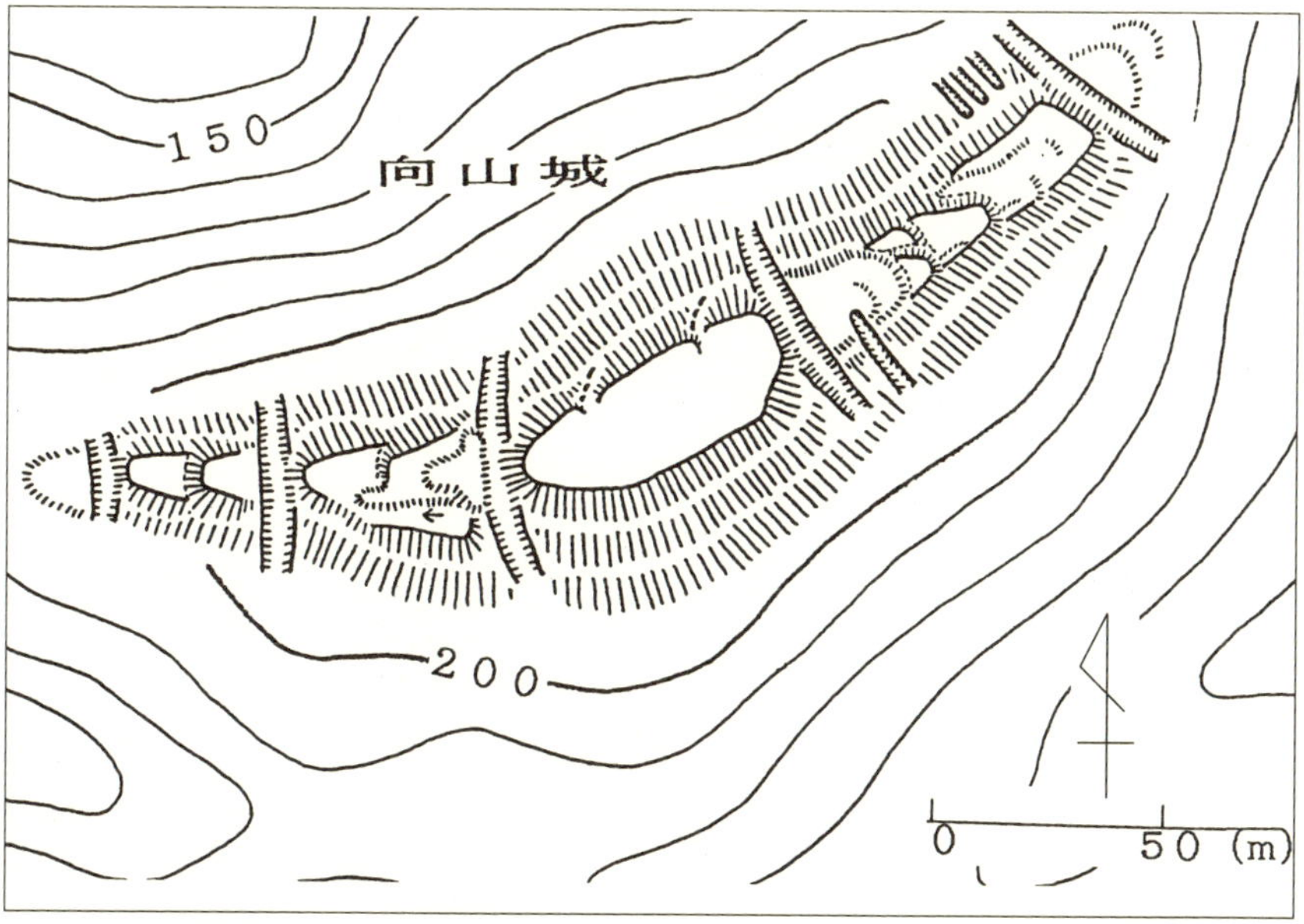

図 17　向山城縄張り図（朝来市山東町）

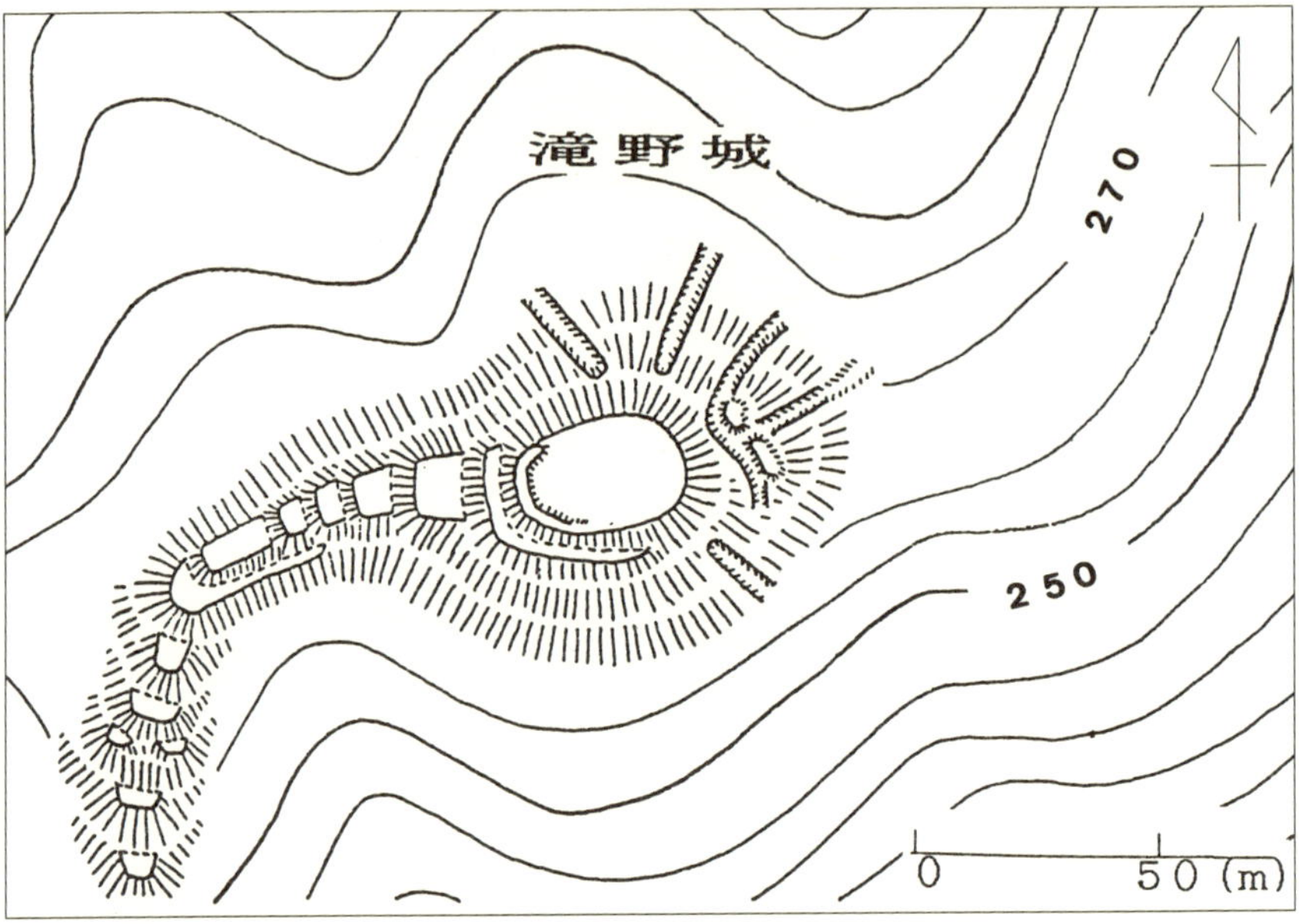

図 18　滝野城縄張り図（朝来市山東町）

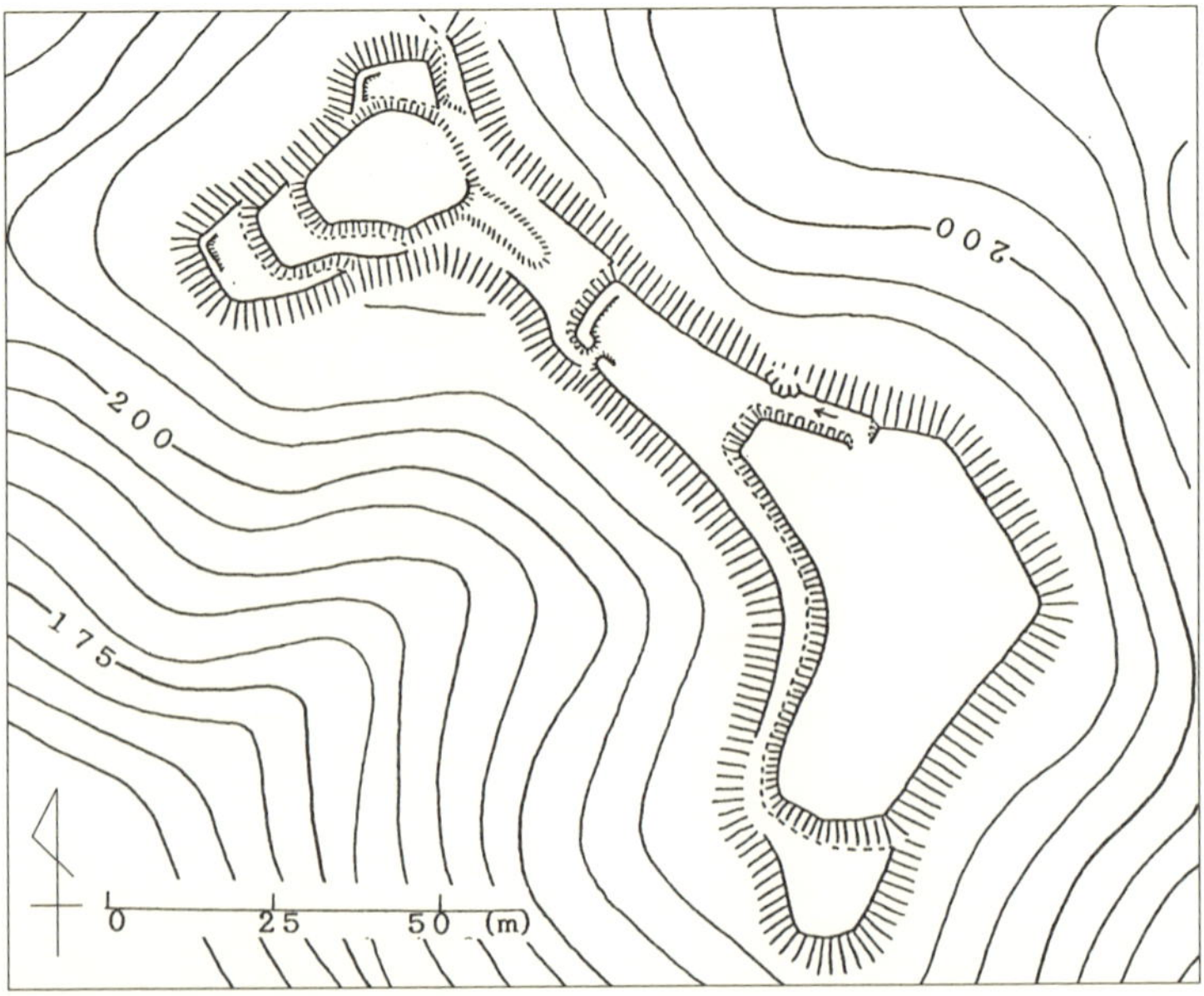

図 19　夜久野城縄張り図（朝来市山東町）

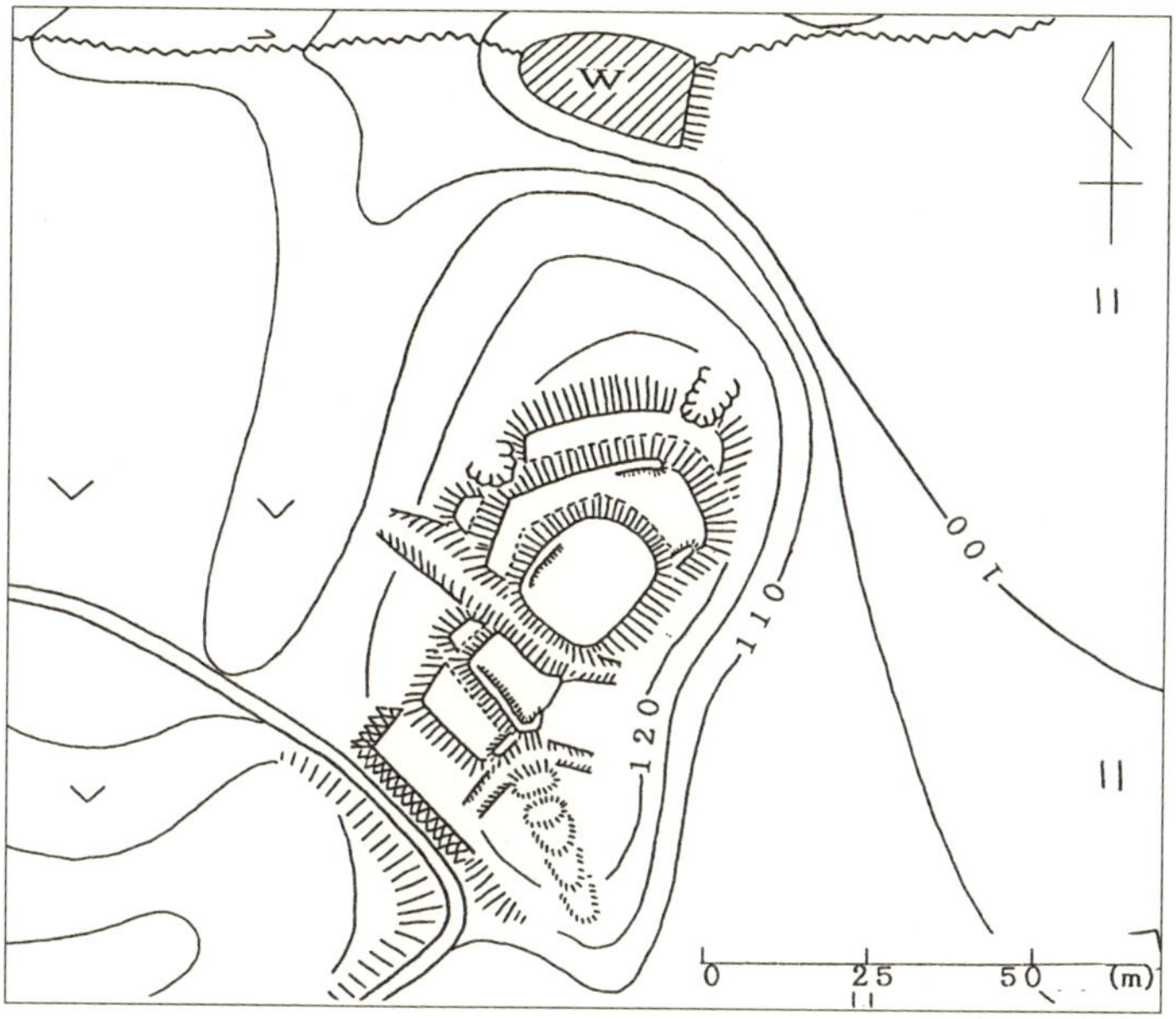

図 20　小谷城縄張り図（朝来市山東町）

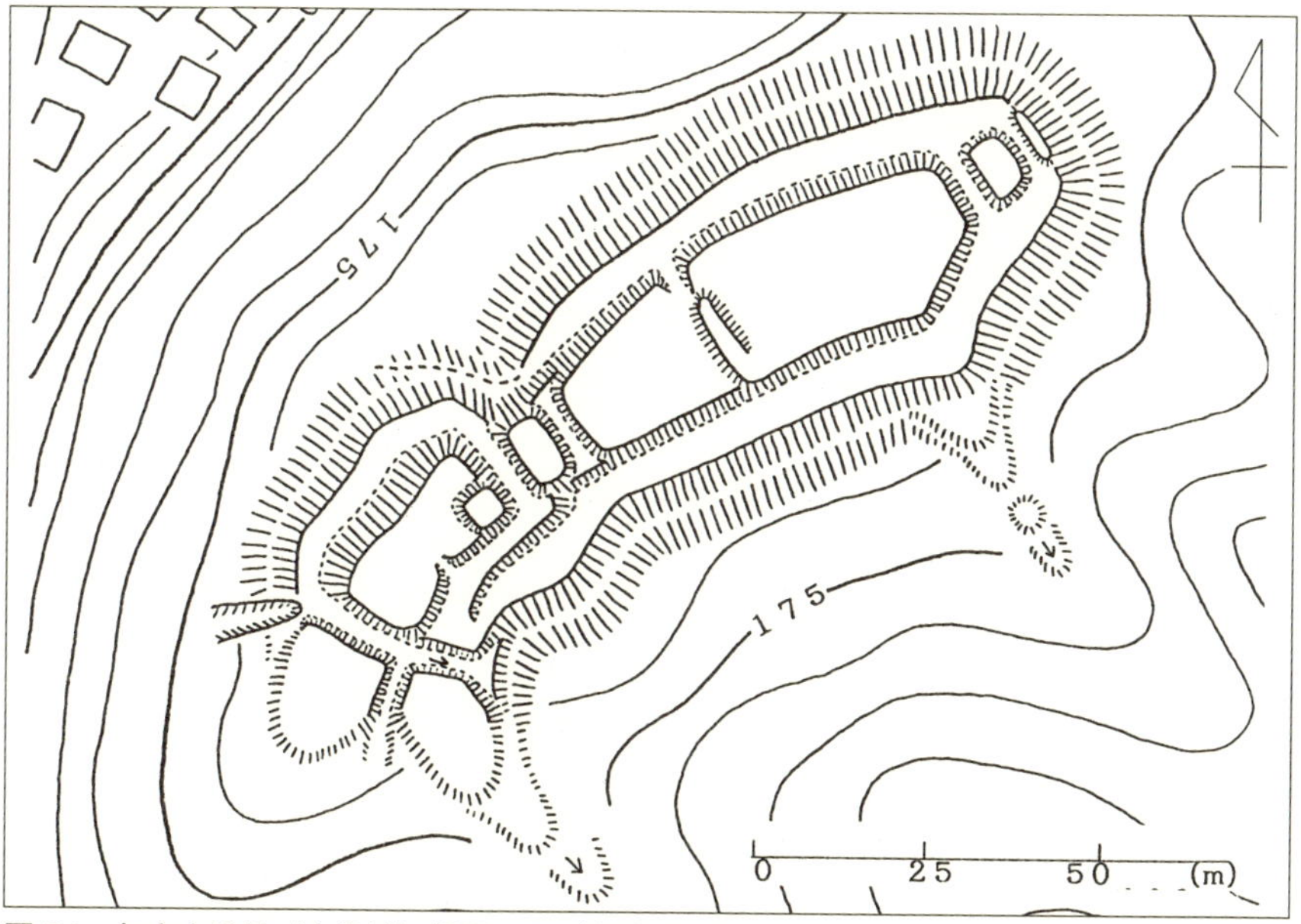

図 21　与布土氏館（山蔵城）縄張り図（朝来市山東町）

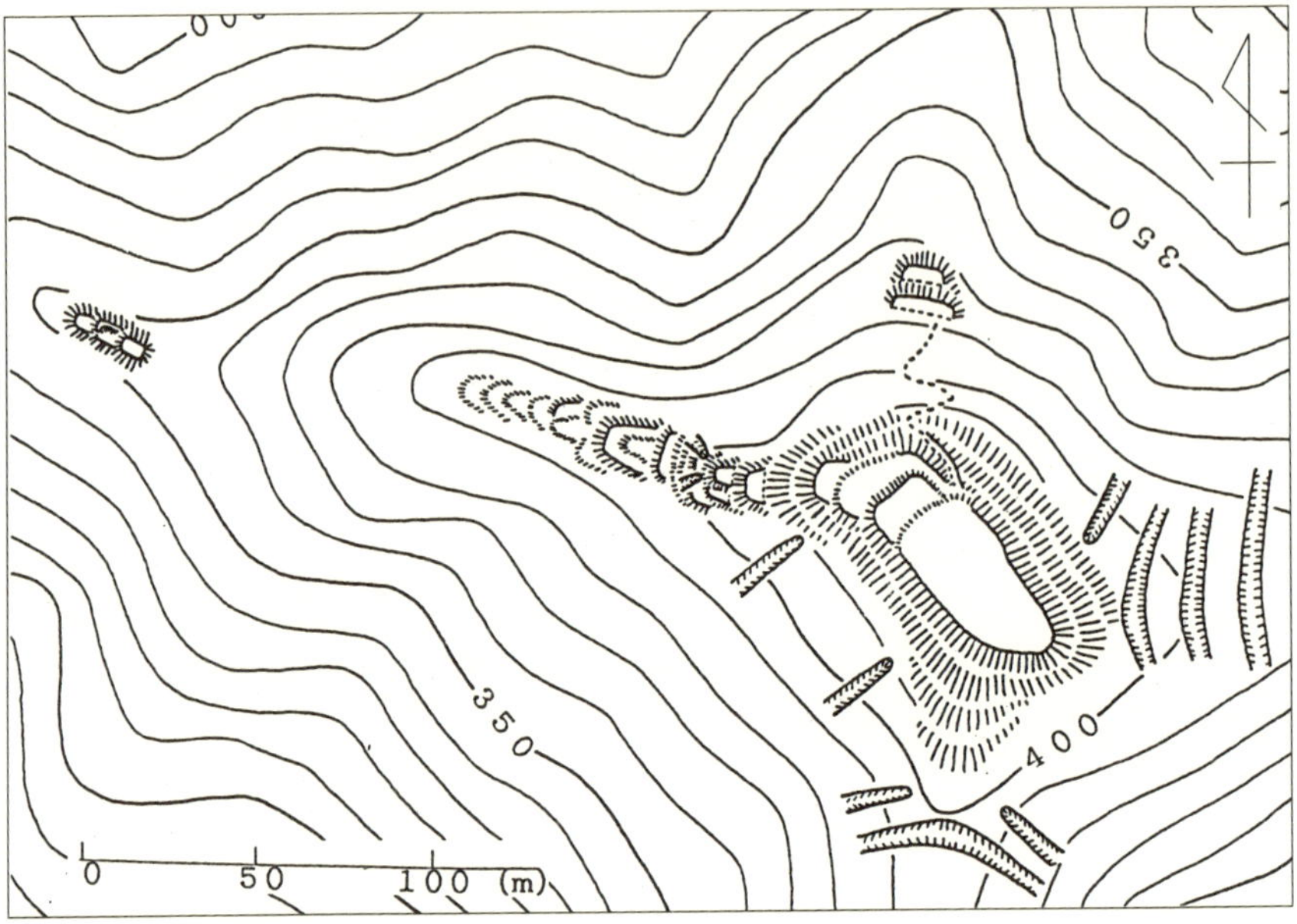

図22　衣笠城縄張り図（朝来市山東町）

第四章　進展した竹田城研究

写真提供：吉田利栄

I

（訂補）石垣遺構からみた但馬竹田城について

—いわゆる「穴太衆積み」をまじえて—

北垣聰一郎

はじめに

今回の復刊にさいして、新たな成果をふくむ新稿を求められた。以下は、成果とはいえないが、近世城郭の石垣構築法（技法）の変遷と、その構築にかかわる技能者「穴太」について、あらためて整理をする必要を感じている。それは旧稿で見落していた、一五世紀後半の石積み技能者を意味する穴太について、中村博司氏[1]が紹介され、中世にも石垣を積む穴太が存在し、彼らが有したであろうその技能についても、考える機会を与えられたからである。

ところで、穴太が有する技能、積み方を検討するうえで、旧稿の竹田城の説明にもたびたび引用した「穴太衆積み[2]」については、城郭の石垣つくりを家芸（家業）とする、粟田《あわた》家一三代の万喜三氏が紹介されたものである。

万喜三氏の祖は、阿波徳島の出身で、徳島城の石垣普請に参加した穴太の技に心酔し、現在の滋賀県大津市坂本町穴太（近江坂本町穴太里）に移り住むことになったとする伝承をもつ。粟田の姓は、出身地の阿波からとったもので、現在、一四代の純司氏、一五代の純徳氏と技術継承されている。「穴太衆積み」は、別に「穴太積み」とも称するが、正しくは粟田家の祖が学んだ「穴太衆による積み方」の意であろう。その意味で粟田家は、近世の公儀穴太（穴太頭）の系譜を直接引くものではないが、現在では、「穴太衆積み」技術技能を継承する唯一の伝承者だといえる。以下、竹田城の説明に先だち、あらためて、粟田家の家芸「穴太衆積み」について、みておきたい。

いわゆる「穴太（衆）積み」石垣について

近年、各地で城郭石垣の修復（修理）工事がさかんである。そうしたなかで、但馬竹田城の石垣の修理工事も昭和四十六年（一九七一）から始まっている。それには「穴太衆積み」石積み技能継承者である粟田万喜三氏が関わられた。氏によれば、安土城とともに竹田城石垣は、典型的な「穴太衆積み」石垣（写真1）だとされる。氏の説明には石垣を、ひとともものに見立てて、それを精神的な訓話表現として紹介されることが多く、体系だった技能や積み方として整理するのは困難である。[3・4]

写真１　但馬竹田城大天守台。付櫓台石垣（穴太衆積み）

例えば、万喜三氏があげる「穴太積みの重点事項[5]」には、八項目がある。

一、まず堅固な石垣にせよ
二、石を無理に据え付けるな
三、根石（基礎石）は天をみせよ
四、勾配は、真の勾配より、やや寝かせよ
五、石の合端（合わせ口）は、「二番」より奥でつけよ
六、石面の最前端を「通り面」にせよ
七、間石《あいいし》はなるべく二個を使用せよ
八、石尻の艫介石《ともがいいし》は水平にせよ

このうち、一は技能者であれば、当然の思いであろう。次に二では、石面に凹凸があり、控え面も均一でない野面《のづら》石二石を下段に配石し、上に重ねる野面石一石（「品」字型を理想）は、石選びをくり返すことで、ようやく積む位置が決まる。三の根石勾配を強くとる石面とは、角石を指すので

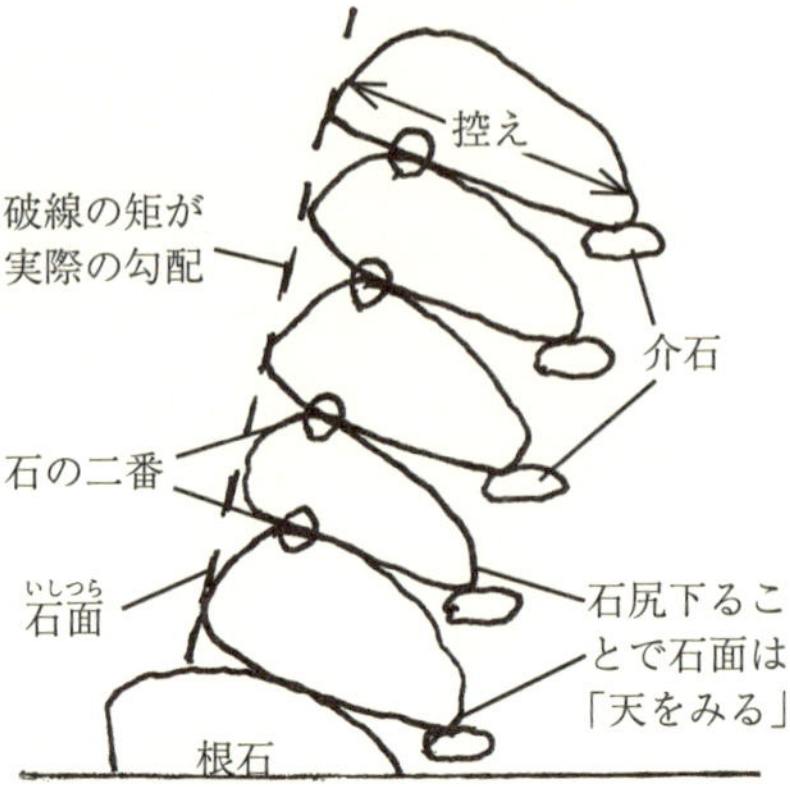

図1　石の「二番」と「真」の勾配（○印が真の勾配）

あろうか。

ところで、大小不揃いの野面石を使う築石《つきいし》の石面は、凹凸や、控え（長さ）に、鈍角状に広がるものもある。築石の合わせ目に生じる三角状の空隙には詰石を詰める。こうしたなかで五は、築石の上下の重なり（合《あい》端《ば》）が、石面より少し奥部で合うことをさし、これを「石の二番」という。四での奥部の「石の二番」が「真の勾配」にあたる（図1）。もっとも、普請の実際では、勾配をみる立水縄と水縄（水平をみる）を張り、石面先端で揃えて少し寝かせ、ゆるい勾配とした。石面を寝かせることで、雨水が入らぬ工夫である。

六は、築石の石面先端を水縄に合わせて通り面（「点合わせ」）とする意味である。七の間石とは、築石と築石との間を埋める石材で、上部の築石からの荷重が直接かからぬ大きさの石材をさす。八の艫介石は、築石尻の背後から入れるもので、勾配調整や不等沈下防止に使われる。

このように、一から八では、主として築石部に使う野面石の形状や、石の二番、石据え時の水縄（水平縄）や、立水縄の扱い方や、あものり（重ね石）など、いずれも構築段階時の心得を述べたものである。

さらに、注意して聞き出そうとしたのが、横目地の「通り」の「有・無」からみた、積み方の問題である。しかし、積み方については、万喜三氏からは積極的な発言が得られないのである。

そうしたなかで、私見へのさまざまな批判が出された。例えば、安土城の石垣には、多種多様な「積み方」（布積み、布積み崩し、落とし積み等）があって、これは一概に穴太積みとは言いきれない。穴太積みの語は、筆者個人の造語だと断じる意見さえみられる。

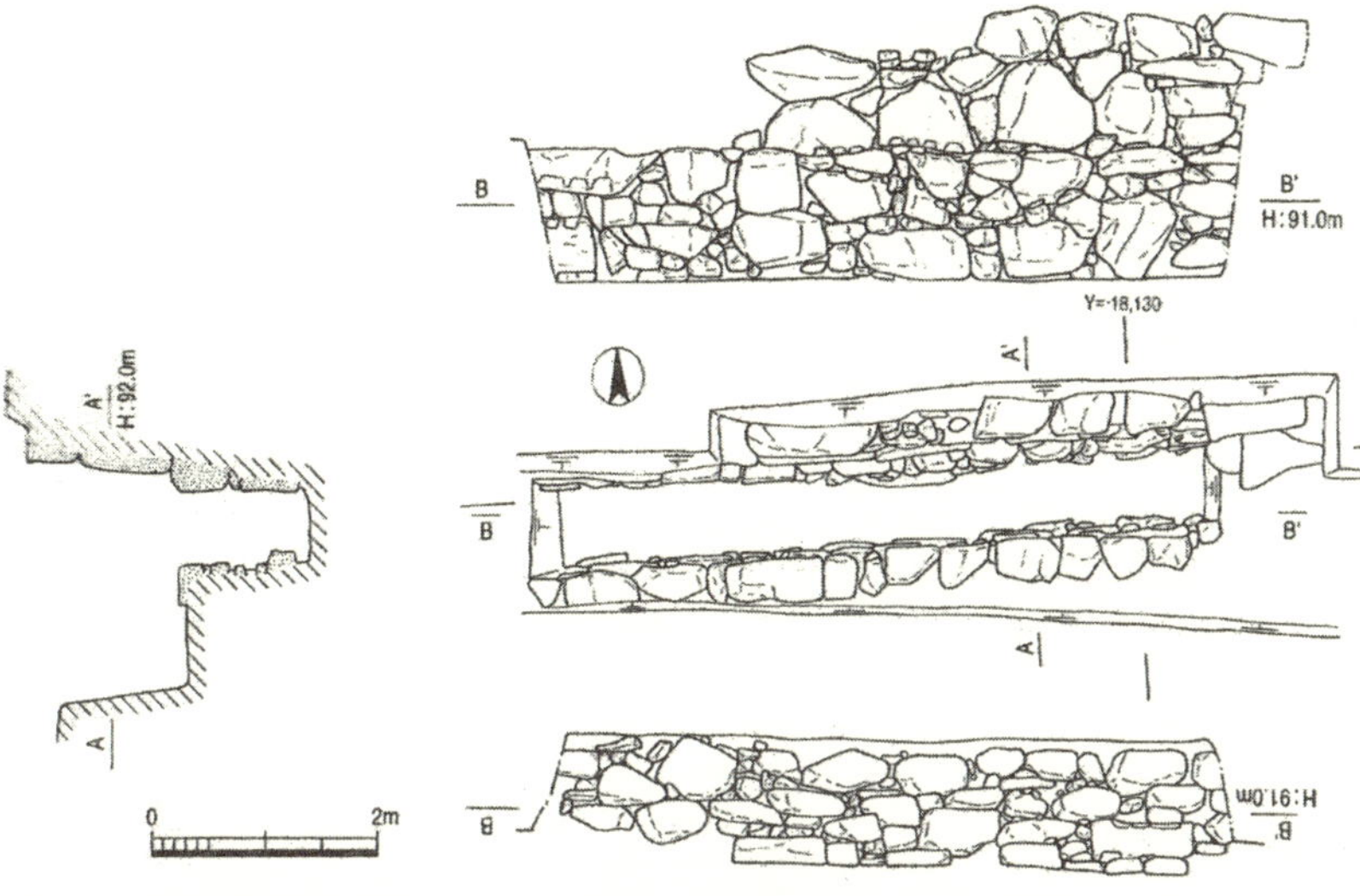

図２　穴太が構築した石垣（『平成５年度　京都埋蔵文化財調査概要』（財）京都市埋蔵文化財研究所　1996 年）

写真２　慈照寺（銀閣寺）境内石垣隅角部

あらためて、中村博司氏(6)が紹介した『山科家礼記』の記事要約する。室町幕府の八代将軍である足利義政は、東山山荘（慈照寺）（のちの銀閣寺）を造営した。それは長享二年（一四八八）のことで、その境内にある石蔵（石垣）は、中世の穴太が構築したとする初見史料である。この初見史料にみあう構造物が、慈照寺境内の底部から検出している(7)。

この大型通水溝石垣遺構の隅角部の出角は、控えの短い方形状の角石を重ね積みしたもので、角脇石《すみわきいし》をともなわない算木積みである（写真２）。検出した築石部は、現高一・四ｍで、大型の野面石、割石（矢痕残る）をまじえた二段積みで、ほぼ垂直に近い勾配をもつ（図２）。石垣は、下段に長軸一・〇ｍ×〇・五ｍの長方形型築石に間石を交えて、二層に築く。上段にはさらに大型の築石を配し、間石を入れる。さらに上方にも横長石や小型石を入れるなど、規格性にとらわれない豪快な石垣であり、裏込め石も充填され、安定した構造となる。

注意すべきは、粟田万喜三氏の語る「穴太衆積み」での作業過程が、ここでも反映されていることである。さらに、注目した「積み方」にあたる「横目地の通り」が、この場合も意識されていないことであろう。大まかな観察結果であるが、穴太が寺院普請に関わる中世の初見事例である。

粟田家の家芸（家業）「穴太衆積み」には、「石の声を聴く」「石が行きたいところにいかせてやる」という万喜三氏のことばがあって、慈照寺の石垣からも、近世穴太の技能と共通する要素がうかがえるのではないか。そこであためて、野面石を使用する「穴太衆積み」を整理してみたい。

まず、ここには隅角部の算木積みや、築石部で使う石材の説明もない。むろん、横目地の通りの有無といった説明はない。そこには言外に、石垣面をつくるための、「適所」（隅角部、築石部のある位置）に「適材」（大・小、凹・凸の角石・角脇石・築石など）を、どう吟味して据えるか、積み上げた構造としてはバランスがとれ、丈夫に築かれているかどうかを入念にみる。これは主として、築石部で観察可能である。

こうみると、万喜三氏が語られるのは、野面石、割石を対象とする段階の、まだ「積み方」が問われない段階の技能が「穴太衆積み」ではないのか。つまり、石垣の一段、あるいは一層を単位とする様式的な完成が、元和・寛永期だとすれば、それ以前の「石が行きたいところに行かせてやる」野面石中心の段階が、「穴太衆積み」の技能に加えてよい範疇であろう。だとすると、「穴太衆積み」とは、野面石を扱える穴太たちが、中世以降、そして粟田家にいたる間で、共有できえた技能であり、その作業の実際を、心得としてまとめた可能性が高い。

では、「穴太衆積み」を通して、なにが語れるのか。それは各時期を生きた穴太が、究極的に求め続けた勾配の問題ではなかったか。

①それは野面石、割石が使われる中世後半期の「垂直に近い勾配」と推定される段階。②続いて、同じ野面石と割石を用いた、近世初頭の直線的な「矩勾配《のり》」の段階である。③さらにこの矩勾配に、わずかな「反り」が付加した段階で、これには大ぶりの野面石、割石、一部に加工石も使われる。そうした過程を経て、法式の④「矩返し勾配」が創案され、割石、加工石による、高石垣が成立したのであろう。

城郭石垣にみる「積み方」

前述したように、慈照寺境内に残る室町時代の石垣遺構は、穴太による技術技能が反映したものであることは重要である。また、それが城郭に先行する寺院遺構で磨かれたことも注意する必要がある。

かつて私は、石積み技能者「穴太」と、その積み方を中心に、近世城郭の変遷を試みたことがある。[8] そのなかで、当時、私が呼称した「古式穴太積み」とは、矩勾配が定着し、天正四年（一五七六）の構築とする安土城の石垣を基準指標とし、築石部の積み方（横目地の通りの有・無からみた、乱積み、布積み崩しなど）や、また、隅角部の角石と角脇石からなる算木積みをあげ、それを完成への変遷過程とみなしたのである。そうした特徴を「古式」と仮称した。

また、「新式」とは、慶長期以降の矩返し勾配が定着する元和・寛永期を中心とする時期の概念である。しかし、「穴太衆積み」が、石垣を一段、一層とみなす積み方の新しい単位としての、元和・寛永期以前の技能だとすれば、もはや、古式、新式と区分する意味はないだろう。

ところで、伝統技術としての石垣を観察するうえで、また、現在各地で実施されている修復工事では、時代を問わず、石積み用語や積み方の分類表現がなければ、説明はできない。そうしたことから、石垣の構成要素となる四点を挙げておきたい。

まず、①構造から隅角部には直角の出角、鈍角を表す「しのぎ角」、さらに「入角」がある。出角、しのぎ角には、

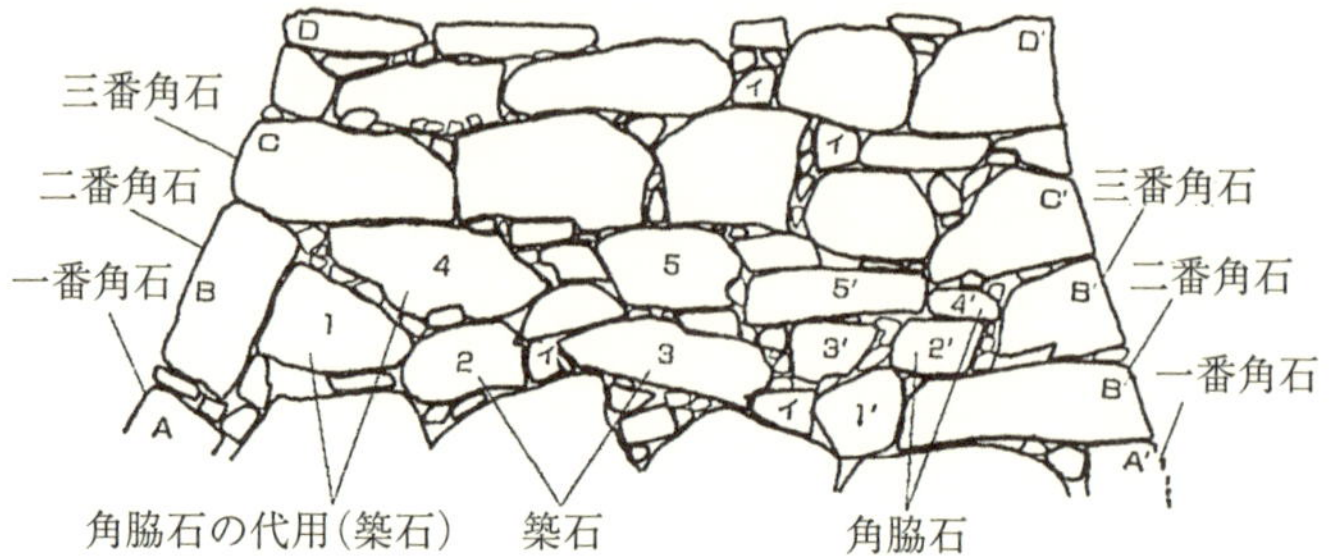

図３　「穴太衆積み」築石の据え方（但馬竹田城北千畳）

角石と角脇石があって「算木」を組む（積む）。角石の上・下には、角度調整の挟《はさ》み石を入れる。隣接する築石部では、積み方を観察するための築石（平石《ひらいし》）がある。両者に関わるものとして、詰石、根石、裏込め石や（裏）押え石がある。②として、横目地の通りの有・無から、乱積み・布積み・布積み崩し・（谷）落積みなどを分類する。③石材加工の有無とその形状から、野面石・割石・加工石（切石）などの区分もできる。野面石で積むことを野面接《は》ぎ、割石で積むのを打ち込み接ぎ、加工石の例は切り込み接ぎという。④石垣を築くうえで、穴太にとって最重要の関心事項は勾配の問題である。

①の場合は、慶長期後半から寛永年間にかけて、隅角部の規格化が進む角石、角脇石の例である。築石も規格化が進む。上下に通る角石の稜線は、勾配（矩勾配、矩返し勾配など）を生み、算木（積み）をつくる（図３）。②のうちで布積みとは、築石の下端と上端を一定幅に揃えて、水平ラインをとることをいう。布積み崩しは、大小の築石を使うことで、横目地の通りに、長短のラインが生じるものをいう。乱積みは、大小石材を、通りを意識せずに積むことをいう。

万喜三氏の説く、野面石の「穴太衆積み」では、形態としては布積み崩しや乱積みをさすが、ときには落し積みも使う。これは「穴太積み」が、安土城や竹田城のように、本来、横目地の有無から分類する、「積み方」をさすものではないからだろう（図４）。③での、加工度からみた竹田城の石材は、野面石と割石からなる。一般に野面石は、海、山、川などに点在する転石や、地中から掘り出した大小自然石で、節理面が割肌状の野面石もある。割石とは、石切丁場の母岩や転石に矢道、矢穴を残す。これは割道具を使い、大割、小割にする（割石）。加工石は、その多くが割石で、その用途に応じて加工具を使い、切石に仕上げる。勾配については、すでに述べた。

赤松広秀と竹田城石垣

但馬竹田城は戦国時代後半期の山城遺構として、また、但馬山名氏の有力被官、太田垣氏の本城として知られている。そして、羽柴秀吉による但馬平定後、秀吉は天正十三年（一五八五）に赤松広秀を竹田城に入封させた。秀吉に重用された広秀は、文禄元年（一五九二）に起こった文禄・慶長の役にも従軍する。その後、広秀が徳川家康の命で自刃させられる慶長五年（一六〇〇）、竹田城は終焉を迎える。

竹田城の縄張り（平面プラン）の特徴から、曲輪に「土塁」（畝状竪堀）を用いた太田垣時代、土塁を石垣に変えた赤松時代に大別でき、その遺構が確認できる。

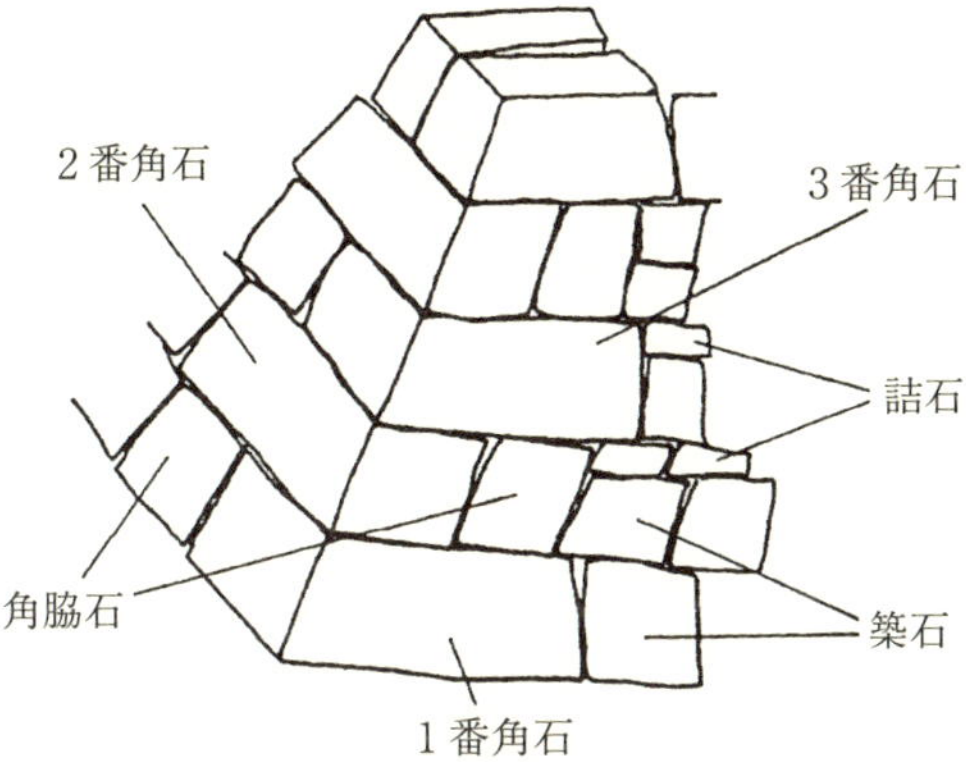

図４　石垣隅角部（算木積み）模式図

ところで、但馬地方には竹田城に先行する石垣をもつ城郭遺構として、天正十五年（一五八七）の構築とされる有子山城がある。山麓部に位置する出石城の山頂部にあって、主峰は大堀切によって二分され、広い千畳敷に対し、地形の狭いほうに主郭を配している。主郭は階段状に本郭，二郭、三郭と自然地形に沿って下る。

江戸時代の石垣技術書である『後藤家文書』によれば、石垣の縄張りは、本来は、山城の自然地形を意味する「山形《やまなり》」の平面プランに沿って築くものであり、石垣の基本形となる直角の出角《ですみ》、鈍角を表すしのぎ角、折れを加えた入角《いりずみ》、アーチ状に内傾させた輪取り、直線状に延びる一文字《いちもんじ》などの構成要素が観察される（図５）。このように、但馬有子山城での主郭群の平面プラ

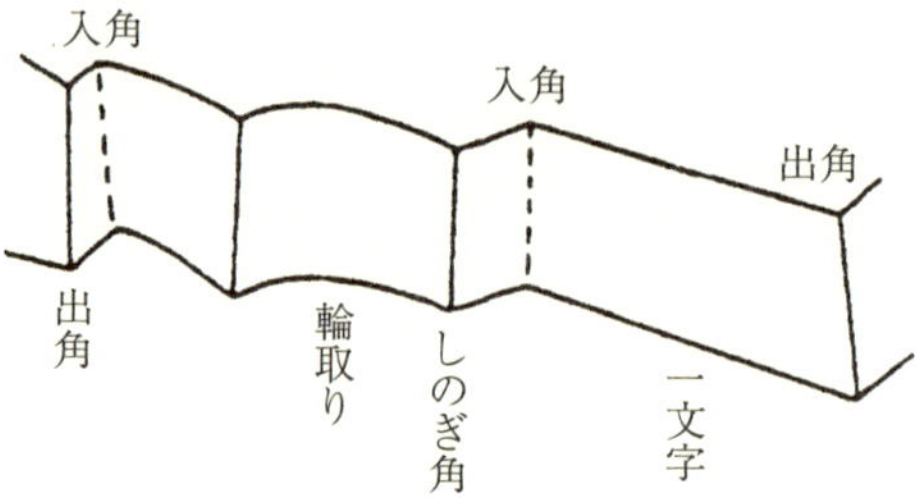

図5　石垣構成要素としての「折」

ンの取り方は、『後藤家文書』が説く「山形」の自然地形に見合う。有子山城石垣の隅角部、築石部から観察できる構成要素は、まさしく、竹田城の主郭部にも符合する。

竹田城の縄張りについて、『上道《かんだて》陣兵衛覚書』（天明三年〈一七八三〉）は俗書のそしりはまぬがれないが、示唆に富む。かつて国人である太田垣氏の被官に「上道」を称する人物がいた。山名宗全に仕えた和田秀重は、嘉吉の乱のとき、赤松満祐の軍勢と備前の上道郡で戦い、功を得た。以来、秀重は上道を名乗ったという（『朝来誌』）。以下は覚書の一部である。

> 天正五丁丑歳赤松左衛門殿、此安井ノ城主ナリ。此城主ハ秀吉公取立ノ武士ニテ、是迄ハ幡（播）州建野ノ城主ニテ三万五千石ナリ。赤松満祐責カ（カ）山名トハ敵人ナリ。其故、安井之城ヲ竹田之城トシテ、殿村ノ大手ヲ竹田ニ替ヘ、又南ニ専（千）城ヲ拵、新造セントテ民百姓ノ人（歩）夫ヲ費シ、石垣ヲ築

右の覚書によれば、一点目は、赤松広秀は豊臣秀吉に取立てられた大名で、大手を安井側（現朝来市和田山町安井）におく「安井の城主」であった。二点目は、その後、安井城の殿村（現朝来市和田山町三波）にある大手を反対側の竹田に移し替え、竹田城とした。三つ目は南側に「南千畳」を設け、石垣を構築したという。

以上の伝承を通して、竹田城の主郭部から東北に下がる観音寺山遺構には、太田垣時代と推定される畝状竪堀遺構と、赤松時代をうかがわせる石垣の一部が残る。主郭は天守台を中心にすべて石垣で、花屋敷と、南、北に分かれた「千畳」敷で、比翼のプランで構成する（図6）。なお、新しい大手門は、現在の北千畳の枡形虎口であろう。勾配からみれば、矩勾配から矩返し勾配への過渡期の特徴がうかがえる。文禄年間から慶長初期の特徴を併せもつのではないか。

そうしたなかで、谷本進氏[9]は、竹田城主郭部遺構のプラン、築造時期、築城主体といった角度から検討を試みられ

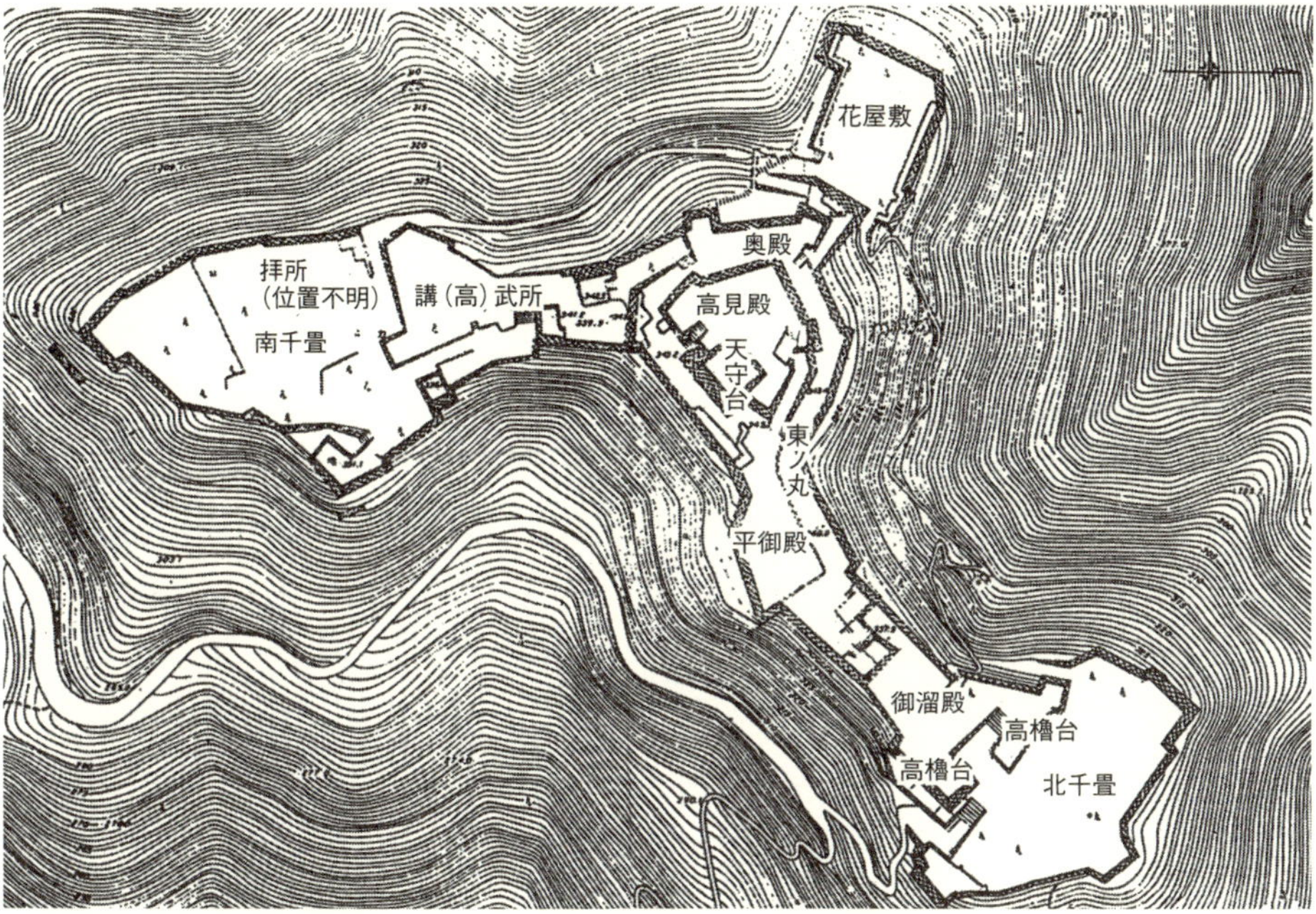

図6　竹田城曲輪名称図

ている。それを要約すれば、次の三点となる。

(A)平面プラン—本丸・二ノ丸・三ノ丸といった曲輪群を概念構造として素描できることから、竹田城はまさしく、近世城郭であること。なかでも、「南千畳」「北千畳」「花屋敷」の諸曲輪は築城時期がもっとも新しく、構造的にはそれぞれ大・小二ヶ所の虎口を有しており、これを「馬出形態の曲輪」と位置づけることが可能だとされる。また、防衛施設としては、天正期の「横矢がかり」や「折れ」だけでなく、櫓台を多用するのも特徴のひとつだと理解されている。

(B)石垣遺構の構築時期—朝鮮の倭城(文禄元年〜慶長三年)より新しく、慶長五年(一六〇〇)の廃城時期にきわめて近く、慶長三年から五年までの間の成立とみなされている。

(C)築城主体—地域に影響を与えた「但馬織豊系城郭」の枠では律しきれず、竹田城石垣の構築は、実質的には豊臣政権による「織豊系城郭」であると位置づけることが可能である。

　以上、谷本氏の提起された点は、竹田城のもつ大き

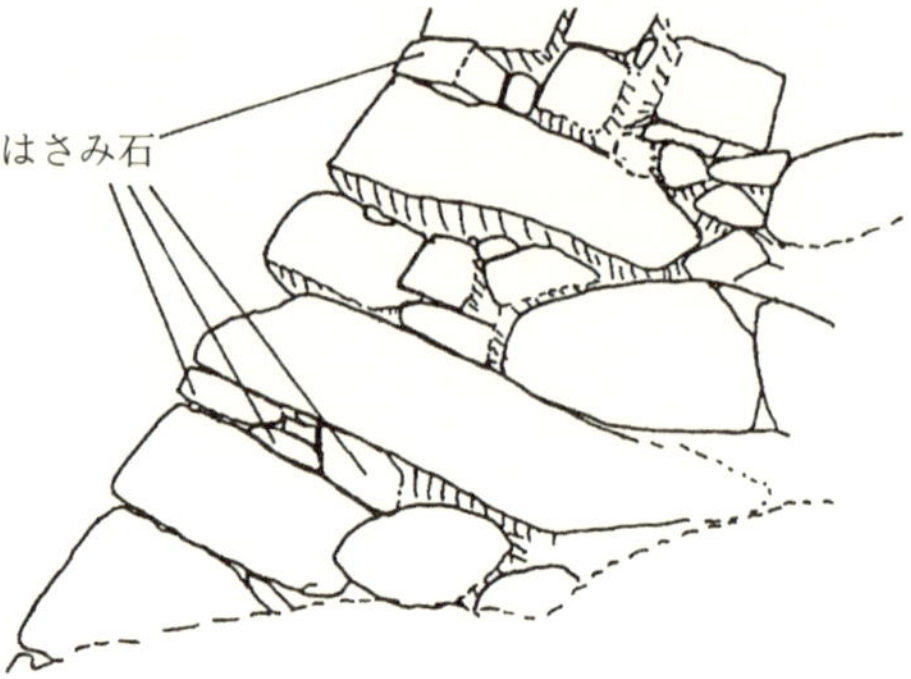

図7　竹田城天守台東隅角部基礎石垣構造図

な特徴を反映していると理解できる。いっぽう、その石垣遺構について、現在考えている私見を、若干述べておきたい。

　石垣の構成要素の一つである隅角部は、出角、しのぎ角、入角に分類できるが、直角を意味する出角で紹介する。かつて私は、角石と角脇石の多様な形態を「算木の発達度」ととらえたことがある。各地の城郭石垣を、一定の尺度によって概観するためである。しかし、竹田城での角石は、一般的な横長石（横石）のほか、縦長石（縦石）を多用するのが特徴である。角石が横石の場合は、角脇石が共存するが、縦石を重ねて使うと角脇石は使えない。つまり、隅角部の構成には、横長石を角石に、角脇石を入れて、互層に組む算木と、長い縦石か、控えの短い直方体石の角石一石だけを重ねる例が併存する。前者を「算木積み」とすれば、後者は「角石の重ね積み」といい得るものであろう。

竹田城天守台の石垣

まず、北千畳曲輪の外郭部から観察すると（図6参照）、見付櫓台下から反対側の（北）高櫓台出入口（虎口）までの間に、隅角部の出角八ヶ所、しのぎ角三ヶ所、入角五ヶ所、そして入角を逆に鈍角に開いた角部が四ヶ所存在する。なお、前述したように、隅角部には、角石のみで算木を組む例と、角石、角脇石で算木積みにする例がある。角脇石を使う角石では、おおむね控えの長い野面石を用いる。また、角脇石には、一石ないし、数石で補うこともある。なお、築石を代用した角脇石は、すでに天正年間にはあり、花屋敷、南千畳曲輪でも観察できる。

　ところで、野面石の角石、上下の空隙にはさむ小石片を、挟み石（はさみ石）といい、勾配の調整にも有効である（図

7)。また、北千畳曲輪隅角部の角石稜線部は、矩勾配にわずかな反りをつけたものか、「矩返し勾配」といって、石垣の基礎から一間上がるごとに、底辺幅を減らして傾斜角の矩勾配をつくる。前者なら文禄期、後者であれば、慶長期以降の石垣の可能性もある。

こうした特徴は、大手門から東の丸での櫓台隅角部にもあって、大型縦石の角石にはさみ石を加えて重ね積みし、勾配は垂直にほぼ近い。また、東の丸の伝武の門をはさむ櫓台の角石も縦石である。さらに、太鼓櫓台の北西面隅角部では、大型縦石二石にはさみ石を入れ、矩（傾斜角）をつくる。このように、角石を縦石積みにする例はほかに、南千畳から伝講武所へかけての櫓台に集中するのは興味ぶかい。

ところで、角石に縦石を使わない箇所のひとつが、天守台・本丸石垣である（図8参照）。次にA面西隅角部から、その特徴をあげておこう（写真3）。まず、角石は概して控えの長い粗割石を主体に、角脇石一石か、数石で、算木積みを構成する。しかし、いっぽうでは、天正期以来のはさみ石を数ヶ所で使う。そのため稜線部中央あたりで反り状か、ないしは矩返し勾配を呈す。矩返し勾配だとすれば、慶長期の可能性もある。また、東隅角部（図7）でも同様である。

写真3　竹田城天守台西隅角部石垣

天正期の古法をうかがわせるのは、角石の下段部における石材の先端部分を隅角にみたて、矩を出すところで、はさみ石は三ヶ所に観察できる。A面石垣は不揃いの大石を適所に配石した、万喜三氏の説く穴太積みに近い。築石部は大平石、縦石を適所に積む。また、隅角部の勾配は、矩に反りを付した勾配か、矩返し勾配が予想できるところから、文禄期から慶長初期の成立幅が推定できる。

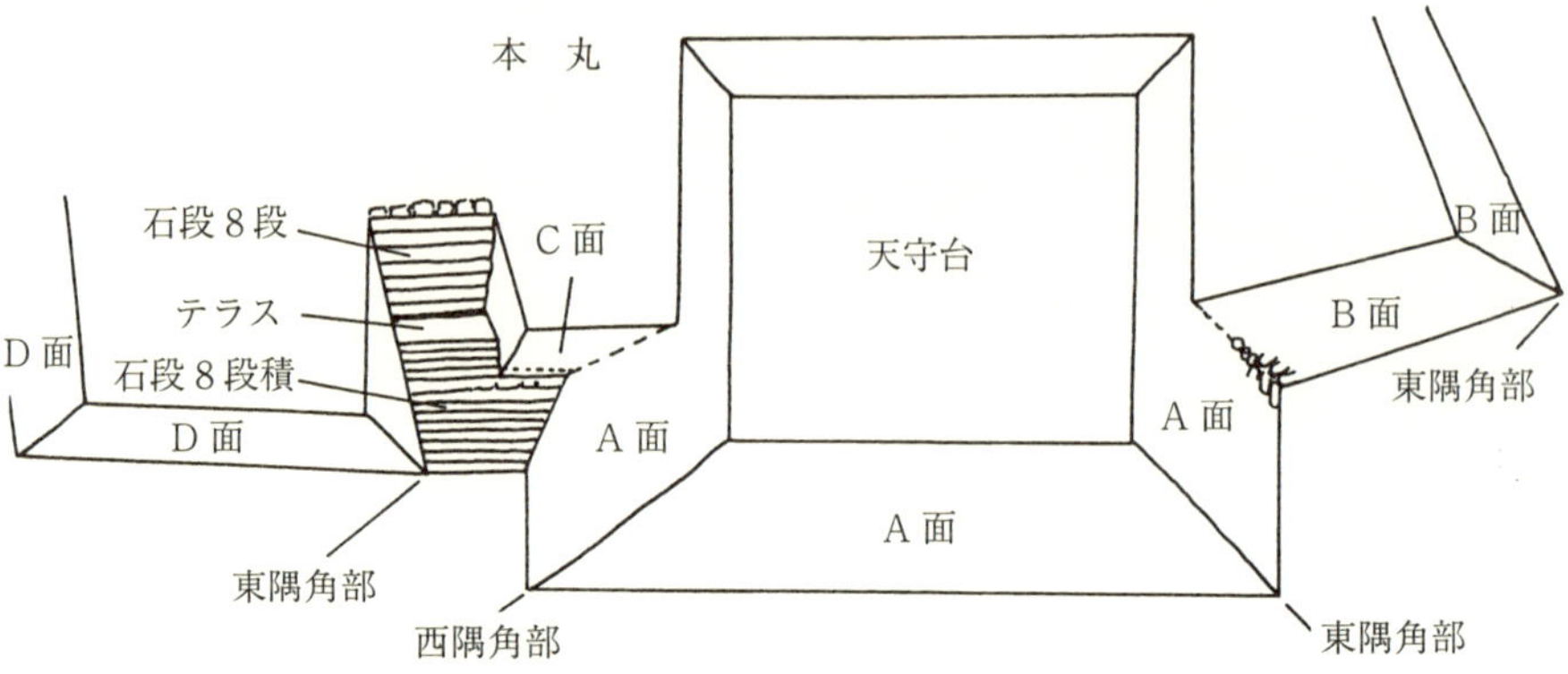

図８　竹田城天守台・本丸石垣遺構

図８Ｂ面、東隅角部での角石は、下段の粗割巨石と規格性の乏しい石材が混在する。角脇石には大小の築石を代用させる。角石へのはさみ石も多用され、勾配では反りはなく、矩勾配に近い。築石部の巨石列も、様式的には天正期に近い。問題は、Ａ面とＢ面との時間的関係である。それを接合する入角部の差し込み石から、両者は同時期と理解できる。Ａ面は文禄から慶長初期、Ｂ面は天正末から文禄期を考えたい。

次に、Ｃ面、Ｄ面櫓台をつなぐ石段（雁木か）である。石段が天守台の正面に設ける例は、寡聞にして知らない。三面は詳細に検討すれば、それぞれ石段と石垣と組合い、補完関係にある。また、Ｄ面東隅角部の角石は、控えの長い粗割石にはさみ石を使う。角脇石は一石か数石をもって、算木積みを構成する。勾配は矩に反りの付く勾配か、もしくは矩返し勾配かであろう。

まとめ

天守台周辺部の石垣から、その特徴を検討した（図８）。山城の自然地形に制約を受け、「折れ」を生かした出角、入角、しのぎ角、輪取りや一文字を併用する平面プランは、「比翼の構え」とされ特徴的である。天守台一帯は、おおむね、天正期の伝統技術を受容しながらも、文禄期、さらには慶長初期の特徴を反映しているのであろう。

ところで、さきに谷本氏が提起された見解のうち、北千畳・花屋敷・南千畳の諸曲輪のプランが、とくに新しいとみる点については、天守台石垣構造との比較からみて困難である。それは、曲輪内の櫓台に角脇石を使わず、控えの短い角石を重ねるだけの算木や、角石に縦石を使う算木積みがあり、すでに天正期からの使用例がある。なお、花屋敷曲輪については、軍事的緊張感が増すなかで、整備が図られた可能性がある。築城主体については、谷本氏が説かれるように[10]、完成度の高い平面プランから、織豊系城郭とみなしてよいのではないか。

そのほか、西尾孝昌氏、田畑基氏らの踏査によって確認された、登り石垣の存在は、韓国南部に点在する倭城石垣との、あらたな検討課題となろう。

【註】

（1）「「穴太」論考」『日本歴史』六九四　吉川弘文館、二〇〇六年三月。
（2）拙著『石垣普請』法政大学出版局、一九八七年三月。
（3）前掲書（2）。
（4）粟田万喜三談「但馬竹田城の石垣について」『城』八五号　関西城郭研究会、一九七四年六月。
（5）平野隆彰『穴太の石積』株式会社かんぽう、二〇〇七年一月。
（6）前掲書（1）。
（7）『京都市埋蔵文化財調査概要』（平成五年度）（財）京都市埋蔵文化財研究所、一九九六年三月、『史跡慈照寺（銀閣寺）旧境内』（財）京都市埋蔵文化財研究所、二〇〇八年三月。
（8）前掲書（2）。
（9）谷本進稿「竹田城の構造形式について」一九九一年四月十七日の発表要旨による。のち『但馬竹田城』（城郭談話会）に掲載（一九九一年八月）。
（10）谷本前掲稿（9）。

Ⅱ　畝状竪堀群からみた但馬国の城館

永恵裕和

一、はじめに

但馬国における戦国期城館の編年的研究は、本書に掲載されている西尾孝昌氏によって大きな成果が挙げられている（西尾　一九九一など）。本稿では、近年の但馬国に属する市町において行われている悉皆調査報告の成果を用いて、但馬国内に所在する畝状竪堀群を持つ城館を検討する。

検討方法としては、地表面観察によって作成された縄張図を用いて、当該期に出現する特徴的な遺構である畝状竪堀群を分類し、他の築城技術との関係性や分布域、出現時期を検討する。

二、先行研究と課題

畝状竪堀群を城館の遺構として「発見」したのは、田中寅吉氏である（田中　一九五九）。田中氏は、新潟県に所在する城館の中に畝状の阻塞を持つものが存在し、それらが上杉氏の築城技術の一つではないかと推定した。伊藤正一氏は、田中氏の論考をさらに深化し、城館の防御施設としての畝状竪堀群の機能や構造について言及している（伊藤　一九七七）。

千田嘉博氏は、全国の畝状竪堀群を持つ城館を集成し、広域編年を構築した（千田　一九八七）。千田氏は、畝状竪堀群を単独のもの（Ⅰ類）と横堀と組み合うもの（Ⅱ類）との二種類に大別し、単純な畝状竪堀群から折れや横堀を組み合わせた畝状竪堀群へと変遷することを明らかにした。さらに、畿内近国から関東地方にかけての地域ではⅠ類が、それ以外の地域ではⅡ類が分布することを明らかにし、その分布差に築城技術の発展の方向性の違いを見出した。すなわち、Ⅰ類地域では横堀や虎口、石垣が発達し、Ⅱ類地域ではそれらの発達が遅いことから、両者の分布の差違を織豊系勢力の進出地と重ね合わせ、進出が遅かった地域において存在するⅡ類を、在地の築城技術の到達点と位置付けた。

但馬国における戦国期城館の遺構編年については、西尾孝昌氏の先鞭がある。西尾氏は、まず文献史料から但馬国内の軍事的緊張を推定し、それぞれの軍事的緊張に該当する城館を洗い出す。次に、年代の基準となる城館跡の遺構群を当該期の標式例として用い、但馬国の城館跡の編年を構築した（西尾 一九九一、一九九四）。西尾氏の編年は、①堀切＋竪堀（天正二年以前）、②U字型竪堀の出現（天正二年）、③畝状竪堀群の出現（天正三～五年）、④畝状竪堀の頂部が横堀で連結されるもの（天正六～八年）へと変遷していく四期を設定し、当初は単純な遺構の組み合わせだったものが、次第に軍事的緊張にともなって、より防御性の高い遺構を中心とした組み合わせに変化する築城技術の変遷を明らかにした。

但馬国隣接地域については、丹波国を中心として高屋茂男氏が、近年の成果を総括している（高屋 二〇〇二・二〇〇四・二〇一四）。高屋氏は、西日本の発掘調査成果を中心に、一六世紀になり畝状竪堀群が成立し、一六世紀後半には横堀と組み合うものや各竪堀の間隔や形状に規格性が出現することを明らかにしている。

以上のように、これらの編年は、広域編年、地域編年を問わず、時期を明確に示す「鋭敏な」遺構である畝状竪堀群を用いており、戦国末期の（織豊系勢力の進出直前の）城館の様相を浮き彫りにすることに成功している。ただし、今日的な問題視点からは、課題も少なくない。

例えば、情報量の変化による、遺構の見直しがある。田中寅吉氏が畝状竪堀群の「発見」を行った当時から現在に至るまでに、全国の自治体における中世城館跡の悉皆調査は進展し、縄張り図作成の水準も微増ながら向上している。当時の事例集成の限界や作図水準をふまえるならば、今日的な視点での遺構の見直しが必要である。

また、それにともなう編年の再構築も課題である。現在、大半の支持を得ている千田氏の畝状竪堀群の編年は、たしかに広域的編年としての有効性は失われていない。しかし、一九八九年当時の点的な集成結果から構築したものであり、一九八九年以後の各都道府県による中世城館跡悉皆調査の成果を基にした編年の細分化および編年自体の検証が必要である。

筆者は以前、そのような課題意識の中で、①日本全国を対象とした広域編年を構築するための前段階として、②各地域における編年の構築を目的として、但馬国に隣接する丹後国において、竪堀の構造の違いから畝状竪堀群を二型式に細分し、それらの編年を試みた（永恵 二〇一三）。詳細は次章以下で述べるが、従来Ⅰ類とされてきた畝状竪堀群が、竪堀の形状の差違から、Ⅱ類（横堀と畝状竪堀群の連結という異なる形式の築城技術との組み合わせ）へと一足飛びに変化せず、畝状竪堀群のみで型式変遷があり、出現時期に先後関係があることを指摘した。また、両型式が排他的に丹後国の東西に分布することが、文献史料による軍事的緊張とも合致することから、遅くともA類が天文半ば～永禄年間、B類が永禄年間～天正八年に出現するとした。

三、但馬国における畝状竪堀群

（1）城館の分布

本稿では、近年発刊されている調査成果を利用し、但馬国の畝状竪堀群の編年や分布を考察する（城郭談話会 一九九一、養父市教委 二〇一〇、西尾 二〇一二・二〇一三、香美町教委 二〇一五）。また、但馬国に該当する現市町の悉皆調査は完全ではないが、主要な地域の悉皆調査は終了しており、一定の傾向は見出だせると思われる。

但馬国は、豊岡盆地以外に大きな平野は少なく、円山川などの河川によって開析された谷が中心となる、谷あいの地形が多い。畝状竪堀群を持つ城館跡は、巨視的に見れば但馬国全域にまんべんなく分布しているが、微視的に見ると、円山川沿いに南北に伸びる谷や、丹後国との隣接地である東側にやや集中する。また、円山川沿いの谷や豊岡盆地などの平地だけでなく、北東部の海浜部にも分布する。畝状竪堀群を構築しうる築城主体がどういった勢力かは現段階では判断できないが、畝状竪堀群を持つ城館の分布からは、但馬国において畝状竪堀群は特定時期以後、築城技術として一般化していたと思われる。

（2）分類

筆者が丹後国で行った分析を援用し、畝状竪堀群を形態上の特徴から、①竪堀の形態となるA類、②竪堀間が盛り上がり、いわば竪土塁の形態となるB類の二種類に分類する。A類が一般的な竪堀の集合体であるのに対して、B類は、竪堀間を意図的に高く盛り上げ竪土塁としている。竪土塁の高さによって堀底までの深度が深くなり、さらに堀間の頂部が高くなることで一条ごとの堀の拡幅を行って、竪堀の遮断性をより強化しているものと考えられる。よって、敵兵の横移動の遮断という畝状竪堀群の機能からは、A類からB類へという遮断性の強化という変化の方向が想定できる。

さらに、丹後国では加佐郡に該当する京都府舞鶴市の宇谷城《うだに》において、両型式を併せ持ち、B類がA類に「切り勝っている」ことがわかった。また、切り合い関係にならないまでも、B類が敷設されている部分が、「一城別郭」の箇所にあたり、畝状竪堀群以外にも相対的に時期が新しいと考えられる遺構をもつ城館跡が見られた（京丹後市所在の舟山城など）。以上のことから、二型式には出現期において先後関係があり、A類からB類へという型式変遷があると考えられる。

但馬国でも丹後国同様に、両型式に分類することが可能である。両型式の切り合い関係や共伴関係で良好な

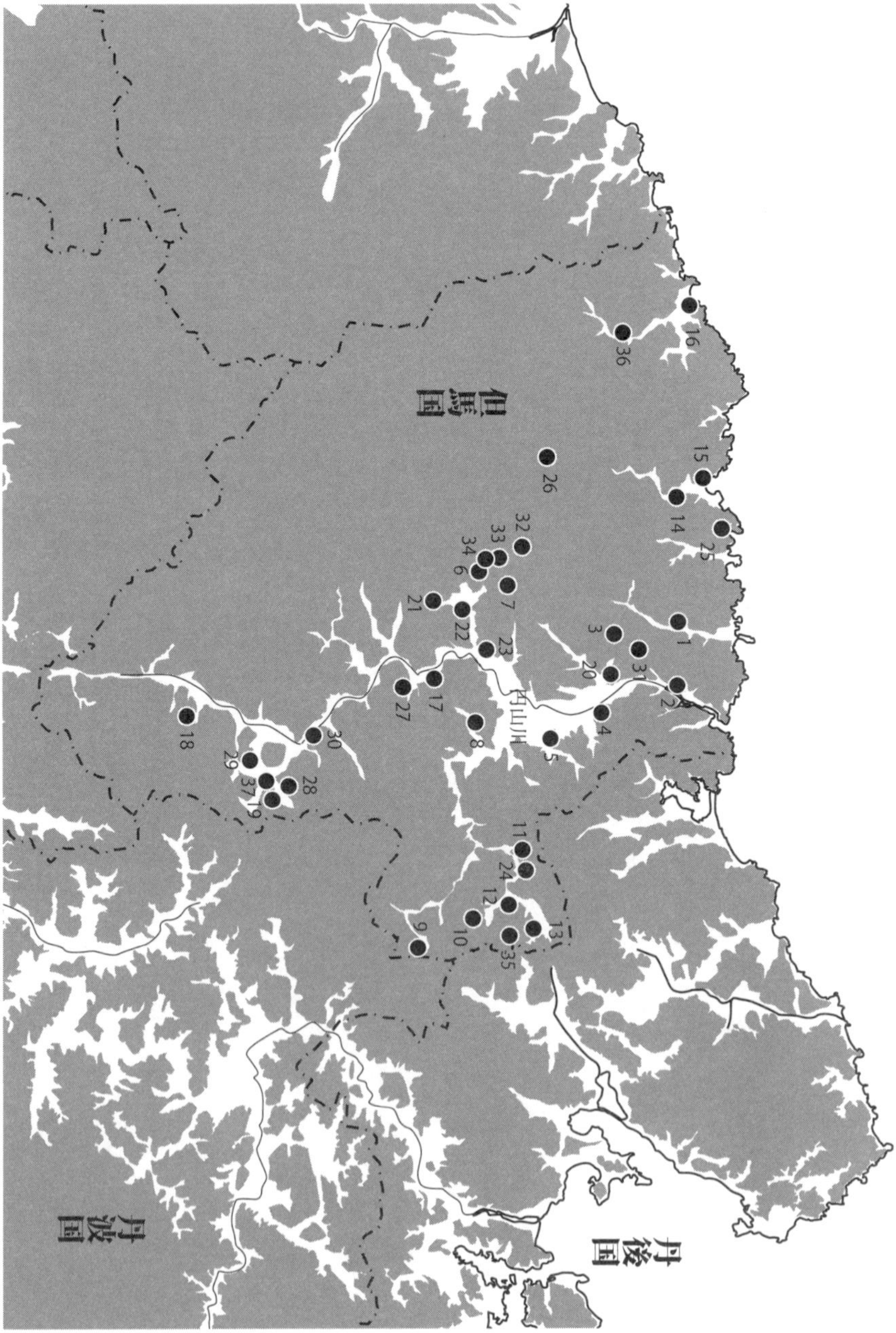
但馬国
丹波国
丹後国
円山川
1
2
3
4
5
6
7
8
9
10
11
12
13
14
15
16
17
18
19
20
21
22
23
24
25
26
27
28
29
30
31
32
33
34
35
36
37

No.	城名	所在	立地	標高	比高	規模(m)		面積	畝状			構成	堀切		土塁	竪堀		帯曲輪			櫓台	虎口	石積	石垣
						東西	南北	(㎡)	A	B1	B2		主郭	他		I	U	a	b	c				
1	轟城	豊岡市竹野町轟字城山	頂部	147	120	280	320	89600	○			連	○		○		○	○						
2	簸磯城	豊岡市城崎町簸磯字簸谷	先端	110	100	120	110	13200	○			単	○		○	○	○							
3	江野城	豊岡市江野字ホヨタテ・マゼ谷	先端	209	159	80	130	10400	○			連			○	○								
4	鶴城	豊岡市山本字鶴ガ城、上ノ谷	頂部	115	110	330	525	173250	○			連	○		○	○						○		
5	三開山城	豊岡市大篠岡字見開	頂部	205	201	260	335	87100	○			複		○		○								
6	名色城	豊岡市日高町名色字戸板	尾根	395	95	50	280	14000	○			連	○	○										
7	山宮城	豊岡市日高町山宮字向山	尾根	251	65	140	210	29400	○			連	○			○		○						
8	荒木城	豊岡市出石町荒木字竹ケ原	頂部	222	200	580	480	278400	○			連				○		○						
9	大河内城	豊岡市但東町大河内字赤尾	頂部	402	110	70	130	9100	○			連	○	○		○		○						
10	坂津城	豊岡市但東町坂津字作山	尾根	230	80	70	130	9100	○			連	○	○	○			○						
11	岩吹城	豊岡市但東町木村字山	頂部	203	120	180	310	55800	○			複		○		○	○	○						
12	中山愛宕山城	豊岡市但東町中山字愛宕山	尾根	160	60	190	130	24700	○			複	○	○										
13	中藤愛宕山城	豊岡市但東町中藤字愛宕山	先端	185	28	60	100	6000	○			単	○			○		○						
14	釣鐘尾城	美方郡香美町香住区加鹿野字城山	頂部	94	82	330	250	82500	○			複		○	○	○	○		○	○				
15	志馬比城	美方郡香美町香住区字島山	頂部	62	55	480	200	96000	○			複		○	○	○		○						
16	相応峰寺城	美方郡新温泉町清富字観音山	頂部	245	242	330	240	79200	○			複		○		○		○						
17	浅間小城	養父市八鹿町浅間字ヤシ谷	先端	73	40	50	80	4000	○			単	○	○										
18	山内城	朝来市山内	先端	218	78	70	100	7000	○			単	○	○	○	○								
19	向山城	朝来市山東町新堂字向山	尾根	240	128	250	100	25000	○			連	○	○										
20	森津城	豊岡市滝字薬師	尾根	110	42	50	130	6500		○		連	○	○	○						○			
21	森山城	豊岡市日高町森山字赤城	頂部	108	31	120	220	26400		○		連		○	○	○				○				
22	楽々前城	豊岡市日高町佐田字城山	頂部	307	205	250	1000	250000		○		複		○	○	○		○				○	○	○
23	国分寺城	豊岡市日高町国分寺字城山	頂部	91	70	230	280	64400		○		連	○	○	○	○				○				
24	亀ケ城	豊岡市但東町太田字城山	頂部	172	90	300	300	90000		○		連	○	○	○	○		○			○	○		
25	館山城	美方郡香美町香住区無南垣字城山	頂部	80	70	450	250	112500		○		複		○	○	○		○						
26	板仕野城	美方郡香美町村岡区板仕野字段ノ尾	先端	450	85	60	190	11400		○		連	○	○	○	○								
27	大江堀城	養父市八鹿町大江字堀	尾根	141	70	100	100	10000		○		単	○		○					○				
28	大内城	朝来市山東町大内字スゴ谷	先端	190	50	150	100	15000		○		連	○		○	○		○	○		○			
29	諏訪城	朝来市山東町大月字城山	頂部	142	30	100	200	20000		○		連			○	○		○		○				
30	寺谷城	朝来市和田山町寺谷	先端	156	90	230	120	27600		○		連	○			○								
31	伊賀谷城	豊岡市伊賀谷字城山	先端	199	105	180	140	25200			○	連	○		○	○			○					
32	稲葉城	豊岡市日高町稲葉字家の奥	頂部	578	225	100	280	28000			○	連	○	○		○								
33	山田城	豊岡市日高町山田中林	頂部	570	190	90	280	25200			○	連	○	○		○								
34	万場城	豊岡市日高町万場字城山	先端	354	24	100	50	5000			○	連	○		○	○								
35	金蔵寺山城	豊岡市但東町虫生字金蔵山	頂部	390	270	400	580	232000			○	連		○	○	○			○					
36	温泉城	美方郡新温泉町湯字大城	頂部	336	118	300	200	60000			○	連			○	○								
37	滝野城	朝来市山東町和賀字上ノ山	頂部	260	185	150	120	18000			○	連	○		○	○		○						

図1　但馬国の畝状竪堀群を持つ城館分布図（城郭談話会一九九一、養父市教委二〇一〇、西尾二〇一二、二〇一三、香美町教委二〇一五をもとに作成）　※堀切の項の主郭・他は、主郭背後かそれ以外を指す。竪堀I・Uは、Iが一般的な竪堀で、Uが西尾氏の提唱するU字型竪堀を指す。帯曲輪a～cは、aが完全な帯曲輪、cが横堀でbはその中間のものを指す。

事例に恵まれなかったため、他の属性の組み合わせから変化の方向を検証する。まず、A類にはU字型竪堀があり、B類には見られない。U字型竪堀は堀切の両端が竪堀となって下降するもので、平面的にU字状を呈するもので、西尾氏の編年では、U字型竪堀は但馬国で畝状竪堀群に先行して出現すると指摘されている（西尾一九九一）。また、A類に比べてB類では、横堀や櫓台、虎口を持つものが多くある。これらの遺構群は、切岸や土塁、堀切によるいわば曲輪群の上下による防御から変化し、城域内での防御が点として収斂・成立した段階で出現するもので、一般的な戦国期城館の遺構群の変遷では、比較的出現が新しいとされる遺構群である（村田一九八五）。この傾向は但馬国でも同様である（西尾二〇一二）。

つまり、相対的に古い時期に出現した遺構がA類にしか見られず、一方でB類には、出現期が相対的に新しいとされている遺構が見られるということになり、丹後国で想定したA類からB類へという変化の方向が、但馬国においても当てはまると思われる。

また、丹後国では明瞭な事例がなくB類に含めて考えたが、本稿ではB類を、竪土塁で構成されるB1類と、畝状竪堀群が竪土塁で構成され、頂部を横堀で連結したB2類として、新たに設定する。従来の千田氏による畝状竪堀群の分類では、Ⅱ類がこれに該当する。

B類に含めて考えたのは、本来機能の異なる遺構である畝状竪堀群と横堀を、一方の遺構の変遷の中に組み込むことは首肯できないからである。横堀の機能は、外縁部に巡らせることで城域内外を画定するとともに、囲繞された城域内部での曲輪群の機能分化を促進させるものとされている（千田一九八六・多田一九九五）。これに対して、畝状竪堀群は敵兵の横移動を遮断することが目的であり、その意味では、より軍事的な目的から誕生した防御施設である。つまり、それぞれが別の機能によって構築されていることが推定されており、それらが一つの遺構となっているのは、畝状竪堀群が横堀と接続したのではなく、畝状竪堀群の各竪堀の頂部が連結した結果として、横堀化したものと思われる。

A類の場合、畝状竪堀群の頂部は、竪堀の堀底からの立ち上がりとなり、城壁の一部を形成するが、B1類の場合は畝状竪堀群の頂部は竪土塁の頂部となり、切岸との間にV字状の空間地を生み出す。横移動の遮断性を考えた場合、

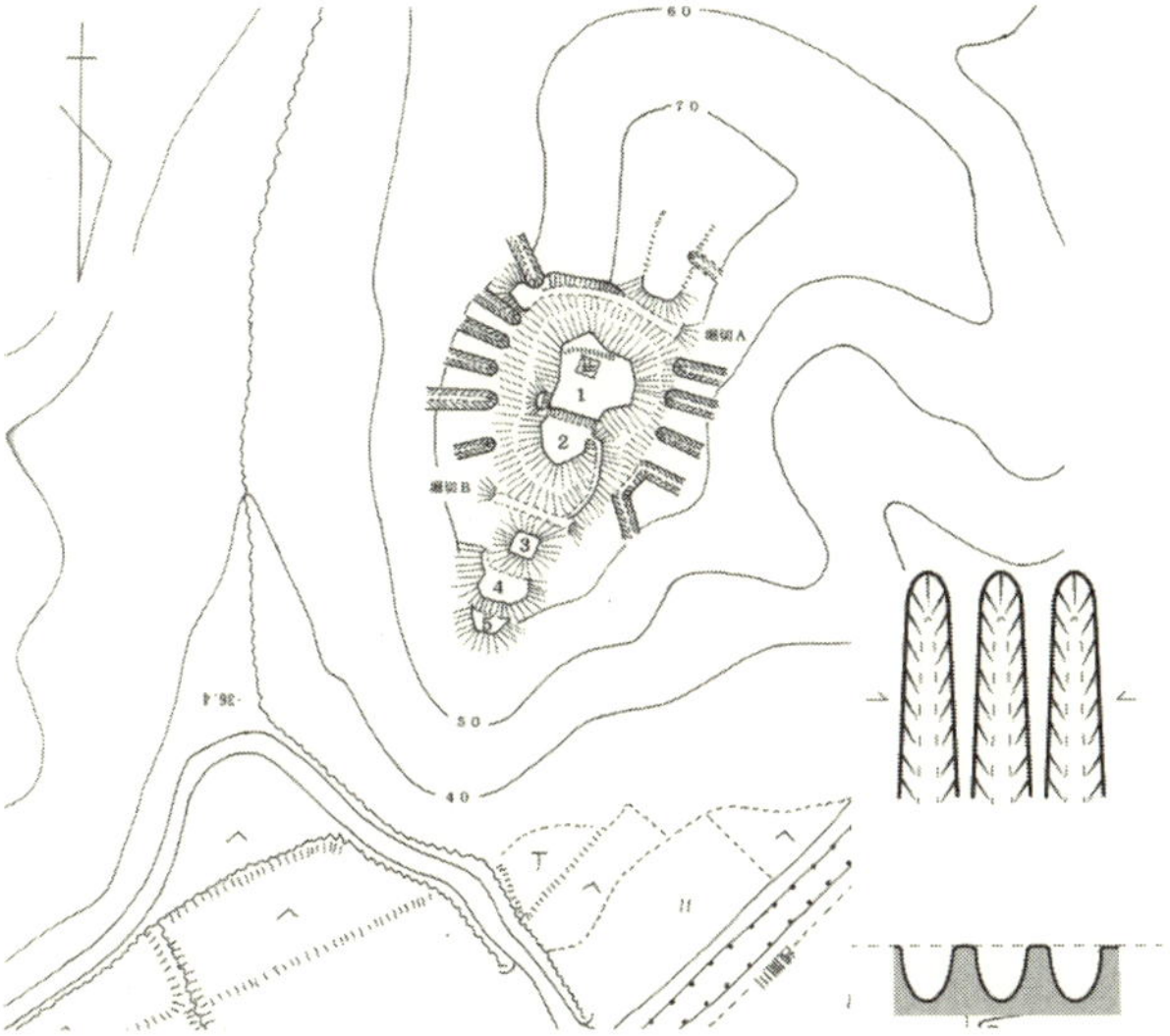

■A類の事例（養父市浅間小城）

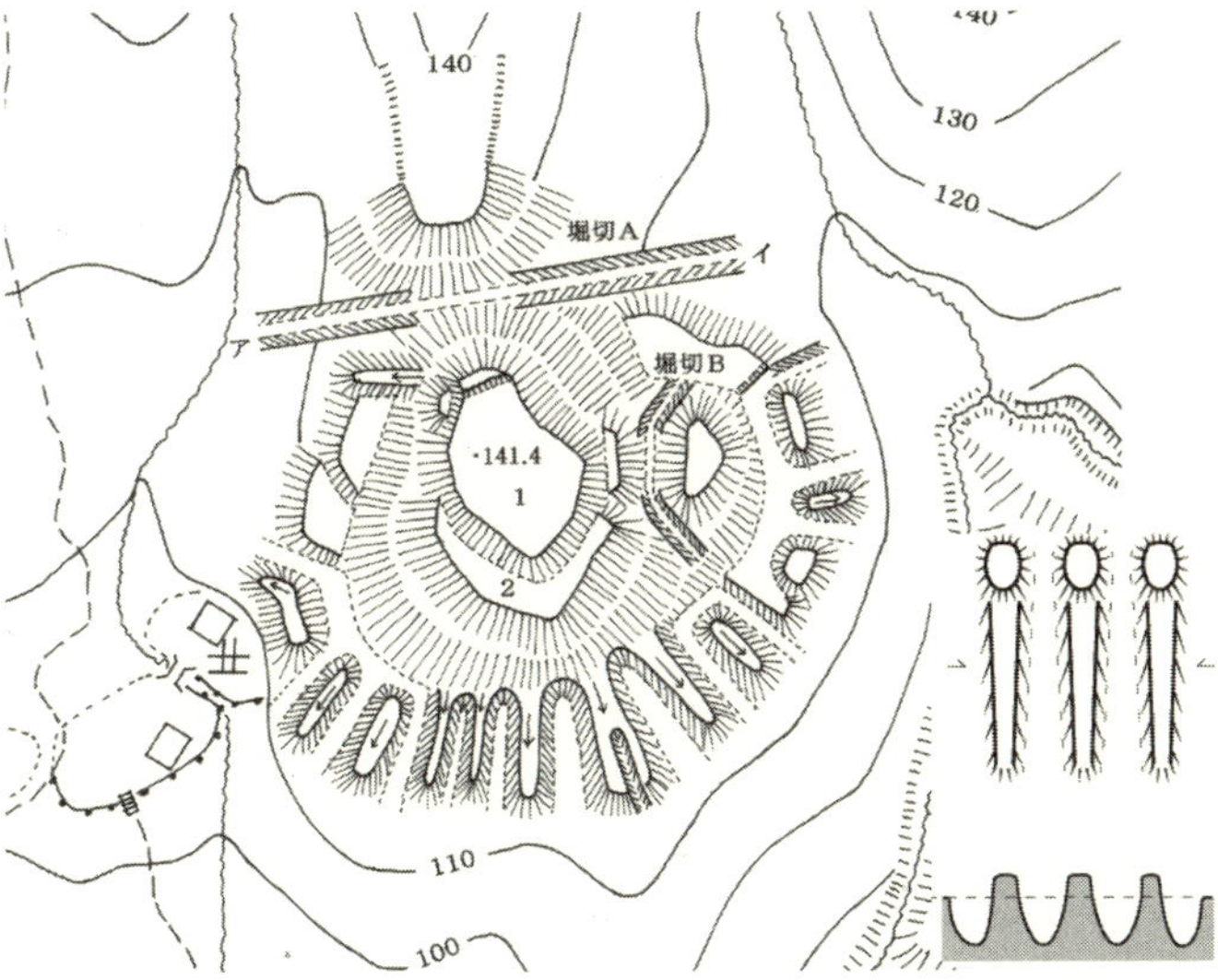

■B類の事例（養父市大江堀城）　0　100m

図２　但馬国のA類とB類の事例

より上位の曲輪に近くなるとはいえ、等間隔に存在する空間地は、攻城の足掛かりとして無視できないものと思われる。この空間地を連結して横堀とすることで、B1類の弱点を克服したと考えられる。

B1類とB2類の関係性については、但馬国の事例からは明確に先後関係が見出せない。B1類のほうが前述の新しい属性を共伴している城館が多く、変化の方向が逆転する、あるいは分類自体が不必要である可能性も存在するが、堀の形態的特徴の類似から、後出の型式と位置づけたい。

（3）分布

①A類　A類は、但馬国中央部から北部に分布し、中でも丹後国に隣接する東側にも集中的に分布する。また、円山川沿いの平地だけでなく、北東部の海浜部にも立地するのが特徴的である。南部には少なく、二城のみの分布となる。

城館群は、比高が一五〇m以下で、面積が五万㎡以下のもの、特に二万㎡以下に集中する。規模・比高において、A類が敷設される城館は、以上の条件が基本であったようである。一方、この基本から外れるものが四城ある。3江野城、4鶴城、5三開《みひらき》山城、8荒木城、16相応峰寺城、である。3～5、8までは但馬国中央部に位置し、最大の平地である豊岡盆地を巡るように占地する。16のみ、北西部に位置する。

曲輪構成は、連郭がやや多いものの、基本的には単郭・連郭・複郭の別なく、畝状竪堀群が構築されている。畝状竪堀群以外の防御施設では、堀切や土塁、帯曲輪を一般的に持つ。また1轟城、2篠磯《しき》城、11岩吹城、14釣鐘尾城では、畝状竪堀群に先行する遺構であるU字型竪堀を併せ持つ。鶴城で虎口を持つ以外に虎口を持つ城はなく、石積みや石垣、櫓台を持つものはない。

②B類　B1類は、但馬国南部に多く分布する。A類とは異なり、東側では集中せず、円山川から稲葉川にかけて分布する。特に現豊岡市日高町西側と現朝来市周辺に集中する。また、B2類はB1類の分布域の周縁部に位置する。

城館群は、比高が一〇〇m以下、面積が一〇万㎡以下のものにB1類が、それ以上の標高で、面積が五万㎡以下のも

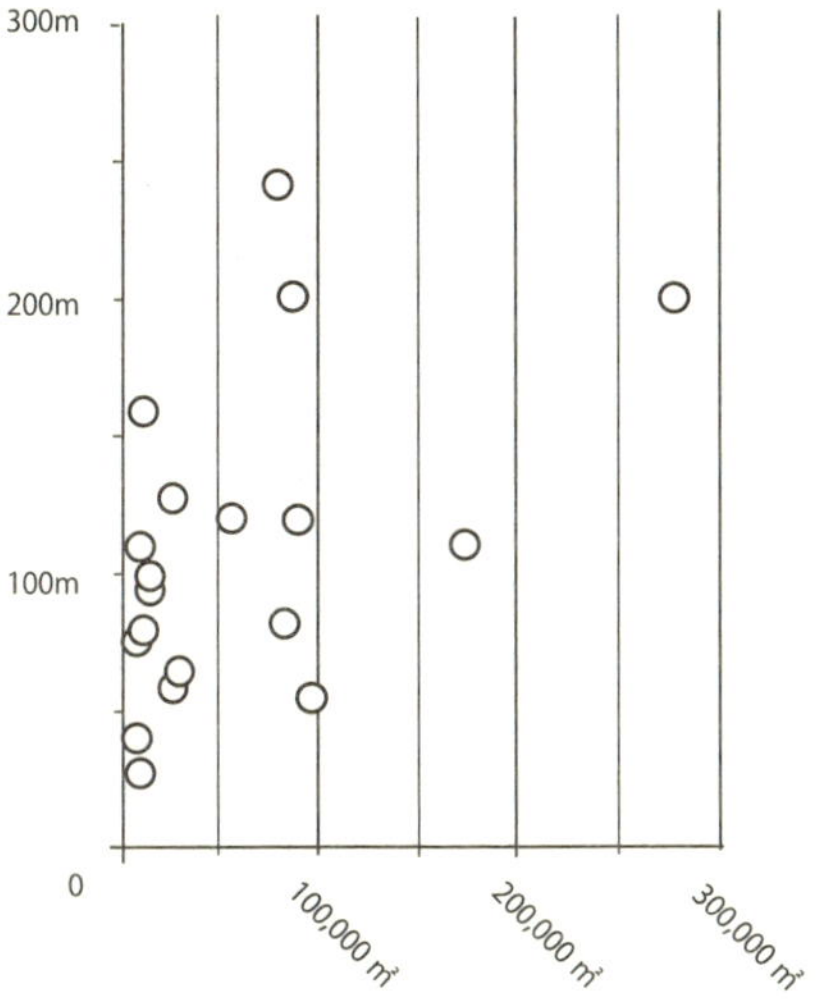

■ A 類の城館の比高と面積

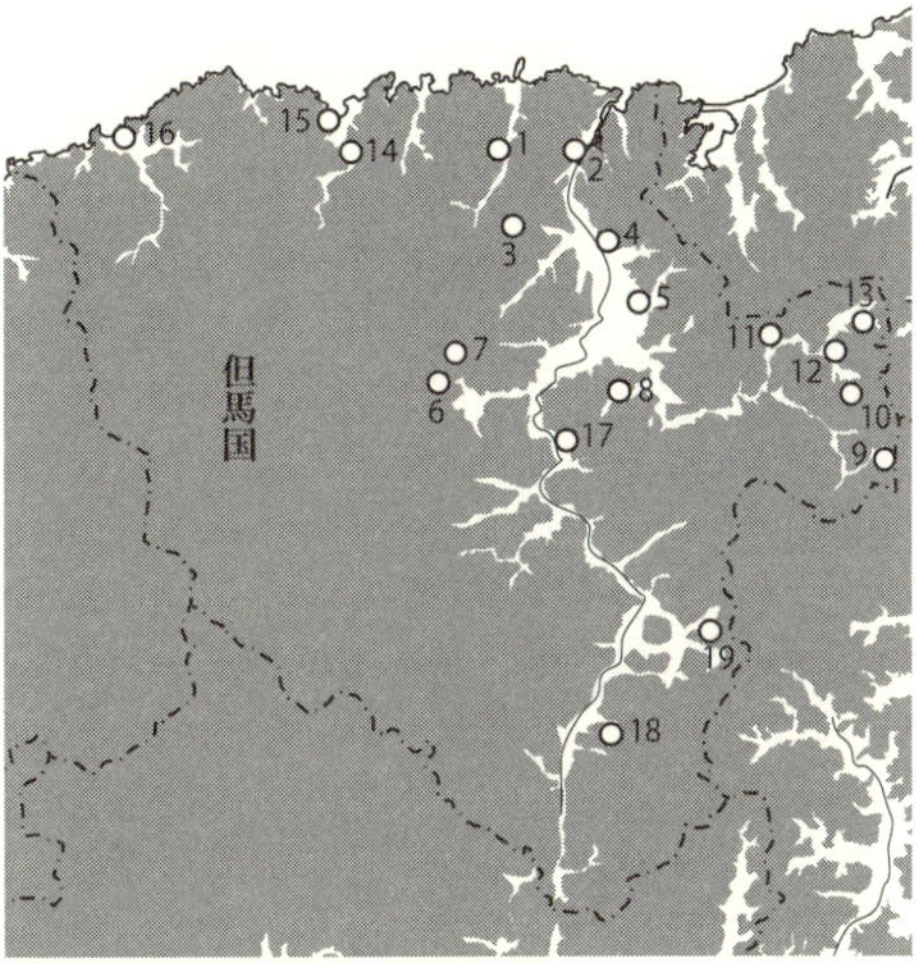

■ A 類の分布

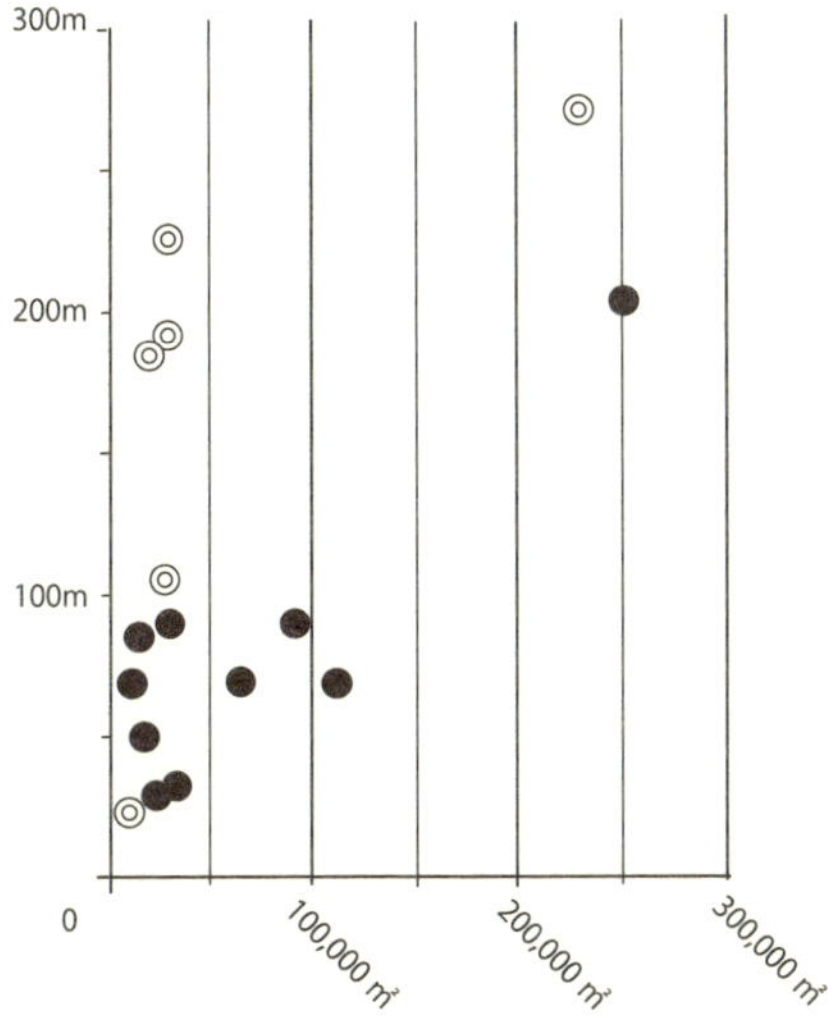

■ B 類（●：B1、◎ B2）の城館の比高と面積

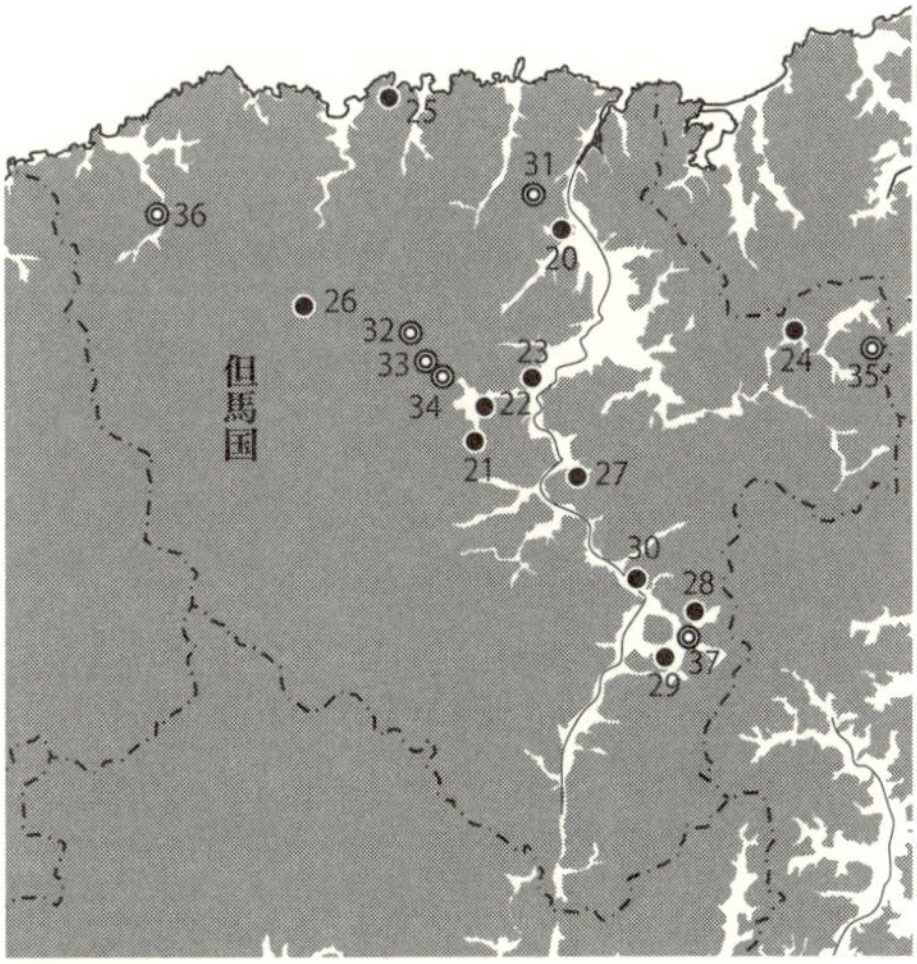

■ B 類の分布

図３　型式ごとの分布と規模・比高（城郭談話会 1991、養父市教委 2010、西尾 2012、2013、香美町教委 2015 をもとに作成）

のにB2類が集中する。B1類は、A類とあまり変わらない比高・規模であるが、A類よりもばらつきが少なく、構築される条件が整えられているように思われる。B2類については、B1類よりも小規模で比高の高いものが基本となる。

B類でも、A類同様に、そういった基本的なあり方からB1類、B2類ともに大きく外れるものがある。22楽々前《ささのくま》城、34金蔵寺城である。楽々前城では、畝状竪堀群は、主郭を中心とした部分から離れた、尾根に伸びる曲輪群の側面に構築される。金蔵寺城では、金蔵寺に該当する山岳寺院部分とそこより上部の尾根頂部に位置する部分の二ヶ所に城域が分かれる。畝状竪堀群は、尾根頂部の城郭部分に構築されている。いずれも、構築の状況からは築城時に構築されたものではなく、新規に畝状竪堀群や畝状竪堀群を持つ曲輪が構築されたと考えられる。

曲輪構成は、B1類で、単郭が一城ある以外は、連郭か複郭となる。B2類では連郭のもののみとなる。畝状竪堀群以外の防御施設では、B1類で、虎口・櫓台・石積・石垣を持つ城館が見られ、また横堀を持つものも四城見られ、二型式中で最も築城技術のバリエーションに富む。一方でB2類では、B1類でみたような防御施設は見られず、土塁・帯曲輪を持つのみである。

（4）考察

2型式の畝状竪堀群は、直接の切り合い関係や共伴関係を示す事例を欠くが、他の築城技術を用いて、変化の方向を確認したところ、A類からB類へという変遷が想定できた。各型式の分布を見ると、A類とB類で分布域に差が見られた。A類は但馬国北部に、B類は同南部に広がり、排他的とは言わないまでも、分布域に差があったことがわかる。それぞれの城館の比高・規模を見ると、両型式において非常に類似した比高や規模の城館跡で畝状竪堀群が構築されていることがわかるが、B類では畝状竪堀群が構築される城館の比高・規模によりまとまりが強くなる。

また、他の築城技術に着目すると、B類が最も築城技術に多様性があることがわかる。新たに登場し、独自の発展を遂げた畝状竪堀群を、在来の築城技術と組み合わせていく動きと考えられる。A類の段階では、一般的な竪堀群の発展であるが、Ｂ類に至り、畝状竪堀群として一つの遺構となる。それが平面構造の中に取り込まれていくなかで、櫓台などによる火点の形成や、石垣・石積みによる城壁の強化などが進むと思われる。そして、畝状竪堀群の頂部が横堀化するB2類の段階になると、遺構としてより定型化したため、小規模で比高の比較的高く、より軍事性の強い城館に構築されたと考えたい。

以上のことから、畝状竪堀群の分類と分布に基づき、但馬国の戦国期城館群を二時期に大別する。Ⅰ期は、Ａ類が出現する段階で、但馬国中央部から北部にかけて軍事的緊張が見られる。Ⅱ期は、Ｂ類が出現する段階で、但馬国南部、特に円山川から稲葉川にかけて軍事的緊張が見られる。従来、画期とされてきたB2類については、本稿では画期とはせず、B1類出現をもって画期と位置づける。型式分類の節でも述べたように、畝状竪堀群の頂部の横堀化は、Ｂ類の変化の枠組みの中で捉えられるためである。

次に、各期の具体的な年代についての検討であるが、先行研究により明らかにされている当該期の但馬国の軍事的緊張をもとに時期比定を行う（西尾 二〇一三など）。戦国期の但馬国には、①永禄十二年（一五六九）の木下秀吉による但馬国侵攻、②天正三年（一五七五）、野田合戦および荻野直正の有子山攻略、③天正五年（一五七七）の羽柴秀吉の第一次但馬国侵攻、④天正六年の宵田《よいだ》城・水尾《みずお》城攻城、⑤天正八年（一五八〇）の羽柴秀吉の第二次但馬国侵攻、の五回の軍事的緊張があったことが明らかにされている（西尾 二〇一二）。

①では、「於但州、為始銀山、子盗、垣屋城、十日之内十八落去候、一合戦ニテ如此候、田結庄・観音寺・此両城相残り候。相城被申付候。山下迄不罷下。近日可為一途候」（永禄十二年八月「朝山日乗書状案」『益田家文書』）とあり、秀吉が但馬国へ侵攻後、すみやかに但馬国の中央部まで進んだことがわかる。ただし、その後は但馬国での支配は行っておらず、②に見るように、但馬国の国人間での合戦が起こっている。「一於田結庄表、垣駿被及一戦、被得勝利候間、海老手之城、于今無異儀被持之候、不可有御気遣候」（天正三年十一月「八木豊信書状」『吉川家文書』）とあり、秀吉に

よる但馬国侵攻後、数年間は但馬国の中央部から北部にかけて軍事的緊張があったものと思われる。また、③以後でも、秀吉による但馬国再侵攻が断続的に行われており、垣屋氏や八木氏と秀吉勢との間で軍事的緊張が高まっていたと考えられる。畝状竪堀群の分布が、これらの軍事的緊張の前後と仮定すると、各型式の分布からはA類が元亀～天正二年に、B1類が天正五年ごろに出現したと思われる。なお、B2類の出現は、第二次但馬侵攻の直前の天正七年に位置付けたい。

四、おわりに

本稿では、畝状竪堀群の分析を中心に、但馬国の戦国期城館について検討してきた。今回の検討では折れを持つ土塁や、櫓台、帯曲輪と横堀の発達については触れられなかった。より精緻な地域編年を構築するためにも、これらの分析は重要であり、今後の課題である。

【参考文献】

田中寅吉「越後地方に多い城郭の特異施設について」『越佐研究』15、一九五九年
伊藤正一「戦国期山城の畝形阻塞について」『かみくひむし』、一九七七年
村田修三「戦国期の城郭」『国立歴史民俗博物館研究報告』8、一九八五年
千田嘉博「中世城郭から近世城郭へ―山城の縄張り研究から―」『月刊文化財』305、一九八九年
西尾孝昌「竹田城周辺の中世城郭―但馬の中世城郭の編年的基準―」『但馬竹田城』城郭談話会、一九九一年
西尾孝昌「此隅山城の縄張り調査を終えて」『此隅山城を考える』5、一九九四年
多田暢久「織豊系城郭以前」『奈良史学』13、一九九五年
高屋茂男「戦国期城館における斜面防御の一形態―畝状空堀群と横矢の関係性から―」『新視点　中世城郭研究論集』、二〇〇二年

高屋茂男「丹波地方の畝状空堀群について―城館の斜面防御施設―」『京都の城・構・館』（第12回京都府埋蔵文化財研究集会　発表資料集）、二〇〇四年
永恵裕和「畝状竪堀群からみた丹後国の城館の年代観」『中世城郭研究』27、二〇一三年
高屋茂男「畝状空堀群」『中世城館の考古学』高志書院、二〇一四年

【使用した報告書】

城郭談話会『但馬竹田城』、一九九一年
養父市教育委員会『図説養父市城郭事典』、二〇一〇年
西尾孝昌『豊岡市の城郭集成Ⅰ』山名氏城跡保存会、二〇一二年
西尾孝昌『豊岡市の城郭集成Ⅱ』豊岡市歴史文化遺産活用活性化事業実行委員会、二〇一三年
香美町教育委員会『香美町の城郭集成』香美町歴史文化遺産活性化実行委員会、二〇一五年

Ⅲ　山城の在る風景論

堀田浩之

山城であることの魅力を問う

但馬竹田城の個性について、あらためて考えてみたい。

近年、映画のロケ地やテレビのＣＭでも採り上げられるほど、その知名度はいよいよ高まっているのだが、人々を惹きつけてやまない魅力の源泉はどこに求められるのだろうか。確かに、朝霧の中から浮かび上がる天空の要塞としての威容は感動もので、今昔の時間を超越した幻想の歴史舞台へと人々を誘う、稀有な現場（野外セット）ではあった。ただし、気象条件がもたらす幸運の風景について、同種の観光アイテムが他城でも見受けられるとすれば、この城に限っての好印象が強く及ぶことの事情の解明に向けて、さらなる検証が進められるべきだと思う。

麓から山の上を仰ぎ見ると…。遥かに高く、遠く。視線の先には日常の生活領域とは異なる別世界が広がっていたのであろう。一般に、地域の信頼を集める山の〈風景〉には、秀麗な山容に神々の存在を見出し、霊場としての信仰の場が用意されただけでなく、地域の有事に際しては、戦乱での生き残りをかけた籠城行為がそこで繰り広げられた。つまり、山の上には、非日常の時空を象徴する特別な観念が用意されており、それゆえに、麓からの崇敬の眼差しを集めてもいた。普段は立ち入ることがないものの、背後の山に安寧の願いを託しつつ、人々の暮らしが成立していたといえる。そうした地形と心意を介した空間の基本構造については、例えば屋嶋（香川県）や鬼ノ城（岡山県）といった、古代の山城の事例が参考になるかもしれない。史跡の環境整備を充実させて探訪しやすくなった現場では、思いのほか広い山上の空間が、自然地形を利用した長大な城塁によって確保された状況が観察できる。少なからぬ人数の山籠もりには、そもそも一定の活動領域（生活基盤）の設定が必要な前提条件であった。

また、天上に近く、平地とは隔絶した高所のポテンシャルが、麓の日常とは異なる神聖なイメージの〈結界〉を成立させ、山上の縁辺部の切り立ったベース地形が、物理的な防御機能にも貢献した。単体の円錐形ではない特異なテーブル状の山容自体が、寺院や城郭の形態を纏って空間の本質を表現したものと、ここでは捉えておきたい。風景論が求められるゆえんである。

あたかも海上に浮かんだ航空母艦のような「メサ」地形の山上に、屋嶋は古代の山城と寺院を相次いで占有させていた。そこでは、寺院と城郭の差異よりも、特定の地形・山容の心意がもたらす共通の場所性を帯びる空間の相似のほうが、城郭史研究の観点においては、むしろ重要なのではないかと思われる。

地形そのものが〈結界〉のイメージを体現し、城郭であることを感覚的に認知させる方向に働くとすれば、人工施設で効果的に補強されてはいるものの、山の〈風景〉という自然環境の在り方こそが、城郭空間を創出する主体であったと考えられよう。後世、山岳寺院が城郭に転用される理由もまた頷けるのである。

但馬竹田城の山上に登ってみると、比較的に開けた感じの削平地から見る下界の眺望は誠に素晴らしく、一方、曲輪群を構成する堅固な石垣が折り重なって展開する姿は、見る者を容易に近付けない威圧感を漂わせている。異次元の空間としての山上の城郭遺構に、想像を超えた広大な構造物が残存する不思議な光景。バーチャルとは無縁の山城の現実と遭遇し、確かな歴史の痕跡に触れることのできた瞬間に、〈感動〉を招来するのであろう。

ところで、但馬竹田城に、〝天空の城〟というこれまでになかった観光イメージが用いられた経緯には、ペルー（南米）の世界遺産「マチュピチュ」との対比が想定される。人跡の及ばない奥深い山上に所在する、インカ帝国の技術の粋を集めた石造りの城塞都市の〈風景〉が日本に紹介され、数多くの人々に驚異の好感をもって受け入れられた結果、但馬竹田城へも同趣の〈風景〉の連想が及んだのであった。

日本国内では、姫路城と法隆寺が一九九三年に初めて世界文化遺産に登録され、ユネスコが推進するグローバルな事業展開が、それなりの評価基準のスタンダードをもって周知されたのだとすれば、日本人の遺跡観に明らかな変化が認められるのは、やはり、最近になってからのことだといえるのではないか。

但馬竹田城はそれまで、古城の探訪に関心の高い知る人ぞ知る「山城」であった。山上には天守・城門といった、観光の看板となる建造物や売店があるわけではなく、石垣と曲輪が重畳する往時の城郭遺構が草木の中に荒涼と佇むばかりで、よほどの歴史の愛好者でない限り、現場での風景の個性を享受することは難しいように思われた。

そうなると、この「山城」が広く一般の人々を魅了するようになった理由は、本物の文化財との遭遇でもたらされる刺激にこそ意義を見出せるのであり、世界遺産の鑑賞スタイルにともなう遺跡観の大転換が、そこに指摘できよう。否、むしろ城跡の研究に視界を限られた専門家とは異なる立場だからこそ、先入観のない真摯な気持ちでの一期一会が楽しめたものと思われる。城跡は研究者の趣向に沿って存在を認められるものではなく、また、研究者といえども城跡のすべてを理解しているわけではないのである。まずは原点に立ち戻り、ゆったりした感性で現場の遺構と素直に向き合うことで、新たな城郭観の可能性が到来することになれば、なおさら喜ばしい。

城郭と在地をめぐるもう一つの風景論

〝城郭は軍事施設である〟――この疑問の余地のないほどの命題を大前提として、今日に至るまでさまざまな城郭史研究が試みられてきた。当然のことながら、個々の城跡には〈軍事性〉の分析・評価が付帯条件として寄せられることになるが、そうした言説が正当なものかどうかは別問題であり、私としては不明瞭な部分があることを否定できないでいる。

そもそも、〈軍事性〉の概念自体がわかりにくいものであった。例えば、その城がいかに巧妙な縄張を施されたとしても、実際の攻城がなされなければ、絵に描いた餅と同じで、期待された防御機能の実効性はありえない。すなわち、その城の存在感を奪って無力化するには、軍事行動を行わなければすむのであった。

こうした場合、城郭の〈軍事性〉について、どのように考えればよいのだろうか。さらにまた、城郭の攻防戦を想定するにあたり、そもそも施設面のみでの〈軍事性〉の評価自体が不可能なのであって、攻守双方の戦力（装備・スキル）というケース・バイ・ケースの変数により、強弱に向けられる感覚の実態すらも揺れ動いていく。まして、城郭が身にまとった〈軍事性〉の施設表現により、その城に高度の威圧感が増すことで、軍事行動が抑止の方向に導かれるとすれば、もはやそれは、別種の〈軍事性〉の概念で捉えるべきものであるといえる。

ここで、城郭史の流れを振り返っておく。通常思い浮かべる城郭（華麗な天守を有し、堅固な石垣・堀の巡らされた姫路城のようなタイプ）は、織豊期以降に定着する近世城郭であり、それ以前の中世城郭とはイメージを同じくしない。

本来的に、有事対応の臨時構築により出現する城郭は、その成立事情において恒久施設であることは求められなかった。したがって、戦争状態が終了すれば、〈軍事性〉を発揮し続ける意味合いはすでになく、城郭機能の潜在性を残しながら日常の生活環境に復帰するという、空間変相のメカニズムが想定されていたのである。権力側にとって敵対行為が望ましくない以上、城郭の恒常化は乱世を象徴するものと認識された。その際、城郭の〈風景〉は人々の心象にどのような映像を結ぶのであろうか。

江戸時代の近世城郭は、各藩の拠点として公儀から存在を承認される施設であった。そこでは、恒久施設としての維持管理が求められたが、その〈軍事性〉の評価については意見が分かれるところであり、施設に想定される基本的な機能と、実戦の運用にかかるその効力との差異には留意しておきたい。

いわば近世城郭の〈軍事性〉は、恒久施設の仕様・スペックを評価するためのものであって、リアルな軍事計画のもとに立案されたシビアな実戦対応というより、城主の権威を印象付ける、きわめて政治的な概念として捉えられるべきものなのである。武装の構えを見せた城郭は、城主の軍事行動が晴れて公に容認された、栄誉の権利を標示するものであり、ある種のバーチャルな〈軍事性〉を体現したものといってよかろう。城郭を評価する場合には、そうした虚実の入り交じった〈軍事性〉にも十分配慮しなければならない。

城郭の〈風景〉は時代によって推移する。そして、現代人と往時の人々との間にも、時の隔たり以上の超えがたい認識の相違が横たわる。過去の遺構として目に映る城跡と、現行の在地において機能している社会的存在としての城郭が、各々有する性格の根源差といってもよい。しかるに、歴史の中で城郭を正当に評価するということは、どうしても後者の立場での検証が求められるのであり、城郭史研究の今後の可能性を託すべき新展開が望まれる。

さて、石垣の「山城」としての但馬竹田城の〈風景〉が登場するのは、豊臣大名となった赤松広英が当地に赴任してからのこととされ、織豊政権が及ぶまでは、山名氏配下での旧城の立地が考えられた。おそらく、石垣という強烈なインパクトを備える以前の「山城」の旧景に対しては、山上の要塞としての圧倒的な施設面の物量イメージではなく、現代人が抱く城郭観とは大きくかけ離れたものであったことが予想される。

平時においては、日常の生活風景に城主の威光の点景が添えられた程度の環境整備に留まり、いわば、城郭の〈軍事性〉を内に秘めた、在地を構成する要素の一つとしての景観が用意され、城山の姿と必要最小限の建造物による存在感を介して、人々の視線の期待に応えていたのだろう。

また、赤松氏時代に、円山川左岸の河原地への本格的な城下町の成立をみるとすれば、土木工事の技術の進展や都市計画のマニュアルにも裏付けられた、拠点城郭の建設に向けた新たな在地への開発行為が求められよう。しかし、その前段階の状況であるとすれば、流通を掌握する河川交通に直接関わることなく、どちらかといえば、城山の北麓〈安井・栄町方面〉に広がる安定した耕作地を背景に、城主〈太田垣氏〉の日々の生活領域が展開していたものと思われる。

中世の但馬竹田城をめぐる地理的環境は、円山川に注ぐ安井川の水系を基に営まれる、盆地状に完結した一つの単位空間の成立がそこに認められた。

在地に地域社会としての意識と実態が創出されるためには、いったい何が求められるのであろうか。まずは、リーダーとなる権力者や配下の住人たちからなる階層構成や村落形態のほか、生業の種類とその技術水準、それにともなう経営方法や土地利用の在り方など、およそ日々の暮らしに関連するさまざまな設定の選択が、在地に醸成された固有の前提条件となって〈風景〉の中へと投影される。

そして、山・川などの地形的要因や気候等による環境の影響、および耕作地・住居・用水・道路・寺社・公私の諸施設をはじめとする社会的要因をふまえ、それらの空間要素の緩やかでトータルな連関が、地域のまとまりとしての生活実態を形成し、その中で城郭の存在感の意識を計上していく。

その際、注意しなければならないのは、在地の改変を目指して登場した赤松氏の新城のように、周囲の威圧を意図した〈風景〉の主体となるのではなく、太田垣氏の頃までの旧城の場合は、在来の安寧を保証する〈風景〉の一部分に、見え隠れしながらも収まっていたということである。

但馬竹田城の新旧の空間構成を比較すると、「山城」と麓の城下（町）および在地との関係性の推移がうかがえて興味深い。同一地において旧城を刷新するにあたり、よく看取される城地の設計手法は、城郭空間の方向性を規定する大手の変更であった。一つの完結した生活領域の在地レベルから、内外の交流を見据えた地域経営の拠点となる駐屯の場へ。そこに求められる城郭の立地とスタイルも大きく推移する。兵庫県内でも、利神《りかん》城や洲本城などに同様の傾向が認められるが、城郭はそれを眺める人々の感覚によって、ようやく実態をともなうものであり、同じ場所に趣の異なる新旧の城郭が、時間差で展開した編成原理とその理由について、あらためて〈風景〉論の観点から想いを馳せてみたい。

Ⅳ　但馬竹田城の虎口・門・通路

高田　徹

はじめに

竹田城は標高三五三m、比高二五三mとなる虎臥山の山上に選地する。豊臣期の山城としては、比較的高い位置に築かれた部類に属する。(1)

山上に広がる石垣によって構成される遺構の広がりは、東西方向の最大値が約二四〇m、同じく南北方向が約四〇〇mとなる。ただし、間に谷や斜面部を含んでいるので、実際の曲輪面積となると、かなり狭くなる。それでも豊臣期の山城としては、大規模な部類に属するといえよう。(2)

石垣遺構の外縁部には、土造りの遺構が広がっている。それらの多くは戦国期に築かれた遺構であるが、一部に豊臣期に築かれた遺構を含んでいる。

このように比高の高い山上に、ほぼ総石垣化され、相応の規模を備える竹田城であるが、作事遺構は全く残していない。しかし、天守台や曲輪内部には礎石と思われる平たい石があちこちに露頭している。加えて、夥しい量の瓦も散布している。したがって、かつて瓦葺き建物（天守・櫓・門・蔵・御殿・屋敷・土塀等）が存在していたのは疑いない。天守は二層か三層程度の規模であったと思われるが、どのような外観であったのか全く不明である。初層は天守台の長辺となる東西方向が平、短辺となる南北方向が妻になる入母屋であろうと推定される程度である。

現在残る天守台には、昇降する石段が残されていない。このことから、主郭内部には天守台に接続する建物が存在し、その内部に設けられた木製階段によって天守内部へ連絡していたと考えるのが妥当である。将来の発掘調査で、主郭内部から天守台に接続する建物の礎石が検出される可能性はある。その限りでも建物の平面構造が推定されるにすぎず、天守との接続部位の詳細・外観は知るよしもない。

さらに発掘調査によって、礎石が検出される保証もない。廃城後の改変により、原位置を移動した礎石もあるだろうし、礎石や礎石抜取痕さえ失った部位の存在も予測されるからである。(3)

もっとも、全域に発掘調査が及んでいない現状下、礎石の滅失や、礎石が地中に埋没した状況にあっても、平面規模や形態がおよそ類推できる遺構がある。それは虎口にともなう門である。

本稿では、竹田城虎口に門の比定を試み、虎口構造について検討する。また、虎口と虎口をつなぐ通路、曲輪内を移動する通路にも注目し、関連する問題を考えてみようとするものである。

一、虎口における門の比定方法

筆者による地表面観察の範囲では、竹田城の虎口において原位置を保つ礎石をはっきり確認することができなかった。ただし、門は扉による開閉機能を備えるのが普通である。扉については、A・内開きとなるもの、B・外開きとなるもの、C・上下に上げ下ろすもの、D・扉のないもの、の四パターンが想定できる。このうち国内城郭の現存遺構に照らせば、ほとんどが①の内開きとなる。(4)

竹田城でもAの内開きの門で占められていたとの仮定に立てば、①扉一枚分程度（半間～一間程度）の広がり（奥行き）と扉がスムースに開閉するための平坦面（空間）が存在する箇所、②①の平坦面において、開いた扉が前後の通路を塞ぎ、いたずらに狭めることのない箇所、③曲輪の塁線と連携しうる箇所（閉じた状態の扉と側面の石垣塁線が直交する向きとなる箇所）、あるいは通路に強弱（幅や折れ等）をつけた箇所、などに門は存在したと推測できる。(5)

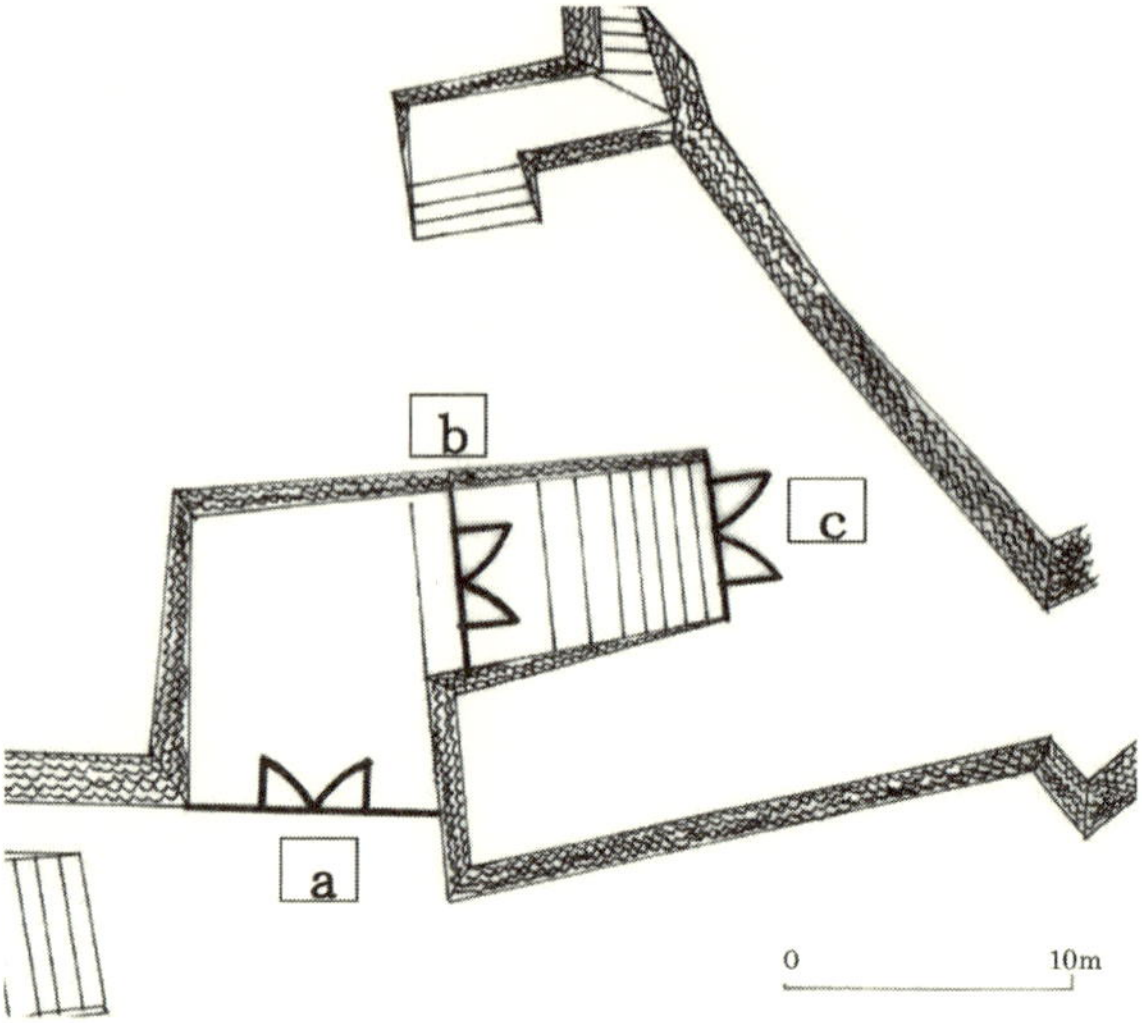

図1　虎口Cにおける門の比定例　作図：髙田 徹

竹田城の虎口では、通路が折れ曲がり、かつ石段が設けられた箇所が多い。また虎口廻りには、櫓台状に塁線が高くなった箇所も散見される。そのため、門の位置は比較的比定しやすい。

一例として、北千畳から主郭方面に上がる虎口Cでは、一応a・b・cの三ヶ所が門の候補地として挙げられる（図1参照）。このうちaでは、前後の石段以上に開口部の幅が広がる。せっかく石段で幅を狭めておきながら、それ以上に広がる開口部に門を設けるというのは軍事的な観点、普請の省力化の観点に立てば訝しい。

cの場合、扉が閉じた状態ならば問題は生じない。しかし、扉を開いた状態にすれば、一部ながら後方となる主郭側への通路を塞いでしまう。これでは門と通路がかみ合わず、支障をきたす。

一方、石段途中のbならば、扉が開閉しうる平坦面を備えている。扉が開いた状態になっても、後方の通路を塞ぐことはない。薬医門か高麗門か、はたまた櫓門であったかは定かではないが、bに門を比定するのが妥当となる。

このような観点により、竹田城内を踏査し、一八ヶ所の虎口に門の比定を行ったのが図2である。多少前後した位置に門が設けられた箇所もあるかもしれないし、これ以外にも門が存在した箇所（普請遺構とセットにならず、作事のみで構成される門等）があったかもしれない。それであっても、大筋で妥当な比定ではないかと考える。

花屋敷の虎口Jに関しては、図で示した折れ曲がる前の通路上への比定も可能であろう。ただし本稿の比定地（石

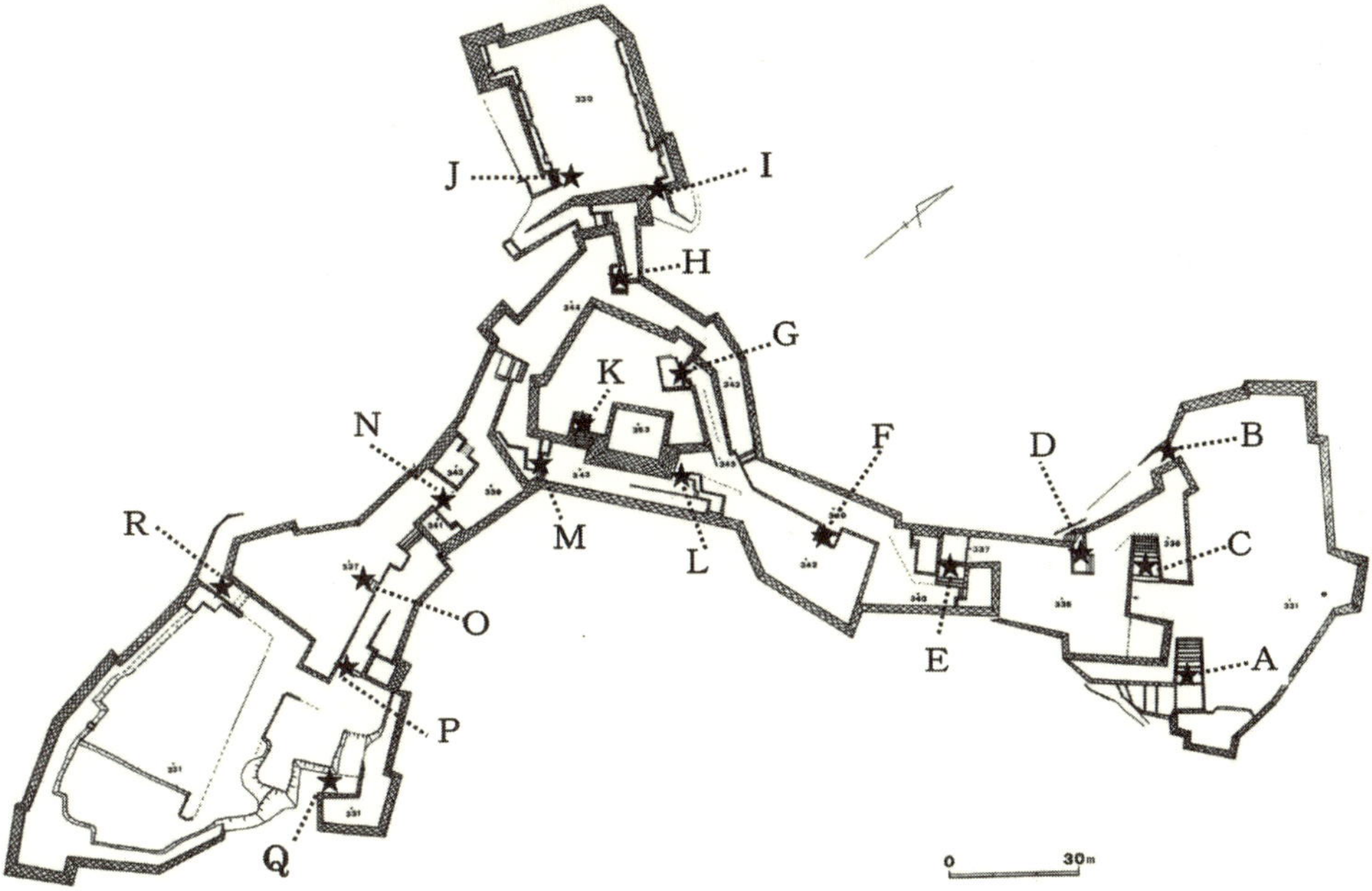

図２　竹田城虎口における門の比定　作図：谷本 進（執筆者加筆）

段上）の脇には石塁が延びている。石塁の延長を塞ぐことによって、遮断性・防御性が満たされる。かかる理由に基づいて、石段上部に門を比定した次第である。

なお、竹田城の虎口における門の位置については、すでに谷本進氏によって比定がなされている。[6]結論的には谷本氏の比定と筆者の比定は大きく異なるものではない。ただ、谷本氏は虎口に門を比定するにあたっての、根拠を明示されているわけではない。

そこで本稿では、前提・根拠を示したうえで、改めて門の比定を行ってみた。

二、門の位置からみた虎口形態

次に、比定した門も念頭に置いたうえで、竹田城の虎口を検討する。

かつて筆者は、虎口について、扉部分とその前・後部分の三つに分解して考えてみたことがある。[7]

敵が攻めてきた場合や非常時、夜間時等には閉め切り、味方が出撃あるいは日常的に使用する場合には開放するのが扉部分である。このことから、閉じられた

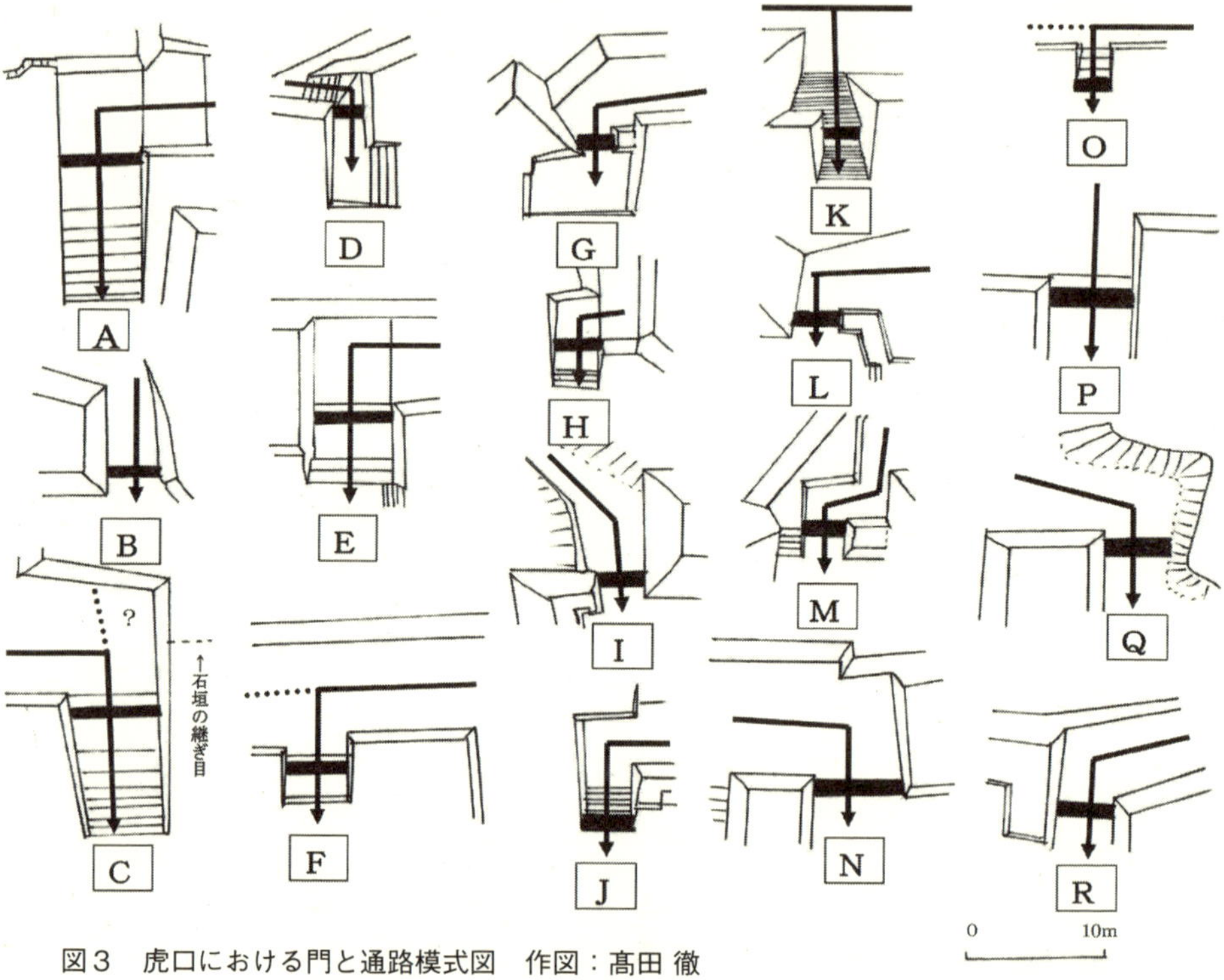

図３　虎口における門と通路模式図　作図：髙田 徹

状態の扉のラインこそ、虎口の構造・形態等を検討するうえで基準たりうるものとして「主遮断線」、扉部分の後方（城内側）は「後方導入部」、同じく前方（城外側）は「前方導入部」とそれぞれ分解し、呼称した。

前方導入部は城門の前衛となり、侵入を阻む部分である。木製で破壊しやすく、攻撃の対象となりやすい扉を守るため、前衛的・障壁的な役割を担う部分となる。

後方導入部は、次なる虎口や曲輪内部への誘導・規制、高低差を有する部分でのつなぎ等を担う部分といえる。

このような見方に基づき、扉の位置を基準として、一八例の虎口を並べてみたのが図３である。扉は前記の比定に基づき、おおよその位置を示したにすぎない。上方が城外側、下方が城内側である。矢印は城外から門を通過する動きを模式的に示したものである。アルファベットは、図２に示す虎口に対応している。

一八例のうち、一五例は門比定地の前方で進路を変え、折れ曲がっている。つまり、進路からいったん折れた先に門が想定されるわけである。このため攻め手は、折れ曲がるまでの間に守り手の攻撃を制圧・突破しなければならない造りとなっている。

攻め手が折れ曲がるまでの間、直進する通路正面には、石垣が立ち塞がる。とりわけ、虎口Ｅ・Ｎでは、通路正面の石垣が櫓台となっている。櫓台上には、往時は櫓が存在した可能性が高い。

櫓が存在しない現状にあっても、櫓台は威圧感を与えるのに十分である。戦闘状況になれば、間違いなく通路を進んでくる敵を迎え撃つ陣地として機能したことであろう。

この他にもスロープを利用して、緩やかな折れを通路上に造り出すものもあるが（虎口Ｂ・Ｉ）、虎口Ｐだけはほぼ直進させる造りとなる（その前方に位置する虎口Ｑとのつながりでいえば、斜行に近い通路が想定できる）。他の虎口との差別化から、特別な役割を担った門であったと考えられる。ちなみにこの虎口は、「正門」と呼ばれている。

もっとも、虎口Ｃの西側に伸びる石垣には、途中に継ぎ目がある。継ぎ目の北側が古い石垣で、南側が新たに拡張した石垣となる。石垣が拡張される以前の状況を考えてみると、きわめて虎口Ｐに近い構造となるのに気がつく。前方に位置する虎口Ａとの関係も、虎口Ｐ・Ｑの関係に近いものとなる。ならば築造当初、虎口Ｐと虎口Ｃは同等の機能を期待されていたと考えることができる。実際、虎口Ｐと虎口Ｃはともに城域の端部、対称に近い位置に築かれている。

ところで、谷本進氏によってすでに指摘されているが(8)、竹田城では、石段途中のやや広くなったところに門が比定できる。筆者の見解によれば、六例（虎口Ａ・Ｃ・Ｅ・Ｆ・Ｇ・Ｋ）挙げられる。いずれも後方導入部が石段となっている。

石段となった後方導入部は傾斜を伴うため、門内側に兵を駐屯させる際や、外に攻め出す際にはいささか足場が安定しない。後方導入部が平坦で、広がりを有する虎口Ａや虎口Ｂ、虎口Ｎも見られるが、内側が石段となる例のほうがやや目立っている。

また、後方導入部が折れを持ち、次なる虎口・通路へ誘導するものは、虎口D・Gの二例だけである。後方導入部に十分な広さを確保できなかったのは、山上の曲輪群が狭隘であることに加え、枡形が発展途上にあったことを彷彿させる。

虎口Kでは石段の幅が、門比定地の前後で大きく変化する。比定地前後の石段は、城内ではとくに急な傾斜で、数段から形成されている。位置的にみると、本丸内部の建物と一体になった門が設けられていたのではないか。

虎口Gでは、門比定地の左右の塁線がかみ合わない。この門も、本丸内部の建物と一体となっていた可能性が高いであろう。

三、虎口と通路

現在（平成二十八年七月現在）、竹田城の周遊路は、北千畳の虎口Aから虎口C、虎口Eの順に進むようになっている。また、北千畳の虎口Qから虎口P、虎口Nは、現在帰路に充てられている。虎口Qは片側に岩盤が表れ、普請が中途で終わったことを示している。

その点を差し引いても、これら虎口の開口部の幅は六m前後と広くなっており、その前後に続く通路も同等の幅で延びていたと類推される。山城でありながら、虎口・通路は広めである。そのため現在では、団体客が固まった状態で行き来できるほどである。

往時も、これらが中心的な通路となっていたのは間違いない。先述のように、南北に伸びた曲輪群に、虎口と通路は左右対称状に展開していた。いずれも大手口であったと見なすことができるほどの規模・構造である。

これら虎口の多くは折れの多用に加え、前後に続く虎口の向きは互い違いになるように配置される傾向がある。このため外縁部から主郭部に向かう際には、折れ・蛇行をくり返すことになる。

さらに、通路が通過する曲輪の横方向への広がり（＝尾根上の広がり）は狭い。このため、曲輪内部のほとんどは、虎口と虎口をつなぐ通路によって費やされる形となる。通路以上の広がりを持つのは主郭と花屋敷、北千畳、南千畳の一部にすぎない。

これに比べると、虎口B・Dは水の手へ連絡する虎口であり、虎口Rにも類似した役割が考えられ、単純な造りになっている。

西側尾根に開く虎口I・Jは平たくいえば、搦手口に相当しよう。虎口A・C・Eに比べると、小規模な虎口で、通路も狭く、その差が明瞭である。

さて、南千畳外縁石垣のうち、西から南にかけての内側は、曲輪内全般に比べて低くなっている。これは、石垣上に存在していた土塀内側に兵を配備し、移動させるための通路と考えられる。(9)

過去に指摘された形跡はないが、北千畳の北から西にかけても同様の遺構が見られる。すなわち、石垣の天端から幅三m前後の広がりが続き、その内側が三〇cm前後高くなる。三〇cm前後高くなった曲輪面には、礎石が認められる。また、花屋敷の南北には石塁があり、鉄砲狭間といわれる遺構が残されている。(10)この塁線を守るためには、やはり内側に守備兵を配置させ、移動させられるだけの空間が必要となってくる。

他の曲輪の塁線上にも土塀が設けられたとすれば、その内側には防御上、同様の空間が確保されていたはずである。

こうしてみると、竹田城では通路・虎口・防御に要する空間が占める割合がかなり高い。逆に、他の用途（御殿・屋敷等）に充てるべき空間は限られている。これを模式的に示すと、図4のようになる。

いわば竹田城は、通路＋αの空間を折れ・蛇行により主郭へ到達させる造りである。通路＋αの空間によって広げたライン的な城域は、あたかも贅肉をそぎ落とした戦闘重視の表れとみるべきであろう。

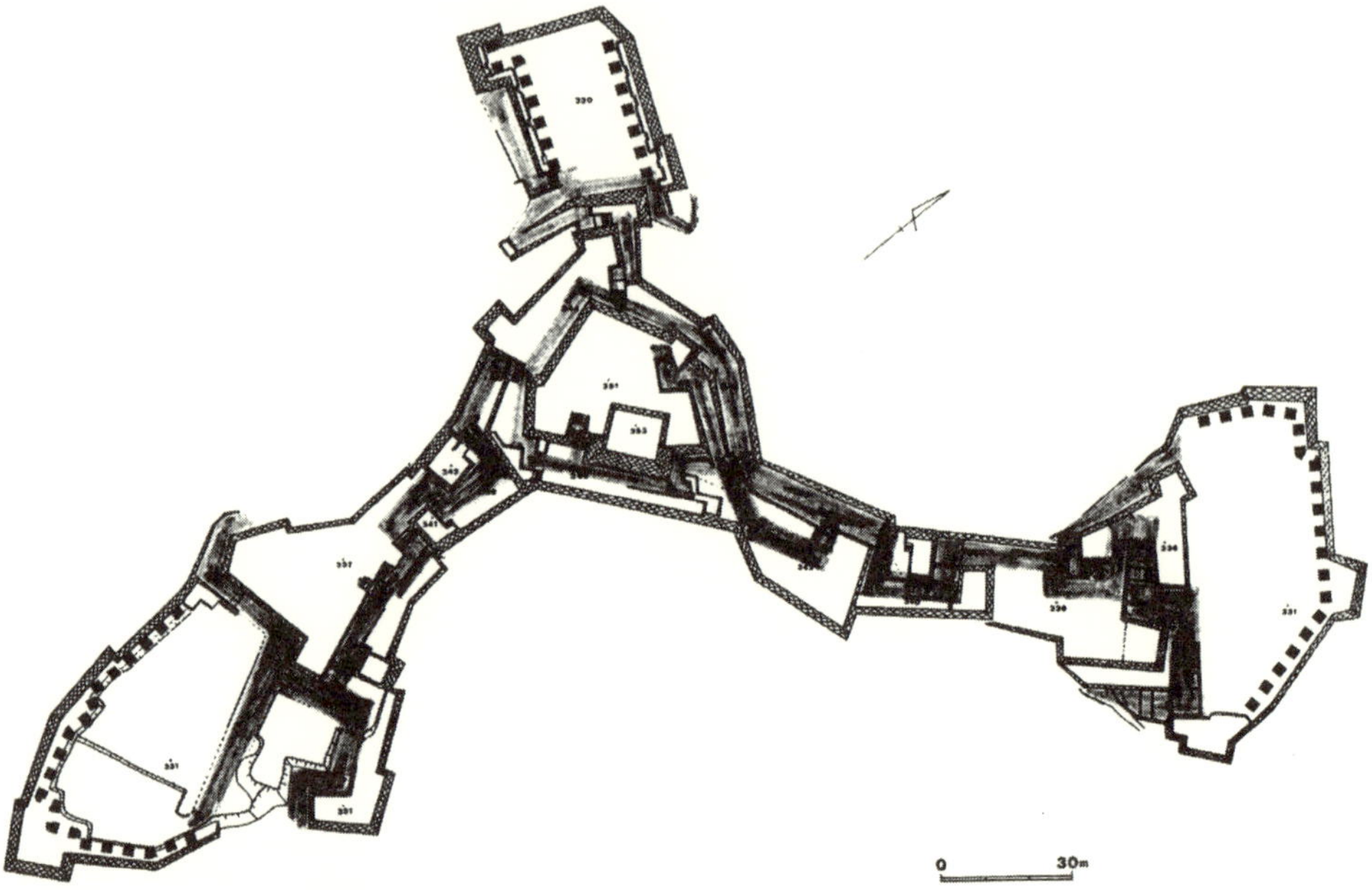

図４　通路と防御空間模式図（塗りつぶした部分は想定される通路、点線は想定される防御空間を示す）　作図：谷本 進（執筆者加筆）

ちなみに、ライン的な城域において、喰い違い虎口を互い違いに連続させる類例として、西生浦《ソセンポ》倭城・熊川《ウンチョン》倭城・永登浦《ヨンドンポ》倭城・長門浦《チャンムンポ》倭城（大韓民国巨済市）が挙げられる。

ただし、竹田城と倭城で大きく異なるのは、バイパス機能の有無である。[11] 倭城の多くは、主郭部を通過しなければ前後の曲輪と連絡できない。いわば直列的な曲輪配置が多い。

これに対して、竹田城では主郭東側と西側に帯曲輪状の二本のバイパスが存在しており、主郭内部を通過せずとも西千畳と東千畳が行き来できる。

東側のバイパスは、天守台側面に設けられた虎口Kに対応している。東側バイパスは、西側バイパスに比べて、短距離で連絡が可能となる。しかし、前後を石塁を伴う虎口M・Lで閉塞する。短距離ながら、簡単に行き来できなく処置してある。いわば非常用の通路・虎口であり、通常は閉じられることが多かったのではないだろうか。

これに対して、西側バイパスは主郭の折れに対応して折れ、あるいは花屋敷から上がってくる通路が食い込み、石段と前後の通路幅に齟齬をきたしている等、イレギュラー感がある。これは地形上、主郭廻りの狭隘な部分に強引にバイパスを設けたためなのであろう。

西側バイパスは、途中の二ヶ所に石段があって昇降する必要がある。ところが付近には、門が存在した形跡がない（門を想定できるスペース・構造を有しない）。この点を除けば、移動を阻むものは存在しなかったと考えられる。

つまり二本のバイパスは、使い分けられていたと考えられる。もっとも、主郭裾に二本もバイパスを持たせた結果、主郭はかなり狭隘となっている。主郭の拡幅よりも、バイパス機能をはじめとする通路の拡充に重きが置かれていたと捉えることができるのではないか。

おわりに

竹田城では、全体的に折れを互い違いに連続させた技巧的な虎口・通路で占められている。左右対称に近く、計画性もうかがえる。南千畳側か北千畳側か、どちらが大手かと問われれば即答は難しい。いずれも大手であったとみてもよいのではないだろうか。むしろ花屋敷側の虎口が、搦手であったと筆者は考える。

ところで、本稿では十分述べられなかったが、城域には何ヶ所か石垣に継ぎ目があり、改修がくり返された形跡がうかがえる。継ぎ目の存在は、先行する時期の縄張りや石垣を残すことを示している。

それでも石垣の高さは調整され、虎口・通路のあり方にも斉一性が認められる。高い築城術に基づき、縄張りの再編成・拡張が行われた結果であろう。

こうした竹田城の縄張りに対し、倭城の類似性を説く見解をしばしば耳にする。(12) 確かに倭城と類似する面もあるが、バイパス機能の有無をはじめ、竹田城のほうにむしろ進んだ要素が多く見られる。

そもそも、臨時的な要請のもとに築かれた倭城と、国内の拠点城郭である竹田城を単純に比較するのは慎重であらねばならない。

もっとも、豊臣期但馬国の有子山城・八木城・豊岡城と比べると、格段に竹田城の総石垣化、縄張りの技巧性は突出している。しかも城主の石高からすれば、有子山城主前野・小出氏は竹田城主赤松氏の三倍近い所領を与えられていた。

この点に気付いた幾人かの研究者は、赤松氏単独で竹田城を築いたのではなく、豊臣政権の援助・直轄事業として築かれたとの見方を示している。その時期は、城主赤松広秀が自刃する慶長五年（一六〇〇）以前とする点でも、ほぼ一致をみている。

ただし、赤松氏の居城のみがなぜ豊臣政権の援助等を受けることができたのか、なぜ竹田城がその対象となりえたのか等、十分論証がなされているわけではない。

但馬国を離れて見渡しても、同時期に竹田城と同等の縄張りの城郭を見出すのは容易ではない。豊臣期の山城として見た場合、竹田城は孤立的な存在である。

現段階では想像に止まるが、慶長五年の赤松氏自刃後に、大規模な改修がおよんでいると考える余地もあるのではないか。戦闘重視のライン的な構造は、むしろ慶長五年以降に築城・改修の利神《りかん》城、村上城（新潟県村上市）等に近い印象を受ける。大きな破壊・改変を受けることもなく、石垣遺構が今日まで残されてきたことも気になるところである。

慶長五年以降の竹田城周辺・但馬国内の情勢をふまえ、あるいは通路・虎口以外の遺構・遺物を通じても、いまだ論点は多く残されているといえよう。

【註】

（1）ちなみに、竹田城としばしば比較される倭城のうち、慶長の役時に築かれたものは、いずれも比高が一〇〇m未満に止まる。これに対し、文禄の役時に築かれた倭城は、概して比高が高い。一九〇mの永登浦倭城（慶尚南道巨済市）が最も高く、それに次ぐのが一八〇mの熊川倭城（慶尚南道鎮海市）となっている。また、同時期に対馬に築かれた清水山城（長崎県厳原市）は比高一八〇mである（拙稿「倭城の遺構―その構造と評価を中心として―」『倭城研究シンポジウム倭城―城郭遺跡が語る朝鮮出兵の実像―』、倭城研究シンポジウム実行委員会、一九九九年）。

国内の大名拠点城郭では、大友吉統によって文禄期に築かれたとみられる高崎山城（大分県別府市）が六二〇m、慶長五年以前に宮部継潤らによって改修された鳥取城（鳥取県鳥取市）が二六二m、高取城（奈良県高取町）が三八〇mである（黒田慶一・高田徹編『16世紀末全国城郭縄張図集成』上・下、倭城併行期国内城郭縄張図集成刊行会、二〇〇八年）。

竹田城と同じ但馬国内にある八木城（兵庫県養父市）は、別所吉治らによって慶長五年以前に改修を受けている。八木城の比高は二二〇mである。同じく前野長康が城主であった有子山城（兵庫県豊岡市）は、比高が三〇〇mである。

ちなみに、近世城郭では三五〇mの松山城（岡山県高梁市）が突出するが、およそ一五〇m以下に集中する傾向が認められる（拙稿「詰城・居館部に関する一考察―近世城郭の事例から―」『城郭研究室年報』十三、姫路市立城郭研究室、二〇〇四年）。

大名領の支城クラスまで広げれば、慶長六年築城の池田輝政領の利神城（兵庫県佐用町）の二二〇mをはじめ、事例は比較的増えてくる。

こうしてみると、同等の比高あるいはそれ以上の比高を有する城郭も存在しているが、豊臣期の城郭全般の中でいえば、竹田城の比高は高い部類に属する。

（2）竹田城に近似した規模を有する倭城を挙げると、梁山倭城（慶尚南道梁山市）が約六〇〇×五〇m、順天倭城（全羅南道順天市）が約三〇〇×一二〇m、釜山倭城（慶尚南道釜山広域市）が三五〇×二八〇m、西生浦倭城（慶尚南道蔚山広域市）が二〇〇×一三〇mとなる（ただし、山上部に凝縮した曲輪群に限定し、竪石垣による延長部は除く。以下同じ）。

国内城郭では、洲本城（兵庫県洲本市）の四〇〇×一五〇m、徳島城（徳島県徳島市）の三五〇×一〇〇m、唐沢山城（栃木

県佐野市）の三〇〇×二〇〇ｍが挙げられる。

但馬国の有子山城は三〇〇×一〇〇ｍに及ぶが、ほぼ総石垣化した範囲は一七〇×四〇ｍにすぎない。同じく八木城も三〇〇×二〇〇ｍながら、主郭周辺が総石垣となるに止まる。豊岡城（兵庫県豊岡市）も全体の規模は大きいが、石垣は天守台と一部の曲輪縁辺に止まっている。

ちなみに、慶長五年以降の築城・改修例では、彦根城（滋賀県彦根市）の四〇〇×二〇〇ｍ、松山城（愛媛県松山市）の三二〇×一八〇ｍが大きな部類となる。

このように、豊臣期の山城と比較すると、竹田城は規模が大きい部類に属するといえるのである。

（3）竹田城の南千畳・北千畳には、原位置を止めるとみられる礎石が数石みられ、それらが一直線上に並ぶ部分も確認できる。つまり地表面観察の限りでも、建物の広がりをおよそ把握できる。建物の広がりが判明すれば、曲輪の機能や使用方法も想定できるに違いない。今後の検討課題の一つに挙げられよう。

（4）伊予松山城の戸無門のように、当初から扉を持たなかった門もある。ただし、「戸の無い門」との固有名詞から明らかなように、そのものが特異な存在であった。また、佐賀県立名護屋城博物館蔵「肥前名護屋城図屏風」には、扉を上下に上げ下げする門が描かれている。おそらくこうした門は、簡易性ゆえ、陣所や陣城遺構等に主に設けられていた可能性が高いのではないだろうか。

（5）拙稿「倭城の虎口―城門の位置・その機能を中心として―」（黒田慶一編『韓国の倭城と壬辰倭乱』、岩田書店、二〇〇四年）。

（6）谷本進「竹田城跡石垣地区の調査」、同「竹田城の構造形式について」（山田宗之他編『但馬竹田城』、城郭談話会、一九九一年）。

（7）（5）に同じ。

（8）（6）に同じ。

（9）谷本進氏は早くにその存在を見出し、これを「防御空間」と呼ぶ。（6）に同じ。

（10）花屋敷には、南北のみに石塁がある。花屋敷の東側、つまり背後は主郭方面となる。したがって、こちらに石塁がないのは理解しやすい。しかし、西側だけにないのは理解しづらい。

加えて理解しづらいのは、この石塁の内側には間隔を開けて、凹みが見られる点である。従来、鉄砲狭間あるいは雁木と考えられている遺構であるが、徳川期大坂城（大阪市中央区）や同じく江戸城（東京都千代田区）にある笠石銃眼（鉄砲狭間）とは明らかに相違している。

また東西の石塁とも、折れを伴っているのが注目される。一般にこうした折れが認められると、横矢掛りと結び付けて理解する向きがある。しかし、肝心の折れた石塁の面には凹みが見られない。折れの延長上にはそれぞれ虎口Ｉ・Ｊ前方に延びる通路があるから、鉄砲狭間を設けたのならば実に効果的となる。しかし、凹みは虎口のほうを向いていないのである。

では、雁木《がんぎ》（合坂《あいさか》）と考えてみた場合は、どうだろうか。凹みの側面や奥には、平たい石が据えられているので、石塁上にはきわめて上りにくい。

それでもなんとか石塁上に上がったとしても、守備兵の身を守る盾が必要となってくる。具体的には板塀・土塀の類である。しかし、ただでさえ狭い石塁上に板塀・土塀を設けてしまえば、石塁上を守備兵が行き来することは不可能に近くなる。

したがって、これは鉄砲狭間でも、雁木でもないと考える。筆者は、凹みに守備兵が入りこみ、石塁上の土塀に穿たれた狭間から外部を狙う小陣地と考えたい。東方と西方のみにあるのは、谷筋にある水の手（井戸）を主に守るためであろう。守備には鉄砲・大鉄砲の類が充てられたのではないだろうか。

いずれにしても、特徴的な遺構であるのは間違いない。竹田城においては最新の防御施設として導入したのであろうが、結局は拡散されることなく終わったと思われる。こうした遺構が一部とはいえ、導入された背景も竹田城の軍事性の強さがうかがわれる。当然、それは地域的あるいは時代的要請に基づくものであったと考えられる。

（11）村井毅史「但馬竹田城に見る近世城郭の存在形態」（『但馬竹田城』）

（12）宮田逸民「竹田城の構造と防御機能」（『但馬竹田城』）、田畑基「竹田城を歩く」（『但馬・和田山史跡竹田城跡』朝来市教育委員会、二〇一四年）、等。

V 竹田城における虎口の検討

谷本　進

竹田城の虎口について、石垣で挟まれた虎口幅を巻尺で計って距離を計測し、建設可能な城門の規模を検討し、城内における通路の仕切方法や防御方法について、具体的な数値によって検証する。さらに、竹田城の虎口を同時期の城郭と比較検討し、竹田城の虎口がもつ歴史的な特徴を検証していく。

一、竹田城の虎口幅の検討（図1）

竹田城の虎口幅を検討するため、虎口幅を中心として参考となる石段幅などを含め、二六ヶ所を巻尺で計測した。石垣で挟まれた石段または石段と石段の間にある平坦地を計測したもので、計測結果は図1に、①二〇尺、五・九九m（実測値）、六・〇六m（換算値）として示した。これは実測値が幅五・九九mで、換算値は二〇尺（六・〇六m）に近いという意味である。

巻尺の計測値は、計測位置や石垣の埋没状況などで五cm程度の誤差は容易に発生すると考えるが、表面観察によって現地で計った巻尺の実測値で検討する。北千畳・南千畳・花屋敷の順に、各曲輪から本丸へ至る虎口幅を検討する。

北千畳と南千畳のルート

北千畳から本丸へ向かう主要な虎口幅を確認する。①は北千畳の通称大手門の虎口で、実測値は幅五・九九m、換算地は二〇尺（六・〇六m）で、その差は七cmである。②は三の丸の正面虎口で、実測値は幅六・一三m、換算値は

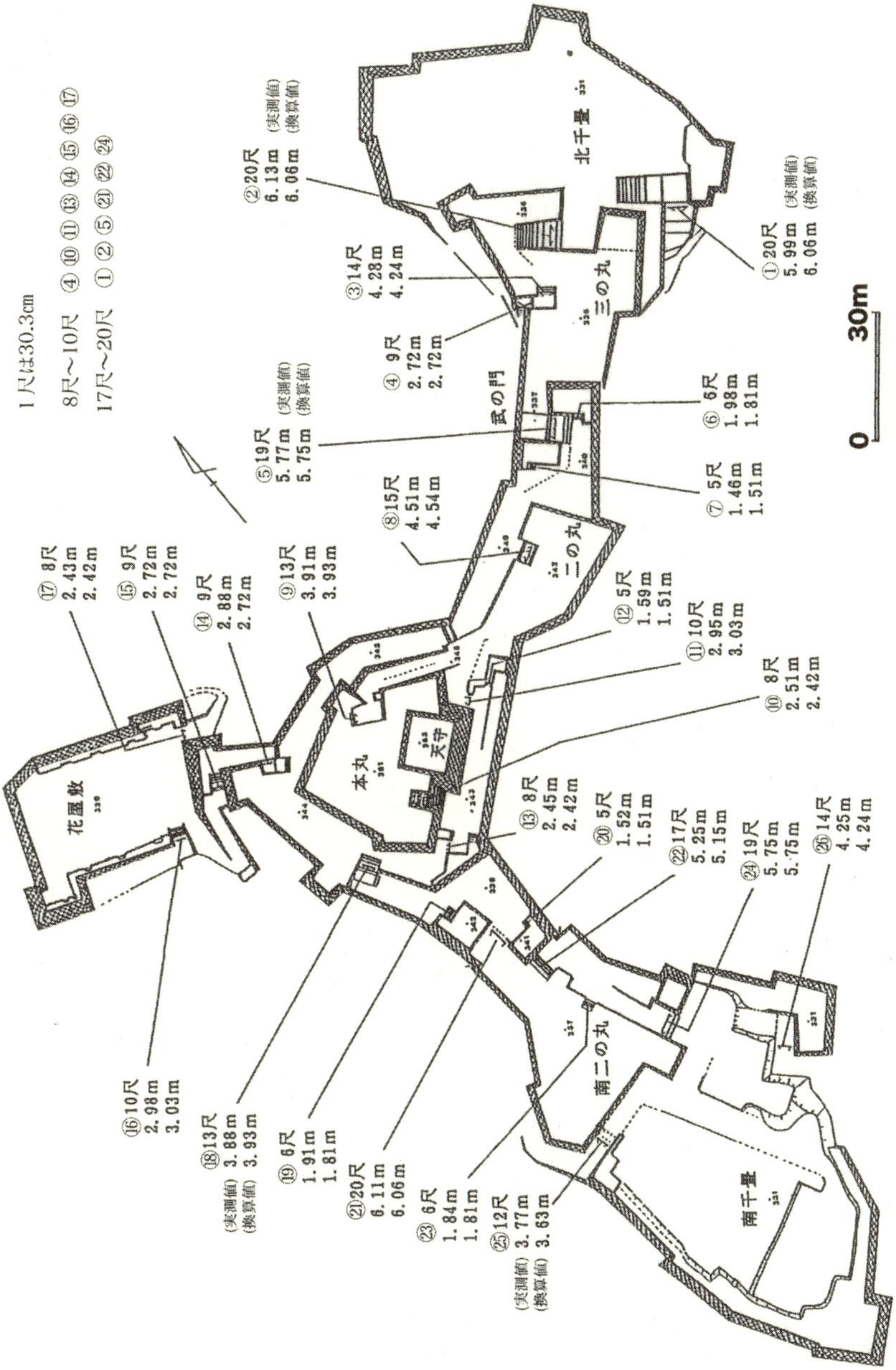

図1　竹田城の虎口規模の計測図

二〇尺（六・〇六m）となる。⑤は武の門の虎口で、実測値は幅五・七七m、換算値は一九尺（五・七五m）である。⑧は二の丸の虎口で、実測値は幅四・五一m、換算値一五尺（四・五四m）を示す。

次に、南千畳から本丸へ向かう主要な虎口幅を確認する。㉖は南千畳の大手虎口で、外枡形を示すが内側には石垣がなく、L字形に掘削された岩盤で、実測値四・二五mで一四尺（四・二四m）に近い。㉔は南二の丸の虎口で、実測値五・七五mで一九尺（五・七五m）になる。㉒は南二の丸の通路にある虎口で、実測値五・二五mで一七尺（五・一五m）に近い。⑱は本丸下の帯曲輪に入る虎口で、実測値三・㉑は喰い違い虎口で、実測値六・一一mで二〇尺（六・〇六m）に近い。⑱は本丸下の帯曲輪に入る虎口で、実測値三・八八mで一三尺（三・九三m）に近い。そして、⑧または⑬へと続く。

本丸へ向かう主要なルートが、北千畳ルートと南千畳ルートである。曲輪の配置や通路の設定方法など、平面構成は大変類似している。しかし、虎口は大きく異なっている。北千畳ルートは①二〇尺、②二〇尺、⑤一九尺、⑧一五尺と続いている。これに対して、南千畳ルートは㉖一四尺、㉔一九尺、㉒一七尺、㉑二〇尺、⑱一三尺となっている。つまり、北千畳ルートが二〇尺、一九尺という広い幅の虎口で進み、最も狭い場合でも⑧一五尺で本丸地区へ至る。しかし、南千畳ルートは㉑二〇尺という広い虎口幅があるが、㉖一四尺、⑱一三尺となっており、虎口幅を狭めて要所で防御を固めている。つまり、虎口幅の規模を考えると虎口幅の広い北千畳ルートが第一の大手ルートであり、南千畳ルートは第二のルートと考える。

また、①②㉑が二〇尺（六・六〇m）、⑤㉔が一九尺（五・七五m）となっている。一間六尺五寸で換算すると三間は五・九〇m、一間六尺で計算すると三間は一八尺で、五・四五mとなる。つまり、竹田城の①②㉑においては、一間六尺五寸で換算した三間規模の城門を建築することができる。また、竹田城には虎口幅一八尺以上の大きな規模が五ヶ所に認められる。

花屋敷ルート

次に、花屋敷から本丸に向かう主要な虎口幅を確認する。⑯は花屋敷の南虎口で、実測値二・九八mで、一〇尺（三・〇三m）に近い。⑰は花屋敷の北虎口で、実測値二・四三mで一〇尺（二・四二m）に近い。⑮は花屋敷から本丸へ至る下の虎口で、実測値二・七二mで九尺（二・七二m）になる。⑭は本丸へ至る上の虎口で、実測値二・八八mで九尺（二・七二m）に近い。⑬は本丸下にある虎口で、実測値二・四五mで八尺（二・四二m）に近い。⑩は天守台の横にある本丸搦手の虎口で、実測値二・五一mで八尺（二・四二m）に近い。

これらの虎口幅は、花屋敷の南虎口である⑯が一〇尺で最大であるが、他は⑰八尺、⑱九尺、⑭九尺、⑬八尺、⑩八尺となっており、八尺または九尺の狭い虎口を設定している。一間六尺五寸で換算すると三間の半分である一間半は二・九五mで約一〇尺、一間六尺で計算すると一間半は九尺で、二・七二mとなる。つまり竹田城で搦手ルートは、最大で九尺の規模である。竹田城の搦手ルートは、虎口幅九尺を基準としていると考える。

このように主要なルートにある虎口幅を見ると、大手と搦手、本丸へ至る通路に城郭の攻守の設定を見ることができる。北千畳ルートは虎口の最大幅を二〇尺とする大手ルートであり、一八尺(三間)を基準とする。そして、花屋敷ルートは虎口の最大幅を一〇尺とし九尺（一間半）を基準とした搦手ルートと考える。

西生浦《ソセンポ》倭城（大韓民国蔚山広域市）でもこうした設計技術が採用されている。図2に示す。虎口①—1は二・七二m、虎口③は三・〇三m、虎口④は三・四八m、虎口⑧は二・七二m、虎口⑪は三・七五m、虎口⑬は三・三〇mとなっている。つまり、西生浦倭城から外に出る外郭ラインは、虎口幅三m前後の狭い虎口で固められている。それに対して、虎口⑤は六・四二m、虎口⑥は六・六〇mとなっている。城郭の中の虎口幅は六mを越えるものが採用されている。虎口幅を見ると外部へは九尺から一一尺、内部では二一尺から二二尺の虎口幅となっている。

西生浦倭城は、慶長二年九月の浅野幸長の入城や慶長三年正月の蔚山《ウルサン》倭城の籠城戦を契機に改修されたと考えられ、慶長三年一一月に破却されている。こうした虎口配置は、慶長二年から慶長三年段階のものである。また、石塁を含

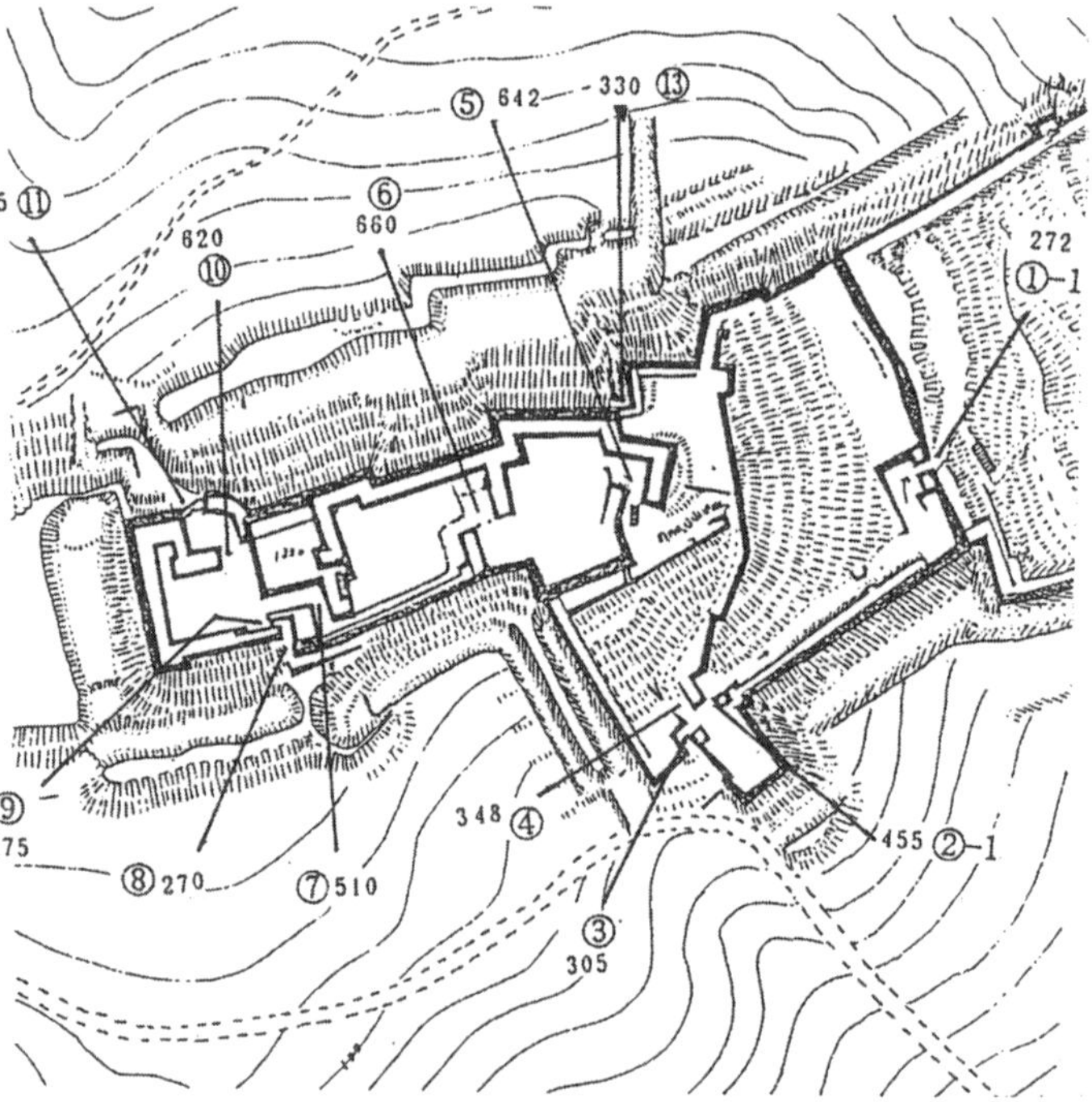

図2　西生浦倭城の虎口規模の計測図

めない石垣の幅は虎口①—1の前面で八・七五m、⑩の部分の石垣幅は六・二〇mある。慶長二年九月以前にはこうした幅の広い虎口であったが、慶長三年段階には防御を高めて虎口⑪を作り狭くしたと評価している。

竹田城や西生浦倭城では、大手と搦手のルート設定が機能的に尺の単位によって設置されている。こうした規格的な設計技術は、慶長六年以降に築城される城郭の基準設計として継承される。竹田城の成立年代は慶長三年頃から慶長五年の関ヶ原の戦いまでと考える理由の一つが、こうした規則的な技術を採用している点にある。

二、姫路城の天守付近の諸門（図3）

姫路城の本丸付近にある城門の規模を検討したい。天守の西側には、天守に入る通路として、「水の諸門」といわれる水の一門から水の四門までの城門が存在している。それぞれの桁行を見ると、水の一門は一間四尺（一〇尺）、水の二門は一間四・八尺（一〇・八尺）、水の三門は一間一・五尺（七・五尺）、水の四門は桁行が一間二・七尺（八・七尺）となっている。つまり、姫路城では、桁行が七・五尺から一〇尺の狭い城門を連続に作って天守へ至るルー

	名　称	形　式	大　扉	桁　行	扉　口
水の諸門	水の一門	一間棟門	潜り戸付片開き	1間4尺（10尺）	5.5尺
	水の二門	一間棟門	潜り戸付両開き	1間4.8尺（10.8尺）	5.8尺
	水の三門	埋門	潜り戸付片開き	1間1.5尺（7.5尺）	5.1尺
	水の四門	埋門	潜り戸付両開き	1間2.7尺（8.7尺）	6.3尺
搦手筋の諸門	への門	高麗門	潜り戸付両開き	1間2.2尺（8.2尺）	
	との一門	脇戸付櫓門	両開き	3間1.5尺（19.5尺）	10尺0.1尺
	との二門	脇戸付高麗門	両開き	2間5尺（17尺）	7尺
	との四門	脇戸付高麗門	両開き	2間2.1尺（14.1尺）	8.4尺
	ちの門	脇戸付棟門	潜り戸付片開き	2間（12尺）	4.1尺
大手筋下道の諸門	備前門	脇戸付櫓門	両開き	2間1尺（13尺）	7.2尺
	りの門	脇戸付高麗門	両開き	2間4尺（16尺）	8.2尺
	ぬの門	脇戸付二重櫓門	両開き		
	るの門	埋門		5.7尺	3.7尺

図３　姫路城の諸門の規模

トを防御している。こうした手法は、花屋敷から本丸に至るルートが八尺から九尺の虎口幅で連続して作られた設計と同じ技術である。竹田城で使われた技術が、姫路城の設計にも取り入れられていると考える。

姫路城の門の形式と大扉は、水の一門は一間棟門・潜り戸付片開き、水の二門は一間棟門・潜り戸付両開き、水の三門は埋門・潜り戸付片開き、水の四門は埋門・潜り戸付両開きである。こうした城門が、竹田城の花屋敷ルートにも設置できると考える。

また、姫路城の本丸付近には、「搦手筋の諸門」がある。その桁行を見ると、への門は一間二・二尺（八・二尺）で高麗門、との一門は三間一・五尺（一九・五尺）で脇戸付櫓門、との二門は二間五尺（一七尺）で脇戸付高麗門、との四門は二間二・一尺（一四・一尺）で脇戸付高麗門、ちの門は二間（一二尺）で二間棟門となっている。「水の諸門」に続くへの門を除くと、一二尺から一九尺となっている。竹田城の南千畳に類似する規模となっており、竹田城の城門を考える参考となる。

「大手筋下道の諸門」では、それぞれの桁行を見ると、備前門は二間一尺（一三尺）で脇戸付櫓門、りの門は二間四尺（一六尺）で脇戸付高麗門となっている。

姫路城のりの門では、慶長四年の墨書銘が発見されており、桁行は二間四尺（一六尺）で脇戸付高麗門・大扉は両開である。竹田城では、図1の①②㉑が二〇尺、⑤㉔が一九尺、㉒が一七尺である。姫路城りの門は、竹田城でも利用が可能である。竹田城の虎口幅と姫路城の城門を比較し、石垣と城門の関係において一定の共通点や類似点が認められた。

三、竹田城の虎口の比較検討

竹田城の虎口の形態的な特徴に関して、配置方法と虎口の形態について肥前名護屋城と西生浦倭城・姫路城と比較して検討する。

虎口の配置方法（図4）

虎口の配置方法が類似した曲輪を配置した。第1類は、上側に入る虎口が一つであるのに対して、出撃用の虎口が二つある「馬出形態の虎口」である。西生浦倭城では、①と②で典型的に認められ、方形プランとなっている。方形プランに注目すると⑥、⑩も類似しており、①・⑥・⑩は石塁を伴っている点も一致している。名護屋城三の丸⑤は、大手道に引きずられ、曲輪の正面に虎口が配置されており、西生浦倭城とは趣を異にするが、竹田城南千畳⑨とは印象が近い。こうした曲輪は慶長初期の特徴と考える。竹田城では、城外に出る南千畳・北千畳・花屋敷の三曲輪で共通して、このような虎口配置が認められる。

第2類は馬出曲輪としている。篠山城のような曲輪の両サイドを石塁で仕切るタイプで、その主な役割が建物を建てる曲輪ではなく、防御のための通路曲輪となっている。竹田城⑪と姫路城⑭を示した。曲輪から出る虎口が石塁で守られている点は、西生浦倭城①と名護屋城⑤も基本的に同じ構造であり、城内における曲輪規模の相対的な大小の違いによる側面もある。

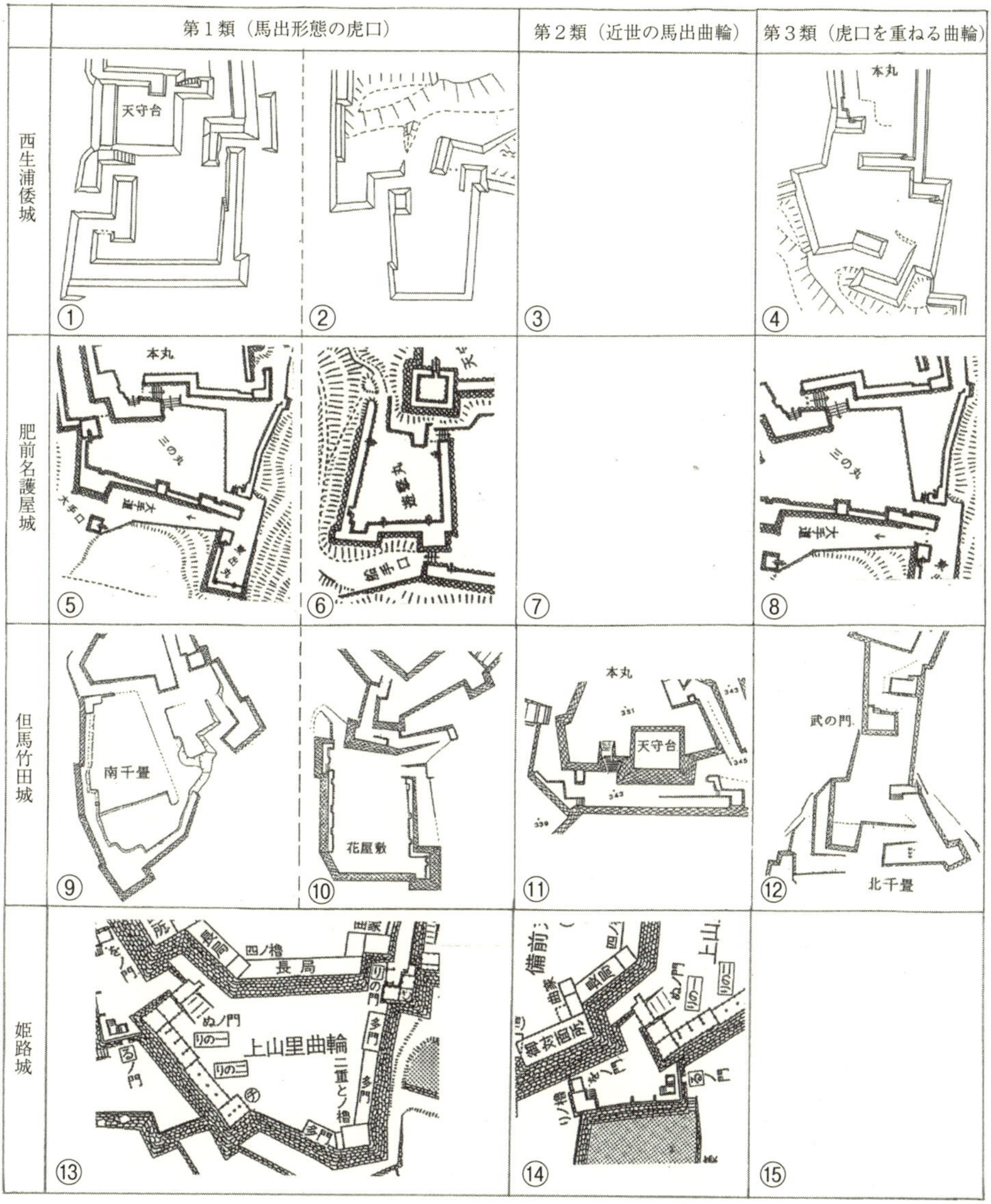
第１類（馬出形態の虎口）
第２類（近世の馬出曲輪）
第３類（虎口を重ねる曲輪）
西生浦倭城
肥前名護屋城
但馬竹田城
姫路城
天守台
本丸
三の丸
大手道
南千畳
花屋敷
武の門
北千畳
長局
四ノ櫓
上山里曲輪
ぬノ門
りの門
多門
二重とノ櫓
①
②
③
④
⑤
⑥
⑦
⑧
⑨
⑩
⑪
⑫
⑬
⑭
⑮

図４　虎口配置の分類図

第3類は二折れの虎口が重なる形で防御されているものである。④の西生浦倭城は外枡形虎口と喰い違い虎口を重ねており、⑧の名護屋城は平虎口と外枡形虎口を重ねており、⑫の竹田城は内枡形虎口と喰い違い虎口を重ねている。細かくみると異なっているが、二つの虎口を全体としてみると、形状からうける印象はよく似ている。

虎口の形態（図5）

虎口には、曲輪の先端にある石垣を利用して石段で登らせる石垣系虎口ともいうべき竹田城⑨と⑩のようなタイプと、曲輪の内側と外側が比較的平坦で、主に石塁を利用した石塁系虎口ともいうべき西生浦倭城①と②がある。名護屋城⑥は、竹田城タイプ⑩の虎口に石塁をのせた形状となっている。

つまり、曲輪の高低差を積極的に利用して石垣による障壁を設けるものと、曲輪間の連続性に重点をおいて障壁となる石塁を積み上げるもの、さらには両者を併用したものがある。ここではこれらの虎口を、竹田城タイプ、西生浦倭城タイプ、名護屋城タイプと呼ぶことにする。

いずれのタイプも近世城郭で利用されるが、竹田城タイプは西生浦倭城では使われていない。しかし、西生浦倭城タイプのような石塁の利用は竹田城⑪や図4の⑪にある。姫路城⑬のぬの門が竹田城タイプであり、姫路城ろの門が名護屋城タイプがにあたる。虎口の形態は竹田城よりも名護屋城のほうが完成度が高いように見える。

それでは虎口の形態を、第一類（外枡形虎口）、第二類（内枡形虎口）、第三類（喰い違い虎口）、第四類（平虎口）として検討する。西生浦倭城②と名護屋城⑤は形がよく似ているが、②は内枡形虎口、⑤は外枡形虎口と考えている。

第3類の喰い違い虎口は、石塁を二つ利用して通路を遮断する方法である。西生浦倭城③は、虎口幅が広くて竹田城⑪より防御が劣る。姫路城では南勢隠門に類似する事例がある。名護屋城⑦では、片側が石垣の塁線で代用されており、姫路城⑮りの門に類似する手法が認められる。

第4類の平虎口は、石垣や石塁の配置で見た目の印象が大きく異なる。石垣の配置は、西生浦倭城④と竹田城⑫・

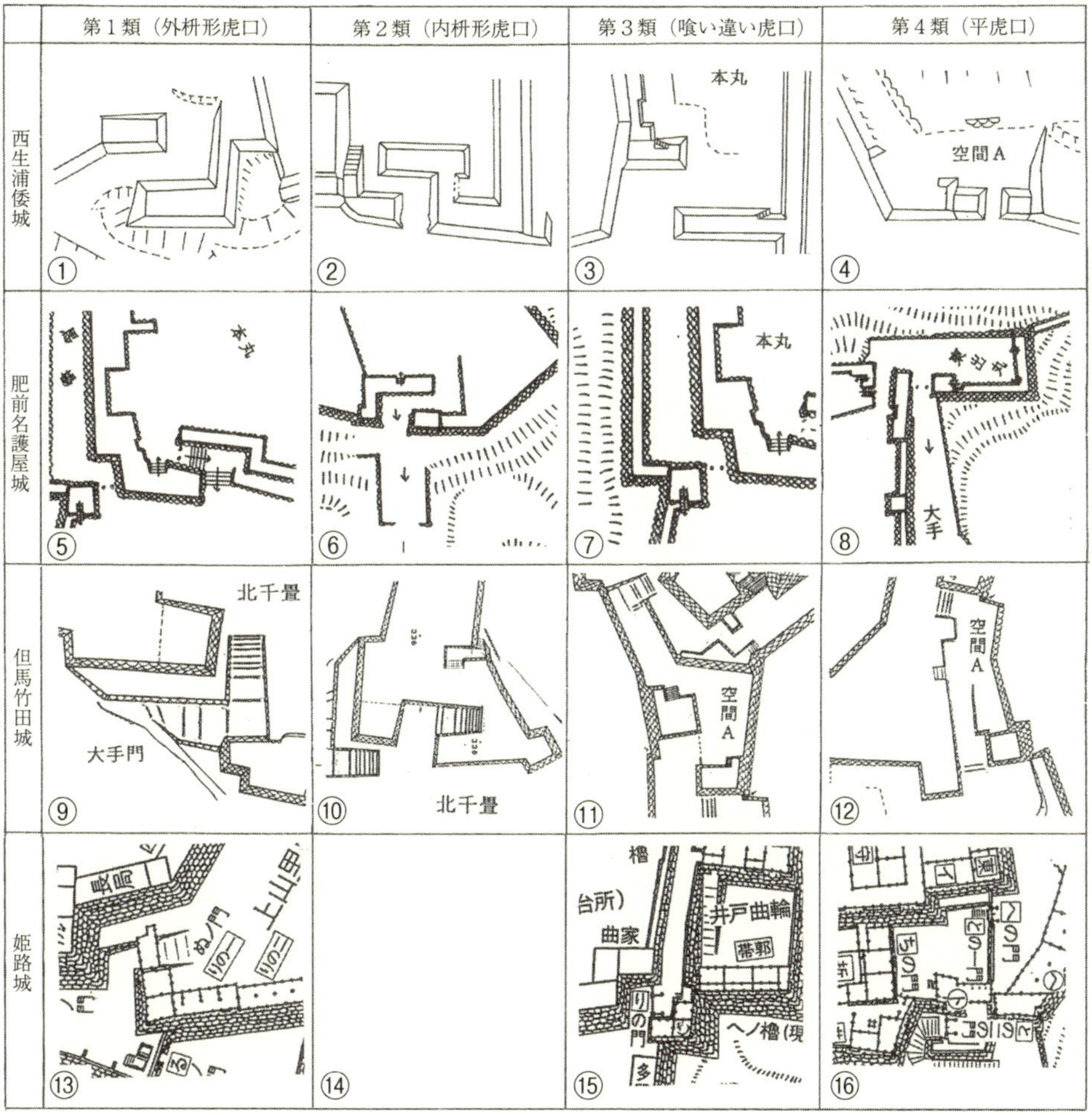
第１類（外枡形虎口）
第２類（内枡形虎口）
第３類（喰い違い虎口）
第４類（平虎口）
西生浦倭城
肥前名護屋城
但馬竹田城
姫路城
①
②
本丸
③
空間A
④
本丸
⑤
⑥
本丸
⑦
大手
⑧
北千畳
大手門
⑨
北千畳
⑩
空間A
⑪
空間A
⑫
⑬
⑭
櫓
台所）
曲家
井戸曲輪
帯郭
りの門
ヘノ櫓（現
⑮
⑯

図５　虎口の形態分類図

姫路城⑯との一門が類似し、名護屋城⑧はやや異なる。虎口を入ると武者溜まりとなるような空間が確保されている。

西生浦倭城②は、石塁で囲んだ枡形空間を作っている。この枡形は慶長二年の改修と推定されている。肥前名護屋の豊臣秀保城跡や前野長康陣跡の石塁による本丸虎口は、文禄期に作った虎口を慶長期に石塁によって改修整備したものである。姫路城の大手門である桐の一門から桐の二門にかけて、石塁で枡形空間を作っている。こうした江戸時代の石塁による枡形虎口の先行形態であり、この時期に石塁の設計技が発展したと考える。

石塁を多用して石塁系虎口を作ることは、曲輪の防御に石塁を多用する方法と連続する築造技術である。竹田城では、花屋敷で石塁が使われているが、ほかの曲輪ではみられない。竹田城では石塁を使わない石垣系虎口が発達しており、曲輪間の高低差を十分に活かして利用している。竹田城タイプの石垣系虎口と西生浦倭城タイプの石塁系虎口は、それぞれに技術的な発展の系譜が存在すると考える。そして、両者の利点を併用した名護屋城タイプなど、立地などに合わせて発展すると考える。

四、おわりに

竹田城の曲輪や虎口を、同時代に作られた肥前名護屋城や西生浦倭城、姫路城などと比較して検討した。部分図によって比較検討すると、類似点が多い。つまり、竹田城が慶長前半期の日本を代表する城郭と比較検討することが可能な城郭であることを示した。実際には、一つの城郭にも多様な虎口が使われているが、代表的な虎口を観察すると、築城設計者によって虎口形態の採用に差異や特徴があることを示した。

総石垣という点では竹田城の完成度は高いが、石塁系虎口や石塁による曲輪の防御性能は、西生浦倭城のほうが高い。つまり慶長初期には、西生浦倭城のような石塁系虎口を多用した防御方法が著しく発展している。その一方、竹田城で行われた石垣系虎口もまた、防御性に優れた虎口として積極的に建設されたと考える。

【註】

（1）本稿で行った論考について関係する論考を発表しているので参考としていただきたい。「石垣をもつ但馬の城について」『城』一七一号、一九九九年一月、関西城郭研究会。「第2章西生浦倭城の遺構と遺物、二・虎口」『倭城の研究』第三号、一九九九年七月、城郭談話会。「但馬竹田城における虎口形態の検討」『中世城郭研究』第一四号、二〇〇〇年七月、中世城郭研究会。「鳥取城山上ノ丸の構造と形態」『鳥取城調査研究年報』第二号、二〇〇九年三月、鳥取市教育委員会。

（2）本稿で利用した図は、肥前名護屋城は角田誠氏、姫路城は松岡利郎氏の「姫路城縄張図と現存遺構の規模」（『姫路城の縄張と構成』『日本名城集成姫路城』、一九八九年四月、小学館）から利用し、西生浦倭城の全体図は髙田徹氏による調査図を利用させていただいた。西生浦倭城の部分図と竹田城は筆者による作図である。また、図3は河東義之氏の「現存する城門一覧」（『姫路城諸門の建設と構造』『日本名城集成姫路城』、一九八九年四月、小学館）から一部を抜粋して利用している。

Ⅵ　竹田城跡を探る新たな視点
―近年の調査から―

田畑　基

さらなる遺構の存在を探す

竹田城跡の最大の魅力とは、何といっても山頂主郭部に築かれた石垣遺構である。しかし、竹田城跡の魅力はこの石垣だけではない。山頂部から延びる尾根や山腹に築かれた小規模な曲輪群や井戸遺構、さらには戦国期につくられた竪堀遺構や、「倭城」の築城形態に倣った大竪堀や登り石垣など……。これらの遺構が山頂主郭部の石垣遺構と関連し合って、竹田城の本質的価値を引き出している。

これらの竹田城跡に関連する遺構群は、すでに作成された縄張り図で表されているが、あくまでも現地を歩きながら記録したものであり、必ずしも正確なものではなかった。これらの遺構群の位置を正確に把握する手法として、赤色立体地図を紹介したい。

赤色立体地図とは、航空機に取り付けられたレーザー計測機器により取得した三次元のデータから、樹木・地物・地盤等を分類処理し、正確なグラウンドデータを作成。さらに、このグランドデータから求めた斜度に応じて赤い色付けが行われ、尾根や平坦面ほどより明るく、谷底ほどより暗くなるように調整された画像である。これにより、斜度の急な竪堀や谷部などは赤色が強く暗くなり、逆に曲輪などの平坦部では明るく表される。

それでは、赤色立体地図により表出されたさまざまな地形を見てみよう。今までの縄張り図よりも正確な遺構の配置と、今まで知られていなかった遺構の存在がわかる。例えば、山頂の石垣遺構部分（以下、「主郭部」）と山麓居館との間にある尾根上あるいは山腹には、たくさんの細長い地形（道か）の存在が確認できる。花屋敷・北千畳・南千畳曲輪の虎口から延びる曲輪間の連絡通路、山腹に存在する井戸遺構から主郭部に至る道遺構、さらには山腹にある石取り場や岩盤の露頭から山頂主郭部につながる道遺構（石材を引き上げた「石曳き道」だろうか）などである。また、山麓の居館からつながる「大手道」も推定できる。

竹田城に使用された石垣の石材は、地元では通称「加都石《かっ》」と呼ばれている花崗岩である。この石垣を積むために加都（城から直線距離で約一・五㎞の位置）から竹田城へ供給され、それに駆り出された農民は田の耕作もできず、その結果、「加都田んぼに松が生えた」との伝承も残っている。このような伝承を科学的に検討する一つの手法として、赤色立体地図の活用がある。この地図に表された地形をさらに現地で確認することにより、竹田城の歴史の再認識と竹田城の本質的価値が、より明確になっていくものと思われる。

花崗岩の露頭

居館跡に残る石垣

竹田城跡のもつ価値の中で、最も大きな要素を占めているものは、もちろん山頂部で圧倒的な存在感を放っている総石垣遺構であることには間違いない。しかし、竹田城跡に存在する石垣は山頂部だけではない。

現在、竹田城跡が国史跡として文化財保護法の下で守られている範囲としては、山頂部の総石垣遺構を中心とする約一四万㎡の範囲であるが、そのうちの約三二〇〇㎡は山麓に分かれて存在している。いわゆる「飛び地」状態になっているのだが、

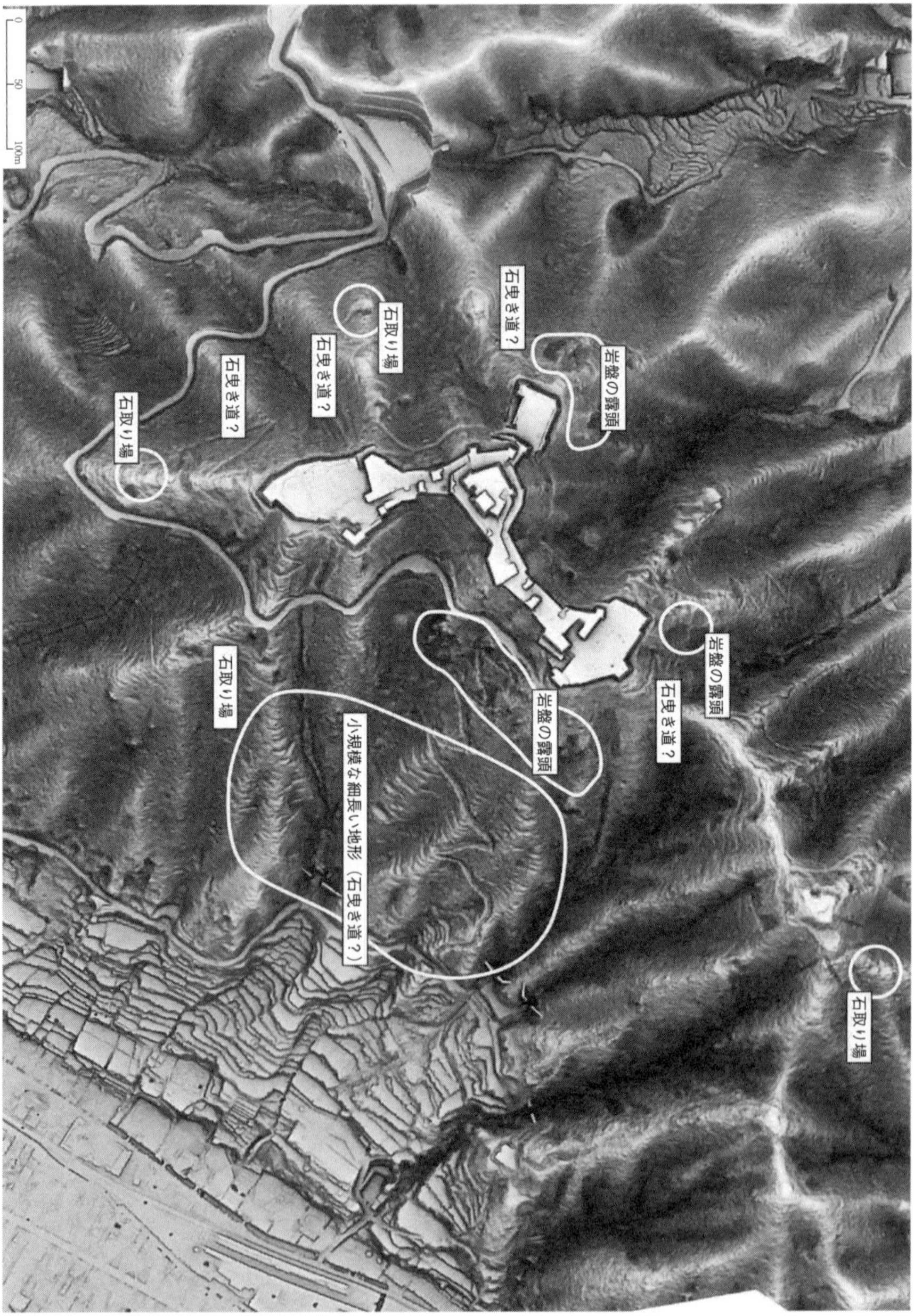

赤色立体地図　朝来市教育委員会作成図に加筆

ここは竹田城跡で山頂部に次ぐ大切な場所、居館跡として推定される場所である。要するに、城主が平時に生活するエリア、いわゆる城主の館ともいえる場所である。

一見、山頂部の主郭石垣部分と離れて存在しているようだが、そうではない。すでに過去の調査によって明らかにされている「大竪堀」遺構によって、山頂部と山麓部が一体的な構造を有している。姫路城でいえば、西の丸と山里丸に挟まれた「三の丸」に対応する位置関係だ。いわゆる竹田城跡の中で、「城内」として位置付けられる範囲の中に、この山麓部も入るわけである。

さて、この居館跡と推定される中核部分には、数ヶ所の曲輪状の平坦部が存在している。とくに法樹寺のすぐ裏にある段丘崖上面にある曲輪状の遺構は、最も広い平坦部を形成している。そして、この平坦部の南側には山頂主郭部に存在する総石垣と同じ積み方を有する石垣が残っている。平坦部の南西角を中心とした部分にあり、山頂部の主郭石垣に見られる用石法で、基本的に野面積みで横積みを意識して積まれている。隅角部は算木積みとなっており、平成十六（二〇〇四）年の台風二十三号による土砂災害にも耐えた石垣だ。

平成十八（二〇〇六）～二十（二〇〇八）年度にかけて実施した発掘調査は、この居館跡と思われる平坦部の性格を明確にするために実施したものだが、この調査で、埋もれて

上：山麓居館跡の石垣
下：発掘調査で姿を現した石垣

上：発掘調査後の石垣の状況　下：竹田城跡登山口

いた石垣が姿を現した。この石垣は、粗割《あらわ》りにした石垣を丁寧に横積みに積んでいるものである。先ほど説明した石垣を断ち切るように構築されている。石垣に用いられた石材の状況を見る限りでは、発掘調査で確認した石垣のほうが明らかに新しいのだが、どのような経緯でこのような形の石垣が構築されたのかは今もって不明である。

石垣がつくられると、その上面の平坦部に上がるための出入り口である「虎口」が作られるはずなのだが、そのような性格を有する場所とも思えない。ただ、この石垣が廃棄された時期は、発掘で出土した土師器皿の年代から、文禄期の末葉～慶長初期の時間幅の中で構築されたと考えられる。竹田城最後の城主、赤松広秀が鳥取攻めで城下に火を放ったことの責任を負わされ、切腹して命を落とすのが、慶長五（一六〇〇）年であった。このような時期に相前後してつくられたこの石垣が一体どのような意味を持つのか。謎は深まるばかりだ。

居館廃絶後の石垣

古城山の麓に位置する法樹寺は、赤松広秀ゆかりの地でもある。さらにその山側にある段丘崖先端部にある広大な平坦地を支えている石垣は、前節で紹介したように、山頂の主郭部分と同じ積み方を持つ。その事実は、この場所を赤松広秀の居館跡と推定しうる大きな理由となっていた。

さて、竹田城といえば、真っ先に山頂主郭部にある累々たる総石垣の連なりを思い浮かべることだろう。しかし当時、城主が平時に身を置いたのは居館部分であり、実はこの「城主館」ともいえる居館こそが、竹田城にとって一番大切な場所といっても言いすぎではないほど、重要な場所だったのだ。そんな大切な場所が平成十六年の台風二十三号による土石流の直撃を受け、石垣の一部を残してもろくも崩壊した。このようなことから、被害を受けなかった石垣を保存しつつ、修復する必要が生じた。被災を免れた石垣のひとつ、それが赤松広秀の供養塔裏側にある石垣だった。

しかし、この場所の石垣も健全ではなかった。直接的な被害は免れてはいたものの、おそらくそれ以前の災害で上部は失われ、孕みを生じた石材が二本の杉の大木によって支えられている状況になっていた。また、その北側は土砂で埋まり、詳細は不明である。この部分の実態を明らかにしない限り、石垣全体の修復はできない。そこで、平成二十六年十二月に発掘調査を実施した。

ところが、発掘調査で明らかになった最大の事実は、「城郭石垣とは明らかに様相が異なる石垣」ということだった。竹田城に築かれた石垣のコーナー部分は、長方形の石を交互に積み上げる「算木積み」とよばれる工法で構築されている。しかし、調査で確認した石垣にはそのような特徴を持つものもなく、しかも基礎となる根石部分は詰石《つめいし》として使うような、複数の小ぶりな石で支えられていたことがわかった。

しかも、石垣直下に堆積する土の中からは、赤松氏時代に形成された遺構が見つかった。このことから、この石垣は赤松広秀の時代のものではなく、それ以降に積み直されたものではないかということが考えられるようになってきた。積み直しの時期は不明だが、いまのところ竹田城が廃城になった後、積み直しが行われた真の事情はわからない。しかし、古式の伝統的な工法ではないにせよ、結果的に大切な城の一部を守ろうとした、名もなき人々の苦労が今回の発掘調査から偲ばれる。

竹田城が機能していた時期の「城郭石垣」ではないことがわかったが、これも竹田城のその後の推移を解明する大切な「履歴」として、大切に次代に引き継いでいかなければならない遺構である。

もう一つの大手道の可能性

古城山山頂部にある主郭部と山麓の居館跡と推定される場所がつながっていたことを示す理由として、両者に築かれた石垣構造の共通性から紹介してきたが、ここではもう一つの両者をつなぐ構造物である、「大手道」について紹介する。

現在、法樹寺の北に隣接して竹田城跡登山道入口がある。大正十五（一九二六）年に建立された「竹田城跡登山口」と書かれた立派な石製の標柱が建っているところだ。延長約七〇〇ｍの山道である。この登山口から登り始めてすぐ、山頂に向かって左側に居館跡と推定される広い平坦地の北端にとりつく。法樹寺は赤松広秀の屋敷地との伝承がある場所である。また、そのすぐ上の広い平坦地は、山頂部の石垣と同じ手法を持つ石垣の存在から、広秀の居館があった有力な場所として想定される部分であることから、この道が「大手道」ではないかと考えられてきたゆえんである。

法樹寺の境内裏手に祀られている西国三十三箇所霊場の石仏群が、文化七（一八一〇）年に現在の場所（法樹寺境内）に移されるまで、この山道に沿って奉斎されていたと伝えられていることから、幕末までは確実にあったことが確かめられる。ただ、このルートが本当に、城が機能していた当時からの「大手道」であったかどうかの確証は得られていない。城が機能していた当時の大手道を探る手立てはないのか……。そこで、このことを検討する有効な手段となったのが、先に紹介した赤色立体地図による地形変化の確認だった。

その場所は、先ほど紹介した登山道入り口とは反対側、法樹寺境内南側で確認でき、山頂に向かって真っすぐ延びている。その地形が居館跡南東角にある石垣の脇をとおって、クランク上に屈曲させ、さらに山頂主郭部に向かって

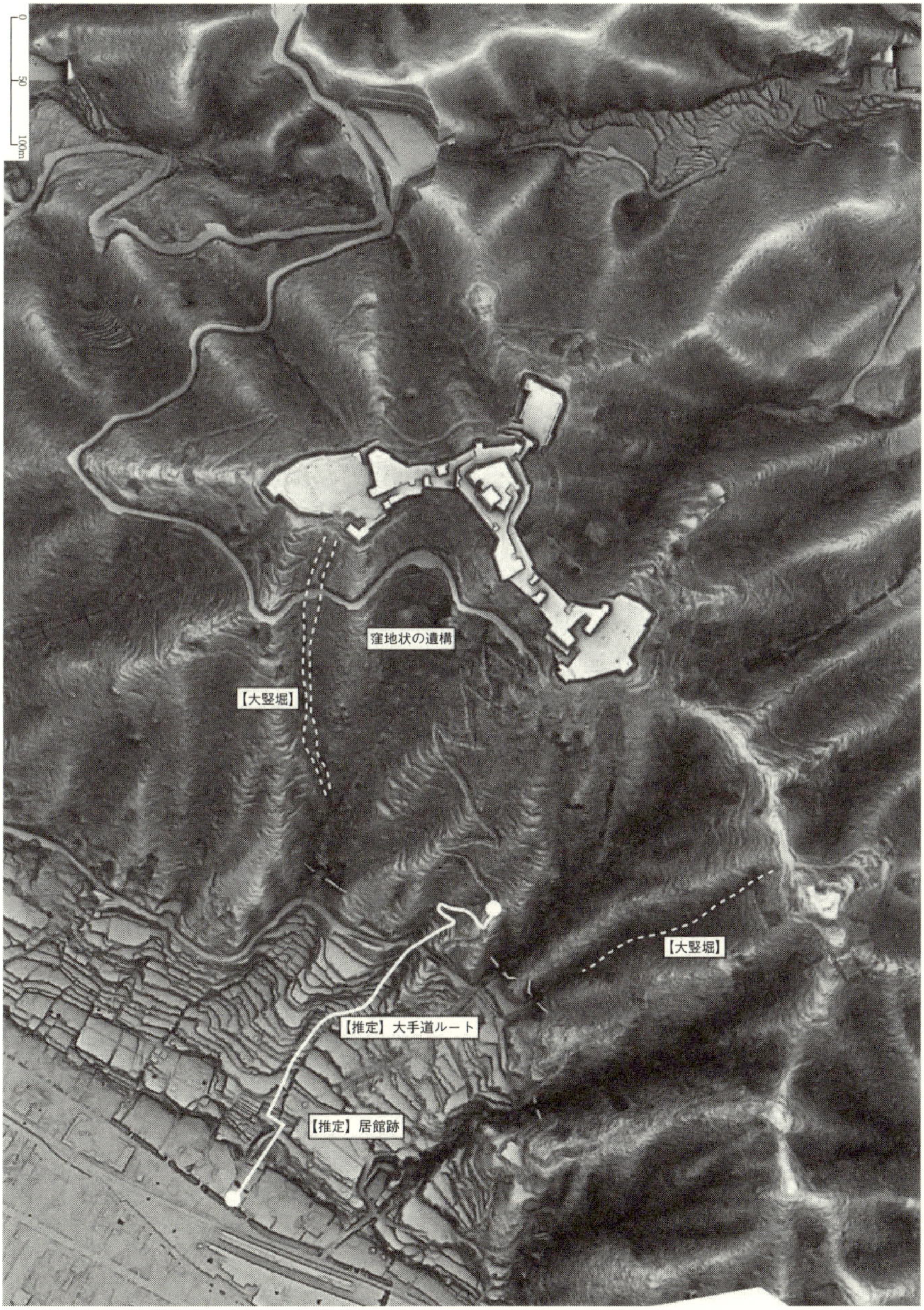

赤色立体地図で明らかになった大手道の可能性　朝来市教育委員会作成図に加筆

わずかに「折れ」を持たせながら直登する形で延びている地形がある。その形状を見る限り、自然発生的な谷地形とは異なり、人為的につくられた地形と判断することも可能だ。山頂部から山麓に向かって延びる二本の大竪堀、その遺構に囲まれたエリアには広い平坦地が七ヶ所程度確認されている。その脇にそって設定されたこの地形。当時の大手道として考えてもよさそうな位置関係にある。

竹田城の城下町や居館と推定される場所は、二ヶ所存在する。この竹田の集落に面して配置された居館は、竹田城周辺の城郭群の縄張りの特徴、そこから考えられる築城時期等から、織田方による但馬侵攻が行われる天正五～八（一五七七～八〇）年を相前後する時期に、太田垣氏によってその拠点を現在の竹田側に移したのではないかと考えている。今回紹介した大手道の可能性のある地形は、もう少し下った文禄・慶長期の総石垣に構造変更される時期に該当するのではないかと思うが、これもまだ推測の域を出ない。山頂部の主郭部分だけではなく、竹田城全体の構造解明に向けてのさらなる調査研究が、今後の課題として残る。

竹田城の表と裏

赤色立体地図に表された竹田城跡のさまざまな情報は、我々にいろいろなことを教えてくれる。先に紹介した「新たな大手道」の可能性もそうだ。ところで、城郭には「大手」に対して「搦手《からめて》」とよばれる通路があることもよく知られている事実である。そして、この竹田城跡においても例外ではない。

搦手とは、城郭用語でいうところの、城の裏手・裏門などを指すことばである。竹田城跡の大手と考えられているところは、法樹寺の裏側に存在する居館跡（いわゆる城主館）から山頂に向かって延びるルートが、北千畳曲輪の竹田側の虎口に行きつくことから、ここが大手と考えられている根拠にもなるのだが、そうすると、それに対する搦手はどこなのか。

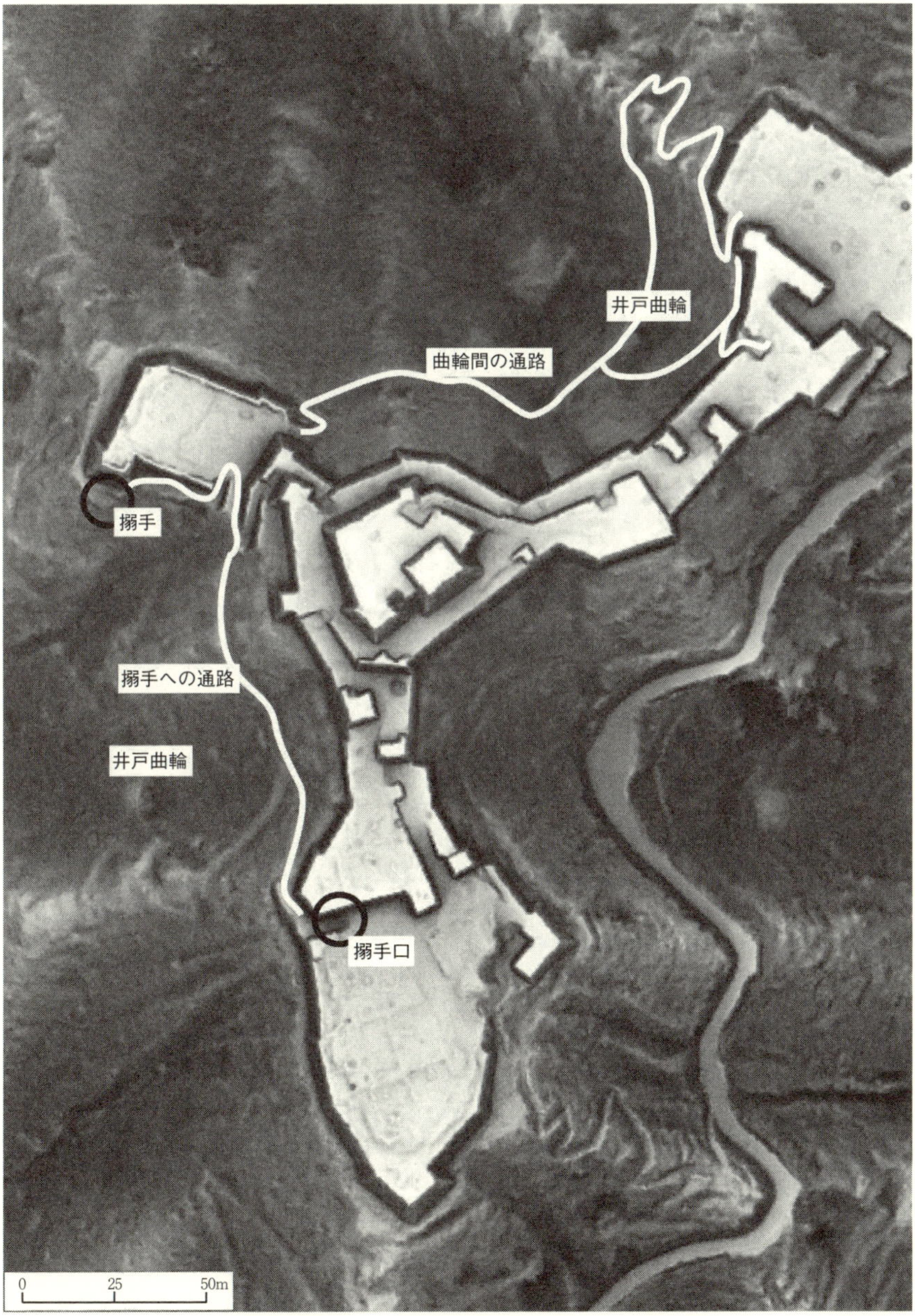

赤色立体地図に表された通路遺構　朝来市教育委員会作成図に加筆

南千畳曲輪の西側（山側）虎口に「搦手口」という標柱がある。この名称は、昭和十八（一九四八）年に竹田城跡が国史跡として最初に指定されたとき、その指定調書に記されていた名称だ。少なくともこの時期にはここが「搦手口」と考えられていたし、今もその評価は変わっていない。ただし、あくまでもここは「搦手口」、搦手への入口なのだ。竹田城跡の搦手は一体どこにあるのか。

その疑問に対して解決できる糸口を与えてくれたのも、冒頭に述べた赤色立体地図に表されたさまざまな地形情報だ。南千畳曲輪の西側虎口、搦手口から犬走に入り、さらに山腹に少し降りると、花屋敷曲輪に向かって延びる道状の地形が表されている。さらに、花屋敷曲輪の南側の虎口を降りて石垣の脇の犬走を抜けると、南西隅櫓台下から南側の谷側に下りていくルートに至る。ここが、本来の「搦手」ではなかろうか。

また、今回の赤色立体地図に表された地形の検討から、曲輪間をつなぐ連絡通路の存在も明らかになってきた。南千畳の「搦手口」から花屋敷曲輪南西にある搦手にいたる通路も、大きく見れば南千畳曲輪と花屋敷曲輪を結ぶ連絡通路である。そして、この通路のすぐ下側には井戸遺構もある。山の上で活動するにあたって最も大切な水の手の確保のための安全な通路の設定だ。さらに、花屋敷曲輪の北側虎口から三の丸下の井戸曲輪に至り、そこから三の丸虎口や北千畳の西側（大手と反対側）の虎口に至る通路もはっきりとわかる。これらの通路は、現地でも明らかに確認できるのだ。

表《おもて》側となる竹田城下町方向の山腹斜面は、攻めてくる敵の最前線であり、曲輪間を安全に移動できる構造物である「連絡通路」は山頂主郭部につくられた石垣遺構の裏《うら》側、西側の山腹斜面に設定されていた。竹田城跡の曲輪配置とともに、このような連絡通路の位置からも、竹田城跡の表と裏の考え方が明確に示されている。

Ⅶ 城下町のその後の姿

田畑　基

近世城下町の成り立ちは、織田信長によって確立されたといってもよいだろう。「城の麓」という一定の地域の中で、家臣の集住のみならず自由経済を促進させたことにより、民の集住も促進した。それだけでなく、社寺についても城下町の要所に配置させた。

社寺の配置は、城下町の構造を把握するうえで重要だ。すなわち、これらは祭礼・信仰の場としての機能を持っているだけでなく、城下町の防備施設という側面も持ち合わせていたと考えられている。

現在、竹田町内に存在する寺院は六ヶ寺である。これらの六ヶ寺は、創建時からの位置を示しているのではなく、竹田城が廃城になり、城下町の機能を失って以降の位置を示している。

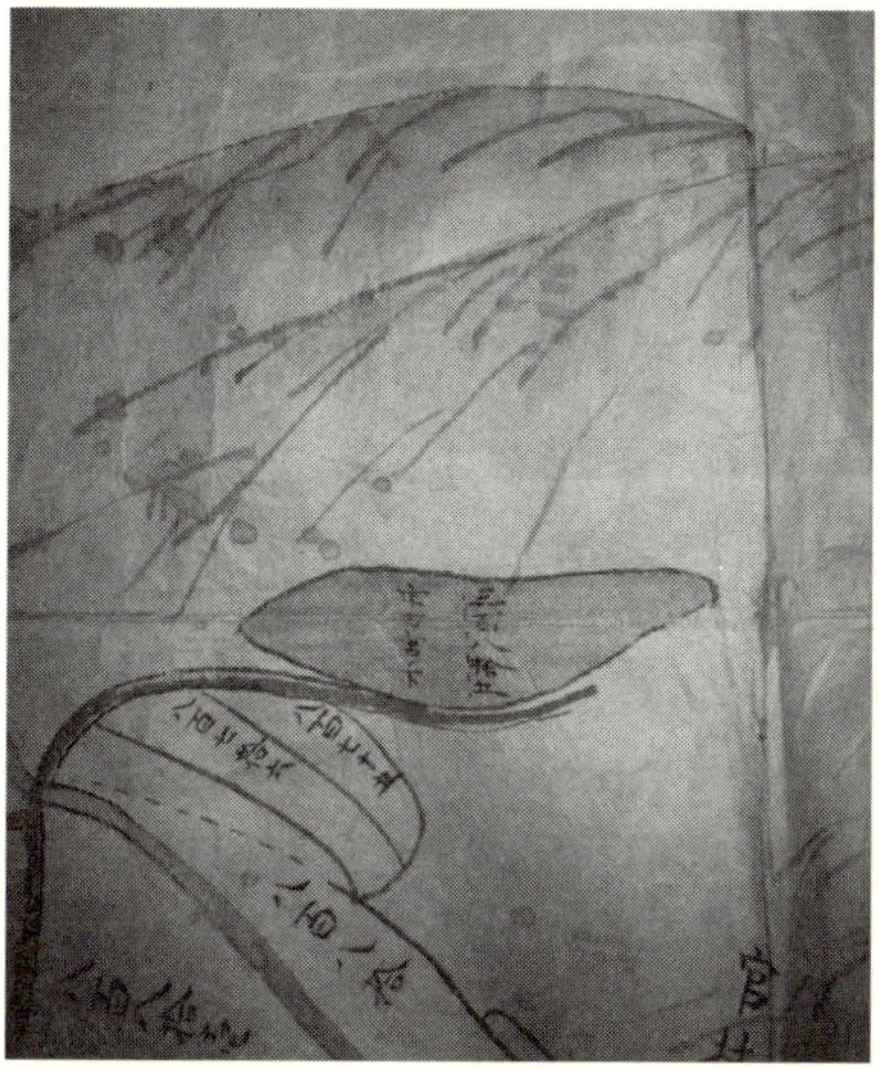

竹田町見取繪圖に残る「古宮ノ下」表米神社の故地か

竹田にある各社寺の開創・創建年代については、すべて嘉吉年間から文禄・慶長期にかけてのことであることがわかる。また、各社寺の創建時期における配置は、町の要所や周辺に建立されていたようだ。表米《ひょうまい》神社が加納丘《かのうがおか》で焼亡し、ふた

法樹寺　赤松広秀屋敷跡と伝える

たび竹田に建立された場所は明らかではないが、明治六（一八七三）年に作成された「竹田町見取繪圖」によれば、町の南西に『古宮ノ下』という地名の記載があり、興味深い。

城下町から街道町へ

寺院が一定の場所に集められた（集まった）ことは、何も竹田に特有のあり方ではない。全国の伝統的な街並みに見ることのできる風景である。城下町における社寺の役割については、町の要所に配置することによって外部からの遮断、町の防御性を高めるという側面があった。

慶長五（一六〇〇）年、鳥取城下に火を放ったことの責めにより、自らの命を絶った竹田城主の赤松広秀。この事実によって竹田城は城主を失い、山麓の居館の主も失うことになった。同時に山麓にひろがる城下町としての機能も変貌を余儀なくされたのである。その後、朝来郡のほとんどは徳川政権が直轄する「天領」として掌握管理され、直接的には生野代官の支配下に組み込まれることになった。このとき、城主館や家臣団の屋敷など、竹田城下町の中核をなす位置にあった建造物は、「公の場所」として管理されたのであろう。法樹寺に伝わる由緒によれば、「……生野代官中野吉兵衛の許可により現在の地に移転する。……」とあるように、当然のことながら公儀の許可を得なければならず、そのような、公によって厳重に管理されていた場所に寺院を移転するなど、並大抵の努力では成しえなかったことではないだろうか。

なぜ、このように寺院が集められたのだろうか。その明確な理由は明らかではないが、民衆の、竹田城や赤松広秀、歴代の城主を愛する厚い「思い」があったともいえるのではないだろうか。民衆の宗教祭礼の場、心の拠り所でもある象徴的な建造物を連続的に配置し、また、法樹寺には赤松広秀愛用の品と伝わる漆器が寺宝として大切にされ、赤松広秀にゆかりのある建物とされる薬師堂（現在は平成十六（二〇〇四）年に発生した台風の災害により喪失）も寺域内に建立された。さらには、常光寺においては太田垣光景の位牌や墓も大切に継承されている。

いずれにしても、竹田城廃城後において、法樹寺・勝賢寺・常光寺・善證寺の四ヶ寺は江戸時代の前期（一七世紀代）のうちに現在の地に集められ、いわゆる「寺町」を核とした街道沿いの町へと変貌した。そして、その立地条件から姫路・生野と和田山から京都を結ぶ拠点都市として生まれ変わっていった。

竹田の中の江戸期の風景

江戸時代の竹田の町並みの具体的な姿については残念ながらよくわかっていないが、竹田区によって保管されている明治六（一八七三）年に作成された「竹田町見取繪圖」が手掛かりになる。この資料を中心に、江戸時代の竹田町の今に残る風景を探してみよう。明治六年とはいっても、江戸時代の姿を写しているといってもよく、近世の竹田町の詳細が描かれているといっても過言ではない。

図の中には、それぞれ土地の

上：赤松広秀公愛用の漆器　法樹寺所蔵
下：伝太田垣光景の墓石　常光寺所蔵

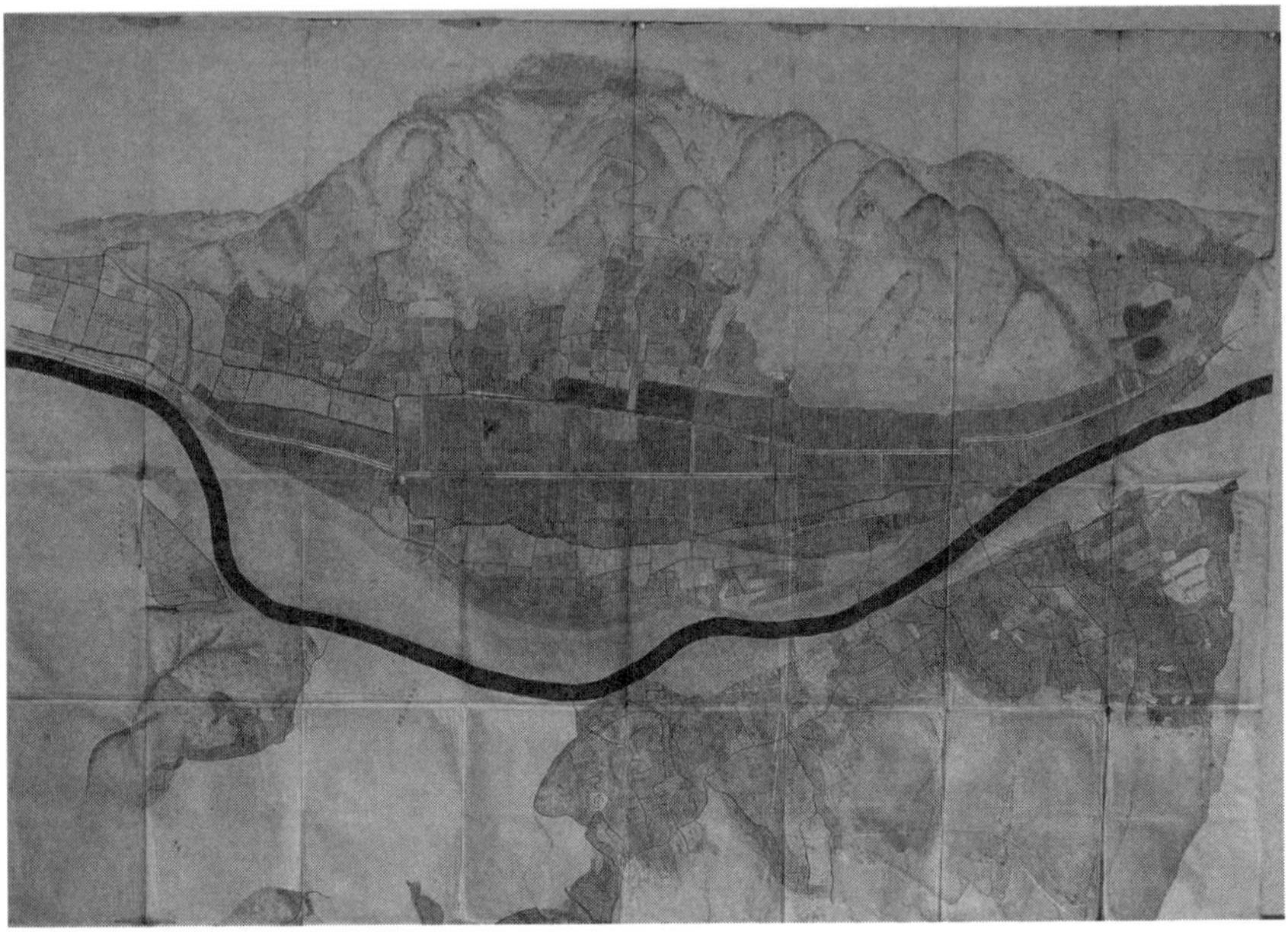

竹田町見取繪圖　竹田区所蔵

利用によって色が塗り分けられている。大きく分けて町屋の範囲（緑）と田畑（黄・茶）である。緑に塗られた町屋の範囲を現在の都市計画図に重ねてみると、現在の町並みの範囲にほぼ合致する。このことから、現在の竹田の町は、江戸時代の街道町からほとんどその姿を変えずに継承されていることがわかる。

平成二十二年度に、兵庫県のヘリテージマネージャー会会員の協力を得て、竹田の町並み調査を実施した。建物の形は少しずつ変化しているものの、基本的には「通り」に面した切妻平入の構造をもった民家が立ち並ぶ。とくに当時の面影をよく残すところは、竹田駅周辺の中核となる場所に多い。

そのなかでも、江戸期にさかのぼる歴史遺産として現地に残っているものの一つに挙げられるものは石造物群であろう。竹田には、多くの石仏や碑などが存在する。道路改修などにより場所が移動しているものも見受けられるが、江戸期の竹田の景観を今に伝える貴重なものだ。とくに竹田駅裏の寺町にある石橋群は、近世竹田の風情を残す場所だ。また、上町の金毘羅神社のたもとに架けられている「えびす橋」は、当初、宝永五（一七〇八）年に竹田町を南北に貫通するメインストリートの石橋（恵比寿神社の傍、水路を跨ぐ石橋）として架けられたもので、昭和五（一九三〇）年に移転され、今はコンクリート製の欄干が片方だけ残っている。その他にも、町の端々には六体地蔵や、道標（成相道）が残っている。旭町にある六体地蔵のうちには、元禄七（一六九四）年八月までさかのぼる石仏があり、但馬で最も古いものの一つである。これらは竹田の履歴を探るうえで貴重な遺物である。

明治以降の竹田の変貌

町の形は、時代の要請とともにその姿を変えていく。前節では「竹田町見取繪圖」の検討から、現在の竹田の町は、江戸時代の街道町からほとんどその姿を変えず、継承されていることを述べたのだが、時代の流れとともに、町の姿は変わっていったし、町の規模も変わっていった。ここでは明治以降の町の変遷について、公共施設の配置を中心として見てみよう。

〈役場庁舎の変遷〉　明治十六（一八八三）年に竹田町をはじめとした一町十一ヶ村を統括するため、それぞれを管理していた三つの戸長役場が合併して安井下組戸長役場となった。その後、安井口に建設された有終《ゆうしゅう》小学校（竹田小学校の前身）の一室が庁舎にあてられた。

明治三十五（一九〇二）年には、有終小学校の生徒が増えたことにより、当時の村会は妙泉寺を会場とされたこともあった。このことから、翌明治三十六（一九〇四）年に竹田町役場が新築された。現在は下町区の公民館として利用

旭町にある六体地蔵

竹田町役場（現在は下町区公民館として利用）

されている。また、付近には郵政事務を取り扱う施設も併設されるなど、竹田地区の公共施設が集中していた地区でもあった。

〈播但鉄道の歴史と竹田駅の開業〉　明治二十年（一八八七）十一月、生野の有力者であった内藤利八・浅田貞次郎らは、生野から飾磨《しかま》に至る馬車鉄道の敷設を兵庫県に出願した。その後、同年十月動力を馬から蒸気に変更することとして政府に改めて出願し、明治二十六（一八九三）年六月三十日に免許状が交付された。明治二十八（一八九五）年四月には、飾磨～生野までの間が開業し、さらに明治三十九（一九〇六）年に和田山まで延伸した。このとき、和田山駅と同時に竹田駅も開業した。この駅舎の建設によって寺町と町屋が分離されるような形となったが、その外観は竹田の町屋群に合ったたたずまいを呈している。また、軌道の設置に伴ってつくられたレンガ造りの小さな橋も、竹田の町の変遷を知るうえで大事な歴史遺産である。

〈朝来郡公会堂〉　竹田は朝来郡の中心に位置していたことから、郡の施設をなるべく多く誘致したいという動きがあった。昭和十（一九三五）年、郡団体事務所の建築に際し、その位置決定が紛糾した結果、団体事務所は和田山に、竹田には郡公会堂および郡畜産組合事務所を設置することになった（※翌昭和十一〈一九三六〉年竣工）。公会堂は郡内最大の集会場として利用された。

昭和初期の竹田のまちづくり①（立雲峡の整備）

朝来市の市花は「桜」である。市内にはいくつかの桜の名所があるが、竹田には竹田城跡とともに、朝来市を代表

「立雲峡の山桜を守る会」の活動

する名所「立雲峡《りつうんきょう》」がある。実はここは、昭和初期に竹田の観光振興の目玉の一つとして整備された場所だ。

立雲峡は朝来山（愛宕山）の西面山腹に位置する。その起源についてはよくわかっていないが、元正天皇の時代、養老元（七一七）年に表米親王が桜の咲く朝来山に愛宕神社を建立したと伝えられていることからも、古い歴史を持つ山桜の群生地であった可能性も考えられる。いつのころからか、「但馬吉野」と形容され、山陰随一の景勝地といわれてきた。桜の中には、三〇〇年を優に超す樹齢を刻む桜をはじめとした老桜の群生もみられ、樹下に苔むした奇岩・巨岩（閃緑岩《せんりょくがん》）が点在する景観もまた見事だ。

ところが立雲峡は当初、近くから観賞する景勝地としては一般に知られていなかったようで、むしろ対岸の古城山山頂（竹田城跡）などから遠望する観賞方法が一般的だった。とくに愛宕神社の境内とされているところは、足を踏み入れる人はほとんどなかったと思われる。このようなところを昭和七（一九三二）年、地元有志が中心となってはじめられた朝来山の開発がきっかけとなり、さらに当時の竹田町がその開発を町の一大事業として全面的に協力支援することとして「竹田保勝会」が設立され、少しずつ脚光を浴びはじめた。このような地元の気運の盛り上がりにより整備が一層促進され、今見ることの出来る立雲峡が整備されていった。「立雲峡」という名称もこのとき命名された。

その後、昭和三十八（一九六三）年には県立自然公園に指定され、昭和四十二（一九六七）年には県下観光百選に選定されるなど評価され、次第にその価値を高めていったが、現状としてはその山地の持つ本来の自然植生から、人の手によって変わった、いわゆる代償植生が多くなった人工の公園となっている。

現在この植生を、本来持っていた自然の植生に変えていこうとする取り組みが、「『立雲峡』の山桜を守る会」によって進められている。竹田城跡とともに、竹田地区の大切な文化遺産である立雲峡の景観を保全する活動である。

昭和初期の竹田のまちづくり②（大本教進出計画と竹田城）

昭和初期の竹田では、町の振興を目的とした大きな開発プロジェクト事業が進められた。前回紹介した朝来山の開発（立雲峡）もその一つであったが、竹田城跡をめぐる事業として、大本教《おおもときょう》（以下、「大本」）の竹田進出があったのもこの時期であった。

昭和初期といえば、戦争に向かって不況が加速度を増してくる時期であり、竹田においても例外ではなかった。立雲峡の開発とともに、竹田城跡の活用にも期待が寄せられていたことであろう。このころ、大本は着実な進展を見せ、全国的な活動として展開を見せていた。竹田の近辺においても、昭和六年末に出石《いずし》郡神美《かみよし》村（現豊岡市）に但州別院が完成し、京都府においても一足早く大本誘致の動きが進んでいたという。その中で、この竹田においても大本誘致のプランが進行し、その候補地として竹田城跡がターゲットとなっていた。

ともかく、大本の布教計画の一貫としての竹田城跡への施設（愛善郷）建設と竹田町側のまちづくり計画が一致し、加速度的に進んでいくことになるのである。当時、昭和七年の竹田の記録によれば、竹田のまちは大本一色になっていたという。竹田の大本信者は町全体にひろがっていたと記されている。このような時代の潮流に乗って、竹田城跡の大本への寄付計画も進行していた。

しかし、事のすべてが順調というわけではなかったようだ。住民の中からも赤松広秀公の崇敬も含め、「町の宝」としての竹田城跡を一宗教団体の所有にすることへの抵抗もあった。また、当時の所有形態は竹田町（大字竹田）が村落の財産として管理していたことから、町議会の議決が当然のことながら必要となった。このような経過を経て、昭和七年九月二十二日、当時の竹田町議会において決定された竹田城跡寄付の件は、次のような条件が付された。

一、城址の石垣其他史蹟名勝を損せざる事
一、址上建築の場合は史蹟の風致に添ふ建築を為す事
一、登山縦覧者をして故なく拒絶せざる事
一、大本教に於て万一不要と認めらるる時は竹田町と協議の上処分せらるる事

このような条件の一文をみても、当時の竹田町民の竹田城跡への保護意識や愛着が大きかったことを知ることができる。ちなみに、この計画に付随して山麓から山頂までの登山道の新設が計画実施された。この道路整備は大本の金銭的支援も受けながら、当時の公共事業として実施された。さらに翌年（昭和八年）には自動車道として拡幅整備された。

建設中の登山道　『大本竹田別院五十年誌』より転載

しかし当時、このように進められたまちづくり計画も、後に始まった全国的な大本弾圧により実現することはなく、再び静かな竹田城跡へと戻っていくことになる。

旧木村酒造場―竹田の活性化の新たな拠点として―

竹田城における平成十七年度の年間登城者数は約一万二千人であったのが、その後次第に増加し、平成二十三年度には九万九千人、平成二十四年度は二十四万人、さらに平成二十六年度は六十万に迫る勢いである。今年度は

再生された旧木村酒造場

観光バスによる利用が多少減少したとはいえ、個人の来訪者が伸び、竹田城の人気はとどまるところを知らない。このような状況の中、竹田の町なかにおいて竹田城や周辺の歴史文化の啓発をはじめ、竹田の観光振興に寄与する施設が必要となってきた。旧木村酒造場である。

旧木村酒造場は、ＪＲ播但線竹田駅から南へ約二五〇ｍのメインストリートに面した場所にある。この建物は何度か火災に遭っているが、明治十（一八七七）年に発生した大火により全焼した。しかしその後、明治三十五～三十六（一九〇二～〇三）年頃、再建されたといわれている。

木村家は、信州にあった飯尾新左衛門を祖とする。天正十（一五八二）年、武田氏の滅亡後、姓を木村に改め播磨の加古川木村に蟄居したことから、屋号を加古屋とした。寛永二（一六二五）年頃、加古川から竹田に移住し酒造りを始めた。当時は大変栄え、朝来、養父《やぶ》、気多《けた》の三郡に及んだといわれている。「虎臥城」という銘柄の地酒をつくっていたが、昭和五十四（一九七九）年に醸造を休業した。

旧木村酒造場の敷地面積は約二四六〇㎡。ほぼ正方形の形状で、南北面と東面を一部塀で囲む。

このような木村家は、寛永年間から続く旧家であり、たび重なる火災に遭いながらも復興を遂げてきた。外観は、うだつをはじめとした地区の景観を特徴づける意匠や様式・構造が改変されることなく残存し、いまも地域の景観形成の規範として貢献している。また、内部には酒蔵の設備や、祭礼・年中行事の設えが残り、地域の歴史風土と文化を伝承する貴重な建造物群といえる。

このことが評価され、平成二十七（二〇一五）年七月十七日、国の文化審議会で国の登録文化財に登録すべきものとして答申された。登録に該当する建物は、「店舗兼主屋」・「米蔵」・「貯蔵所」・「舟蔵」・「裏門」・「門及び塀」の六棟である。

現在は、平成二十五（二〇一三）年度に「竹田城下町 旧木村酒造場EN（えん）」として再生された。建造物群の中心となる店舗兼主屋はホテルとして、その他の建物についてはレストランやお土産物店、観光案内所と竹田城跡に関する情報館など多目的に整備再生され、竹田のまちづくりの拠点施設、地域の魅力と活用を創出する施設として運営されている。

継承される祭礼「虎臥大明神祭」

竹田城最後の城主、赤松広秀は学問をこよなく愛し、儒学者藤原惺窩《せいか》との親交はよく知られているところである。また、朝鮮の儒学者である姜沆《きょうこう》《カンハン》が残した『看羊録《かんようろく》』に記された赤松広秀の人格「日本の将官は、すべてこれ盗賊であるが、ただ「赤松」広通（広秀のこと）だけは人間らしい心をもっています。…（略）」からも、後の民衆に深い影響を与えた。このように竹田の民衆は、竹田城主赤松広秀を後の世まで篤く崇めた。それが、赤松広秀を神格化した祭礼「虎臥大明神祭」である。

350年祭の賑わい

現在のところ、古文書資料で確認されている最も古い祭礼は、広秀没後百五十年祭のものだ。「赤松廣秀公由緒記」には、以下のように記されている。

竹田城跡の本丸虎口石垣に付加された石階段。祠に向かう参道の石階段として整備されたのだろうか

竹田崇城主赤松廣秀公百五十年遠忌　寛延二己巳年御霊宮ヲ崇城虚ニ始メテ小社ヲ建立　夫ヨリ毎年三月廿八日祭祀努来候処（後略）

要約すると、寛延二（一七四九）年の百五十年祭に、初めて竹田城に小社を建立し、以来、毎年三月二十八日に祭礼を行ってきたという。

また、二百年祭についても寛政十一（一七九九）年三月二十八、二十九日に行われていたようだ。この記述によれば、観音寺城坂（観音寺から観音寺山城に至るルートか）と殿町城坂（表米神社境内の南側から南千畳に至る道）の登り口に新たに鳥居が建てられ、「虎臥大明神」の額が掲げられていたと伝える。

さらに、東京の三康図書館に所蔵される、文化元（一八〇四）年に写された「但馬國朝来郡竹田城墟図」には、以下のように記されている（要旨）。

「寛政十（一七九八）年戊午、赤松氏が城を追われて二百年ほどが経過する。そこで江戸表より役人がお見えになることになったので、城跡の掃除をするように仰せつかった。その後、江戸よりおいでになった役人は、この古城を見分し、「虎臥大明神」と記した額を掲げられた。（後略）」。現在、殿町区で保管されている「虎臥大明神」の扁額は、このときもたらされたものだろうか。また、この「但馬國朝来郡竹田城墟図」には、天守台北側の本丸曲輪上に小さな祠が描かれている。寛延二（一七四九）年の百五十年祭に建立されたと伝える祠とも考えられる。

その後も祭礼は途切れることなく続けられた。戦時中は規模が縮小されたが、昭和二十四（一九四九）年四月には、三百五十年忌法要が挙行され、竹田町長、竹田区長、竹田中学校長のほか全町民こぞっての大祭礼だった。このときは臨時列車も増発され、大勢の人出となり、竹田城での式典にも参列する人があふれた。このころ、各地の寺院では、戦争のために供出した梵鐘の復活が盛んに行われ、法樹寺においても新調した梵鐘の鐘曳き、稚児行列が関連事業として行われた。

このように、赤松広秀公に対する地元住民の篤い思いは今も昔も変わらない。「虎臥大明神祭」は、現在も殿町区において毎年挙行され、今後も継承されていくことだろう。

あとがき（旧版）

関東地方在住の城郭研究者は、たとえば後北条氏系や武田氏系の巨大な土造りの中世城郭を愛好するようになってきているが、関西在住者は、やはり小さくても、石造りの城に親しみをおぼえるようである。今回、本書作成に携わった執筆者たちも皆、石垣による縄張りの美しさから、但馬竹田城を「好きな城」の一つに挙げている。しかも、全国各地のいろんなタイプの城を多く見れば見るほど、竹田城を好きになるのも不思議である。そこで、執筆者の紹介を「竹田城」をとおしておこなってみることにした。次のとおりである。

よせば良かったのに、竹田城の石垣に魅せられて数十年、「穴太積み」に走ってしまった北垣氏。

雨がどしゃぶりの中の見学会で、嫌がる皆を引っ張ってJR竹田駅から旧登山道をむりやり登らせた松岡氏。

ユニークな視点で城を観察するので、文章化・図面化を勧めても、生来のものぐさゆえに無視してきたが、「竹田城」では思いもかけず、自主的に原稿を提出してきた村井氏。

竹田城の縄張りの粗さがしに取り組むこと数年、できの悪い子供ほど可愛いと、心にもないことをほざいている宮田氏。

石垣をよじ登らなければ登れない天守台、こんな不便な天守台に登るのが好きだという中井氏。

来るたびに、もう生涯竹田城には来ないと言いながら、何度来たかわからんとぼやいている角田氏。

職場が和田山町にあって、毎日竹田城を見上げていたときには一度も登ったことがないのに、和田山町を離れてからやたら竹田城に登り、ついに虎伏山の全斜面を歩いてしまった西尾氏。

突然どこからともなく現れ、竹田城の構造について議論をふっかけ、人をくった話をする谷本氏。

大雨のあと、新築の自分の家よりも竹田城のことが気にかかり、子供と約束した週末の動物園行きもキャンセルして、城に登っていた田畑氏（あとの穴埋めが大変ですぞ）。

さて、本書の内容をここで簡単に紹介する。まず、論文編についてであるが、北垣論文は、本丸・天守台石垣の構築技法の検討から、天正・文禄・慶長三期にわたるものの、その下限を文禄・慶長期と指摘した。

松岡論文は、天守台の形状・寸法と、部分的に残存する礎石を材料にして、全国各地の類似例と対比検討し、豊臣期天守の存在を肯定した。

村井論文は、近世山城構造の変遷を検討して、竹田城が文禄・慶長期に、大坂を中心とした大支城群の一つとして構築されたものであるとした。

宮田論文は、竹田城の防御機能を検討して、優れた部分とそうでない部分の存在を指摘し、築城主体を宮部氏とした。

中井論文は、採集されている瓦の中に高麗瓦が存在することから、築城時期を文禄・慶長の役以降、慶長五年までと限定した。

以上の六論文は、いずれも豊臣期の竹田城を扱ったものであり、築城時期の範囲としては、赤松広秀の在城したとされる天正一三年から慶長五年までの一六年間に収まっている。しかしながら、この中で築城工事がどのようなプロセスで進められていったか、また、築城の統括者が誰であったかについては、いまだ一致した結論を見るに至っていない。

いっぽう、赤松氏以前の太田垣氏時代の竹田城について、角田論文は、「斜面の竪堀群」からとりあげ、丹波との関係で、この時期を天正三年と結論している。

以上、冒頭でもふれたように、読者諸兄におかれては、方法論としての「城郭研究」というものの多様性に注目していただきたいのである。なお、当初の予定では堀口健弐氏の「竹田城と長城ラインを巡らす織豊系山城」が含まれていたが、間に合わなかったのが残念である。

次に調査報告書編であるが、谷本報告は竹田城の石垣地区の調査をまとめた。天守台で礎石の発見や、南千畳で曲輪を機能面から分割して理解することが可能となった。また、別に馬出形態の曲輪を抽出して論考している。西尾報告は竹田城全山の調査報告であり、この中で三大発見があった。竹田城と観音山城と居館をつなぐ三本で一対の巨大な竪堀の発見、北千畳の北側に石垣をもつ出丸の発見、南千畳の北西側に井戸曲輪の発見が報告された。田畑報告は、これまで言及されることのなかった竹田城の城下町を、地籍図を使い分析した。城下町の範囲、道路の配置などの重要な基本点を確認している。

このように、資料編は今後、南但馬の中世史を研究される方の参考になればということで、朝来郡の現在確認されている中世城郭のうち、満足できる調査のおこなえたものについて、縄張り図を示した。城跡が確認できても、ブッシュがひどくて十分調査できなかったもの、すでに破壊が進んでおり、図面化しても城としての機能が理解できないもの、および時間的に所在確認のおこなえなかったものについては割愛した。今後、機会があれば補充してゆくつもりである。

なお、この調査は本書の執筆者達が担当し、他に宿南保、政次義孝、小谷茂夫の各氏および但馬考古学研究会の協力を得た。

さらに、本書を出版するにあたっては、表紙の鳥瞰図は日高町の吉田順一氏にお願いした。また、本書作成のためのワープロ入力および編集には、八鹿町の山田宗之氏に協力を願った。

本書が今後の竹田城研究、または但馬の地域史研究のために少しでも貢献できるようであれば幸いである。

一九九一年七月

執筆者一同

おわりに――〝天空の城〟竹田城の新たなる研究成果

本書の旧版となる『但馬竹田城』は、平成三年に刊行された。同年夏に、奈良大学で開催された第8回全国城郭研究者セミナー会場で初めて販売されている。その折りに、私（髙田）も会場にて同書を購入した。たぶん中身も確認せず、勢いにまかせて買い求めたのではなかったかと思う。確か会場では、角田誠さんが販売にあたっておられたと記憶する。

当時の私は城郭談話会の存在は知っていたが、会員ではなかった。入会させて頂きたいと心のうちで思っていたが、とても敷居が高く感じていた。そして、とても自分のような者は、入会させて頂けないだろうと、諦めていた。

帰宅後に、購入したばかりの『但馬竹田城』をめくってみると、最初から最後まで竹田城に関連する論文・報告で満ちあふれていて大興奮した。それまでも城郭関連の書籍や報告書類は何冊かは持っていたが、一冊まるごと織豊期の城郭を取り上げるという類書は見たことがなかったからだ。

松岡利郎論文では、遺構が残っていなくても礎石配置を通じて判明することがあると教えられた。中井均論文では、瓦礫にすぎないと思っていた瓦でさえ、歴史資料として活用できるということを学んだ。他の各氏の論文・報告にも刺激を受けた点が大であったが、特に村井毅史論文では、縄張り研究の奥深さ、斬新な視点に大変驚かされた。今でも我が家の書庫にある『但馬竹田城』のうち、村井論文にはあちこちに波線が書き入れてある。

幸いなことに私は『但馬竹田城』刊行の二ヶ月後、城郭談話会会員として仲間入りさせて頂き、今に至っている。『但馬竹田城』に続く『播磨利神城』以降は、執筆者の一人として迎え入れて頂いている。

さて『但馬竹田城』は、早くに品切れとなってしまった。一時期城郭談話会の事務局を務めていた私の自宅にも、あちこちから本の問い合わせが寄せられた。「在庫があれば分けて欲しい」「増刷の予定はないのか」「在庫がないのなら、コピーしてもらえないだろうか」等々。こうした声は、発刊後二十五年を経過した今でも時々聞こえてくる。

それほど要望があるのならば、復刻してみたらどうだろうか。戎光祥出版の伊藤光祥社長に相談申し上げたところ、即座に了承頂くことができた。ただ、竹田城をめぐってはその後新たな知見も加えられているから、なるべく最新の成果や見解も盛り込めるような形にしてはどうかと思った。これにもご了承頂き、新稿を加えた今回の新版『但馬竹田城』発刊に至ったわけである。我々の要望に深いご理解を頂き、終始暖かく応援して頂いた伊藤社長、迅速かつ丁寧に編集作業を進めて頂いた高木鮎美さんにはまず御礼を申し上げたい。

時間的都合により、掲載を見送らざるを得なかった論考があったのは残念だが、旧稿一一本に加え、新稿七本を掲載し、無事発刊できたことをまずは喜びたい。旧稿も新稿にも共通するが、これで竹田城の全てが明らかにできたわけではない。正直なところ、わからないことだらけであるし、不十分な点、思わぬ誤りを冒している点もあるだろう。

もっとも昨今、〝天空の城〟と呼ばれ、各種雑誌やマスコミに取り上げられ、多くの観光客で溢れ、注目を浴びている竹田城だが、新たな研究成果は旧版『但馬竹田城』発刊後も意外に限られている。今回の新版刊行を機に竹田城の調査・研究が進められ、その謎が少しでも解き明かされることを望みたい。同時に観光名所という面だけではなく、竹田城の文化財的価値が多くの人達にご理解頂けるようになれば、望外の喜びである。

本来ならば、旧版『但馬竹田城』の編集を指揮し、私を含む城郭談話会会員を指導し、育てて下さった角田誠さんからも玉稿を頂きたかったのだが、残念なことに平成二十六年三月二十七日に鬼籍に入られた。享年六十四歳であった。末筆ながら、角田さんのご冥福を祈りたい。

平成二十八年六月

執筆者を代表して　髙田　徹

【執筆者一覧】

第一章

北垣聰一郎　現在、石川県金沢城調査研究所名誉所長
松岡利郎　元、大阪府立生野聾・堺聾・だいせん高等聾学校教諭
村井毅史　元、財団法人滋賀県文化財保護協会
宮田逸民　現在、城郭談話会会員
中井　均　現在、滋賀県立大学人間文化学部教授
角田　誠　故人。二〇一四年逝去

第二章

谷本　進　現在、養父市教育委員会
西尾孝昌　現在、城郭談話会会員
田畑　基　現在、朝来市教育委員

第四章

永惠裕和　現在、兵庫県立考古博物館（宮城県派遣）
堀田浩之　現在、兵庫県立歴史博物館学芸員
髙田　徹　現在、城郭談話会会員。

【編者紹介】

城郭談話会（じょうかくだんわかい）

昭和59年創会。関西を中心とした在野の城郭研究会。毎月第2土曜日に、大阪府高槻市内にて例会開催。主な編著は『淡路洲本城』、『筒井城総合調査報告書』（大和郡山市教育委員会と共著）、『倭城の研究』1～6、『図解近畿の城郭』Ⅰ～Ⅲ（戎光祥出版、2014～2016）ほか。

装丁：堀 立明

シリーズ・城郭研究の新展開1

但《たじ》馬《ま》竹《たけ》田《だ》城《じょう》

―雲海《うんかい》に浮《う》かぶ天空《てんくう》の山城《やまじろ》

二〇一六年九月二〇日　初版初刷発行

編　者　城郭談話会

発行者　伊藤光祥

発行所　戎光祥出版株式会社

東京都千代田区麹町一―七

相互半蔵門ビル八階

電　話　〇三―五二七五―三三六一㈹

ＦＡＸ　〇三―五二七五―三三六五

編集協力　株式会社イズシエ・コーポレーション

印刷・製本　モリモト印刷株式会社

http://www.ebisukosyo.co.jp

info@ebisukosyo.co.jp

ISBN978-4-86403-216-2